个人所得税实务

政策解读 实务操作 案例分析

吴健　吕士柏◎编著

第二版

中国市场出版社

China Market Press

·北京·

图书在版编目（CIP）数据

个人所得税实务 / 吴健，吕士柏编著. —2 版. —北京：中国市场出版社，2017.3
ISBN 978-7-5092-1543-2

Ⅰ. ①个… Ⅱ. ①吴… ②吕… Ⅲ. ①个人所得税-研究-中国 Ⅳ. ①F812.424

中国版本图书馆 CIP 数据核字（2016）第 319741 号

个人所得税实务（第二版）
GERENSUODESHUI SHIWU

编　　著	吴　健　吕士柏	
责任编辑	张　瑶　顾斯明	
出版发行	中国市场出版社　China Market Press	
社　　址	北京月坛北小街 2 号院 3 号楼	邮政编码　100837
电　　话	编 辑 部（010）68032104　读者服务部（010）68022950	
	发 行 部（010）68021338　68020340　68053489	
	68024335　68033577　68033539	
	总 编 室（010）68020336	
	盗版举报（010）68020336	
邮　　箱	474885818@qq.com	
经　　销	新华书店	
印　　刷	河北鑫宏源印刷包装有限责任公司	
规　　格	185 mm×260 mm　16 开本	版　次　2017 年 3 月第 2 版
印　　张	29	印　次　2017 年 3 月第 1 次印刷
字　　数	710 千字	定　价　78.00 元
书　　号	ISBN 978-7-5092-1543-2	

修订说明
REVISION NOTES

《个人所得税实务——政策解读 实务操作 案例分析》自 2016 年 3 月初版问世以来，深受广大纳税人和基层税务干部的喜爱。初版发行后，国家又相继出台了诸如非上市公司股权激励、技术入股等个人所得税政策，加之营改增对个人所得税带来的影响和个人所得税改革的深入推进，因此有必要结合作者近年来的研究成果和税收新政进行修订完善。主要修订内容包括以下几个方面：

1. 丰富个人所得税改革相关内容

个人所得税改革是全面营改增后新的财税改革热点，本书围绕个人所得税改革的最新动态，探讨个人所得税改革的指导思想、四项基本原则、改革的目标方向和四项具体目标、"总体设计、一次修法、分步到位"的改革设想以及需要解决的九个方面的主要问题等，以使本书能紧跟个人所得税改革方向。

2. 解读股权激励个人所得税新政

为支持大众创业、万众创新战略的实施，促进我国经济结构转型升级，2016 年 9 月 22 日，财政部、国家税务总局联合印发了《关于完善股权激励和技术入股有关所得税政策的通知》（财税〔2016〕101 号），国家税务总局发布了《关于股权激励和技术入股所得税征管问题的公告》（国家税务总局公告 2016 年第 62 号），对符合条件的非上市公司股权激励实施递延纳税政策。根据上述政策规定，本书新增"第三章 股权激励所得"，从股权激励递延纳税新政及其适用条件、股票（权）期权、限制性股票、股权奖励、备案与管理等方面，结合美团公司股权激励等四个案例详细阐述了非上市公司股权激励个人所得税新政。此外，还增加了上市公司股权奖励个人所得税处理和上市公司股票期权、限制性股票和股权奖励延长纳税期限等内容。

3. 分析营改增对个人所得税的影响

随着 2016 年 5 月 1 日营改增的全面施行，国家财税主管部门下发了《财政部 国家税务总局关于营改增后契税 房产税 土地增值税 个人所得税计税依据问题的通知》（财税〔2016〕43 号）等文件，以进一步规范营改增后对个人所得税等税种的处理，据此，作者对本书相关内容进行了修改完善，并增加了营改增后个人出租或转让房屋计税依据的确定，以及佣金和二手房交易等案例。

4. 阐述偶然所得和其他所得的个人所得税征免处理

偶然所得和经国务院财政部门确定征税的其他所得，是现行个人所得税 11 项所得中的 2 项。在全面梳理相关政策规定的基础上,作者补充编写了"第八章 偶然所得与其他所得",以使本书更加系统、完整。

5. 介绍技术成果投资入股选择性税收优惠

为加大对创新创业的支持力度,降低技术成果投资入股税收负担,促进科技成果转化,国家决定对技术成果投资入股的税收政策进行调整,在现行允许在 5 年内分期纳税政策基础上,增加递延纳税的政策选择。作者从投资时、投资后转增股本或以股权对外投资、投资后企业上市再转让股票、递延纳税股权转让、递延纳税备案等环节入手,结合案例详细解析了技术成果投资入股的个人所得税处理。

6. 修改完善外籍人员个人所得税处理

由于适用于外籍人员个人所得税的政策既有我国税收法律法规,又包括税收协定或安排等,因此,对在中国境内无住所个人应纳个人所得税的计算是一个难点。随着经济全球化的深入发展,外籍人员的个人所得税已成为税务机关监控的重点。作者结合最新研究成果,对外籍人员个人所得税的相关内容进行了全面修改,并通过"第四章 无住所个人所得"从所得来源地的判定、境内居住天数和实际工作时间、纳税义务的确定与应纳税额的计算、外籍个人所得税优惠等四个方面进行分析。同时,还增加了三个典型案例和大量申报或备案表格,以增强操作性和实用性。

此外,还修订了个人投资者取得的行政和解金免征个人所得税、个人通过深港通取得的股票差价所得的处理、取消"对律师事务所征收方式的核准"的后续管理等内容,并根据营改增政策与个人转让非上市公司股权新政对"个人股权交易案例分析"进行了修改。

本次修订依据的政策法规截至 2016 年底。另外,本书还附送《个人所得税法规汇编(2017)》电子书,方便读者查阅个人所得税及相关的法规信息。

本书内容力求既完整准确又结合财税工作的实际需要,期盼它能成为广大财税工作者的良师益友。限于精力和水平,书中疏漏和不足之处在所难免,恳请广大读者予以指正。

作 者

2017 年 2 月

第一版前言
PREFACE

　　相对于其他税种，个人所得税具有政策性强、计算复杂、不易操作等特点，它与每个人的个人所得密切相关。实践中有这样的案例：增加一元奖金收入，可能要多缴几千元甚至十几万元个人所得税。这一方面表明我国现行个人所得税税制存在诸多问题，需要进一步修改完善，另一方面也提示征纳双方都需要准确地掌握相关法规，必须学好、用好税法及相关政策。然而，个人所得税方面的法律、法规及规范性文件纷繁复杂，全面准确把握个人所得税各项政策规定，对广大税务干部和纳税人而言，实在不是一件容易的事情。

　　有鉴于此，作者结合长期的税收征管、税务稽查、税政管理以及国有大型企业纳税管理和财税教学培训等工作中遇到的案例与实务问题，编撰了《个人所得税实务——政策解读 实务操作 案例分析》一书。

　　本书具有如下特点：

　　一是紧跟个税改革方向。围绕《深化国税、地税征管体制改革方案》提出的"顺应直接税比重逐步提高、自然人纳税人数量多、管理难的趋势，从法律框架、制度设计、征管方式、技术支撑、资源配置等方面构建以高收入者为重点的自然人税收管理体系"的要求，探讨个人所得税制改革方向与主要内容。

　　二是精解典型案例。实务中遇到的问题五花八门，如何正确适用个人所得税相关法律、法规来解决实际工作中遇到的疑难问题，即使是专业人员有时候也会十分发愁。本书列举大量案例，就是想以案说法，对一些重点、难点问题答疑解惑。如通过对苏宁环球增发税务事件、博皓投资股东借款税案、公司上市前转制折股典型案件、个人通过持股公司持有上市公司限售股解禁所得重复征税等案例的深入剖析，使股权投资、股份转让、撤资等资本交易领域的个人所得税疑难问题得以解决。

　　三是突出征纳操作实务。作者在税收管理一线工作和财税培训中对个人所得税征收、缴纳中的一些疑难问题有很深的了解，对征纳双方的困惑感同身受，本书对个人所得税实践中的重点、难点问题进行了认真的梳理，并进行了详细的讲解。例如，对于网络红包个人所得税、转让非上市公司股权所得、非货币资产投资分期纳税、转增股本个人所得税、股权激励、合伙企业所得税、年金递延纳税、无住所个人应纳税额计算等问题，本书都从税收政策延续、变化和相关会计处理等方面进行了详细说明和操作讲解。本书还给出年终奖金的纳税筹划方法，有效解决了增加一元收入需多缴数万元个人所得税的问题。

　　四是系统解读政策规定。本书详细介绍了我国现行个人所得税制度，尤其对 2011 年个人所得税法第六次修改以来到 2015 年底现行有效的政策进行了全面系统的解读，如商业健康保险产品支出的税前扣除、股权奖励所得分期缴税、个体工商户生产经营所得的计税方法等。同时，还对《个人所得税减免税事项报告表》和《个人所得税分期缴税备案表》等现行有效的 17 张个人所得税申报表进行详细讲解，以适应自行申报和代扣代缴个人所得税征收方式需要，等等。

本书还附送《个人所得税法规汇编（2016）》电子书，方便读者查阅个人所得税及相关的法规信息。该电子书由洪海明珠（北京）税收应用科学技术中心精心制作，读者可登录税务复议诉讼网（www. swfyss. com）首页的"下载中心"下载，还有更多惊喜等着您。在此，对洪海明珠（北京）税收应用科学技术中心的朋友无私的分享精神表示诚挚的感谢和由衷的敬意！

本书可供税务干部、企业财务人员、税务经理、注册会计师、注册税务师等税收咨询服务人员，高收入者以及财经类相关专业师生等学习和参考。

本书的出版发行，得到了中国市场出版社胡超平副总编辑和张瑶编辑的鼎力相助，在此谨致谢忱！

虽然我们已经尽己所能，力求做到书中内容完整准确，但由于时间、精力和水平所限，方方面面的不足必然存在，诚挚地欢迎广大读者、纳税人和税务工作者批评指正，与我们共同探讨、改进。恳请致信：wujian03@mpacc. snai. edu。

作　者

2016 年 3 月 10 日

目录
CONTENTS

第二章　工资、薪金所得

第三章　股权激励所得

第四章　无住所个人所得

第五章　劳务报酬、稿酬、特许权使用费所得

第六章　生产经营所得

第七章　资本与财产性所得

第八章　偶然所得与其他所得

第九章　减免税

第十章　境外已纳税额抵免与应纳税额计算

第十一章　代扣代缴与自行申报

1

第一章
个人所得税概述

第一节　个人所得税简介

我国现行的所得税包括企业所得税（由原内资企业所得税、外商投资企业和外国企业所得税修改合并而成，自 2008 年 1 月 1 日起施行）和个人所得税两个税种。它们主要是在国民收入形成后，对生产经营者的利润和个人的纯收入发挥调节作用。

一、我国个人所得税的产生

我国于 1936 年依据《所得税暂行条例》开征个人所得税。1943 年颁发的《所得税法》中包含了个人所得税的内容。

新中国成立后不久，我国就设立税种对个人所得征税，此后，个人所得税税制经历了产生和多次变革的过程。1949 年 11 月，中央人民政府在北京召开了首届全国税务会议，会上制定和通过了《全国税政实施要则》，决定除农业税外，建立包括工商业税、存款利息所得税、薪给报酬所得税在内的 14 个税种，计划对个人开征相应的税种。政务院于 1950 年 1 月和 12 月先后公布了《工商业税暂行条例》和《利息所得税暂行条例》，自公布之日起，分别对个体工商业户、临时商业及摊贩业户的所得征收工商税，对在中国境内取得的利息征收利息所得税。薪给报酬所得税的设想是对个人取得的工资、薪金和劳务报酬所得征收，但由于当时我国生产力水平比较低，实行的是低工资、广就业的政策，因此一直到 20 世纪 70 年代末都没有开征。

1958 年，国家对税制进行了重大改革，将工商业税中的营业税和其他税种合并为工商统一税，工商业税中的所得税独立为一个税种，形成工商所得税，继续对个体工商业户和集体企业的生产经营所得、其他所得征税，直到 80 年代中期。

二、我国个人所得税法的立法进程

（一）个人所得税法的诞生

我国现行的个人所得税法诞生于 1980 年，采用分类（项）的征收制度。1980 年 9 月 10 日，第五届全国人民代表大会第三次会议通过了《中华人民共和国个人所得税法》（以下简称《个人所得税法》），并同时公布实施。同年 12 月 14 日，经国务院批准，财政部公布了《中华人民共和国个人所得税法施行细则》。

1986 年，国务院根据我国社会经济发展的状况，分别发布了《中华人民共和国城乡个体工商业户所得税暂行条例》和《中华人民共和国个人收入调节税暂行条例》，从而形成了对个人所得课税三个税收法规并存的状况。

（二）第一次修改——统一个人所得税税制

为了规范和完善个人所得课税制度，有必要对三个与个人所得相关的税收法规进行修改和合并，建立一部统一的既适用于中、外籍纳税人，也适用于个体工商业户和其他人员的新的个人所得税法。

1993年10月31日，第八届全国人民代表大会常务委员会第四次会议通过了《关于修改〈中华人民共和国个人所得税法〉的决定》，同时公布了修改后的《中华人民共和国个人所得税法》，自1994年1月1日起施行。1994年1月28日，国务院发布《中华人民共和国个人所得税法实施条例》（以下简称《个人所得税法实施条例》），初步建立起内外统一的个人所得税制度。其后，随着经济社会形势的发展变化，国家对个人所得税法进行了几次重大调整。

（三）第二次修改——恢复对储蓄存款利息征税

1999年8月30日，第九届全国人民代表大会常务委员会第十一次会议通过了第二次修正的《中华人民共和国个人所得税法》，恢复征收储蓄存款利息所得个人所得税，并规定对储蓄存款利息所得征收个人所得税的开征时间和征收办法由国务院规定。

2000年9月，财政部、国家税务总局根据《国务院关于个人独资企业和合伙企业征收所得税问题的通知》（国发〔2000〕16号）有关"国务院决定，自2000年1月1日起，对个人独资企业和合伙企业停止征收企业所得税，其投资者的生产经营所得，比照个体工商户的生产、经营所得征收个人所得税。具体税收政策和征税办法由国家财税主管部门另行制定"的规定，制定了《关于个人独资企业和合伙企业投资者征收个人所得税的规定》（财税〔2000〕91号）。

（四）第三次修改——首次提高费用扣除标准

2005年10月27日，第十届全国人民代表大会常务委员会第十八次会议通过了《关于修改〈中华人民共和国个人所得税法〉的决定》，对个人所得税法进行了第三次修改，自2006年1月1日起施行。具体修改内容包括：一是将工资、薪金所得减除费用标准由800元/月提高到1600元/月。二是扩大个人所得税自行申报范围和增加全员全额扣缴申报的规定。即对存在个人所得超过国务院规定数额的，在两处以上取得工资、薪金所得或者没有扣缴义务人的，以及具有国务院规定的其他情形的，纳税义务人应当按照国家规定办理纳税申报。扣缴义务人应当按照国家规定办理全员全额扣缴申报。

（五）第四次修改——存款利息授权国务院规定

2007年6月29日，第十届全国人民代表大会常务委员会第二十八次会议通过了《关于修改〈中华人民共和国个人所得税法〉的决定》，对个人所得税法进行了第四次修正。此次修正规定，对储蓄存款利息所得开征、减征、停征个人所得税及其具体办法，授权由国务院规定。

（六）第五次修改——第二次提高费用扣除标准

2007年12月29日，第十届全国人民代表大会常务委员会第三十一次会议通过了《关于修改〈中华人民共和国个人所得税法〉的决定》，对个人所得税法进行了第五次修正。此次修正规定自2008年3月1日起，提高工资、薪金所得项目减除费用标准，由1600元/月提高到2000元/月。

（七）第六次修改——提高费用扣除标准和调整税率

2011年6月30日，第十一届全国人民代表大会常务委员会第二十一次会议通过了《关于修改〈中华人民共和国个人所得税法〉的决定》，对个人所得税法做出如下四个方面的修改，自2011年9月1日起施行：①将工资、薪金所得减除费用标准由2000元/月提高到3500元/月；②调整了适用于工资、薪金所得税率结构，由9级调整为7级，将最低档税率由5%降为3%，同时适当扩大3%和10%两档低税率和最高档税率的适用范围；③调整个体工商户生产经营所得和对企事业单位的承包经营、承租经营所得税率级距；④适当延长个人所得税申报纳税时间，由7天改为15天。这是我国个人所得税法自1980年实施以来的第六次修改。

2011年7月19日，国务院公布了《国务院关于修改〈中华人民共和国个人所得税法实施条例〉的决定》，对《中华人民共和国个人所得税法实施条例》做如下修改：①对企事业单位的承包经营、承租经营所得的减除费用标准，由按月减除2000元提高到3500元；②附加减除费用标准由2800元改为1300元。上述修改自2011年9月1日起与修正后的《中华人民共和国个人所得税法》同时施行。

个人所得税法的立法及具体修改情况，如表1-1所示。

表1-1　　　　　　　　　个人所得税法立法及历次修改情况

	通过时间	执行时间	通过机关	修改内容
立法	1980年9月10日	1980年9月10日	第五届全国人大常委会第三次会议	通过了《中华人民共和国个人所得税法》，并同时公布实施
第一次修改	1993年10月31日	1994年1月1日	第八届全国人大常委会第四次会议	对《中华人民共和国个人所得税法》、《城乡个体工商业户所得税暂行条例》和《个人收入调节税暂行条例》三个税收法规进行修改和合并，建立内外统一的个人所得税制
第二次修改	1999年8月30日	1999年8月30日	第九届全国人大常委会第十一次会议	恢复征收储蓄存款利息所得个人所得税，并规定，对储蓄存款利息所得征收个人所得税的开征时间和征收办法由国务院规定

续表

	通过时间	执行时间	通过机关	修改内容
第三次修改	2005年10月27日	2006年1月1日	第十届全国人大常委会第十八次会议	①将工资、薪金所得减除费用标准由800元/月提高到1600元/月；②扩大个人所得税自行申报范围和增加全员全额扣缴申报的规定
第四次修改	2007年6月29日	2007年6月29日	第十届全国人大常委会第二十八次会议	对储蓄存款利息所得开征、减征、停征个人所得税及其具体办法，授权由国务院规定
第五次修改	2007年12月29日	2008年3月1日	第十届全国人大常委会第三十一次会议	提高工资、薪金所得项目减除费用标准，由1600元/月提高到2000元/月
第六次修改	2011年6月30日	2011年9月1日	第十一届全国人大常委会第二十一次会议	①将工资、薪金所得减除费用标准由2000元/月提高到3500元/月；②调整了适用于工资、薪金所得税率结构，由9级调整为7级，将最低档税率由5%降为3%，同时适当扩大3%和10%两档低税率和最高档税率的适用范围；③调整个体工商户生产经营所得和对企事业单位的承包经营、承租经营所得税率级距；④适当延长个人所得税申报纳税时间，由7天改为15天

三、我国个人所得税税制的特点

个人所得税是世界各国普遍征收的一个税种，与其他国家相比，我国个人所得税税制主要有如下特点：

（一）实行分类征收

个人所得税税制按税制设计及其征收方式可分为综合税制、分类税制以及综合与分类相结合的税制三种类型。

1. 综合税制

综合税制，是就纳税人全年全部所得，减除法定的生计扣除和成本费用扣除后的余额，适用超额累进税率或比例税率征税。综合税制充分考虑纳税人的综合收入水平和家庭负担等情况，反映纳税人的综合负担能力，体现税收公平，可以发挥调节收入分配的作用。但征管要求高，不易管控，稽征复杂，手续烦琐，税收成本高。

2. 分类税制

分类税制，是将个人各种来源不同、性质各异的所得进行分类，对各类所得分别规定不同的费用扣除方法，适用不同的税率，分别计税，从而形成工薪所得、利息所得等不同的个人所得税征收项目，而不是将个人不同类别的所得合并计算征税。分类所得税制适合于源泉扣缴，征管简便，节省征收费用，但不能全面反映纳税人的综合收入水平和经济负担。

分类税制的优点是管理简便，便于实行源泉扣缴，不需要纳税人普遍采用自行申报的方式纳税，但它的缺点是不够公平。综合税制比较公平，但管理起来比较复杂，需要比较完善的法律环境，并要求纳税人具有良好的纳税意识和纳税遵从习惯，同时也要求税务机关、税务人员拥有很高的管理素质和管理能力。我国现行个人所得税采用的是分类税制，即将个人取得的各种所得划分为 11 类，分别适用不同的费用减除规定、不同的税率和不同的计税方法。

3. 综合与分类相结合的税制

综合与分类相结合的税制，也称混合所得税制，是综合部分项目所得，适用累进税率征税，并对另外一些项目所得按不同的比例税率征收。综合与分类相结合的税制可以较好地兼顾税收公平和效率。国际上大多数国家，如韩国、日本、澳大利亚、瑞典、法国、意大利、荷兰、加拿大、德国、西班牙、瑞士、土耳其、英国、南非、俄罗斯、巴西、印度、越南、印度尼西亚、墨西哥等，均实行这种税制。

在我国，《个人所得税法》将个人所得分为工资、薪金所得，个体工商户的生产、经营所得，劳务报酬所得等 11 个项目，分别适用不同的费用扣除方法和计征方法。

（二）累进税率与比例税率并用

比例税率计算简便，便于实行源泉扣缴；累进税率可以合理调节收入分配，体现公平。我国现行个人所得税税制根据各类个人所得的不同性质和特点，将这两种形式的税率综合运用。其中，对工资、薪金所得，个体工商户生产经营所得，企事业单位的承包经营、承租经营所得，采用累进税率，实行量能负担；对稿酬所得，财产转让所得，利息、股息、红利所得等，采用比例税率，实行等比负担。

（三）费用扣除额较宽

各国个人所得税税制均有费用扣除的规定，只是扣除的方法及额度不尽相同。我国本着费用扣除从宽、从简的原则，采用费用定额扣除和定率扣除两种方法。对工资、薪金所得，从 2011 年 9 月 1 日起每月减除费用 3 500 元（2008 年 3 月 1 日—2011 年 8 月 31 日，每月减除 2 000 元；2006 年 1 月 1 日—2008 年 2 月 28 日，每月减除 1 600 元；2006 年以前，每月减除 800 元）；对劳务报酬所得、稿酬所得、特许权使用费所得、财产租赁所得，每次收入不超过 4 000 元的减除费用 800 元，4 000 元以上的减除费用 20%。

（四）采用课源制与申报制两种征纳方法

《个人所得税法》规定，对纳税人的应纳税额分别采取由支付单位源泉扣缴和纳税人自行申报两种方法。凡是可以在应税所得的支付环节扣缴个人所得税的，均由扣缴义务人履行代扣代缴义务；对于没有扣缴义务人的，个人在两处以上取得工资、薪金所得的，以及个人所得超过国务院规定数额（即年所得 12 万元以上）的，由纳税人自行申报纳税。此外，对其他不便于扣缴税款的，由纳税人自行申报纳税。

【例 1-1】（单选题）目前我国个人所得税的税制类型为（ ）。

A. 综合所得税制   B. 分类所得税制

C. 混合所得税制   D. 项目所得税制

[答案] B

四、个人所得税的功能

个人所得税主要具有以下四个功能：

1. 组织财政收入

在人均国内生产总值（GDP）较高的国家，个人所得税不仅是重要税源之一，而且税源广泛，征收个人所得税能够保证稳定的财政收入。

个人所得税是我国现行税法体系中的重要税种之一。1994 年，我国新的个人所得税税制开始施行，当年全国个人所得税收入为 72.67 亿元，占当年税收总收入的 1.52%。到 2016 年，我国个人所得税收入已达 10 089 亿元，比上年增收 1 471 亿元（2015 年为 8 618 亿元），同比增长 17.1%，其中，受二手房交易活跃等因素的影响，财产转让所得税增长 30.7%。个人所得税收入占当年全国一般公共预算收入中税收收入 130 354 亿元的 7.74%。随着我国经济的进一步发展和居民收入水平的提高，个人所得税税源将不断扩大，个人所得税税收占国家税收总收入的比重将会增加，最终将会发展成为一个更具有活力的主体税种。

2. 调节收入分配，有助于实现收入公平

随着经济的发展，社会贫富差距加大等问题将会逐步显现，有可能成为影响社会稳定的负面因素。对个人所得征收累进税，可减少社会分配不公的程度，缓和社会矛盾。

3. 可以作为自动稳定器

由于个人所得税一般采用累进税率，因此，在经济繁荣时期，税收增加的速度超过个人所得增加的速度，可以自动遏制通货膨胀趋势；反之，在经济萧条时期，税收减少的速度比个人收入降低的速度还要快，可阻止通货紧缩的趋势。

4. 有助于培养和增强公民的纳税意识

个人所得税作为直接税，有助于培养和增强公民的纳税意识。

五、现行个人所得税税制存在的主要问题

《个人所得税法》自 1980 年施行以来，在组织财政收入和调节收入分配等方面都发挥了积极作用，但随着经济社会形势的发展变化，个人所得税税制也逐渐暴露出一些问题。

1. 分类税制模式难以充分体现公平、合理的原则

根据纳税人的所得项目分类，按月、按次征收个人所得税，没有就纳税人全年的主要所得项目综合征税，难以充分体现公平税负、合理负担的原则。

2. 税率结构较为复杂，工资、薪金所得税率级距过多

现行个人所得税的税率包括超额累进税率和比例税率，超额累进税率中又有不同形式；原个人所得税法工资、薪金所得适用九级超额累进税率，存在税率级次过多、低档税率级距过短，致使中低收入者税负上升较快等问题。

虽然 2011 年 6 月新修改的《个人所得税法》已将工资、薪金所得适用税率改为3％～45％的七级超额累进税率，但税率级次仍然显得过多。

3. 减免税优惠内外籍个人之间存在差异

《个人所得税法》减免税优惠存在内外籍个人减免税项目范围及标准不统一问题。主要表现在：

（1）内外籍个人扣除及减免税项目不统一，有悖税收公平原则。如在外资企业中工作的外籍人员取得的工资、薪金所得，在扣除费用 3 500 元/月后，还可以适用附加扣除费用 1 300 元/月。

（2）在外籍人员减免税项目及具体扣除口径方面，缺乏可操作的细则，给外籍人员避税提供了空间。

4. 征管手段及协税护税不适应税制发展的需要

税收征管手段及社会配套条件不适应税制发展的需要，存在一些制约个人所得税征管的因素。当前，应大力推进以下几方面工作：

（1）全面建立第三方涉税信息共享制度；

（2）修订税收征收管理法，完善自然人的征收、管理和处罚制度；

（3）探索建立纳税人单一账号制度，如以个人身份证号作为终身纳税号；

（4）全面实行税务与金融机构联网，实现信息共享；

（5）大力推广个人转账等非现金结算，立法限制现金交易。

六、个人所得税税制改革

（一）改革的必要性

我国个人所得税税制改革的必要性主要体现在以下三个方面：一是收入分配制度改革的深化对个人所得税改革提出新期望；二是现行个人所得税税制的弊端亟须完善，对个人所得税改革提出了新要求；三是国际个人所得税税制的发展趋势对我国个人所得税改革提出了新目标。

（二）改革的紧迫性

一方面，党中央、国务院高度重视个人所得税税制改革工作，党和国家的一些纲领性文件明确提出要实行综合与分类相结合的个人所得税税制。党的十八届三中全会通过的《中共中央关于全面深化改革若干重大问题的决定》从推进国家治理体系和治理能力现代化的全新高度对深化财税体制改革做出了部署，明确要求：深化税收制度改革，完善地方税体系，提高直接税比重，逐步建立综合与分类相结合的个人所得税制。

另一方面，人大代表、政协委员和有关立法机关要求进行个人所得税税制加以改革的呼声很高，社会各界对个人所得税税制改革的关注度也很高。

（三）改革的指导思想

我国个人所得税税制改革的指导思想可以概括为：以邓小平理论、"三个代表"重要思想、科学发展观为指导，全面贯彻落实党的十八大和十八届三中、四中、五中、六中全会精神，以及习近平总书记系列重要讲话精神，落实税收法定原则，立足我国基本国情，借鉴国际经验，建立中国特色个人所得税税制模式，构建现代化个人所得税征管格局，努力促进社会橄榄型收入分配格局的形成，为实现社会和谐发展、公平正义做出积极贡献。

（四）改革的基本原则

我国个人所得税税制改革应遵循如下基本原则：

1. 优化税制

着力解决现行分类税制存在的突出问题，借鉴世界各国在税制安排和征管实践方面的成功经验，优化税制，建立符合我国国情的个人所得税制。

2. 公平税负

通过改革，适当平衡综合所得与分类所得、劳动所得与非劳动所得税负水平，统一内外籍人员税收待遇，逐步解决目前分类税制造成的收入相同者税负不同的问题；同时，降低中等收入者税负，加大对高收入者的调节力度。

3. 科学征管

转变征管方式，完善配套条件，健全税源监控机制，构建科学严密、操作性强的征管体系。简化程序，优化服务，使新税制尽量公开透明、简便易行，有利于纳税人遵从。

4. 分步实施

结合社会环境和征管配套条件，按照总体规划、先易后难、逐步到位的思路，分步推进改革。

（五）改革的主要目标

采取综合与分类相结合的混合税制，是我国个人所得税税制改革的目标方向。要围绕上述目标方向，通过进一步深化改革，最终实现以下具体目标：

1. 税收制度不断优化

借鉴国际有效做法和成功经验，建立健全综合与分类相结合的个人所得税制模式，使税制更加科学规范，税负更加公平合理。

2. 税收征管能力显著增强

努力做到税收征管措施和社会配套条件基本具备，税源监控机制较为健全，个人涉税信息充分掌握。

3. 收入分配调节功能有效发挥

充分体现量能负担原则，使税收调节分配能力与社会期望的差距不断缩小，高收入者的收入得到有效调节，形成中等收入者占多数的收入分配格局。

4. 主体税种地位逐步提升

努力使个人所得税收入规模不断扩大，收入占比显著提高，作为我国税制体系中主体税种之一的作用得到进一步发挥。

（六）改革的设想

个人所得税税制改革的总体设想是："总体设计、一次修法、分步到位"。应重点从以下几个方面入手进行改革完善。

1. 转变税制模式

随着征管能力的提高和配套条件的改善，将现行个人所得税分类税制逐步向综合与分类相结合的税制转变，对固定性、经常性所得作为综合所得按年计算征税，资本所得和临时性、偶然性所得作为分类所得按次计算征税。

2. 完善税制要素

在简并有关个人所得项目、科学界定综合所得和分类所得项目、保留超额累进税率和比例税率两种税率模式的基础上，进一步优化税率设计，以平衡劳动所得与非劳动所得税负，增强税制国际竞争力；完善纳税单位，实施以基本生计费用扣除为基础的基本扣除和以个性化为主要内容的单项扣除相结合的费用扣除制度，并建立动态调整机制，以增强税制的针对性、灵活性；取消不合理减免税，扩大税基，将一些目前不在征税范围的所得纳入应税所得，以体现公平税负、量能负担。

3. 调整征管方式

将综合所得的征管方式由现行主要依靠单位源泉扣缴、少数纳税人自行申报，调整为单位或雇主按月预扣预缴、个人自行申报、年终汇算清缴、税务评估检查；对分类所得按次实行源泉代扣代缴，不再汇算清缴。

4. 完善配套条件

明确第三方向税务机关提供个人涉税信息的义务，抓紧建设全国统一的个人所得税征收管理信息系统，逐步实现税务机关与第三方的信息联网，建立严密的税源监控机制。修订税收征收管理法或个人所得税法，增加自然人相关法律责任和义务，明确税务机关对自然人实施税收管理的相关措施。

（七）改革的主要问题

我国个人所得税税制改革会涉及如下主要问题，需要进一步研究解决：

（1）综合所得与分类所得划分；（2）费用扣除问题；（3）税率问题；（4）清理规范税收优惠；（5）计税方式问题；（6）补退税机制问题；（7）申报纳税地点和期限；（8）改革的相关配套条件；（9）改革的组织实施。

【例 1-2】（多选题）下列有关个人所得税的表述中，正确的有（　　）。

A. 中华民国成立后于 1914 年公布了《所得税条例》

B. 我国现行的个人所得税法诞生于 1980 年，采用分类（项）的征收制度

C. 英国是开征现代意义上的个人所得税最早的国家，1798 年创设"三级税"，为所得税的雏形

D. 《中共中央关于全面深化改革若干重大问题的决定》要求：深化税收制度改革，完善地方税体系，提高直接税比重，逐步建立综合与分类相结合的个人所得税税制

[答案] ABCD

第二节　个人所得税法的基本要素

一、纳税人

（一）个人所得税纳税人的内涵

1. 个人所得税的纳税人

纳税人，全称为纳税义务人，是指法律、行政法规规定负有纳税义务的单位和个人。每一种税都有关于纳税义务人的规定，如果不履行纳税义务，即应当由该行为的直接责任人承担法律责任。现代社会，人人都承担或多或少的纳税义务，事实上都是纳税人。税法规定的直接负有纳税义务的人可以是自然人（个人），也可以是单位。

个人所得税的纳税义务人，是指在中国境内有住所，或者无住所但在境内居住满 1 年，以及无住所又不居住或居住不满 1 年但有从中国境内取得所得的个人。只要从中国境内、境外取得的所得，达到中国税法规定的纳税标准，都是个人所得税的纳税人。包括中国公民、个体工商户以及在中国有所得的外籍人员（包括无国籍人员，下同）和香港、澳门、台湾同胞。

为了有效地行使税收管辖权，根据国际惯例，个人所得税法根据住所标准和居住时间标准，将个人所得税的纳税人分为居民纳税人和非居民纳税人。

【例 1-3】（单选题）下列主体是个人所得税纳税人的有（　　　）。

A. 南京某个体工商户餐饮店

B. 北京张某开办的个人独资企业

C. 上海天成有限合伙制创业投资企业

D. 苏州王某开办的一人有限公司

E. 天津大成个人合伙制律师事务所合伙人律师李某

［答案］E

2. 负税人与纳税人

负税人与纳税人是两个既有联系又有区别的概念。纳税人是负有纳税义务、直接向税务机关缴纳税款的单位与个人，负税人是实际负担税款的单位与个人。如果说纳税人是法律上的纳税主体，那么负税人就是经济上的纳税主体。纳税人与负税人有时是一致的，有时是不一致的。纳税人如果能够通过一定途径把税款转嫁或转移出去，纳税人就不再是负税人；否则，纳税人同时也是负税人。由此可见，纳税人和负税人的不一致是由税负转嫁引起的。税法中并没有负税人的规定，国家在制定税法时，只规定由谁负责缴纳税款，并不规定税款最终由谁承担。

3. 纳税人与纳税单位

纳税人与纳税单位也是不同的。纳税单位，是指申报缴纳税款的单位，是纳税人的有效集合。这里所称"有效"，就是为了征管和缴纳税款的方便，可以允许在法律上负有纳税义务的同类型纳税人作为一个纳税单位，填写一份申报表纳税。比如，个人所得税可以单个人为一个纳税单位，也可以夫妇为一个纳税单位，还可以一个家庭为一个纳税单位。纳税单位的大小通常要根据管理上的需要和国家政策来确定。

（二）居民纳税人与非居民纳税人

《个人所得税法》参照国际通行做法，依据住所和居住时间两个标准，将个人所得税纳税义务人区分为居民纳税人和非居民纳税人，行使不同的税收管辖权。

1. 居民纳税人

《个人所得税法》第一条第一款规定，居民纳税义务人，是指在中国境内有住所，或者无住所而在中国境内居住满 1 年的个人。

《个人所得税法实施条例》第二条规定，这里的"在中国境内有住所的个人"，是指因户籍、家庭、经济利益关系，而在中国境内习惯性居住的个人。因而，在界定某一纳税人居民身份时，必须准确理解和掌握住所、户籍、经济利益关系以及习惯性居住等关键概念。

（1）住所。

住所是一个法律概念，而非我们通常所说的住房。住所与居所不同，住所是自然人以久住意思而经常居住的中心生活场所；居所是自然人经常居住的场所。构成住所必须有久住的意思和经常居住的事实两个条件。自然人的住所只能有一个，《中华人民共和国民法通则》第十五条规定：公民以他的户籍所在地的居住地为住所，经常居住地与住所不一致的，经常居住地视为住所。自然人的住所与户籍登记地是不同的。自然人的住所可以与户籍登记地一致，也可以不一致。在不一致时，非户籍登记地的经常居住地就是住所。根据意思自治原则，住所的设定与变更应尊重当事人的意思。通常情况下，虽然以自然人的户籍登记地的居所为设定的住所，但在自然人离开住所时，应以连续居住 1 年以上的经常居住地为住所。如果自然人无经常居住地，在其户籍已从原地迁出到迁入新地之前，仍应以原户籍所在地为住所。被监护人的住所由监护人设定，一般以监护人的住所为其住所。

（2）户籍。

户籍是对自然人按户进行登记并予以出证的法定文件。户籍记载的自然人的姓名、出生日期、婚姻状况、亲属关系等，皆有法律上的证明力。其中住址一项，在无相反证明时，即为住所。

（3）习惯性居住。

习惯性居住，是判定纳税义务人是居民或非居民的一个法律意义上的标准，不是指实际居住或在某一个特定时期内的居住地。如因学习、工作、探亲、旅游等而在中国境外居住的，在其原因消除之后必须回到中国境内居住的个人，则中国即为该纳税人习惯性居住地。它是判定纳税义务人属于居民还是非居民的一个重要依据。

因而，《个人所得税法实施条例》第三条规定，在境内居住满1年，是指在一个纳税年度（公历1月1日起至12月31日止）中，在中国境内居住满365日。临时离境的，不扣减日数。这里所说的临时离境，是指在一个纳税年度中，一次不超过30日或者多次累计不超过90日的离境。

（4）居民纳税人分类。

个人所得税的居民纳税人包括以下两类：

①在中国境内定居的中国公民和外国侨民。但不包括虽具有中国国籍，却并没有在中国大陆定居，而是侨居海外的华侨和居住在香港、澳门、台湾的同胞。

②从公历1月1日起至12月31日止，居住在中国境内的外国人、海外侨胞和香港、澳门、台湾同胞。

例如，一名外籍人员从2014年10月起到中国境内的公司任职，在2015纳税年度内，曾于3月7—12日离境回国，向其总公司述职，12月23—28日又离境回国欢度圣诞节和元旦。这两次离境时间相加，没有超过90日的标准，应视作临时离境，不扣减其在华居住天数。因此，该外籍人员2015年度应为居民纳税人。

需要说明的是，中国现行税法中关于"中国境内"的概念，是指中国大陆地区，目前还不包括香港、澳门和台湾地区。

【例1-4】（单选题）根据《个人所得税法》的相关规定，在中国境内无住所但取得所得的下列外籍人员中，属于居民纳税人的是（　　　）。

A. M国人员甲，在华工作6个月

B. N国人员乙，2014年1月10日入境，2014年10月10日离境

C. X国人员丙，2014年10月1日入境，2016年1月2日离境，其间临时离境28天

D. Y国人员丁，2014年3月1日入境，2015年3月1日离境，其间临时离境100天

[**答案**] C

2. 非居民纳税人

《个人所得税法》第一条第二款规定，非居民纳税义务人是指，在中国境内无住所又不居住或者无住所而在境内居住不满1年的个人（不符合居民纳税人判定标准或条件）。

也就是说，非居民纳税义务人，是指习惯性居住地不在中国境内，而且不在中国居住，或者在一个纳税年度内，在中国境内居住不满1年的个人。

现实生活中，习惯性居住地不在中国境内的个人，只有外籍人员、华侨或香港、澳门和台湾同胞。因此，非居民纳税义务人，实际上只能是在一个纳税年度中，没有在中国境内居住，或者在中国境内居住不满1年的外籍人员、华侨或香港、澳门、台湾同胞。

【例1-5】（单选题）某外国人2013年2月12日来华工作，2014年2月15日回国，2014年3月2日返回中国，2014年11月15日至2014年11月30日期间，因工作需要去

了日本，2014 年 12 月 1 日返回中国，后于 2015 年 11 月 20 日离华回国，则该外国人
（   ）。

    A. 2013 年度为我国居民纳税人，2014 年度为我国非居民纳税人

    B. 2014 年度为我国居民纳税人，2015 年度为我国非居民纳税人

    C. 2014 年度和 2015 年度均为我国非居民纳税人

    D. 2013 年度和 2014 年度均为我国居民纳税人

[答案] B

综上所述，纳税义务人及其纳税义务可归纳如下（见图 1-1）：

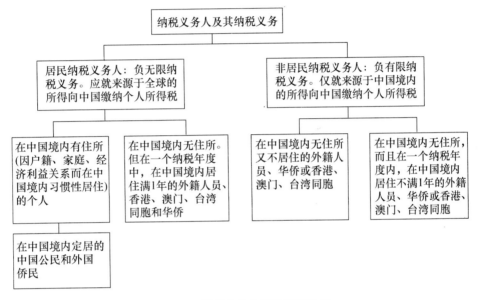

图 1-1 纳税义务人及其纳税义务

（三）纳税人的权利与义务

1. 纳税人的权利

根据《国家税务总局关于纳税人权利与义务的公告》（国家税务总局公告 2009 年第 1 号）的规定，纳税人（或扣缴义务人）在履行纳税义务过程中，依法享有 14 项权利：（1）知情权；（2）保密权；（3）税收监督权；（4）纳税申报方式选择权；（5）申请延期申报权；（6）申请延期缴纳税款权；（7）申请退还多缴税款权；（8）依法享受税收优惠权；（9）委托税务代理权；（10）陈述与申辩权；（11）对未出示税务检查证和税务检查通知书的拒绝检查权；（12）税收法律救济权；（13）依法要求听证的权利；（14）索取有关税收凭证的权利。

2. 纳税人的义务

依照宪法、税收法律和行政法规的规定，纳税人（或扣缴义务人）在纳税过程中负有

以下 10 项义务：（1）依法进行税务登记的义务；（2）依法设置账簿、保管账簿和有关资料以及依法开具、使用、取得和保管发票的义务；（3）财务会计制度和会计核算软件备案的义务；（4）按照规定安装、使用税控装置的义务；（5）按时、如实申报的义务；（6）按时缴纳税款的义务；（7）代扣、代收税款的义务；（8）接受依法检查的义务；（9）及时提供信息的义务；（10）报告其他涉税信息的义务。

二、征税对象

（一）征税对象概述

征税对象又称课税对象，是税法规定的征税的目的物，是国家据以征税的依据。通过规定课税对象，解决对什么征税这一问题。每一种税都有自己的课税对象，否则，这一税种就失去了存在的意义。凡是被列为课税对象的，就属于该税种的征收范围；凡是未被列为课税对象的，就不属于该税种的征收范围。例如，所得税的课税对象是企业的所得额和自然人的工资、薪金等各项所得，等等。

课税对象是一个税种区别于另一个税种的主要标志，是税收实体法的基本要素之一，它体现着课税范围的广度。在具体工作中，要注意征税对象与计税依据、税目、税源等的关系。

（二）计税依据与税目

1. 计税依据

计税依据，是指税法中规定的据以计算各种应征税款的依据或标准。课税对象与计税依据的关系是：课税对象是指征税的目的物，计税依据则是在目的物已经确定的前提下，对目的物据以计算税款的依据或标准；课税对象是从质的方面对征税所做的规定，计税依据则是从量的方面对征税所做的规定，是课税对象量的表现。

不同税种的计税依据是不同的。增值税的计税依据一般都是货物、应税劳务和应税服务的增值额；所得税的计税依据是企业和个人的所得额，等等。需要说明的是，计税依据在表现形态上一般有两种：一种是价值形态（从价计征），即以征税对象的价值作为计税依据，这种情况下征税对象与计税依据一般是一致的，如所得税；另一种是实物形态（从量计征），就是以课税对象的数量、重量、面积等作为计税依据，这种情况下课税对象与计税依据一般是不一致的，如车船税等。

2. 税源

税源是指税款的最终来源，或者说是税收负担的最终归宿。税源的大小体现着纳税人的负担能力。纳税人缴纳税款的直接来源是一定的货币收入，而一切货币收入都是由社会产品价值派生出来的。在社会产品价值中，能够成为税源的只能是国民收入分配中形成的各种收入，如工资、利润等。当某种税以国民收入分配中形成的各种收入为课税对象时，税源和课税对象就是一致的，如所得税。但是，很多税种的课税对象并不是或不完全是国民收入分配中形成的各种收入，如消费税、房产税等。课税对象是国家据以征税的依据，税源则表明纳税人的负担能力。

3. 税目

税目是课税对象的具体化，反映具体的征税范围，代表征税的广度。不是所有的税种都规定税目。但对大多数税种来说，课税对象比较复杂，且税种内部不同的课税对象之间又需要采取不同的税率档次进行调节。这样就需要对课税对象做进一步划分，做出具体的界限规定，这个规定的界限范围，就是税目。

（三）个人所得税征收项目

对个人所得税而言，确定应税所得项目可以使纳税人掌握自己都有哪些收入要纳税。《个人所得税法》第二条规定，下列各项个人所得，应纳个人所得税：

（1）工资、薪金所得；

（2）个体工商户的生产、经营所得；

（3）对企事业单位的承包经营、承租经营所得；

（4）劳务报酬所得；

（5）稿酬所得；

（6）特许权使用费所得；

（7）利息、股息、红利所得；

（8）财产租赁所得；

（9）财产转让所得；

（10）偶然所得；

（11）经国务院财政部门确定征税的其他所得。

根据《个人所得税法》的相关规定，个人取得的所得，难以界定应纳税所得项目的，由主管税务机关确定。

三、税　率

（一）税率概述

税率是应纳税额与课税对象之间的比例，是计算税额的尺度，代表课税的深度，关系着国家收入的多少和纳税人负担的程度，是税收制度的核心和灵魂。

税率在实际应用中可分为两种形式：一种是按绝对量形式规定的固定征收额度，即定额税率，它适用于从量计征的税种；另一种是按相对量形式规定的征收比例，包括比例税率和累进税率,它适用于从价计征的税种。

1. 比例税率

比例税率,是指对同一征税对象或同一税目,不论数额大小只规定一个比例,都按同一比例征税,税额与课税对象呈正比例关系。

在具体运用上,又可分为:产品比例税率,即一种或一类产品采用一个税率,如消费税、增值税等;行业比例税率,即对不同的行业采用不同的税率;地区差别比例税率,如城市维护建设税;有幅度的比例税率,即对同一课税对象,税法只规定最低税率和最高税率。

2. 累进税率

累进税率,指同一课税对象,随数量的增大,征收比例也随之增高的税率,表现为将课税对象按数额大小分为若干等级,不同等级适用由低到高的不同税率。累进税率可以有效地调节纳税人的收入,正确处理税收负担的纵向公平问题,一般多在对收益课税中使用。按照税率累进依据的性质,累进税率分为额累与率累两种。

累进税率因计算方法和依据的不同,主要分为全额累进税率、超额累进税率、超率累进税率与全率累进税率。

(1) 全额累进税率。

全额累进税率,是以课税对象的全部数额为基础计征税款的累进税率。其特点包括:一是对具体纳税人来说,在应税所得额确定以后,相当于按比例税率计征,计算简便;二是税收负担不合理,在各级征税对象数额分界处税收负担悬殊,甚至会出现增加的税额超过课税对象增加数额的现象。

(2) 超额累进税率。

超额累进税率,是分别以课税对象数额超过前级的部分为基础计算应纳税额的累进税率。这种税率的特点包括:一是计算方法比较复杂;二是累进幅度比较缓和,税收负担较为合理;三是边际税率和平均税率一致,税收负担透明度较差。

目前,我国个人所得税税制中对工资、薪金所得,个体工商户的生产、经营所得,对企事业单位的承包经营、承租经营所得实行超额累进税率。

(3) 超率累进税率。

超率累进税率,是指以课税对象数额的相对数额为累进依据,按超累方式计算应纳税额的税率。我国现行税制中的土地增值税即采用超率累进税率计税。

(4) 全率累进税率。

全率累进税率,是按课税对象数额的相对额划分若干级距,每个级距规定的税率随课税对象相对额的增大而提高,纳税人的全部课税对象都按与课税对象相对额所对应的税率计算纳税的税率制度。

3. 定额税率

定额税率是税率的一种特殊形式。它不是按照课税对象规定征收比例,而是按照征税对象的计量单位规定固定税额,所以又称固定税额,一般适用于从量计征的税种。

（二）速算扣除数

为解决超额累进税率计税复杂问题，在实际工作中引进了"速算扣除数"这一概念，通过预先计算出的扣除数，直接计算应纳税额，不必再分级分段计算。速算扣除数在个人所得税领域应用广泛。这里的速算扣除数是为简化计税程序而按全额累进税率计算超额累进税率时所使用的扣除数额，是指在采用超额累进税率征税的情况下，根据超额累进税率表中划分的应纳税所得额级距和税率，先用全额累进方法计算出税额，再减去用超额累进方法计算的应征税额后的差额。当超额累进税率表中的级距和税率确定以后，各级速算扣除数也固定不变，成为计算应纳税额时的常数。其计算公式为：

速算扣除数＝全额累进税额－超额累进税额

速算扣除数也可依据税法规定的级距和每一级距的税率，预先计算出来。只要级距和税率不变，速算扣除数也不变。其计算公式为：

速算扣除数＝前一级的最高所得额×（本级税率－前一级税率）＋前级速算扣除数
应纳税额＝课税所得额×适用税率－速算扣除数

【例 1-6】（计算题）张先生 2015 年 12 月的工资、薪金所得（已扣除费用扣除标准和"三费一金"等）为 4 000 元。请计算应纳税额及速算扣除数。

[答案]

若按全额累进税率计算，应纳税额为：4 000×10％＝400（元）；

若按超额累进税率计算，应纳税额为：1 500×3％＋（4 000－1 500）×10％＝295（元）。

速算扣除数指按全额累进税率计算的税额减去按超额累进税率计算的税额之后的差额，即速算扣除数＝全额累进税额－超额累进税额＝400－295＝105（元）。

（三）个人所得税税率

我国的个人所得税采用分类税制，不同的收入项目分别采用不同的税率形式和税率。

1. 工资、薪金所得

2011 年 8 月 31 日以前，工资、薪金所得适用九级超额累进税率，税率为 5％～45％，其税率表如表 1-2 所示。

表 1-2　　　　　　　　　　　　个人所得税税率表一
（工资、薪金所得适用）

级数	全月应纳税所得额		税率（％）	速算扣除数
	含税级距	不含税级距		
1	不超过 500 元的	不超过 475 元的	5	0
2	超过 500 元至 2 000 元的部分	超过 475 元至 1 825 元的部分	10	25

级数	全月应纳税所得额		税率 (%)	速算 扣除数
	含税级距	不含税级距		
3	超过 2 000 元至 5 000 元的部分	超过 1 825 元至 4 375 元的部分	15	125
4	超过 5 000 元至 20 000 元的部分	超过 4 375 元至 16 375 元的部分	20	375
5	超过 20 000 元至 40 000 元的部分	超过 16 375 元至 31 375 元的部分	25	1 375
6	超过 40 000 元至 60 000 元的部分	超过 31 375 元至 45 375 元的部分	30	3 375
7	超过 60 000 元至 80 000 元的部分	超过 45 375 元至 58 375 元的部分	35	6 375
8	超过 80 000 元至 100 000 元的部分	超过 58 375 元至 70 375 元的部分	40	10 375
9	超过 100 000 元的部分	超过 70 375 元的部分	45	15 375

注:(1)本表所称全月应纳税所得额是指依照个人所得税法的规定,以每月收入额减除有关费用后的余额。

(2)含税级距适用于由纳税人负担税款的工资、薪金所得;不含税级距适用于由他人(单位)代付税款的工资、薪金所得。

(3)本表适用于 2011 年 8 月 31 日前取得的工资、薪金所得应纳税额的计算。

2011 年 6 月 30 日,第十一届全国人民代表大会常务委员会第二十一次会议表决通过了《关于修改〈中华人民共和国个人所得税法〉的决定》,对工资、薪金所得税率表做出修改,自 2011 年 9 月 1 日起施行。新工资、薪金所得项目税率表设计的主要原则有:一是减少纳税级次,逐步简化税制;二是适当降低最低档税率,拉大低档次税率级距,避免中低收入者税负累进过快;三是维持最高档税率不变,适当加大对高收入者的调节力度;四是税负变化公平,避免出现较高收入者减税幅度高于较低收入者的减税幅度,防止出现税负增减幅度倒挂现象;五是税负变化平滑,避免出现税负陡升陡降的凸点现象;六是税负升降临界点适当。

工资、薪金所得项目税率表由九级简并为七级的主要考虑是:现行工资、薪金所得九级超额累进税率存在级次过多、低档税率级距累进过快等问题,有必要对税率级次、级距进行适当调整,减少税率级次,调整级距。按照七级税率设计的方案,既减少了税率级次,又使不同收入纳税人的税负增减变化较为平滑。它体现了国家关于加强税收对收入分配调节作用的要求,减轻中低收入者的税收负担,避免了税率级次减少过多、纳税人税负波动过大、纳税人增减的税负不均衡,甚至税负增幅倒挂等问题。

修改后的税率表如表 1-3 所示,自 2011 年 9 月 1 日起执行。

表 1-3 　　　　　　　　　　　　**个人所得税税率表二**
（工资、薪金所得适用）

级数	全月应纳税所得额		税率 (%)	速算 扣除数
	含税级距	不含税级距		
1	不超过 1 500 元的	不超过 1 455 元的	3	0
2	超过 1 500 元至 4 500 元的部分	超过 1 455 元至 4 155 元的部分	10	105
3	超过 4 500 元至 9 000 元的部分	超过 4 155 元至 7 755 元的部分	20	555
4	超过 9 000 元至 35 000 元的部分	超过 7 755 元至 27 255 元的部分	25	1 005

级数	全月应纳税所得额		税率(%)	速算扣除数
	含税级距	不含税级距		
5	超过 35 000 元至 55 000 元的部分	超过 27 255 元至 41 255 元的部分	30	2 755
6	超过 55 000 元至 80 000 元的部分	超过 41 255 元至 57 505 元的部分	35	5 505
7	超过 80 000 元的部分	超过 57 505 元的部分	45	13 505

注：（1）本表所称含税级距与不含税级距，均为按照税法规定减除有关费用后的所得额。

（2）含税级距适用于由纳税人负担税款的工资、薪金所得；不含税级距适用于由他人（单位）代付税款的工资、薪金所得。

（3）本表适用于 2011 年 9 月 1 日以后取得的工资、薪金所得应纳税额的计算。

2. 生产经营所得

2011 年 8 月 31 日以前，个体工商户的生产、经营所得和对企事业单位的承包经营、承租经营所得，适用 5%～35% 的五级超额累进税率，税率表如表 1-4 所示。

表 1-4　　　　　　　　　**个人所得税税率表三**

（个体工商户的生产、经营所得和对企事业单位的承包经营、承租经营所得适用）

级数	全年应纳税所得额		税率(%)	速算扣除数
	含税级距	不含税级距		
1	不超过 5 000 元的	不超过 4 750 元的	5	0
2	超过 5 000 元至 10 000 元的部分	超过 4 750 元至 9 250 元的部分	10	250
3	超过 10 000 元至 30 000 元的部分	超过 9 250 元至 25 250 元的部分	20	1 250
4	超过 30 000 元至 50 000 元的部分	超过 25 250 元至 39 250 元的部分	30	4 250
5	超过 50 000 元的部分	超过 39 250 元的部分	35	6 750

注：（1）本表所称全年应纳税所得额是指依照个人所得税法的规定，以每一纳税年度的收入总额，减除成本、费用以及损失后的余额。

（2）含税级距适用于个体工商户的生产、经营所得和由纳税人负担税款的对企事业单位的承包经营、承租经营所得；不含税级距适用于由他人（单位）代付税款的对企事业单位的承包经营、承租经营所得。

（3）本表适用于 2011 年 8 月 31 日前取得的生产经营所得。

工资、薪金所得项目税率级次、级距调整后，个体工商户生产经营所得纳税人和承包承租经营所得纳税人与工资、薪金所得纳税人的税负相比出现较大差距。因此，2011 年修改个人所得税法时综合考虑个体工商户与工资、薪金所得纳税人、小型微利企业所得税税负水平的平衡问题，在维持现行五级税率级次不变的前提下，对个体工商户的生产、经营所得和承包承租经营所得税率表的各档级距做了相应调整，如将生产经营所得税率表第一级级距由年应纳税所得额 5 000 元以内调整为 15 000 元以内，第五级级距由年应纳税所得额 50 000 元以上调整为 100 000 元以上。经过上述调整，减轻了个体工商户和承包承租经营者的税收负担，年应纳税所得额 6 万元以下的纳税人税负平均降幅约为 40%，最大降幅达 57%，有利于支持个体工商户和承包承租经营者的发展。

需要说明的是，从名义税率上看，个体工商户的税负似乎略高于工资、薪金收入者或小型法人企业，但个体工商户与另外两者相比，在征税方式上具有不同之处：一是工资、薪金所得是按月代扣代缴，个体工商户是按年征税，自行申报；二是个体工商户只征一道个人所得税,小型法人企业除征企业所得税外,其税后利润分配给个人时,还要再征一道利息、股息、红利所得个人所得税;三是工资、薪金所得是定额减除费用3 500元/月,个体工商户业主除可享受3 500元/月的减除费用外,其生产经营的成本费用还可据实扣除;四是从实际征管情况看,大多数个体工商户均采取定期定额征税的方式,其实际税负往往低于名义税率。

修改后的适用于个体工商户的生产、经营所得和对企事业单位的承包经营、承租经营所得的税率表如表1-5所示,自2011年9月1日起执行。

表1-5　　　　　　　　　　个人所得税税率表四
(个体工商户的生产、经营所得和对企事业单位的承包经营、承租经营所得适用)

级数	全年应纳税所得额		税率（％）	速算扣除数
	含税级距	不含税级距		
1	不超过15 000元的	不超过14 250元的	5	0
2	超过15 000元至30 000元的部分	超过14 250元至27 750元的部分	10	750
3	超过30 000元至60 000元的部分	超过27 750元至51 750元的部分	20	3 750
4	超过60 000元至100 000元的部分	超过51 750元至79 750元的部分	30	9 750
5	超过100 000元的部分	超过79 750元的部分	35	14 750

注:(1)本表所称含税级距与不含税级距,均为按照税法规定以每一纳税年度的收入总额减除成本、费用以及损失后的所得额。

(2)含税级距适用于个体工商户的生产、经营所得和由纳税人负担税款的对企事业单位的承包经营、承租经营所得;不含税级距适用于由他人(单位)代付税款的对企事业单位的承包经营、承租经营所得。

3. 稿酬所得

稿酬所得,适用比例税率,税率为20％,并按应纳税额减征30％。

4. 劳务报酬所得

劳务报酬所得,适用比例税率,税率为20％。对劳务报酬所得一次收入畸高的,可以实行加成征收。

《个人所得税法实施条例》规定,劳务报酬所得一次收入畸高,是指个人一次取得劳务报酬,其应纳税所得额超过2万元。对应纳税所得额超过2万元至5万元的部分,依照税法规定计算应纳税额后再按照应纳税额加征五成;超过5万元的部分,加征十成。劳务报酬所得的税率表如表1-6所示。

表1-6　　　　　　　　　　个人所得税税率表五
(劳务报酬所得适用)

级数	含税级距	不含税级距	税率	速算扣除数
1	不超过20 000元的部分	不超过16 000元的部分	20％	0
2	超过20 000元至50 000元的部分	超过16 000元到37 000元的部分	30％	2 000
3	超过50 000元的部分	超过37 000元的部分	40％	7 000

注:(1)本表中的含税级距、不含税级距,均为按照税法规定减除有关费用后的所得额。

(2)含税级距用于由纳税人负担税款的劳务报酬所得;不含税级距适用于由他人(单位)代付税款的劳务报酬所得。

5. 其他项目所得

特许权使用费所得，利息、股息、红利所得，财产租赁所得，财产转让所得，偶然所得和其他所得，适用比例税率，税率为 20％。

《财政部 国家税务总局关于廉租住房、经济适用住房和住房租赁有关税收政策的通知》（财税〔2008〕24 号）规定，自 2008 年 3 月 1 日起，对个人出租住房取得的所得减按10％的税率征收个人所得税。

四、计税依据

个人所得税的计税依据是纳税人取得的应纳税所得额。应纳税所得额是个人取得的各项收入减去税法规定的扣除项目或扣除金额后的余额。正确计算应纳税所得额，是依法征收个人所得税的前提和基础。

《国家税务总局关于印发〈个人所得税全员全额扣缴申报管理暂行办法〉的通知》（国税发〔2005〕205 号）规定，除全年一次性奖金等特殊政策的应纳税所得额计算外，个人所得税应纳税所得额计算公式为：

$$\text{应纳税所得额} = \text{收入额（人民币合计）} - \text{免税收入额} - \text{允许扣除的税费} - \text{费用扣除标准} - \text{准予扣除的捐赠额}$$

(一) 收入形式

《个人所得税法实施条例》第十条规定，个人所得的形式，包括现金、实物、有价证券和其他形式的经济利益。所得为实物的，应当按照取得的凭证上所注明的价格计算应纳税所得额；无凭证的实物或者凭证上所注明的价格明显偏低的，参照市场价格核定应纳税所得额。所得为有价证券的，根据票面价格和市场价格核定应纳税所得额。所得为其他形式的经济利益的，参照市场价格核定应纳税所得额。

(二) 费用扣除方法

在计算应纳税所得额时，除特殊项目外，一般允许从个人的应税收入中减去税法规定的扣除项目或扣除金额，包括为取得收入所支出的必要的成本或费用。因为个人在取得收入过程中，大多需要支付必要的成本或费用。从世界各国征收个人所得税的实践来看，一般都允许纳税人从其收入中扣除必要的费用，仅就扣除费用后的所得征税。我国现行的个人所得税采取分项确定、分类扣除，根据其所得的不同情况分别实行定额、定率和会计核算等扣除办法。

1. 定额扣除

对工资、薪金所得涉及的个人生计费用，采取定额扣除的办法。从 2011 年 9 月 1 日起,工资、薪金所得的减除费用标准为 3 500 元/月。

这里所说的"减除费用标准"也称"免征额",与"起征点"不同。起征点是指税法规定的对课税对象开始征税的最低界限。当课税对象数额低于起征点时,无须纳税;当课税对象数额高于起征点时,就要对课税对象的全部收入征税。

减除费用标准是对个人收入征税时允许扣除的费用限额。当个人收入低于减除费用标准时,无须纳税;当个人收入高于减除费用标准时,则对减去减除费用标准后的余额征税。所以"减除费用标准"与"起征点"并不是同一个概念。2011 年修改后的个人所得税法中所说的工资、薪金所得减除"3 500 元/月",应称作"减除费用标准",而不是"起征点"。

2. 定额与定率相结合

对劳务报酬所得、稿酬所得、特许权使用费所得、财产租赁所得,因涉及既要按一定比例合理扣除费用,又要避免扩大征税范围等两个需同时兼顾的因素,故采取定额和定率两种扣除办法。

如劳务报酬所得、稿酬所得、特许权使用费所得、财产租赁所得,每次收入不超过 4 000 元的,减除费用 800 元;4 000 元以上的,减除 20%的费用,其余额为应纳税所得额。

3. 会计核算扣除

个体工商户的生产、经营所得和对企事业单位的承包经营、承租经营所得及财产转让所得,涉及生产、经营有关成本或费用的支出,采取会计核算办法扣除有关成本、费用或规定的费用。

《个人所得税法》规定,财产转让所得,按照一次转让财产的收入额减除财产原值和合理费用后的余额,计算纳税。个体工商户的生产、经营所得,以每一纳税年度的收入总额减除成本、费用以及损失后的余额,为应纳税所得额。对企事业单位的承包经营、承租经营所得,以每一纳税年度的收入总额,减除必要费用后的余额,为应纳税所得额。

4. 不扣除费用

利息、股息、红利所得和偶然所得以及其他所得,因不涉及必要费用的支付,所以规定不得扣除任何费用。即利息、股息、红利所得,偶然所得和其他所得,以每次收入额为应纳税所得额。

(三)个人所得税外币折算

由于我国的税收计算和缴纳都是以人民币为单位,个人所得税的费用扣除额以及应纳税所得额也都是通过人民币来计算的,因此《个人所得税法》第十条规定,各项所得的计算,以人民币为单位。所得为外国货币的,按照国家外汇管理机关规定的外汇牌价折合成人民币缴纳税款。

对于如何按照外汇牌价将外币折合成人民币,《个人所得税法实施条例》第四十三条进一步明确规定,所得为外国货币的,应当按照填开完税凭证的上一月最后一日人民币汇率中间价，折合成人民币计算应纳税所得额。依照《个人所得税法》规定，在年度终了后汇算清缴的，对已经按月或者按次预缴税款的外国货币所得，不再重新折算；对应当补缴税款的所得部分，按照上一纳税年度最后一日人民币汇率中间价，折合成人民币计算应纳税所得额。

根据《中国人民银行关于人民币汇价管理问题的通知》（银传〔1995〕26号）的规定，从1995年4月1日起，中国人民银行只公布人民币对美元、港币和日元的外汇牌价（基准汇价），人民币对美元、港币、日元以外各种可兑换货币的外汇牌价，由各外汇指定银行根据国际外汇市场行情和中国人民银行的有关规定自行制定。为便于纳税人申报纳税和税务机关征收审核，《国家税务总局关于外商投资企业和外国企业及外籍个人的外币收入如何折合成人民币计算缴纳税款问题的通知》（国税发〔1995〕70号）就外商投资企业和外国企业以及外籍个人计税时使用的外汇牌价问题明确规定为：外商投资企业和外国企业及外籍个人取得的收入和所得为美元、港币和日元的，统一使用中国人民银行公布的外汇牌价；其他可兑换货币的外汇统一使用中国银行公布的挂牌价格，折合成人民币收入和所得计算纳税。

《国家税务总局关于印发〈个人所得税全员全额扣缴申报管理暂行办法〉的通知》（国税发〔2005〕205号）进一步明确：收入额，如支付外币的，应折算成人民币。外币折合人民币时，如为美元、日元和港币，应当按照缴款上一月最后一日中国人民银行公布的人民币基准汇价折算；如为美元、日元和港币以外的其他外币的，应当按照缴款上一月最后一日中国银行公布的人民币外汇汇率中的现钞买入价折算。

五、纳税期限

（一）纳税期限概述

纳税期限，是指纳税人按照税法规定缴纳税款的期限。例如，企业所得税在月份或季度终了后15日内预缴，年度终了后5个月内汇算清缴等。

（二）个人所得税纳税期限

《个人所得税法》第九条规定，扣缴义务人每月所扣的税款，自行申报纳税人每月应纳的税款，都应当在次月15日内缴入国库，并向税务机关报送纳税申报表。

工资、薪金所得应纳的税款，按月计征，由扣缴义务人或者纳税义务人在次月15日内缴入国库，并向税务机关报送纳税申报表。特定行业的工资、薪金所得应纳的税款，可以实行按年计算、分月预缴的方式计征，具体办法由国务院规定。

个体工商户的生产、经营所得应纳的税款，按年计算，分月预缴，由纳税义务人在次月15日内预缴，年度终了后3个月内汇算清缴，多退少补。

对企事业单位的承包经营、承租经营所得应纳的税款，按年计算，由纳税义务人在年度终了后30日内缴入国库，并向税务机关报送纳税申报表。纳税义务人在一年内分次取得承包经营、承租经营所得的，应当在取得每次所得后的 15 日内预缴，年度终了后 3 个月内汇算清缴，多退少补。

从中国境外取得所得的纳税义务人，应当在年度终了后 30 日内，将应纳的税款缴入国库，并向税务机关报送纳税申报表。

在 2011 年 8 月 31 日以前，原《个人所得税法》规定，扣缴义务人和纳税人每月申报缴纳税款的时间为次月 7 日内，而缴纳企业所得税、增值税等其他税种的申报缴纳税款的时间一般为次月 15 日内。由于申报缴纳税款的时间不一致，造成了有些扣缴义务人、纳税人在一个月内要办理两次申报缴纳税款手续，增加了扣缴义务人和纳税人的办税负担。为方便扣缴义务人和纳税人办税，2011 年 6 月 30 日修改《个人所得税法》时，将扣缴义务人、纳税人申报缴纳税款的时限改为次月 15 日内，与现行的企业所得税、增值税等税种申报缴纳税款的时间一致，自 2011 年 9 月 1 日起施行。

2

第二章
工资、薪金所得

第一节　征税范围

一、工资、薪金所得的范围

《个人所得税法实施条例》第八条第一款第一项规定，工资、薪金所得，是指个人因任职或者受雇而取得的工资、薪金、奖金、年终加薪、劳动分红、津贴、补贴以及与任职或者受雇有关的其他所得。

一般来说，工资、薪金所得属于非独立个人劳动所得。这里所称非独立个人劳动，是指个人所从事的是由他人指定、安排并接受管理的劳动，工作或服务于公司、工厂、行政、事业单位的人员（私营企业主除外）均为非独立劳动者。

除工资、薪金外，年终加薪、劳动分红不分种类和取得情况，一律按工资、薪金所得课税。津贴、补贴等则有例外。根据我国目前个人收入的构成情况，税法规定，对于一些不属于工资、薪金性质的补贴、津贴或者不属于纳税人本人工资、薪金所得项目的收入，不予征税。奖金是指所有具有工资性质的奖金，免税奖金的范围在税法中另有规定。

以下几个方面需要引起特别关注：

1. 退休人员再任职取得的收入

《国家税务总局关于个人兼职和退休人员再任职取得收入如何计算征收个人所得税问题的批复》（国税函〔2005〕382号）规定，退休人员再任职取得的收入，在减除按个人所得税法规定的费用扣除标准后，按"工资、薪金所得"应税项目缴纳个人所得税。

这里所称"退休人员再任职"，根据《国家税务总局关于离退休人员再任职界定问题的批复》（国税函〔2006〕526号）第三条的规定，应同时符合下列条件：

（1）受雇人员与用人单位签订一年以上（含一年）劳动合同（协议），存在长期或连续的雇用与被雇用关系；

（2）受雇人员因事假、病假、休假等原因不能正常出勤时，仍享受固定或基本工资收入；

（3）受雇人员与单位其他正式职工享受同等福利、社保、培训及其他待遇；

（4）受雇人员的职务晋升、职称评定等工作由用人单位负责组织。

自2011年5月1日起，根据《国家税务总局关于个人所得税有关问题的公告》（国家税务总局公告2011年第27号）的规定，国税函〔2006〕526号文件第三条中，单位是否为离退休人员缴纳社会保险费，不再作为离退休人员再任职的界定条件。

2. 免费旅游

《财政部 国家税务总局关于企业以免费旅游方式提供对营销人员个人奖励有关个人所得税政策的通知》（财税〔2004〕11号）规定，自2004年1月20日起，对商品营销活动中，企业和单位对营销业绩突出人员以培训班、研讨会、工作考察等名义组织旅游活动，通过免收差旅费、旅游费对个人实行的营销业绩奖励（包括实物、有价证券等），应根据所发生费用全额计入营销人员应税所得，依法征收个人所得税，并由提供上述费用的企业和单位代扣代缴。其中，对企业雇员享受的此类奖励，应与当期的工资、薪金合并，按照"工资、薪金所得"项目征收个人所得税；对其他人员享受的此类奖励，应作为当期的劳务收入，按照"劳务报酬所得"项目征收个人所得税。

【例2-1】（单选题）在商品营销活动中，企业和单位对营销业绩突出的非雇员以培训班、研讨会、工作考察等名义组织旅游活动，通过免收差旅费、旅游费对个人实行的营销业绩奖励，下列表述中正确的是（　　）。

A. 不缴纳个人所得税 　　　　B. 按工资、薪金所得缴纳个人所得税

C. 按劳务报酬所得缴纳个人所得税 　　D. 按偶然所得缴纳个人所得税

[答案] C

3. 企业为职工购买商业保险

《国家税务总局关于单位为员工支付有关保险缴纳个人所得税问题的批复》（国税函〔2005〕318号）规定，企业为员工支付各项免税之外的保险金，应在企业向保险公司缴付时（即该保险落到保险人的保险账户）并入员工当期的工资收入，按"工资、薪金所得"项目计征个人所得税，税款由企业负责代扣代缴。

4. 股票期权计划中购买价低于市场价的差额

《财政部 国家税务总局关于个人股票期权所得征收个人所得税问题的通知》（财税〔2005〕35号）规定，根据企业股票期权计划，员工行权时，其从企业取得股票的实际购买价（施权价）低于购买日公平市场价（指该股票当日的收盘价，下同）的差额，是因员工在企业的表现和业绩情况而取得的与任职、受雇有关的所得，应按"工资、薪金所得"适用的规定计算缴纳个人所得税。

对因特殊情况，员工在行权日之前将股票期权（指不可公开交易的股票期权）转让的，以股票期权的转让净收入，作为"工资、薪金所得"征收个人所得税。需要说明的是，此种情况下不是按"财产转让所得"项目征收个人所得税。

5. 住房补贴

《财政部 国家税务总局关于住房公积金医疗保险金、养老保险金征收个人所得税问题的通知》（财税字〔1997〕144号）第三条规定，企业以现金形式发给个人的住房补贴、医疗补助费，应全额计入领取人的当期工资、薪金收入计征个人所得税。但对外籍个人以实报实销形式取得的住房补贴，仍按照《财政部 国家税务总局关于个人所得税若干政策问题的通知》（财税字〔1994〕20号）的规定，暂免征收个人所得税。

【例2-2】（单选题）下列所得，不属于个人所得税工资薪金所得应税项目的是（　　）。

A. 个人兼职取得的所得

B. 退休人员再任职取得的所得

C. 任职于杂志社的记者在本单位杂志上发表作品取得的所得

D. 个人在公司任职并兼任董事取得的董事费所得

[答案] A

二、不属于工资、薪金性质的补贴、津贴

税法规定,对按照国务院规定发给的政府特殊津贴和国务院规定免纳个人所得税的补贴、津贴,免予征收个人所得税。其他各种补贴、津贴均应计入"工资、薪金所得"项目征税。

此外,《国家税务总局关于印发〈征收个人所得税若干问题的规定〉的通知》(国税发〔1994〕89 号)规定,下列不属于工资、薪金性质的补贴、津贴或者不属于纳税人本人"工资、薪金所得"项目的收入,不征税:

(1)独生子女补贴;

(2)执行公务员工资制度未纳入基本工资总额的补贴、津贴差额和家属成员的副食品补贴;

(3)托儿补助费;

(4)差旅费津贴,误餐补助。

《财政部 国家税务总局关于误餐补助范围确定问题的通知》(财税字〔1995〕82 号)明确,这里所说不征税的误餐补助,是指按财政部门规定,个人因公在城区、郊区工作,不能在工作单位或返回就餐,确实需要在外就餐的,根据实际误餐顿数,按规定的标准领取的误餐费。一些单位以误餐补助名义发给职工的补贴、津贴,应当并入当月"工资、薪金所得"计征个人所得税。

【例 2-3】(多选题)下列各项中,应当按照"工资、薪金所得"项目征收个人所得税的有(   )。

A. 劳动分红   B. 独生子女补贴

C. 差旅费补贴   D. 超过规定标准的误餐费

[答案] AD

【例 2-4】(多选题)下列各项所得,按工资、薪金所得缴纳个人所得税的有(   )。

A. 非任职单位的董事费收入   B. 退休后再任职取得的收入

C. 年终加薪和劳动分红   D. 年终一次性奖金

E. 法人企业的个人投资者无偿取得企业出资购买的汽车

[答案] BCD

第二节　应纳税额的确定

根据现行个人所得税法的规定,工资、薪金所得应纳税额＝月应纳税所得额×适用税

率一速算扣除数。因而，为正确计算应纳税额，首先应准确确定应纳税所得额。

一、应纳税所得额

工资、薪金所得实行按月计征的办法，以每月收入额减除费用3500元（2011年9月1日开始执行）后的余额，为应纳税所得额。根据《国家税务总局关于印发〈个人所得税全员全额扣缴申报管理暂行办法〉的通知》（国税发〔2005〕205号）和《财政部 国家税务总局 保监会关于实施商业健康保险个人所得税政策试点的通知》（财税〔2015〕126号）等的规定，工资、薪金所得应纳税所得额的计算公式为：

$$应纳税所得额 = 收入额 - 免税收入额 - 费用扣除标准 - 准予扣除的捐赠额 - 符合条件的商业健康保险支出$$

这里公式中的"免税收入额"指按照国家规定，单位为个人缴付和个人缴付的基本养老保险费、基本医疗保险费、失业保险费、住房公积金，按照国务院规定发给的政府特殊津贴、院士津贴、资深院士津贴和其他经国务院批准免税的补贴、津贴等按照《个人所得税法》及其实施条例和国家有关政策规定免于纳税的所得。

二、费用扣除

（一）费用扣除标准

1980年9月10日，第五届全国人民代表大会第三次会议通过了《中华人民共和国个人所得税法》，规定个人所得税工资、薪金所得减除费用标准为800元/月。减除费用的目的是保证居民基本生活不受影响，所以减除费用标准应当根据居民基本生活消费支出等因素的变化而调整。因此，2005年10月27日第十届全国人民代表大会常务委员会第十八次会议修改《个人所得税法》，规定从2006年1月1日起，工资、薪金所得减除费用标准由800元/月提高到1600元/月。

2007年12月29日，第十届全国人民代表大会常务委员会第三十一次会议再次修改个人所得税法，规定从2008年3月1日起，工资、薪金所得减除费用标准提高到2000元/月。

2011年6月30日，第十一届全国人民代表大会常务委员会第二十一次会议表决通过了《关于修改〈中华人民共和国个人所得税法〉的决定》，规定自2011年9月1日起，计算工资、薪金所得时的费用扣除标准由2000元/月提高到3500元/月。

可以预见，今后根据社会经济形势的发展、居民消费水平的提高和物价变化等情况，国家还将适时对减除费用标准进行调整。

(二) 附加减除费用

《个人所得税法》第六条规定,对在中国境内无住所而在中国境内取得工资、薪金所得的纳税义务人和在中国境内有住所而在中国境外取得工资、薪金所得的纳税义务人,可以根据其平均收入水平、生活水平以及汇率变化情况确定附加减除费用,附加减除费用适用的范围和标准由国务院规定。

1. 附加减除费用标准

《个人所得税法实施条例》第二十七条规定,自 2011 年 9 月 1 日起,附加减除费用,是指每月在减除 3 500 元费用的基础上,再减除 1 300 元规定数额的费用,即自 2011 年 9 月 1 日起附加减除费用标准为 1 300 元。

而在 2008 年 3 月 1 日至 2011 年 8 月 31 日期间,附加减除费用标准为 2 800 元/月,在此之前为 3 200 元/月。

现行个人所得税法规定,对在中国境内无住所而在中国境内取得工资、薪金所得的纳税义务人和在中国境内有住所而在中国境外取得工资、薪金所得的纳税义务人(以下简称涉外人员),在按税法规定减除费用标准基础上,可以根据其平均收入水平、生活水平以及汇率变化情况确定附加减除费用,附加减除费用适用的范围和标准由国务院规定。2011年《个人所得税法实施条例》修订前规定的附加减除费用标准是每月 2 800 元,即涉外人员每月在减除 2 000 元费用的基础上,再减除 2 800 元的费用,减除费用的总额为 4 800 元。考虑到现行涉外人员工资、薪金所得总的减除费用标准高于境内中国公民,从税收公平的原则出发,应逐步统一内外籍人员工资、薪金所得减除费用标准。因此,2011 年修改个人所得税法实施条例时,在涉外人员的工资、薪金所得减除费用标准由 2 000 元/月提高到 3 500 元/月的同时,将其附加减除费用标准由 2 800 元/月调整为 1 300 元/月,这样,涉外人员总的减除费用标准保持现行 4 800 元/月不变。

工资、薪金所得减除费用标准与附加减除费用标准历次修改情况如表 2-1 所示。

表 2-1 个人所得税费用减除标准

项目	2006 年以前	2006 年 1 月 1 日—2008 年 2 月 29 日	2008 年 3 月 1 日—2011 年 8 月 31 日	自 2011 年 9 月 1 日起
费用减除标准	800 元/月	1 600 元/月	2 000 元/月	3 500 元/月
附加减除费用标准	3 200 元/月	3 200 元/月	2 800 元/月	1 300 元/月
合计	4 000 元/月	4 800 元/月	4 800 元/月	4 800 元/月

2. 附加减除费用适用的范围

《个人所得税法实施条例》第二十八条规定,附加减除费用适用的范围,是指:

(1) 在中国境内的外商投资企业和外国企业中工作的外籍人员(即外企工作外籍人员);

(2) 应聘在中国境内的企业、事业单位、社会团体、国家机关中工作的外籍专家(即中企外籍专家）；

（3）在中国境内有住所而在中国境外任职或者受雇取得工资、薪金所得的个人（即境外任职中国公民）；

（4）国务院财政、税务主管部门确定的其他人员（其他人员）。

《国家税务总局关于远洋运输船员工资、薪金所得个人所得税费用扣除问题的通知》（国税发〔1999〕202号）规定，自2000年1月1日起，考虑到远洋运输具有跨国流动的特性，因此，对远洋运输船员每月的工资、薪金收入在统一扣除800元（2006年1月1日—2008年2月29日为1600元/月；2008年3月1日—2011年8月31日为2000元/月，从2011年9月1日起为3500元/月）费用的基础上，准予再扣除税法规定的附加减除费用标准。此外，国税发〔1999〕202号文件进一步明确：对远洋运输船员取得的工资、薪金所得采取按年计算、分月预缴的方式计征个人所得税。由于船员的伙食费统一用于集体用餐，不发给个人，故特案允许该项补贴不计入船员个人的应纳税工资、薪金收入。

《个人所得税法实施条例》第三十条规定，附加减除费用也适用于华侨和香港、澳门、台湾同胞。

【例2-5】（多选题）个人所得税法中规定可以适用附加减除费用的是（　　）。

A. 在外商投资企业和外国企业中工作取得工资、薪金的外籍人员

B. 应聘在我国企业、事业单位、社会团体、国家机关中工作的外籍专家

C. 在外商投资企业和外国企业中工作取得工资、薪金的中方雇员

D. 远洋运输船员每月取得的工资、薪金收入

E. 在中国境内有住所而在中国境外任职取得工资、薪金所得的个人

［答案］ABDE

（三）"三费一金"的扣除

这里所称"三费一金"，是指基本养老保险费、基本医疗保险费、失业保险费和住房公积金。

根据《财政部 国家税务总局关于基本养老保险费、基本医疗保险费、失业保险费、住房公积金有关个人所得税政策的通知》（财税〔2006〕10号）精神，自2006年6月27日起，"三费一金"的个人所得税处理为：

（1）企事业单位按照国家或省（自治区、直辖市）人民政府规定的缴费比例或办法实际缴付的基本养老保险费、基本医疗保险费和失业保险费，免征个人所得税；个人按照国家或省（自治区、直辖市）人民政府规定的缴费比例或办法实际缴付的基本养老保险费、基本医疗保险费和失业保险费，允许在个人应纳税所得额中扣除。

企事业单位和个人超过规定的比例和标准缴付的基本养老保险费、基本医疗保险费和失业保险费，应将超过部分并入个人当期的工资、薪金收入，计征个人所得税。

（2）根据《住房公积金管理条例》、《建设部 财政部 中国人民银行关于住房公积金管理若干具体问题的指导意见》（建金管〔2005〕5号）等规定精神，单位和个人分别

在不超过职工本人上一年度月平均工资 12％的幅度内，其实际缴存的住房公积金，允许在个人应纳税所得额中扣除。单位和职工个人缴存住房公积金的月平均工资不得超过职工工作地所在设区城市上一年度职工月平均工资的 3 倍，具体标准按照各地有关规定执行。

单位和个人超过上述规定比例和标准缴付的住房公积金，应将超过部分并入个人当期的工资、薪金收入，计征个人所得税。

（3）个人实际领（支）取原提存的基本养老保险金、基本医疗保险金、失业保险金和住房公积金时，免征个人所得税。

上述职工工资口径按照国家统计局规定列入工资总额统计的项目计算。

（四）费用扣除的特殊处理

1. 雇佣和派遣单位分别支付工资薪金的费用扣除

关于在外商投资企业、外国企业和外国驻华机构工作的中方人员取得的工资、薪金所得的征税问题，国税发〔1994〕89 号文件第三条规定，在外商投资企业、外国企业和外国驻华机构工作的中方人员取得的工资、薪金收入，凡是由雇佣单位和派遣单位分别支付的，支付单位应依照税法规定代扣代缴个人所得税。按照税法规定，纳税义务人应以每月全部工资、薪金收入减除规定费用后的余额为应纳税所得额。为便于征管，对雇佣单位和派遣单位分别支付工资、薪金的，国税发〔1994〕89 号文件规定采取由支付者中的一方减除费用的方法，即只由雇佣单位在支付工资、薪金时，按税法规定减除费用，计算扣缴个人所得税；派遣单位支付的工资、薪金不再减除费用，以支付全额直接确定适用税率，计算扣缴个人所得税。

这与兼职律师（兼职律师是指取得律师资格和律师执业证书，不脱离本职工作从事律师职业的人员）的处理不同，国税发〔2000〕149 号文件规定，兼职律师从律师事务所取得工资、薪金性质的所得，律师事务所在代扣代缴其个人所得税时，不再减除个人所得税法规定的费用扣除标准，以收入全额直接确定适用税率，计算扣缴个人所得税。兼职律师应于次月 15 日内自行向主管税务机关申报两处或两处以上取得的工资、薪金所得，合并计算缴纳个人所得税。

上述纳税义务人，应持两处支付单位提供的原始明细工资、薪金单和完税凭证原件，选择并固定到一地税务机关申报每月工资、薪金收入，汇算清缴其工资、薪金收入的个人所得税，多退少补。

国税发〔1994〕89 号文件进一步明确，对外商投资企业、外国企业和外国驻华机构发放给中方工作人员的工资、薪金所得，应全额征税。但对可以提供有效合同或有关凭证，能够证明其工资、薪金所得的一部分按照有关规定上交派遣（介绍）单位的，可扣除其实际上交的部分，按其余额计征个人所得税。

【例 2-6】（计算题）张某（中国公民）由一中方企业于 2015 年 8 月派往国内一家外商投资企业工作，派遣单位和雇佣单位每月分别支付其工资 2 000 元和 18 000 元。按派出单位与张某签订的协议，张某每月从外方取得的工资应向派出单位上交 1 000 元。请计算张某 8 月份应当缴纳的个人所得税税额。

[**答案**]雇佣单位应代扣代缴个人所得税为：（18 000－3 500）×25%－1 005＝2 620（元）。

派出单位应代扣代缴个人所得税为：2 000×10%－105＝95（元）。

张某自行申报应纳的个人所得税为：（18 000＋2 000－1 000－3 500）×25%－1 005＝2 870（元），应补缴个人所得税为：2 870－2 620－95＝155（元）。

2. 境内、境外分别取得工资、薪金所得的费用扣除

国税发〔1994〕89 号文件规定，纳税义务人在中国境内、境外同时取得工资、薪金所得的，应根据《个人所得税法实施条例》第五条规定的原则，判断其境内、境外取得的所得是否来源于一国的所得。纳税义务人能够提供在境内、境外同时任职或者受雇及其工资、薪金标准的有效证明文件，可判定其所得是来源于境内和境外所得，应按税法的规定分别减除费用并计算纳税；不能提供上述证明文件的，应视为来源于一国的所得，如其任职或者受雇单位在中国境内，应为来源于中国境内的所得，如其任职或受雇单位在中国境外，应为来源于中国境外的所得。

3. 公务交通、通讯补贴费用扣除

《国家税务总局关于个人所得税有关政策问题的通知》（国税发〔1999〕58 号）规定，个人因公务用车和通讯制度改革而取得的公务用车、通讯补贴收入，扣除一定标准的公务费用后，按照工资、薪金所得项目计征个人所得税。按月发放的，并入当月工资、薪金所得计征个人所得税；不按月发放的，分解到所属月份并与该月份工资、薪金所得合并后计征个人所得税。公务费用的扣除标准，由省级地方税务局根据纳税人公务交通、通讯费用的实际发生情况调查测算，报经省级人民政府批准后确定，并报国家税务总局备案。

《国家税务总局关于个人因公务用车制度改革取得补贴收入征收个人所得税问题的通知》（国税函〔2006〕245 号）进一步规定，部分单位因公务用车制度改革，对用车人给予各种形式的补偿：直接以现金形式发放，在限额内据实报销用车支出，单位反租职工个人的车辆支付车辆租赁费（"私车公用"），单位向用车人支付车辆使用过程中的有关费用等。因公务用车制度改革而以现金、报销等形式向职工个人支付的收入，均应视为个人取得公务用车补贴收入，按照"工资、薪金所得"项目计征个人所得税。具体计征方法，按国税发〔1999〕58 号文件第二条"关于个人取得公务交通、通讯补贴收入征税问题"的有关规定执行。

《国家税务总局关于中国海洋石油总公司系统深化用工薪酬制度改革有关个人所得税问题的通知》（国税函〔2003〕330 号）规定，中油公司系统公务用车、通讯制度改革后，其发放给职工的公务用车、通讯补贴收入，根据国税发〔1999〕58 号文件第二条的规定，可按公司所在省级政府统一规定或批准的公务费用扣除标准扣除公务费用后，计入职工个人工资、薪金所得计算缴纳个人所得税。凡中油公司系统各公司所在省级政府尚未规定扣除标准的，可暂按各公司 2002 年公务费用实际发生数为扣除基数；超过扣除基数的补贴，

应计入个人所得征税；具体扣除基数，由各公司报所在地海洋石油税务局核备。

【例 2-7】（案例分析题）税务机关在对某市银行 2014 年度纳税情况进行检查时发现：行长李某每月工资收入 5 000 元，每月还领取通讯补贴 500 元，车改后公务交通补贴 1 200 元。经审查《代扣代缴个人所得税报告表》证实：单位仅对每月的工资收入 5 000 元扣缴个人所得税 45 元，对取得的交通、通讯补贴未扣缴个人所得税（当地省级地税机关规定的通讯补贴、公务交通补贴扣除标准分别为 300 元/月、600 元/月）。

[答案] 国税发〔1999〕58 号文件规定，个人因公务用车和通讯制度改革而取得的公务用车、通讯补贴收入，扣除一定标准的公务费用后，按照"工资、薪金所得"项目计征个人所得税。按月发放的，并入当月"工资、薪金所得"计征个人所得税；不按月发放的，分解到所属月份并与该月份工资、薪金所得合并后计征个人所得税。

根据上述规定，行长李某取得的通讯补贴与公务交通补贴，扣除该省规定的扣除标准后，应并入当月的工资、薪金所得，计征个人所得税。即每月应缴个人所得税为：[5 000＋(500－300)＋(1 200－600)－3 500]×10%－105＝125（元）。每月少扣缴个人所得税 80 元（125－45）。

三、应纳税额

工资、薪金所得自 2011 年 9 月 1 日起适用 3%～45% 七级超额累进税率（之前适用 5%～45% 九级超额累进税率），按每月收入定额扣除 3 500 元或 4 800 元，就其余额为应纳税所得额，按适用税率计算应纳税额。工资、薪金所得应纳税额的计算公式为：

$$应纳税额＝应纳税所得额×适用税率－速算扣除数$$
$$＝(每月收入额－3 500 元或 4 800 元)×适用税率－速算扣除数$$

【例 2-8】（计算题）某大学 2015 年 8 月支付给中国公民陈教授工资 8 000 元，支付给美国籍英语口语老师汤姆小姐工资 26 000 元，请计算该大学应代扣代缴的个人所得税分别是多少（不考虑"三费一金"）。

[答案] 应代扣代缴陈教授个人所得税为：(8 000－3 500)×10%－105＝345（元）。

应代扣代缴汤姆小姐个人所得税为：(26 000－3 500－1 300)×25%－1 005＝4 295（元）。

第三节 捐赠的扣除

一、限额扣除

(一)捐赠税前扣除政策

《个人所得税法》第六条第二款规定，个人将其所得对教育事业和其他公益事业捐赠的部分，按照国务院有关规定从应纳税所得中扣除。

《个人所得税法实施条例》第二十四条规定，这里所说的个人将其所得对教育事业和其他公益事业的捐赠，是指个人将其所得通过中国境内的社会团体、国家机关向教育和其他社会公益事业以及遭受严重自然灾害地区、贫困地区的捐赠。捐赠额未超过纳税义务人申报的应纳税所得额 30％ 的部分，可以从其应纳税所得额中扣除。超过部分不得扣除，也不得结转以后年度扣除。

（二）捐赠税前扣除的计算

公益性捐赠税前扣除限额的具体计算程序为：

（1）调整所得额，即将捐赠额从计算所得额中剔除，计算没有扣除捐赠之前的应纳税所得额。

（2）计算扣除限额，将调整后的所得额乘以 30％，计算出扣除限额。

（3）计算扣除额，比较实际捐赠额与扣除限额，以孰低值确定公益性捐赠扣除额，即，个人当期发生的公益性捐赠不足所得额的 30％ 的，据实扣除；超过 30％ 扣除限额的，按 30％ 限额扣除。

（4）计算应纳税所得额，将调整后的所得额减去法定的公益性捐赠扣除额，其差额为应纳税所得额。

【例 2-9】（单选题）中国公民李某取得翻译收入 20 000 元，从中拿出 5 000 元，通过公益性社会团体捐给了贫困地区，李某就该笔翻译收入应缴纳的个人所得税为（　）元。

A. 1 052　　　　　　　　　　　　B. 2 150

C. 2 240　　　　　　　　　　　　D. 1 072

[答案] C

[解析] 个人向贫困地区的公益性捐赠可以根据税法规定在限额内扣除，扣除限额＝ 20 000×(1−20％)×30％＝4 800（元），实际捐赠额 5 000 元，税前准予扣除 4 800 元。

应缴个人所得税＝[20 000×(1−20％)−4 800]×20％＝2 240（元）。

（三）限额扣除的主要项目

1. 个人捐赠住房作为廉租（公共租赁）住房

《财政部 国家税务总局关于廉租住房、经济适用住房和住房租赁有关税收政策的通知》（财税〔2008〕24 号）规定，个人捐赠住房作为廉租住房的，捐赠额未超过其申报的应纳税所得额 30％ 的部分，准予从其应纳税所得额中扣除。

《财政部 国家税务总局关于促进公共租赁住房发展有关税收优惠政策的通知》（财税〔2014〕52 号，自 2013 年 9 月 28 日至 2015 年 12 月 31 日执行）第五条规定，个人捐赠住房作为公共租赁住房，符合税收法律法规规定的，对其公益性捐赠支出未超过其申报的应纳税所得额 30％的部分，准予从其应纳税所得额中扣除。企事业单位、社会团体以及其他组织捐赠住房作为公共租赁住房，符合税收法律法规规定的，对其公益性捐赠支出在年度利润总额 12％以内的部分，准予在计算应纳税所得额时扣除。

2. 对宣传文化事业的捐赠

《国务院关于支持文化事业发展若干经济政策的通知》（国发〔2000〕41 号）规定，社会力量通过国家批准成立的非营利性的公益组织或国家机关对下列宣传文化事业的捐赠，纳入公益性捐赠范围，经税务机关审核后，纳税人缴纳个人所得税时，捐赠额未超过纳税人申报的应纳税所得额 30％的部分，可从其应纳税所得额中扣除。

（1）对国家重点交响乐团、芭蕾舞团、歌剧团、京剧团和其他民族艺术表演团体的捐赠；
（2）对公益性的图书馆、博物馆、科技馆、美术馆、革命历史纪念馆的捐赠；
（3）对重点文物保护单位的捐赠；
（4）对文化行政管理部门所属的非生产经营性的文化馆或群众艺术馆接受的社会公益性活动、项目和文化设施等方面的捐赠。

3. 通过光华科技基金会的捐赠

光华科技基金会是经中国人民银行批准成立，并在民政部注册登记的非营利的社会团体。根据《国家税务总局关于纳税人通过光华科技基金会的公益、救济性捐赠税前扣除问题的通知》（国税函〔2001〕164 号）的规定，纳税人将其应纳税所得通过光华科技基金会向教育、民政部门以及遭受自然灾害地区、贫困地区的公益、救济性捐赠，个人在应纳税所得额 30％以内的部分，准予在税前扣除。

4. "特殊党费"的扣除

《国家税务总局关于中国共产党党员交纳抗震救灾"特殊党费"在个人所得税前扣除问题的通知》（国税发〔2008〕60 号）规定，"5·12"四川汶川特大地震发生后，广大党员响应党组织的号召，以"特殊党费"的形式积极向灾区捐款。党员个人通过党组织交纳的抗震救灾"特殊党费"，属于对公益、救济事业的捐赠。党员个人的该项捐赠额，可以按照《个人所得税法》及其实施条例的规定，依法在缴纳个人所得税前扣除。

5. 订阅党报党刊费用支出的扣除

《财政部 国家税务总局关于工商企业订阅党报党刊有关所得税税前扣除问题的通知》（财税〔2003〕224 号）规定，对工商企业订阅《人民日报》、《求是》杂志捐赠给贫困地区的费用支出，视同公益救济性捐赠，可按现行税法规定的比例，在缴纳企业所得税和个人所得税时予以税前扣除。

6. 向中国金融教育发展基金会等 10 家单位的捐赠

为支持社会公益事业发展，根据《财政部 国家税务总局关于中国金融教育发展基金会等 10 家单位公益救济性捐赠所得税税前扣除问题的通知》（财税〔2006〕73 号）的规定，自 2006 年 1 月 1 日起，对个人等社会力量通过中国金融教育发展基金会、中国国际民间组织合作促进会、中国社会工作协会孤残儿童救助基金管理委员会、中国发展研究基金会、陈嘉庚科学奖基金会、中国友好和平发展基金会、中华文学基金会、中华农业科教基金会、中国少年儿童文化艺术基金会和中国公安英烈基金会用于公益救济性捐赠，个人在申报应纳税所得额 30％以内的部分，准予在计算缴纳个人所得税税前扣除。

7. 向华侨经济文化基金会等 4 家单位的捐赠

为支持社会公益事业发展，根据《财政部 国家税务总局关于中国华侨经济文化基金会等 4 家单位公益救济性捐赠所得税税前扣除问题的通知》（财税〔2006〕164 号）的规定，自 2006 年 1 月 1 日起，对个人等社会力量通过中国华侨经济文化基金会、中国少数民族文化艺术基金会、中国文物保护基金会和北京大学教育基金会用于公益救济性的捐赠，个人在申报应纳税所得额 30％以内的部分，准予在计算缴纳个人所得税时实行税前扣除。

8. 通过中国华夏文化遗产基金会等 4 家单位的捐赠

中国华夏文化遗产基金会、中国民航科普基金会、南航"十分"关爱基金会、国寿慈善基金会等四家单位是按照国务院《基金会管理条例》或《社会团体登记管理条例》的规定，经民政部登记注册的非营利性的社会团体，《财政部 国家税务总局关于纳税人通过中国华夏文化遗产基金会等 4 家单位公益救济性捐赠所得税税前扣除问题的通知》（财税〔2007〕175 号）规定，自 2007 年 1 月 1 日起，纳税人通过上述基金会的公益、救济性捐赠支出，未超过申报的个人所得税应纳税所得额 30％的部分，准予在缴纳个人所得税前扣除，国家以后有新的政策规定，统一按新的政策规定执行。

二、全额扣除

（一）向农村义务教育或教育事业的捐赠

根据《财政部 国家税务总局关于纳税人向农村义务教育捐赠有关所得税政策的通知》（财税〔2001〕103 号）的规定，自 2001 年 7 月 1 日起，个人通过非营利的社会团体和国家机关向农村义务教育的捐赠，准予在缴纳个人所得税前的所得额中全额扣除。

这里所称农村义务教育的范围，是指政府和社会力量举办的农村乡镇（不含县和县级市政府所在地的镇）、村的小学和初中以及属于这一阶段的特殊教育学校。纳税人对农村义务教育与高中在一起的学校的捐赠，也享受财税〔2001〕103 号文件规定的所得税前扣除政策。

接受捐赠或办理转赠的非营利的社会团体和国家机关，应按照财务隶属关系分别使用由中央或省级财政部门统一印（监）制的捐赠票据，并加盖接受捐赠或转赠单位的财务专用印章。税务机关据此对捐赠个人进行税前扣除。

根据《财政部 国家税务总局关于教育税收政策的通知》（财税〔2004〕39 号）的规定，个人通过中国境内非营利的社会团体、国家机关向教育事业的捐赠，准予在个人所得税前全额扣除。

（二）对中国教育发展基金会的捐赠

《财政部 国家税务总局关于中国教育发展基金会捐赠所得税政策问题的通知》（财税〔2006〕68号）规定，自2006年1月1日起，对个人等社会力量通过中国教育发展基金会用于公益救济性捐赠，准予在缴纳个人所得税前全额扣除。

（三）对公益性青少年活动场所的捐赠

《财政部 国家税务总局关于对青少年活动场所、电子游戏厅有关所得税和营业税政策问题的通知》（财税〔2000〕21号）规定，自2000年1月1日起，个人通过非营利性的社会团体和国家机关对公益性青少年活动场所（其中包括新建）的捐赠，在缴纳个人所得税前准予全额扣除。

公益性青少年活动场所，是指专门为青少年学生提供科技、文化、德育、爱国主义教育、体育活动的青少年宫、青少年活动中心等校外活动的公益性场所。

（四）对老年服务机构的捐赠

《财政部 国家税务总局关于对老年服务机构有关税收政策问题的通知》（财税〔2000〕97号）规定，自2000年10月1日起，对个人通过非营利性的社会团体和政府部门向福利性、非营利性的老年服务机构的捐赠，在缴纳个人所得税前准予全额扣除。

这里所称老年服务机构，是指专门为老年人提供生活照料、文化、护理、健身等多方面服务的福利性、非营利性的机构，主要包括：老年社会福利院、敬老院（养老院）、老年服务中心、老年公寓（含老年护理院、康复中心、托老所）等。

（五）向宋庆龄基金会等6家单位的捐赠

《财政部 国家税务总局关于向宋庆龄基金会等6家单位捐赠所得税政策问题的通知》（财税〔2004〕172号）规定，自2004年1月1日起，对个人等社会力量，通过宋庆龄基金会、中国福利会、中国残疾人福利基金会、中国扶贫基金会、中国煤矿尘肺病治疗基金会、中华环境保护基金会用于公益救济性的捐赠，准予在缴纳个人所得税前全额扣除。

（六）对中国医药卫生事业发展基金会的捐赠

为支持我国社会公益事业发展，经国务院批准，《财政部 国家税务总局关于中国医药卫生事业发展基金会捐赠所得税政策问题的通知》（财税〔2006〕67号）对纳税人向中国医药卫生事业发展基金会捐赠所得税税前扣除问题做出规定，自2006年1月1日起，对个人等社会力量通过中国医药卫生事业发展基金会用于公益救济性捐赠，准予在缴纳个人所得税前全额扣除。

（七）向红十字事业的捐赠

《财政部 国家税务总局关于企业等社会力量向红十字事业捐赠有关所得税政策问题的通知》（财税〔2000〕30号）规定，自2000年1月1日起，个人通过非营利性的社会团体和国家机关（包括中国红十字会）向红十字事业的捐赠，在计算缴纳个人所得税时准予全额扣除。

（八）对中国老龄事业发展基金会等8家单位的捐赠

为支持我国社会公益事业发展，经国务院批准，《财政部 国家税务总局关于中国老龄事业发展基金会等8家单位捐赠所得税政策问题的通知》（财税〔2006〕66号）对纳税人向中国老龄事业发展基金会等8家单位捐赠所得税税前扣除问题做出规定，自2006年1月1日起，对个人等社会力量通过中国老龄事业发展基金会、中国华文教育基金会、中国绿化基金会、中国妇女发展基金会、中国关心下一代健康体育基金会、中国生物多样性保护基金会、中国儿童少年基金会和中国光彩事业基金会用于公益救济性捐赠，准予在缴纳个人所得税前全额扣除。

（九）对中华快车基金会等5家单位的捐赠

为支持我国农村医疗卫生、经济科学教育、慈善、法律援助和见义勇为等社会公益事业的发展，《财政部 国家税务总局关于向中华健康快车基金会等5家单位的捐赠所得税税前扣除问题的通知》（财税〔2003〕204号）规定，自2003年1月1日起，对个人等社会力量向中华健康快车基金会和孙冶方经济科学基金会、中华慈善总会、中国法律援助基金会和中华见义勇为基金会的捐赠，准予在缴纳个人所得税前全额扣除。

（十）对芦山地震受灾地区的捐赠

《财政部 海关总署 国家税务总局关于支持芦山地震灾后恢复重建有关税收政策问题的通知》（财税〔2013〕58号）规定，自2013年4月20日起至2015年12月31日止，对企业、个人通过公益性社会团体、县级以上人民政府及其部门向芦山地震受灾地区的捐赠，允许在当年企业所得税前和当年个人所得税前全额扣除。

【例2-10】（多选题）根据《个人所得税法》的相关规定，个人通过中国境内非营利社会团体进行的下列捐赠中，在计算缴纳个人所得税时，准予税前全额扣除的有（　　）。

A. 向贫困地区的捐赠　　　　　　　B. 向农村义务教育的捐赠

C. 向红十字事业的捐赠　　　　　　D. 向公益性青少年活动场所的捐赠

E. 对个人向中华健康快车基金会的捐赠

[答案] BCDE

三、扣除的项目和期限

《国家税务总局关于个人捐赠后申请退还已缴纳个人所得税问题的批复》(国税函〔2004〕865 号)规定,允许个人在税前扣除的对教育事业和其他公益事业的捐赠,其捐赠资金应属于其纳税申报期当期的应纳税所得;当期扣除不完的捐赠余额,不得转到其他应税所得项目以及以后纳税申报期的应纳税所得中继续扣除,也不允许将当期捐赠在属于以前纳税申报期的应纳税所得中追溯扣除。此外,根据个人所得税法的相关规定,个人将其所得通过中国境内的社会团体、国家机关向教育和其他社会公益事业以及遭受严重自然灾害地区、贫困地区的捐赠,捐赠额未超过纳税义务人申报的应纳税所得额 30% 的部分,可以从其应纳税所得额中扣除。超过部分不得扣除,也不得结转以后年度扣除。

另外,《国家税务总局关于个人向地震灾区捐赠有关个人所得税征管问题的通知》(国税发〔2008〕55 号)规定,个人通过扣缴单位统一向灾区的捐赠,由扣缴单位凭政府机关或非营利组织开具的汇总捐赠凭据、扣缴单位记载的个人捐赠明细表等,由扣缴单位在代扣代缴税款时,依法据实扣除。个人直接通过政府机关、非营利组织向灾区的捐赠,采取扣缴方式纳税的,捐赠人应及时向扣缴单位出示政府机关、非营利组织开具的捐赠凭据,由扣缴单位在代扣代缴税款时,依法据实扣除;个人自行申报纳税的,税务机关凭政府机关、非营利组织开具的接受捐赠凭据,依法据实扣除。扣缴单位在向税务机关进行个人所得税全员全额扣缴申报时,应一并报送由政府机关或非营利组织开具的汇总接受捐赠凭据(复印件)、所在单位每个纳税人的捐赠总额和当期扣除的捐赠额。

第四节 商业健康保险产品支出的扣除

为贯彻落实《国务院关于促进健康服务业发展的若干意见》(国发〔2013〕40 号)精神,经国务院批准,《财政部 国家税务总局 保监会关于开展商业健康保险个人所得税政策试点工作的通知》(财税〔2015〕56 号)、《财政部 国家税务总局 保监会关于实施商业健康保险个人所得税政策试点的通知》(财税〔2015〕126 号)规定,自 2016 年 1 月 1 日起,对全国 31 个试点城市的个人购买符合规定的商业健康保险支出,允许其在一定额度内进行税前扣除。为便于纳税人及时享受政策、规范纳税申报和降低扣缴义务人税收风险,国家税务总局制定发布了《国家税务总局关于实施商业健康保险个人所得税政策试点有关征管问题的公告》(国家税务总局公告 2015 年第 93 号,以下简称 93 号公告),进一步明确了申报表填报等征管问题。

一、商业健康保险产品支出限额扣除政策

《财政部 国家税务总局 保监会关于开展商业健康保险个人所得税政策试点工作的通知》（财税〔2015〕56号）第一条规定，对试点地区个人购买符合规定的商业健康保险产品的支出，允许在当年（月）计算应纳税所得额时予以税前扣除，扣除限额为2 400元/年（200元/月）。试点地区企事业单位统一组织并为员工购买符合规定的商业健康保险产品的支出，应分别计入员工个人工资薪金，视同个人购买，按上述限额予以扣除。

2 400元/年（200元/月）的限额扣除为个人所得税法规定减除费用标准之外的扣除。

二、适用范围

（一）试点地区范围

由于政策尚在试点阶段，目前还不能在全国范围内普遍适用，因此，财税〔2015〕56号文件第四条规定，为确保商业健康保险个人所得税政策试点平稳实施，拟在各地选择一个中心城市开展试点工作。其中，北京、上海、天津、重庆四个直辖市全市试点，各省、自治区分别选择一个人口规模较大且具有较高综合管理能力的城市试点。

财税〔2015〕126号文件第一条进一步明确，实施商业健康保险个人所得税政策的试点地区为：

（1）北京市、上海市、天津市、重庆市。

（2）河北省石家庄市、山西省太原市、内蒙古自治区呼和浩特市、辽宁省沈阳市、吉林省长春市、黑龙江省哈尔滨市、江苏省苏州市、浙江省宁波市、安徽省芜湖市、福建省福州市、江西省南昌市、山东省青岛市、河南省郑州市（含巩义市）、湖北省武汉市、湖南省株洲市、广东省广州市、广西壮族自治区南宁市、海南省海口市、四川省成都市、贵州省贵阳市、云南省曲靖市、西藏自治区拉萨市、陕西省宝鸡市、甘肃省兰州市、青海省西宁市、宁夏回族自治区银川市（不含所辖县）、新疆维吾尔自治区库尔勒市。

93号公告第五条明确，非试点地区个人购买商业健康保险产品不适用财税〔2015〕126号文件相关个人所得税政策。

（二）适用的所得项目

财税〔2015〕56号文件第二条规定，适用商业健康保险税收优惠政策的纳税人，是指试点地区取得工资薪金所得、连续性劳务报酬所得的个人，以及取得个体工商户生产经营所得、对企事业单位的承包承租经营所得的个体工商户业主、个人独资企业投资者、合伙企业合伙人和承包承租经营者。

93 号公告第一条进一步明确，试点地区个人购买符合规定的商业健康保险产品支出，可以按照财税〔2015〕126 号文件规定的标准在个人所得税前据实扣除。试点地区个人购买其他商业健康保险产品的支出不得税前扣除。

三、符合规定的商业健康保险产品的界定

财税〔2015〕56 号文件第三条规定，符合规定的商业健康保险产品，是指由保监会研发并会同财政部、国家税务总局联合发布的适合大众的综合性健康保险产品。待产品发布后，纳税人可按统一政策规定享受税收优惠政策，税务部门按规定执行。

（一）符合规定的商业健康保险应符合的条件

财税〔2015〕126 号文件第二条进一步明确，财税〔2015〕56 号文件所称符合规定的商业健康保险，是指保险公司参照个人税收优惠型健康保险产品指引框架及示范条款开发的、符合下列条件的健康保险产品：

（1）健康保险产品采取具有保障功能并设立有最低保证收益账户的万能险方式，包含医疗保险和个人账户积累两项责任。被保险人个人账户由其所投保的保险公司负责管理维护。

（2）被保险人为 16 周岁以上、未满法定退休年龄的纳税人群。保险公司不得因被保险人既往病史拒保，并保证续保。

（3）医疗保险保障责任范围包括被保险人医保所在地基本医疗保险基金支付范围内的自付费用及部分基本医疗保险基金支付范围外的费用，费用的报销范围、比例和额度由各保险公司根据具体产品特点自行确定。

（4）同一款健康保险产品，可依据被保险人的不同情况，设置不同的保险金额，具体保险金额下限由保监会规定。

（5）健康保险产品坚持"保本微利"原则，对医疗保险部分的简单赔付率低于规定比例的，保险公司要将实际赔付率与规定比例之间的差额部分返还到被保险人的个人账户。

符合上述条件的个人税收优惠型健康保险产品，保险公司应按保险法规定程序上报保监会审批。

（二）健康保险产品的分类

根据目标人群已有保障项目和保障需求的不同，符合规定的健康保险产品共有三类，分别适用于：

（1）对公费医疗或基本医疗保险报销后个人负担的医疗费用有报销意愿的人群；

（2）对公费医疗或基本医疗保险报销后个人负担的特定大额医疗费用有报销意愿的

人群；

（3）未参加公费医疗或基本医疗保险，对个人负担的医疗费用有报销意愿的人群。

四、个人所得税税前扣除办法

财税〔2015〕126号文件第三条规定，对试点地区个人购买符合规定的健康保险产品的支出，按照2 400元/年的限额标准在个人所得税前予以扣除，具体规定如下：

（一）工资薪金或连续性劳务报酬所得的处理

取得工资薪金所得或连续性劳务报酬所得的个人，自行购买符合规定的健康保险产品的，应当及时向代扣代缴单位提供保单凭证。扣缴单位自个人提交保单凭证的次月起，在不超过200元/月的标准内按月扣除。一年内保费金额超过2 400元的部分，不得税前扣除。次年或以后年度续保时，按上述规定执行。

保险公司在销售商业健康保险产品时，要为购买健康保险的个人开具发票和保单凭证，载明产品名称及缴费金额等信息，作为个人税前扣除的凭据。保险公司要与商业健康保险信息平台保持实时对接，保证信息真实准确。

扣缴单位应按照财税〔2015〕126号文件及税务机关有关要求，在代扣代缴个人所得税时认真落实商业健康保险税前扣除政策。

【例2-11】（计算题）江苏省苏州市甲企业员工张某，于2016年2月自行购买符合规定的商业健康保险，年保费为3 000元，保险期间为2016年3月1日至2017年2月28日。2月20日张某将购买商业健康保险的保单凭证提供给所在单位。张某月工资收入8 000元，不考虑"三费一金"支出。请计算可税前扣除的商业健康保险产品支出及张某2月和3月应纳工资、薪金所得的个人所得税。

[答案] 财税〔2015〕126号文件第三条第（一）款规定，取得工资、薪金所得或连续性劳务报酬所得的个人，自行购买符合规定的健康保险产品的，应当及时向代扣代缴单位提供保单凭证。扣缴单位自个人提交保单凭证的次月起，在不超过200元/月的标准内按月扣除。一年内保费金额超过2 400元的部分，不得税前扣除。次年或以后年度续保时，按上述规定执行。

企业在2月收到员工提供的保单凭证，根据财税〔2015〕126号文件的规定，于3月份开始扣除。

2月份张某应纳工资、薪金所得个人所得税额为：（8 000－3 500）×10%－105＝345（元）；

3月份张某应纳工资、薪金所得个人所得税额为：（8 000－3 500－200）×10%－105＝325（元）。

没有扣除商业健康保险支出前，张某月应纳工资、薪金所得个人所得税345元；因扣除健康保险支出200元，张某3月份起每月少缴纳工资、薪金所得个人所得税20元，一年共计少缴个人所得税 240 元。

年保费金额 3 000 元，超过 2 400 元的 600 元部分，不得税前扣除。

（二）单位为员工购买或者单位和个人共同负担购买的处理

单位统一组织为员工购买或者单位和个人共同负担购买符合规定的健康保险产品，单位负担部分应当实名计入个人工资薪金明细清单，视同个人购买，并自购买产品次月起，在不超过 200 元/月的标准内按月扣除。一年内保费金额超过 2 400 元的部分，不得税前扣除。次年或以后年度续保时，按上述规定执行。

【例 2-12】（计算题）江苏省苏州市乙科技公司于 2016 年 2 月统一组织为员工购买符合规定条件的健康保险产品，年保费为 3 000 元/人，保险期间为 2016 年 3 月 1 日至 2017 年 2 月 28 日。公司员工李某月工资收入 8 000 元，不考虑"三费一金"支出。请计算可税前扣除的商业健康保险产品支出及李某 2—4 月份应纳的工资、薪金所得个人所得税。

[答案] 财税〔2015〕126 号文件第三条第（二）款规定，单位统一组织为员工购买或者单位和个人共同负担购买符合规定的健康保险产品，单位负担部分应当实名计入个人工资、薪金明细清单，视同个人购买，并自购买产品次月起，在不超过 200 元/月的标准内按月扣除。一年内保费金额超过 2 400 元的部分，不得税前扣除。次年或以后年度续保时，按上述规定执行。

2 月份李某应纳工资、薪金所得个人所得税额为：（8 000－3 500）×10％－105＝345（元）；

《财政部 国家税务总局关于个人所得税有关问题的批复》（财税〔2005〕94 号）规定，单位为职工个人购买商业性补充养老保险等，在办理投保手续时应作为个人所得税的"工资、薪金所得"项目，按税法规定缴纳个人所得税；因各种原因退保，个人未取得实际收入的，已缴纳的个人所得税应予以退回。因而，单位为李某购买商业健康保险 3 000 元，应并入当期工资、薪金所得项目缴纳个人所得税。

3 月份李某应纳工资、薪金所得个人所得税额为：（8 000＋3 000－3 500－200）×20％－555＝905（元）；

4 月份李某应纳工资、薪金所得个人所得税额为：（8 000－3 500－200）×10％－105＝325（元）。

由此可见，单位为员工购买和员工自行购买健康保险产品的个人所得税计算不同，前者需要将单位负担的部分实名计入个人工资、薪金明细清单，即增加个人所得税应纳税所得额后，再减除准予扣除的金额；后者则直接从应纳税所得额中扣除。

【例 2-13】（计算题）上海丙公司于 2016 年 2 月统一组织为员工购买符合规定的健康保险产品，年保费为 3 000 元/人，单位负担 2 000 元，其余由个人负担。保险期间为：2016 年 3 月 1 日—2017 年 2 月 28 日。公司员工王某月工资收入 9 000 元，不考虑"三费一金"支出。请计算王某 2 月和 3 月应纳的工资、薪金所得个人所得税。

[答案] 2 月份王某应纳工资、薪金所得个人所得税额为：（9 000－3 500）×20％－555＝545（元）；

3月份王某应纳工资、薪金所得个人所得税额为：（9 000＋2 000－3 500－200）×20％－555＝905（元）；

4月份王某应纳工资、薪金所得个人所得税额为：（9 000－3 500－200）×20％－555＝505（元）。

（三）生产经营所得的处理

个体工商户业主、企事业单位承包承租经营者、个人独资和合伙企业投资者自行购买符合条件的健康保险产品的，在不超过2 400元/年的标准内据实扣除。一年内保费金额超过2 400元的部分，不得税前扣除。次年或以后年度续保时，按上述规定执行。

五、纳税申报表的填报

（一）扣缴义务人的填报

93号公告第二条规定，有扣缴义务人的个人自行购买、单位统一组织为员工购买或者单位和个人共同负担购买符合规定的商业健康保险产品，扣缴义务人在填报《扣缴个人所得税报告表》或《特定行业个人所得税年度申报表》时，应将当期扣除的个人购买商业健康保险支出金额填至税前扣除项目"其他"列中，并同时填报《商业健康保险税前扣除情况明细表》。

其中，个人自行购买符合规定的商业健康保险产品的，应当及时向扣缴义务人提供保单凭证。

（二）生产经营所得纳税申报表的填报

93号公告第三条规定，个体工商户业主、企事业单位承包承租经营者、个人独资和合伙企业投资者自行购买符合规定的商业健康保险产品支出，预缴申报填报《个人所得税生产经营所得纳税申报表（A表）》、年度申报填报《个人所得税生产经营所得纳税申报表（B表）》时，应将税前扣除的支出金额填至"投资者减除费用"行，并同时填报《商业健康保险税前扣除情况明细表》。

（三）商业健康保险税前扣除情况明细表的填报

1. 商业健康保险税前扣除情况明细表

《商业健康保险税前扣除情况明细表》（如表2-2所示）适用于个人购买符合规定的商业健康保险支出税前扣除申报。本表随《扣缴个人所得税报告表》、《特定行业个人所得税年度申报表》、《个人所得税生产经营所得纳税申报表（A 表)》、《个人所得税生产经营所得纳税申报表（B 表)》一并报送。

表 2-2　　　　　　　　　　　**商业健康保险税前扣除情况明细表**

所属期：　　年　月　日至　　年　月　日　　　　　　　　金额单位：人民币元（列至角分）

扣缴义务人（被投资单位）情况							
名　称				纳税人识别号			
商业健康保险税前扣除情况							
序号	姓　名	身份证件类型	身份证件号码	税优识别码	年度保费	月度保费	本期扣除金额

　　谨声明：此表是根据《中华人民共和国个人所得税法》及有关法律法规规定填写的，是真实的、完整的、可靠的。

　　　　　　　　　　　纳税人或扣缴义务人负责人签字：　　　　　　　年　月　日

代理申报机构（人）签章： 经办人： 经办人执业证件号码： 　　　　代理申报日期：　年　月　日	主管税务机关受理章： 受理人： 　　　受理日期：　年　月　日

国家税务总局监制

2. 填报说明

（1）所属期。

按照《扣缴个人所得税报告表》《特定行业个人所得税年度申报表》《个人所得税生产经营所得纳税申报表（A表）》《个人所得税生产经营所得纳税申报表（B表）》"税款所属期"填写。

（2）扣缴义务人（被投资单位）情况。

填写扣缴义务人、个体工商户、承包承租的企事业单位、个人独资企业、合伙企业信息。

（3）商业健康保险税前扣除情况。

①姓名、身份证件类型、身份证件号码。扣缴义务人按照《扣缴个人所得税报告表》《特定行业个人所得税年度申报表》相关内容填写；个体工商户业主、企事业单位承包承租经营者、个人独资和合伙企业投资者按照本人实际情况填写。

②税优识别码。税优识别码，是指为确保税收优惠商业健康保险保单的唯一性、真实性和有效性，由商业健康保险信息平台按照"一人一单一码"的原则对投保人进行校验后，下发给保险公司，并在保单上打印的数字识别码。

③年度保费。填写保单年度内该保单的总保费。

④月度保费。按月缴费的保单填写每月所缴保费，按年一次性缴费的保单填写年度保费除以12后的金额。

⑤本期扣除金额。扣缴申报时，月度保费大于200元的，按不超过200元的标准填写；月度保费小于200元的，按不超过月度保费的标准填写；个体工商户业主、企事业单位承包承租经营者、个人独资和合伙企业投资者申报时，年度保费金额大于2400元的，按不超过2400元的标准填写；年度保费小于2400元的，按不超过年度保费的标准填写。

六、税优识别码的使用

税优识别码，是指为确保税收优惠商业健康保险保单的唯一性、真实性和有效性，由商业健康保险信息平台按照"一人一单一码"的原则对投保人进行校验后，下发给保险公司，并由保险公司在保单上打印的数字识别码，是纳税人据以扣税的重要凭据，试点地区的纳税人在税前扣除商业健康保险支出时，均需提供税优识别码。

93号公告第四条规定，保险公司销售商业健康保险产品时，应在符合税收优惠条件的保单上注明税优识别码。个人购买商业健康保险未获得税优识别码的，其支出金额不得税前扣除。

第五节　特殊项目应纳税额的计算

一、不含税收入

实际工作中，有些雇主常为雇员负担全部或部分税款，在这种情况下，不能以纳税人实际取得的收入直接乘以适用税率计算应纳税额,否则,就会缩小税基,降低适用税率。正确的方法是,将纳税人的不含税收入换算为应纳税所得额,再计算应纳税额。根据雇主负担税额的多少,分为如下几种情况:

(一)雇主为雇员负担全额税款

《国家税务总局关于印发〈征收个人所得税若干问题的规定〉的通知》(国税发〔1994〕89号)规定,单位或个人为纳税义务人负担个人所得税税款,应将纳税义务人取得的不含税收入换算为应纳税所得额,计算征收个人所得税。计算公式如下:

应纳税所得额=(不含税收入额-费用扣除标准-速算扣除数)÷(1-税率)

应纳税额=应纳税所得额×适用税率-速算扣除数

"应纳税所得额"计算公式中的税率,是指不含税所得按不含税级距对应的税率(2011年8月31日前适用税率表见第一章中的表1-2、表1-4、表1-6,2011年9月1日起适用税率表见表1-3、表1-5、表1-6);"应纳税额"计算公式中的税率,是指应纳税所得额按含税级距对应的税率。

《国家税务总局关于雇主为其雇员负担个人所得税税款计征问题的通知》(国税发〔1996〕199号)进一步明确:对于雇主全额为其雇员负担税款的,直接按上述国税发〔1994〕89号文件中规定的公式,将雇员取得的不含税收入换算成应纳税所得额后,计算企业应代为缴纳的个人所得税税款。

【例2-14】(计算题)境内某公司代其雇员李某(中国居民)缴纳个人所得税。2015年12月,支付给李某的不含税工资为6 000元(不考虑"三费一金")。请计算该公司应为李某代付的个人所得税。

[答案] 由于李某取得的工资收入为不含税收入,根据国税发〔1994〕89号文件的规定,应换算为含税的应纳税所得额后,再计算应代扣代缴的个人所得税。

应纳税所得额=(不含税收入额-费用扣除标准-速算扣除数)/(1-税率)=(6 000-3 500-105)/(1-10%)=2 661.11(元);

应纳税额=2 661.11×10%-105=161.11(元)。

(二)雇主为雇员定额负担部分税款

国税发〔1996〕199号文件规定,雇主为雇员定额负担部分税款的,应将雇员取得的工资、薪金所得换算成应纳税所得额后,计算单位应当代扣代缴的个人所得税。其计算公式为:

应纳税所得额=雇员取得的工资+雇主代雇员负担的税款-费用扣除标准

应纳税额=应纳税所得额×适用税率-速算扣除数

【例2-15】(计算题)某上市公司代其雇员李某(中国居民)定额负担个人所得税150元/月。2015年12月,支付给李某的工资为8 000元(不考虑"三费一金")。

请计算李某当月应纳的个人所得税。

[答案] 由于李某的工资收入应缴纳的部分税款由单位负担，根据税法规定，应换算为应纳税所得额后，再计算应缴纳的个人所得税。

应纳税所得额＝雇员取得的工资＋雇主代雇员负担的税款－费用扣除标准＝8 000＋150－3 500＝4 650（元）；

应纳税额＝4 650×20％－555＝375（元）。

李某本人还应承担的个人所得税为：375－150＝225（元）。

（三）雇主为雇员定率负担部分税款

雇主为雇员定率负担部分税款，是指雇主为雇员负担一定比例的工资应纳的税款或负担一定比例的实际应纳税款。当发生这种情况时，计算公式为：

$$\text{应纳税所得额}=\left(\text{未含雇主负担的税款的收入额}-\text{费用扣除标准}-\text{速算扣除数}\times\text{负担比例}\right)\div\left(1-\text{税率}\times\text{负担比例}\right)$$

$$\text{应纳税额}=\text{应纳税所得额}\times\text{适用税率}-\text{速算扣除数}$$

即应将国税发〔1994〕89号文件规定的、雇主为雇员负担全额税款的、不含税收入额计算应纳税所得额的公式中"不含税收入额"替换为"未含雇主负担的税款的收入额"，同时将速算扣除数和税率二项分别乘以上述负担比例，按此调整后的公式，将其未含雇主负担税款的收入额换算成应纳税所得额，并计算应纳税款。

【例2-16】（计算题）某外商投资企业雇员汤姆为外国居民，雇主每月为其负担工资所得30％部分的税款，2015年12月取得工资收入12 000元（不考虑"三费一金"）。请计算汤姆当月应纳的个人所得税。

[答案] 应纳税所得额＝（未含雇主负担税款的收入额－费用扣除标准－速算扣除数×负担比例）÷（1－税率×负担比例）＝（12 000－4 800－555×30％）÷（1－20％×30％）＝7 482.45（元）。

应纳税额＝7 482.45×20％－555＝941.49（元）。其中，雇主承担282.45元（941.49×30％），个人承担659.04元（941.49×70％）。

（四）雇主为雇员负担超过原居住国税额的税款

有些外商投资企业和外国企业在华的机构场所，为其受派到中国境内工作的雇员负担超过原居住国税额（即按其原居住国税法计算的应纳税额）部分的税款。例如，若雇员在华应纳税额中相当于其原居住国税额，仍由雇员负担并由雇主在支付雇员工资时从工资中扣除，代为缴纳；若按中国税法计算的税款超过雇员原居住国税额，超过部分由其雇主负担。对此类情况，根据国税发〔1996〕199号文件的规定，应按下列原则处理：

将雇员取得的不含税工资（即扣除原居住国税额后的工资），按公式"应纳税所得额＝（不含税收入额－费用扣除标准－速算扣除数）/（1－税率）"换算成应纳税所得额，计算征收个人所得税；如果计算出的应纳税所得额小于按该雇员的实际工资、薪金收入（即未扣除原居住国税额的工资）计算的应纳税所得额，应按其雇员的实际工资、薪金收入计算征收个人所得税。

（五）雇主负担税款的简便算法：方程法

由于"不含税收入（或支付金额）＋雇主负担的税额＝含税收入"，"应纳税所得额（含税）＝含税收入－费用扣除标准"，因此，任何不含税收入均可换算成含税收入，通过列方程来计算。

【例2-17】（计算题）某外商投资企业雇员汤姆为外国居民，雇主每月为其负担工资所得30％部分的税款，2015年12月取得工资收入12 000元（不考虑"三费一金"）。请计算汤姆当月应纳的个人所得税。

[答案] 设当月应纳个人所得税为x元，则有：

$(12\,000＋30\%x－4\,800)\times20\%－555＝x$，解方程得

$$x＝941.49(元)$$

检验： 应纳税所得额＝$12\,000＋941.49\times30\%－4\,800＝7\,482.45$（元），在$4\,500\sim9\,000$元范围之间，适用税率为20％，速算扣除数为555，证明计算正确。因此，李某当月应纳个人所得税941.49元，其中单位负担282.45元（$941.49\times30\%$），个人负担659.04元（$941.49\times70\%$）。

提示： 运用方程法选择税率时，通常"不含税收入（或支付金额）－费用扣除标准"视为含税所得查找相应级距。由于雇主应负担税额是未知数，在选择含税所得适用税率（包括：工资薪金所得、个体工商户生产经营所得、承包承租经营所得和劳务报酬所得）时会出现错误，因此，在运用方程法时需要检验。方法是：将计算出的雇主应负担的税款代入"应纳税所得额＝不含税收入（或支付额）＋雇主应负担所得税－费用扣除标准"，如果计算出的应纳税所得额在所对应的级距内，则说明正确；如果计算出的应纳税所得额不在所对应的级距内，则应选用下一级距计算。

【例2-18】（计算题）某上市公司代职工负担工资、薪金所得的个人所得税税款，2015年12月份支付给职工李某不含税工资、薪金7 900元。请计算该公司应为李某负担多少个人所得税。

[答案] 设公司应负担李某个人所得税x元，则：

$(7\,900＋x－3\,500)\times10\%－105＝x$，解方程得

$$x＝372.22(元)$$

检验： 将其代入公式检验适用税率是否正确。应纳税所得额＝$7\,900＋372.22－3\,500＝4\,772.22$（元），不在级距1 500元$\sim$4 500元范围之内，说明选用税率有误，应适用下一级距对应的税率和速算扣除数计算应纳税款。

$(7\,900＋x－3\,500)\times20\%－555＝x$，解方程得

$$x＝406.25(元)$$

检验： 将其代入公式检验适用税率是否正确。含税所得额为：7 900＋406.25－3 500＝4 806.25（元），在级距 4 500～9 000 元的范围之内，证明适用税率正确，所以该公司应负担个人所得税为 406.25 元。

二、全年一次性奖金

全年一次性奖金是指行政机关、企事业单位等扣缴义务人根据其全年经济效益和对雇员全年工作业绩的综合考核情况，向雇员发放的一次性奖金。包括年终加薪、实行年薪制和绩效工资办法的单位根据考核情况兑现的年薪和绩效工资。

（一）全年一次性奖金的税务处理

《国家税务总局关于调整个人取得全年一次性奖金等计算征收个人所得税方法问题的通知》（国税发〔2005〕9 号）规定，自 2005 年 1 月 1 日起，纳税人取得全年一次性奖金，单独作为一个月工资、薪金所得计算纳税，并按以下计税办法，由扣缴义务人在发放时代扣代缴。

（1）先将雇员当月内取得的全年一次性奖金除以 12 个月，按其商数确定适用税率和速算扣除数。

如果在发放年终一次性奖金的当月，雇员当月工资、薪金所得低于税法规定的费用扣除额，应将全年一次性奖金减除"雇员当月工资、薪金所得与费用扣除额的差额"后的余额，按上述办法确定全年一次性奖金的适用税率和速算扣除数。

（2）将雇员个人当月取得的全年一次性奖金，按上述办法确定的适用税率和速算扣除数计算征税，计算公式如下：

①雇员当月工资、薪金所得高于（或等于）税法规定的费用扣除额的，计算公式为：

$$应纳税额＝雇员当月取得全年一次性奖金×适用税率－速算扣除数$$

在此种情况下，当月工资与全年一次性奖金分开分别计算纳税。

【例 2-19】（计算题）某中国公民张三 2015 年 12 月取得全年一次性奖金 24 000 元，当月工资 4 000 元。请计算张三该月收入应缴纳的个人所得税。

[答案] 当月工资应纳个人所得税：（4 000－3 500）×3％＝15（元）；

一次性奖金应纳个人所得税：24 000÷12＝2 000（元），适用税率为 10％，速算扣除数为 105，应纳税额＝24 000×10％－105＝2 295（元）。

当月应纳个人所得税合计为：15＋2 295＝2 310（元）。

②雇员当月工资、薪金所得低于税法规定的费用扣除额的，计算公式为：

$$应纳税额＝\left(\begin{array}{c}雇员当月取得\\全年一次性奖金\end{array}－\begin{array}{c}雇员当月工资、薪金所得\\与费用扣除额的差额\end{array}\right)×\begin{array}{c}适用\\税率\end{array}－\begin{array}{c}速算\\扣除数\end{array}$$

【例 2-20】（计算题）某中国公民李四 2015 年 12 月取得全年一次性奖金 24 500 元，当月工资 3 000 元。请计算李四该月收入应缴纳的个人所得税。

［答案］ 一次性奖金应纳个人所得税：[24 500－(3 500－3 000)]÷12＝2 000（元），适用税率为 10%，速算扣除数为 105；

应纳税额＝[24 500－(3 500－3 000)]×10%－105＝2 295（元）。

（二）适用范围

全年一次性奖金计税办法除适用于年终加薪外，还适用于：实行年薪制和绩效工资的单位，个人取得年终兑现的年薪和绩效工资。

在一个纳税年度内，对每一个纳税人，该计税办法只允许采用一次。

雇员取得除全年一次性奖金以外的其他各种名目的奖金，如半年奖、季度奖、加班奖、先进奖、考勤奖等，一律与当月工资、薪金收入合并，按税法规定缴纳个人所得税。

这里还需要关注年薪制征税问题。在建立现代企业制度过程中，一些地方和企业对企业经营者试行年薪制，即企业经营者平时按规定领取基本收入，年度结束后根据其经营业绩的考核结果再确定其效益收入。对于企业经营者试行年薪制后计征个人所得税办法，自 1996 年 1 月 1 日起至 2004 年 12 月 31 日止，根据《国家税务总局关于企业经营者试行年薪制后如何计征个人所得税的通知》(国税发〔1996〕107 号)的规定，对试行年薪制的企业经营者取得的工资、薪金所得应纳的税款，可以实行按年计算，分月预缴的方式计征，即企业经营者按月领取的基本收入，应在减除 800 元的费用后，按适用税率计算应纳税款并预缴，年度终了领取效益收入后，合计其全年基本收入和效益收入，再按 12 个月平均计算实际应纳的税款。用公式表示为：

$$\text{应纳税额}=\left[\left(\text{全年基本收入和效益收入}\div12-\text{费用扣除标准}\right)\times\text{税率}-\text{速算扣除数}\right]\times12$$

自 2005 年 1 月 1 日起，实行年薪制的，按国税发（2005）9 号文件规定的全年一次性奖金办法计税。

【例 2-21】（案例分析题）A 公司销售部职工李某每月工资收入 4 500 元，2015 年 12 月 20 日取得年终奖金 6 800 元；总经理张某实行年薪制，平时工资 4 200 元，12 月 20 日又取得兑现的年薪 96 000 元。在支付上述款项时，财务部将年终奖及年薪按 12 个月分摊，计算应扣缴的 12 月份个人所得税为：

李某：(4 500＋6 800÷12－3 500)×10%－105＝51.67（元）；

张某：(4 200＋96 000÷12－3 500)×20%－555＝1 185（元）。

［答案］ 根据国税发〔2005〕9 号文件的规定，纳税人取得全年一次性奖金，单独作为一个月工资、薪金所得计算纳税。全年一次性奖金计税办法也适用于：实行年薪制和绩效工资的单位，个人取得年终兑现的年薪和绩效工资。

因而，李某取得的当月工资与年终一次性奖金应分别计算应纳税额。

李某 12 月份工资应纳税额：(4 500－3 500)×3%＝30（元）；

李某年终奖应纳税额：6 800÷12＝566.67（元），适用税率为 3%，应纳个人所得税为：6 800×3%＝204（元）；应补缴个人所得税：30＋204－51.67＝182.33（元）。

　　张某取得的年终兑现的年薪也应按"全年一次性奖金计税办法"计算应纳个人所得税，并且应当与当月工资分开计算：

　　张某当月工资收入应纳个人所得税为：(4 200－3 500)×3％＝21（元）；

　　张某年薪应纳个人所得税为：96 000÷12＝8 000（元），适用 20％税率，速算扣除数为 555，应纳税额为：96 000×20％－555＝18 645（元），应补缴个人所得税：18 645＋21－1 185＝17 481（元）。

（三）不含税全年一次性奖金的处理

1. 雇主为雇员负担全额税款的处理

　　《国家税务总局关于纳税人取得不含税全年一次性奖金收入计征个人所得税问题的批复》(国税函〔2005〕715 号)明确，根据国税发〔1994〕89 号文件第十四条的规定，不含税全年一次性奖金换算为含税奖金计征个人所得税的具体方法如下：

　　(1) 不含税全年一次性奖金换算为含税奖金计征个人所得税的具体方法为：

　　①按照不含税的全年一次性奖金收入除以 12 的商数，查找相应适用税率 A 和速算扣除数 A；

　　②含税的全年一次性奖金收入＝(不含税的全年一次性奖金收入－速算扣除数 A)÷(1－适用税率 A)；

　　③按含税的全年一次性奖金收入除以 12 的商数，重新查找适用税率 B 和速算扣除数 B；

　　④应纳税额＝含税的全年一次性奖金收入×适用税率 B－速算扣除数 B。

　　【例 2-22】(计算题)张某为中国公民，2016 年 1 月取得 2015 年不含税全年一次性奖金收入 22 800 元。请计算张某取得的全年一次性奖金应缴纳多少个人所得税（注：1 月份工资 4 000 元）。

　　[答案](1) 由于 1 月份的工资超过费用扣除标准，因此可直接用不含税奖金除以 12 的商数来确定适用税率和速算扣除数。

　　每月的不含税奖金＝22 800÷12＝1 900（元），查不含税税率表（见表 1-3），可知适用税率和速算扣除数分别为 10％和 105。

　　(2) 含税的全年一次性奖金收入＝(22 800－105)÷(1－10％)＝25 216.67（元）；

　　(3) 用含税的全年一次性奖金收入除以 12 的商来确定适用税率和速算扣除数。

　　每月的含税奖金＝25 216.67÷12＝2 101.39（元），适用税率和速算扣除数分别为 10％和 105。

　　(4) 张某的不含税全年一次性奖金应缴纳的个人所得税为：25 216.67×10％－105＝2 416.67（元）。

　　(2) 如果纳税人取得不含税全年一次性奖金收入的当月工资、薪金所得，低于税法规定的费用扣除额，应先将不含税全年一次性奖金减去当月工资、薪金所得低于税法规定费用扣除额的差额部分，再按照上述 (1) 处理。

　　【例 2-23】(计算题)李某为中国公民，2016 年 1 月从中国境内取得年终不含税奖金

96 500 元，当月工资、薪金收入 3 000 元，不考虑"三费一金"。请计算李某取得的全年一次性奖金应缴纳多少个人所得税。

[答案] 年终一次性奖金应纳个人所得税的计算：

[96 500－(3 500－3 000)]÷12＝8 000（元），适用税率 25％，速算扣除数是 1 005；

含税的全年一次性奖金收入＝[96 500－(3 500－3 000)－1 005]÷(1－25％)＝126 660（元）；

126 660÷12＝10 555（元），适用税率 25％，速算扣除数 1 005，应纳个人所得税＝126 660×25％－1 005＝30 660（元）。

2. 雇主为雇员承担全年一次性奖金部分税款的处理

为公平税负，规范管理，《国家税务总局关于雇主为雇员承担全年一次性奖金部分税款有关个人所得税计算方法问题的公告》（国家税务总局公告 2011 年第 28 号，以下简称 28 号公告）对雇员取得全年一次性奖金并由雇主负担部分税款有关个人所得税计算方法做出规定，自 2011 年 5 月 1 日起施行。

（1）雇主为雇员负担全年一次性奖金部分个人所得税税款，属于雇员又额外增加了收入，应将雇主负担的这部分税款并入雇员的全年一次性奖金，换算为应纳税所得额后，按照规定方法计征个人所得税。

（2）将不含税全年一次性奖金换算为应纳税所得额的计算方法如下。

①雇主为雇员定额负担税款的计算公式：

$$
\begin{array}{c}\text{应纳税}\\\text{所得额}\end{array}=\begin{array}{c}\text{雇员取得的全年}\\\text{一次性奖金}\end{array}+\begin{array}{c}\text{雇主替雇员定额}\\\text{负担的税款}\end{array}-\begin{array}{c}\text{当月工资、薪金低于费用}\\\text{扣除标准的差额}\end{array}
$$

②雇主为雇员按一定比例负担税款的计算方法：

第一步，查找不含税全年一次性奖金的适用税率和速算扣除数：

未含雇主负担税款的全年一次性奖金收入÷12，根据其商数找出不含税级距对应的适用税率 A 和速算扣除数 A。

这与国税函〔2005〕715 号文件规定的雇主为雇员负担全部税款的计算公式略有不同。28 号公告规定的查找税率 A 的公式中没有考虑当月工资低于费用扣除标准的差额。

第二步，计算含税全年一次性奖金：

$$
\begin{array}{c}\text{应纳税}\\\text{所得额}\end{array}=\dfrac{\begin{array}{c}\text{未含雇主负担税款的}\\\text{全年一次性奖金收入}\end{array}-\begin{array}{c}\text{当月工资、薪金低于}\\\text{费用扣除标准的差额}\end{array}-\begin{array}{c}\text{不含税级距的}\\\text{速算扣除数 A}\end{array}\times\begin{array}{c}\text{雇主负担}\\\text{比例}\end{array}}{1-\begin{array}{c}\text{不含税级距的}\\\text{适用税率 A}\end{array}\times\begin{array}{c}\text{雇主负担}\\\text{比例}\end{array}}
$$

（3）对上述应纳税所得额，扣缴义务人应按照国税发〔2005〕9 号文件规定的方法计算应扣缴税款。即，将应纳税所得额÷12，根据其商数找出对应的适用税率 B 和速算扣除数 B，据以计算税款。计算公式为：

应纳税额＝应纳税所得额×适用税率 B－速算扣除数 B

实际缴纳税额＝应纳税额－雇主为雇员负担的税额

【例 2-24】（计算题）张某为中国公民，2016 年 1 月取得 2015 年度不含税全年一次性奖金收入 22 800 元。公司与张某约定其年终奖应纳的个人所得税由公司承担 50%。另外，张某当月还取得工资收入 3 000 元（已按规定缴纳了"三费一金"）。请计算张某取得的全年一次性奖金应缴纳多少个人所得税。

[**答案**]（1）查找不含税全年一次性奖金的适用税率和速算扣除数。

每月的不含税奖金＝22 800÷12＝1 900（元），查不含税税率表，可知适用税率 A 和速算扣除数 A 分别为 10% 和 105。

（2）计算含税全年一次性奖金。

$$应纳税所得额=\frac{未含雇主负担税款的全年一次性奖金收入-当月工资、薪金低于费用扣除标准的差额-不含税级距的速算扣除数A×雇主负担比例}{1-不含税级距的适用税率A×雇主负担比例}$$

$$=\frac{22\,800-(3\,500-3\,000)-105×50\%}{1-10\%×50\%}$$

$$=23\,418.42(元)$$

（3）计算应扣缴的个人所得税。

应纳税所得额 23 418.42 元除以 12 得 1 951.54 元，根据其查找出对应的适用税率 B 和速算扣除数 B 分别为 10% 和 105。

应纳税额＝应纳税所得额×适用税率 B－速算扣除数 B
　　　　＝23 418.42×10%－105＝2 236.84（元）

张某个人实际缴纳税额＝2 236.84×50%＝1 118.42（元）。

（四）纳税筹划

全年一次性奖金优惠计税方法在有效降低年终奖个人所得税的同时，由于超额累计税率税收临界点的存在，造成增加 1 元收入多缴 1 000 多元，甚至于十几万元个人所得税的不合理现象存在。为有效化解这种不合理税负增加，可以利用税收盲区进行税收筹划。

根据税法规定，我们可以计算出各级距税收盲区（见表 2-3）。单位在发放年终奖时，采取适当措施避免在税收盲区内发放年终奖从而达到降低税负的目的。

表 2-3　　　　　　　　　　　　年终奖税收盲区

级数	级距	税率（%）	速算扣除数	年终奖盲区	无效收入额
1	不超过 1 500 元的	3	0		
2	超过 1 500 元至 4 500 元的部分	10	105	18 000～19 283.33	1 283.33
3	超过 4 500 元至 9 000 元的部分	20	555	54 000～60 187.5	6 187.50
4	超过 9 000 元至 35 000 元的部分	25	1 005	108 000～114 600	6 600.00
5	超过 35 000 元至 55 000 元的部分	30	2 755	420 000～447 500	27 500.00
6	超过 55 000 元至 80 000 元的部分	35	5 505	660 000～706 538.46	46 538.46
7	超过 80 000 元的部分	45	13 505	960 000～1 120 000	160 000.00

【例 2-25】（计算题）兴旺公司市场部王某、李某 2016 年 1 月分别取得 2015 年年终奖 18 000 元和 18 001 元。请计算公司各应代扣代缴王、李二人多少个人所得税（二人当月工资超过费用扣除标准，并已按规定扣缴个税），并分析如何利用税收盲区进行纳税筹划。

［答案］王某应纳个人所得税的计算：

18 000÷12＝1 500（元），适用税率 3%，速算扣除数为 0。

王某应纳个人所得税：18 000×3%＝540（元）。

李某应纳个人所得税的计算：

18 001÷12＝1 500.08（元），适用税率为 10%，速算扣除数为 105。

李某应纳个人所得税：18 001×10%−105＝1 695.1（元）。

李某比王某年终奖金收入增加 1 元，却要多缴个人所得税 1 155.1 元（1 695.1−540）。这时我们可以利用个人所得税税收盲区进行纳税筹划，以避免这种情况的发生。

假设月均收入 1 500 元的全年一次性奖金增加 x 元收入后，增加的收入刚好用于缴纳个人所得税，则可得到等式：

$(1 500×12+x)×10%−105＝540+x$，解方程得

$x＝1 283.33$

此时无效收入的税收盲区为：18 000～19 283.33（18 000＋1 283.33）。

假设月均收入 4 500 元的全年一次性奖金增加 y 元收入后，增加的收入刚好用于缴纳个人所得税，则可得到等式：

$(4 500×12+y)×20%−555＝4 500×12×10%−105+y$，解方程得

$y＝6 187.5$

此时无效收入的税收盲区为：54 000～60 187.5（54 000＋6 187.5）。

【例 2-26】（计算题）张某就职于境内某网络公司，每月缴纳"三费一金"2 000 元，2015 年 12 月公司拟对其发放当月工资 10 000 元、全年一次性奖金 60 000 元。下列张某当月工资奖金发放的各项方案中，缴纳个人所得税最少的方案是（　　　）。

A. 发放全年一次性奖金 54 000 元，工资 16 000 元

B. 发放全年一次性奖金 55 000 元，工资 15 000 元

C. 发放全年一次性奖金 54 500 元，工资 14 500 元

D. 发放全年一次性奖金 60 000 元，工资 10 000 元

［答案］A

［解析］54 000÷12＝4 500（元），适用税率 10%，速算扣除数 105；

60 000÷12＝5 000（元），适用税率 20%，速算扣除数 555；

A. 全年一次性奖金应纳税款＝54 000×10%−105＝5 295（元）；

工资应纳税所得额＝16 000−2 000−3 500＝10 500（元），

应纳税款＝10 500×25%−1 005＝1 620（元），

合计为：5 295+1 620＝6 915（元）。

B. 全年一次性奖金应纳税款＝55 000×20%−555＝10 445（元）；

工资应纳税所得额＝15 000−2 000−3 500＝9 500（元），

应纳税款＝9 500×25％－1 005＝1 370（元），

合计为：10 445＋1 370＝11 815（元）。

C. 全年一次性奖金应纳税款＝54 500×20％－555＝10 345（元）；

工资应纳税所得额＝14 500－2 000－3 500＝9 000（元），

应纳税款＝9 000×20％－555＝1 245（元），

合计为：10 345＋1 245＝11 590（元）。

D. 全年一次性奖金应纳税款＝60 000×20％－555＝11 445（元）；

工资应纳税所得额＝10 000－2 000－3 500＝4 500（元），

应纳税款＝4 500×10％－105＝345（元），

合计为：11 445＋345＝11 790（元）。

故选项 A 正确。

三、单位低价向职工售房

《财政部 国家税务总局关于单位低价向职工售房有关个人所得税问题的通知》（财税〔2007〕13 号）规定：

（1）根据住房制度改革政策的有关规定，国家机关、企事业单位及其他组织（以下简称单位）在住房制度改革期间，按照所在地县级以上人民政府规定的房改成本价格向职工出售公有住房，职工因支付的房改成本价格低于房屋建造成本价格或市场价格而取得的差价收益，免征个人所得税。

（2）除上述规定情形外，根据个人所得税法及其实施条例的有关规定，单位按低于购置或建造成本价格出售住房给职工，职工因此而少支出的差价部分，属于个人所得税应税所得，应按照"工资、薪金所得"项目缴纳个人所得税。差价部分，是指职工实际支付的购房价款低于该房屋的购置或建造成本价格的差额。

（3）对职工取得的上述应税所得，比照《国家税务总局关于调整个人取得全年一次性奖金等计算征收个人所得税方法问题的通知》（国税发〔2005〕9 号）规定的全年一次性奖金的征税办法，计算征收个人所得税，即先将全部所得数额除以 12，按其商数并根据规定的税率表确定适用的税率和速算扣除数，再根据全部所得数额、适用的税率和速算扣除数，按照税法规定计算征收。

【例 2-27】（单选题）2015 年 4 月，田某作为人才被引入某公司，该公司将购置价800 000元的一套住房以 500 000 元价格出售给田某。田某取得该住房应缴纳个人所得税（ ）元。

A. 21 500　　　　B. 37 500　　　　C. 52 440　　　　D. 73 995

[答案] D

根据财税〔2007〕13 号文件的规定，单位低价向职工售房按全年一次性奖金计税办法计算缴纳个人所得税。则田某应纳个人所得税为：（800 000－500 000）÷12＝25 000（元），适用税率 25％，速算扣除数 1 005。应纳个人所得税为：300 000×25％－1 005＝73 995（元）。

【例 2-28】（案例分析题）2015 年，A 房地产公司开发的商品房滞销，为缓解资金紧张局面，决定面向公司内部员工优惠销售商品房一批。对于有 5 年以上工龄的公司员工，以正常销售价格的 60％作为内部优惠价格；对于 5 年以下工龄的公司员工，以正常销售价格的 70％作为内部优惠价格，向公司员工销售其开发产品。假定该公司房产正常的销售价格为 4 500 元/平方米，平均建造成本为 3 000 元/平方米，单套面积 100 平方米。

请分析回答如下问题：

（1）对员工的优惠价款是否应该视同"工资、薪金所得"计算征收个人所得税？

（2）个人所得税的计税基数如何确定？

[**答案**]（1）只要该企业以不低于建造成本的内部优惠促销价格将商品房出售给职工，职工就不用缴纳个人所得税。比如，对于 5 年以下工龄的公司员工以正常销售价格的 70％，即 3 150 元（4 500×70％）为内部优惠价格，高于建造成本（3 000 元/平方米），就不用计算缴纳个人所得税；对于有 5 年以上工龄的公司员工以正常销售价格的 60％为内部优惠价格，即销售价格为 2 700 元（4 500×60％），低于建造成本（3 000 元/平方米），需要按照"工资、薪金所得"计算缴纳个人所得税。

（2）以每套商品房 100 平方米计算，销售价款 27 万元（4 500×60％×100），成本 30 万元，职工实际支付的购房价款低于该房屋的建造成本价格的差额为 3 万元，即计税基数为 3 万元，比照全年一次性奖金的个人所得税征税办法计算，应纳个人所得税为 2 895 元 [30 000÷12＝2 500（元），适用税率 10％，速算扣除数为 105，应纳个人所得税为：30 000×10％－105＝2 895（元）]。

四、解除劳动关系取得的一次性补偿收入

根据《财政部 国家税务总局关于个人与用人单位解除劳动关系取得的一次性补偿收入征免个人所得税问题的通知》（财税〔2001〕157 号）和《国家税务总局关于国有企业职工因解除劳动合同取得一次性补偿收入征免个人所得税问题的通知》（国税发〔2000〕77 号）的精神，自 2001 年 10 月 1 日起，个人因与用人单位解除劳动关系而取得的一次性补偿收入按以下规定处理：

（1）企业依照国家有关法律规定宣告破产，企业职工从该破产企业取得的一次性安置费收入，免征个人所得税。

（2）个人因与用人单位解除劳动关系而取得的一次性补偿收入（包括用人单位发放的经济补偿金、生活补助费和其他补助费用），其收入在当地上年职工平均工资 3 倍数额以内的部分，免征个人所得税。超过 3 倍数额部分的一次性补偿收入，按照《国家税务总局关于个人因解除劳动合同取得经济补偿金征收个人所得税问题的通知》（国税发〔1999〕178 号）的规定，可视为一次取得数月的工资、薪金收入，允许在一定期限内平均。具体方法为：以超过 3 倍数额部分的一次性补偿收入，除以个人在本企业的工作年限数（超过 12 年的按 12 年计算），以其商数作为个人的月工资、薪金收入，按照税法规定计算缴纳个人所得税。个人在本企业的工作年限数按实际工作年限数计算，超过 12 年的按 12 计算。

（3）个人领取一次性补偿收入时按照国家和地方政府规定的比例实际缴纳的住房公积

金、医疗保险费、基本养老保险费、失业保险费，可以在计征其一次性补偿收入的个人所得税时予以扣除。

（4）个人在解除劳动合同后又再次任职、受雇的，对个人已缴纳个人所得税的一次性经济补偿收入，不再与再次任职、受雇的工资、薪金所得合并计算补缴个人所得税。

【例 2-29】（案例分析题）2011 年 10 月，某银行推行人事制度改革，张某在银行工作已经 20 年，因符合政策与单位解除劳动关系，取得补偿收入 18 万元（当地上年职工年均工资 12 000 元），按国家规定向相关机构缴存住房公积金、医疗保险费、基本养老保险费、失业保险费共计 26 000 元。李某在银行工作 10 年，因身体健康等原因也与单位解除劳动关系，取得补偿收入 40 000 元，实际按规定缴存"三费一金"4 800 元。单位在发放上述补偿款时按如下方法代扣代缴个人所得税：

张某：$\{[(180\ 000-12\ 000\times3)\div20-3\ 500]\times10\%-105\}\times20=5\ 300$（元）；

李某：$(40\ 000-12\ 000\times3)\div10\times3\%\times10=120$（元）。

请分析说明该银行的处理是否正确。

[答案] 根据财税〔2001〕157 号等文件的规定，个人取得的一次性补偿收入，在当地上年职工平均工资 3 倍数额以内的部分，免征个人所得税。超过 3 倍数额的部分，可视为一次取得数月的工资、薪金收入，允许在一定期限内平均。即以超过 3 倍数额部分的一次性补偿收入，除以个人在本企业的工作年限数（超过 12 年的按 12 年计算），以其商数作为个人的月工资、薪金收入。个人领取一次性补偿收入时按照国家和地方政府规定的比例实际缴纳的住房公积金、医疗保险费、基本养老保险费、失业保险费，可以在计征其一次性补偿收入的个人所得税予以扣除。

本例中，张某工作年限已超过 12 年，应按 12 年计算。同时应允许扣除实缴的"三费一金"。正确的计算为：

张某：$\{[(180\ 000-26\ 000-12\ 000\times3)\div12-3\ 500]\times20\%-555\}\times12=8\ 540$（元）。

李某：由于一次性补偿收入扣除实缴的"三费一金"后［$40\ 000-4\ 800=35\ 200$（元）］，没有超过上年职工平均工资的 3 倍［$12\ 000\times3=36\ 000$（元）］，免征个人所得税。

【例 2-30】（判断题）个人因与用人单位解除劳动关系而取得的一次性补偿收入，其收入在当地上年职工平均工资 3 倍数额以内的部分，免征个人所得税。（　　）

[答案] √

【例 2-31】（判断题）对于企业按照国家有关法律规定宣告破产后，企业职工从该破产企业取得的一次性安置收入，现行税法规定，凡收入在当地上年职工平均工资 3 倍数额以内的部分，免征个人所得税，超过的部分按规定计征个人所得税。（　　）

[答案] ×

[解析] 财税〔2001〕157 号文件规定，企业依照国家有关法律规定宣告破产，企业职工从该破产企业取得的一次性安置费收入，免征个人所得税。

国税函〔2003〕330 号文件规定，对中国海洋石油总公司及其投资控股公司系统（简称中油公司系统）员工终止用工合同取得的补偿收入计征个人所得税时，考虑到中油公司系统人员流动性较强，且解除用工合同后的生活地与劳务地经常不在同一地区的情况，为便于管理及操作，上述"当地上年职工平均工资"可用中油公司系统上年职工平均工资标准确定。

【例 2-32】（案例分析题）某公司 2014 年 8 月辞退甲、乙、丙三名正式员工：甲员工已经工作 3 年，月收入 5 000 元，辞退时公司给予一次性补偿 15 000 元；乙员工已经工作 9 年，月收入 10 000 元，辞退时公司给予一次性补偿 90 000 元；丙员工已经工作了 15 年，月收入 12 000 元，辞退时公司给予一次性补偿 180 000 元。该公司所在地上年社会平均工资 2 200 元/月。请计算，对甲、乙、丙三名员工，公司应代扣代缴的个人所得税分别为多少。

[答案]（1）上年平均工资的 3 倍为：2 200×12×3＝79 200（元）。

甲因与公司解除劳动合同获得的一次性补偿收入为 15 000 元，小于 79 200 元，因此，甲获得的一次性补偿收入免征个人所得税，公司不用代扣代缴。

（2）乙超过上年平均工资 3 倍以上部分为：90 000－79 200＝10 800（元）；折合月工资收入 10 800÷9＝1 200（元）。

由于乙的折合月工资收入小于费用扣除标准 3 500 元，因此，乙不用缴纳一次性补偿收入的个人所得税，公司不用代扣代缴。

（3）丙超过上年平均工资 3 倍以上的部分为：180 000－79 200＝100 800（元）；折合月工资收入为：100 800÷12＝8 400（元）。

公司应代扣代缴丙的个人所得税为：[（8 400－3 500）×20％－555]×12＝5 100（元）。

五、内部退养与提前退休人员取得的一次性收入

（一）内部退养取得的一次性收入

《国家税务总局关于个人所得税有关政策问题的通知》（国税发〔1999〕58 号）规定，企业减员增效和行政、事业单位、社会团体在机构改革过程中实行内部退养办法，实行内部退养的个人在其办理内部退养手续后至法定离退休年龄之间从原任职单位取得的工资、薪金，不属于离退休工资，应按工资、薪金所得项目计征个人所得税。

个人在办理内部退养手续后从原任职单位取得的一次性收入，应按办理内部退养手续后至法定离退休年龄之间的所属月份进行平均，并与领取当月的工资、薪金所得合并后减除当月费用扣除标准，以余额为基数确定适用税率，再将当月工资、薪金加上取得的一次性收入，减去费用扣除标准，按适用税率计征个人所得税。

个人在办理内部退养手续后至法定离退休年龄之间重新就业取得的工资、薪金所得，应与其从原任职单位取得的同一月份的工资、薪金所得合并，并依法自行向主管税务机关申报缴纳个人所得税。

【例 2-33】（案例分析题）某市移动公司实行人事制度改革，50 岁的女职工李某，根据政策规定，于 2015 年 10 月办理了内部退养手续，从单位领取一次性收入 60 000 元，李某当月工资为 3 800 元。经查发现，该公司认为李某取得的退养一次性收入属于退休工资，未扣缴个人所得税。

[答案] 根据国税发〔1999〕58 号文件的规定，李某虽然办理了内部退养手续，但其取得的一次性收入不属于离退休工资，应按"工资、薪金所得"项目计征个人所得税。在

计税时，应按办理内部退养手续后至法定离退休年龄之间的所属月份进行平均，并与领取当月的工资、薪金所得合并后减除当月费用扣除标准，以余额为基数确定适用税率，再将当月工资、薪金加上取得的一次性收入，减去费用扣除标准，按适用税率计算应纳税额。

本例中，李某距退休年龄还有 $5×12=60$（月），月均收入为：$60\,000÷60=1\,000$（元）；与当月工资合并后确定适用税率：月应纳税所得额 $=1\,000+3\,800-3\,500=1\,300$（元），适用税率为 3%；应代扣代缴个人所得税为：$(3\,800+60\,000-3\,500)×3\%=1\,809$（元）。

【例 2-34】（单选题）根据个人所得税法的规定，下列表述中正确的是（ ）。

A. 全年一次性奖金与内部退养费的个人所得税处理相同，都是与当月工资合并纳税

B. 个人取得年终兑现的年薪和绩效工资与当月工资合并缴纳个人所得税

C. 对在我国工作时间不满一个月的无住所个人，应以不满一个月的工资、薪金所得为依据计算实际应纳税额

D. 个体工商户为个人支付的个人所得税款，不得在所得税前扣除

[答案] D

（二）提前退休取得的补贴收入

内部退养取得的收入与提前退休取得的补贴收入的税务处理不同。《国家税务总局关于个人提前退休取得补贴收入个人所得税问题的公告》（国家税务总局公告 2011 年第 6 号）规定，机关、企事业单位对未达到法定退休年龄、正式办理提前退休手续的个人，按照统一标准向提前退休工作人员支付一次性补贴，不属于免税的离退休工资收入，应按照"工资、薪金所得"项目征收个人所得税。自 2011 年 1 月 1 日起，个人因办理提前退休手续而取得的一次性补贴收入，应按照办理提前退休手续至法定退休年龄之间所属月份平均分摊计算个人所得税。计算公式为：

$$应纳税额=\left\{\left[\left(一次性补贴收入÷办理提前退休手续至法定退休年龄的实际月份数\right)-费用扣除标准\right]×适用税率-速算扣除数\right\}×提前办理退休手续至法定退休年龄的实际月份数$$

【例 2-35】（单选题）某国有企业职工张某，于 2015 年 2 月因健康原因办理了提前退休手续（至法定退休年龄尚有 18 个月），取得单位按照统一标准支付的一次性补贴 72\,000元。当月张某仍按原工资标准从单位领取工资 4\,500 元。则张某 2015 年 2 月应缴纳的个人所得税合计为（ ）元。

A. 30   B. 270   C. 300   D. 320

[答案] C

[解析] 个人因办理提前退休手续而取得的一次性补贴收入，应按照办理提前退休手续至法定退休年龄之间所属月份平均分摊计算个人所得税。张某取得的一次性补贴应纳税额 $=(72\,000÷18-3\,500)×3\%×18=270$（元）；当月取得的工资应纳税额 $=(4\,500-3\,500)×3\%=30$（元）；2015 年 2 月应缴纳的个人所得税合计 $=270+30=300$（元）。

六、企业与职业年金

我国养老保险体系主要包括基本养老保险、补充养老保险和个人储蓄性养老保险三个部分，其中，补充养老保险包括企业年金和职业年金。企业年金主要针对企业，是指根据《企业年金试行办法》等国家相关政策规定，企业及其职工在依法参加基本养老保险的基础上，自愿建立的补充养老保险制度。职业年金主要针对事业单位，是指根据《事业单位职业年金试行办法》（国办发〔2011〕37号）等国家相关政策规定，事业单位及其职工在依法参加基本养老保险的基础上，建立的补充养老保险制度。

（一）补充养老保险的个人所得税处理

《财政部 国家税务总局关于个人所得税有关问题的批复》（财税〔2005〕94号）规定，单位为职工个人购买商业性补充养老保险等，在办理投保手续时应作为个人所得税的"工资、薪金所得"项目，按税法规定缴纳个人所得税；因各种原因退保，个人未取得实际收入的，已缴纳的个人所得税应予以退回。

（二）年金递延纳税政策

年金递延纳税，是指在年金缴费环节和年金基金投资收益环节暂不征收个人所得税，将纳税义务递延到个人实际领取年金的环节，也称 EET 模式（E 代表免税，T 代表征税）。EET 模式是西方发达国家对企业年金普遍采用的一种税收优惠模式。据了解，OECD 国家中，法国、德国、美国、日本等多数国家均选择了 EET 模式。2013 年底，为促进我国多层次养老保险体系的发展，在研究借鉴发达国家通行做法的基础上，结合我国实际国家对年金个人所得税政策体系进行了完善，财政部、人力资源社会保障部、国家税务总局印发了《关于企业年金、职业年金个人所得税有关问题的通知》（财税〔2013〕103号），出台如下企业年金、职业年金个人所得税递延纳税政策。

1. 企业年金和职业年金缴费的个人所得税处理

（1）企业和事业单位（以下统称单位）根据国家有关政策规定的办法和标准，为在本单位任职或者受雇的全体职工缴付的企业年金或职业年金（以下统称年金）单位缴费部分，在计入个人账户时，个人暂不缴纳个人所得税。

（2）个人根据国家有关政策规定缴付的年金个人缴费部分，在不超过本人缴费工资计税基数的 4% 标准内的部分，暂从个人当期的应纳税所得额中扣除。

（3）超过上述第（1）项和第（2）项规定的标准缴付的年金单位缴费和个人缴费部分，应并入个人当期的工资、薪金所得，依法计征个人所得税。税款由建立年金的单位代扣代缴，并向主管税务机关申报解缴。

（4）企业年金个人缴费工资计税基数为本人上一年度月平均工资。月平均工资按国家统计局规定列入工资总额统计的项目计算。月平均工资超过职工工作地所在设区城市上一年度职工月平均工资300％以上的部分，不计入个人缴费工资计税基数。

职业年金个人缴费工资计税基数为职工岗位工资和薪级工资之和。职工岗位工资和薪级工资之和超过职工工作地所在设区城市上一年度职工月平均工资300％以上的部分，不计入个人缴费工资计税基数。

即在年金缴费环节，对单位根据国家有关政策规定为职工支付的企业年金或职业年金单位缴费部分，在计入个人账户时，个人暂不缴纳个人所得税；个人根据国家有关政策规定缴付的年金个人缴费部分，在不超过本人缴费工资计税基数的4％标准内的部分，暂从个人当期的应纳税所得额中扣除。

2. 年金基金投资运营收益的个人所得税处理

年金基金投资运营收益分配计入个人账户时，个人暂不缴纳个人所得税。即在年金基金投资环节，企业年金或职业年金基金投资运营收益分配计入个人账户时，暂不征收个人所得税。

3. 领取年金的个人所得税处理

（1）个人达到国家规定的退休年龄，在2014年1月1日该文件实施之后按月领取的年金，全额按照"工资、薪金所得"项目适用的税率，计征个人所得税；在2014年1月1日该文件实施之后按年或按季领取的年金，平均分摊计入各月，每月领取额全额按照"工资、薪金所得"项目适用的税率，计征个人所得税。

（2）对单位和个人在2014年1月1日，财税〔2013〕103号文件实施之前开始缴付年金缴费，个人在该文件实施之后领取年金的，允许其从领取的年金中减除在该文件实施之前缴付的年金单位缴费和个人缴费且已经缴纳个人所得税的部分，就其余额按照前段所述的财税〔2013〕103号文件第三条第1项的规定征税。在个人分期领取年金的情况下，可按该文件实施之前缴付的年金缴费金额占全部缴费金额的百分比减计当期的应纳税所得额，减计后的余额，按照前段所述的该文件第三条第1项的规定，计算缴纳个人所得税。

（3）对个人因出境定居而一次性领取的年金个人账户资金，或个人死亡后，其指定的受益人或法定继承人一次性领取的年金个人账户余额，允许领取人将一次性领取的年金个人账户资金或余额按12个月分摊到各月，就其每月分摊额，按照该文件第三条第1项和第2项的规定计算缴纳个人所得税。对个人除上述特殊原因外一次性领取年金个人账户资金或余额的，则不允许采取分摊的方法，而是就其一次性领取的总额，单独作为一个月的工资、薪金所得，按照该文件第三条第1项和第2项的规定，计算缴纳个人所得税。

综上所述，在年金领取环节，个人达到国家规定的退休年龄领取的企业年金或职业年金，按照"工资、薪金所得"项目适用的税率，计征个人所得税。

（4）个人领取年金时，其应纳税款由受托人代表委托人委托托管人代扣代缴。年金账户管理人应及时向托管人提供个人年金缴费及对应的个人所得税纳税明细。托管人根据受托人指令及账户管理人提供的资料，按照规定计算扣缴个人当期领取年金待遇的应纳税款，并向托管人所在地主管税务机关申报解缴。

（5）建立年金计划的单位、年金托管人，应按照个人所得税法和税收征收管理法的有关规定，实行全员全额扣缴明细申报。受托人有责任协调相关管理人依法向税务机关办理扣缴申报、提供相关资料。

七、按年计算，分月预缴

《个人所得税法》第九条第二款规定，工资、薪金所得应纳的税款，按月计征，由扣缴义务人或者纳税义务人在次月 15 日内（2011 年 8 月 31 日以前为 7 日内）缴入国库，并向税务机关报送纳税申报表。特定行业的工资、薪金所得应纳的税款，可以实行按年计算、分月预缴的方式计征，具体办法由国务院规定。根据《个人所得税法实施条例》的规定，这里所说的特定行业，是指采掘业、远洋运输业、远洋捕捞业以及国务院财政、税务主管部门确定的其他行业。

这里所说的按年计算、分月预缴的计征方式，是指个人所得税法实施条例所列的特定行业职工的工资、薪金所得应纳的税款，按月预缴，自年度终了之日起 30 日内，合计其全年工资、薪金所得，再按 12 个月平均并计算实际应纳的税款，多退少补。计算公式为：

$$\frac{\text{应纳所得}}{\text{税额}}=\left[\left(\frac{\text{全年工资、}}{\text{薪金收入}}\div 12-\frac{\text{费用扣除}}{\text{标准}}\right)\times\text{税率}-\frac{\text{速算}}{\text{扣除数}}\right]\times 12$$

【例 2-36】（计算题）某纳税义务人是煤矿采掘工人，假定其 2014 年度各月工资收入、预缴税款情况如表 2-4 所示（已按月预缴个人所得税款共 225 元）。请计算其应缴（或退）税款金额。

表 2-4　　　　　　某纳税义务人 2014 年度各月工资收入、预缴税款情况　　　　单位：元

月份	工资收入	预缴税款
1	3 500	0
2	3 500	0
3	3 500	0
4	3 500	0
5	3 500	0
6	4 000	15
7	4 000	15
8	4 000	15
9	5 000	45
10	5 000	45
11	5 000	45
12	10 000	45
合计	54 500	225

［答案］该纳税义务人全年应纳税额应为：

［（54 500÷12－3 500）×税率－速算扣除数］×12＝（1 041.67×3%－0）×12＝375（元），由于以前按月预缴的税款共为 225 元，故该纳税义务人应补缴 150 元（375－225）。

3 第三章
股权激励所得

第一节　上市公司股权激励所得

为适应上市公司（含境内、境外上市公司，下同）薪酬制度改革和实施股权激励计划，财政部、国家税务总局先后下发了《财政部 国家税务总局关于个人股票期权所得征收个人所得税问题的通知》（财税〔2005〕35 号）、《国家税务总局关于个人股票期权所得缴纳个人所得税有关问题的补充通知》（国税函〔2006〕902 号）、《国家税务总局关于股权激励有关个人所得税问题的通知》（国税函〔2009〕461 号）、《财政部 国家税务总局关于股票增值权所得和限制性股票所得征收个人所得税有关问题的通知》（财税〔2009〕5 号）、《国家税务总局关于个人所得税有关问题的公告》（国家税务总局公告 2011 年第 27 号）和《国家税务总局关于我国居民企业实行股权激励计划有关企业所得税处理问题的公告》（国家税务总局公告 2012 年第 18 号）等一系列有关所得税的文件，就股权激励所得相关所得税处理问题做出规定。

一、股票期权所得

根据财税〔2005〕35 号文件的规定，企业员工股票期权（简称股票期权），是指上市公司按照规定的程序授予本公司及其控股企业员工的一项权利，该权利允许被授权员工在未来时间内以某一特定价格购买本公司一定数量的股票。这里的"某一特定价格"，即根据股票期权计划可以购买股票的价格，一般为股票期权授予日的市场价格或该价格的折扣价格，也可以是按照事先设定的计算方法约定的价格。

实施股票期权计划企业，授予该企业员工的股票期权所得，应按《个人所得税法》及其实施条例的有关规定征收个人所得税。对于员工取得股票期权所得个人所得税处理问题，财税〔2005〕35 号、国税函〔2006〕902 号等文件均做出了具体规定，从 2005 年 7 月 1 日起执行。根据上述规定，对企业员工（包括在中国境内有住所和无住所的个人）参与企业股票期权计划，员工接受雇主（含上市公司和非上市公司）授予的股票期权，凡该股票期权指定的股票为上市公司（含境内、外上市公司）股票的，其相关税务处理方法如下。

（一）不可公开交易的股票期权

1. 授权时不征税

员工接受实施股票期权计划企业授予的股票期权（仅指不可公开交易的股票期权）时，除另有规定外（指可公开交易的股票期权），一般不作为应税所得征税。

2. 行权前转让按工资、薪金所得征税

对因特殊情况，员工在行权日之前将不可公开交易的股票期权转让的，以股票期权的

转让净收入，作为"工资、薪金所得"征收个人所得税。根据国税函〔2006〕902号文件的规定，这里的"股票期权的转让净收入"，一般是指股票期权转让收入。如果员工是以折价购入方式取得股票期权的，可以股票期权转让收入扣除折价购入股票期权时实际支付的价款后的余额，作为股票期权的转让净收入。

3. 行权时按工资、薪金所得征税

员工行权（指不可公开交易的股票期权）时，其从企业取得股票的实际购买价（施权价）低于购买日公平市场价（指该股票当日的收盘价，下同）的差额，是因员工在企业的表现和业绩情况而取得的与任职、受雇有关的所得，应按"工资、薪金所得"适用的规定计算缴纳个人所得税。

【例3-1】（单选题）根据个人股票期权所得的征税规定，员工行权时，从企业取得股票的实际购买价（施权价）低于购买日公平市场价的差额，应计算缴纳个人所得税，其适用的应税所得项目为（　　）。

A. 财产转让所得
B. 劳务报酬所得
C. 工资、薪金所得
D. 利息、股息、红利所得

［答案］C

员工行权日所在期间的工资、薪金所得，应按下列公式计算工资、薪金应纳税所得额：

$$
\begin{pmatrix} 股票期权形式的工资、\\ 薪金应纳税所得额 \end{pmatrix} = \begin{pmatrix} 行权股票的\\ 每股市场价 \end{pmatrix} - \begin{pmatrix} 员工取得该股票期权\\ 支付的每股施权价 \end{pmatrix} \times \begin{pmatrix} 股票\\ 数量 \end{pmatrix} \tag{3.1}
$$

公式中的"员工取得该股票期权支付的每股施权价"，根据国税函〔2006〕902号文件的规定，一般是指员工行使股票期权购买股票实际支付的每股价格。如果员工是以折价购入方式取得股票期权的，上述施权价可包括员工折价购入股票期权时实际支付的价格。

国税函〔2006〕902号文件还规定，员工以在一个公历月份中取得的股票期权形式工资、薪金所得为一次。员工在一个纳税年度中多次取得股票期权形式工资、薪金所得的，其在该纳税年度内首次取得股票期权形式的工资、薪金所得应按公式（3.1）计算应纳税款；本年度内以后每次取得股票期权形式的工资、薪金所得，应按以下公式计算应纳税款。

$$
应纳税款 = \left[\begin{pmatrix} 本纳税年度内取得的股票期权形式\\ 工资、薪金所得累计应纳税所得额 \end{pmatrix} \div 规定月份数 \times 适用税率 - 速算扣除数 \right] \times 规定月份数
$$
$$
- \begin{pmatrix} 本纳税年度内股票期权形式的\\ 工资、薪金所得累计已纳税款 \end{pmatrix} \tag{3.2}
$$

公式（3.2）中的"本纳税年度内取得的股票期权形式工资、薪金所得累计应纳税所得额"，包括本次及本次以前各次取得的股票期权形式工资、薪金所得应纳税所得额；"规定月份数"，是指员工取得来源于中国境内的股票期权形式工资薪金所得的境内工作期间月份数，长于12个月的，按12个月计算；适用税率和速算扣除数，以本纳税年度内取得的股票期权形式工资薪金所得累计应纳税所得额除以规定月份数后的商数，对照现行税率

表确定；"本纳税年度内股票期权形式的工资、薪金所得累计已纳税款"，不含本次股票期权形式的工资、薪金所得应纳税款。

员工多次取得或者一次取得多项来源于中国境内的股票期权形式工资、薪金所得，而且各次或各项股票期权形式工资、薪金所得的境内工作期间月份数不相同的，以境内工作期间月份数的加权平均数为公式（3.2）中的规定月份数，但最长不超过 12 个月。计算公式如下：

$$规定月份数 = \frac{\sum 各次或各项股票期权形式工资、薪金应纳税所得额与该次或该项所得境内工作期间月份数的乘积}{\sum 各次或各项股票期权形式工资、薪金应纳税所得额}$$

这里需要说明的是，凡取得股票期权的员工在行权日不实际买卖股票，而按行权日股票期权所指定股票的市场价与施权价之间的差额，直接从授权企业取得价差收益的，该项价差收益应作为员工取得的股票期权形式的工资、薪金所得，按照上述有关规定计算缴纳个人所得税。

【例 3-2】（单选题）2013 年宋某被授予本公司股票期权，施权价 1 元/股，股票 3 万股。2015 年 3 月份行权，股票当日收盘价 7 元/股。宋某应就该项所得缴纳个人所得税（　　）元。

A. 20 460　　　　　B. 22 440　　　　　C. 26 400　　　　　D. 32 940

[答案] D

[解析] 该项所得应缴纳的个人所得税为：$[(7-1) \times 30\,000 \div 12 \times 25\% - 1\,005] \times 12 = 32\,940$（元）。

4. 行权后转让与持有收益的处理

员工将行权后的股票再转让时获得的高于购买日公平市场价的差额，是因个人在证券二级市场上转让股票等有价证券而获得的所得，应按照"财产转让所得"适用的征、免税规定计算缴纳个人所得税。即个人将行权后的境内上市公司股票再行转让而取得的所得，暂不征收个人所得税；个人转让境外上市公司的股票而取得的所得，应按税法的规定计算应纳税所得额和应纳税额，依法缴纳税款。

员工因拥有股权而参与企业税后利润分配取得的所得，应按照"利息、股息、红利所得"适用的征、免税规定计算缴纳个人所得税。

【例 3-3】（单选题）下列关于股票期权的表述中，正确的是（　　）。

A. 员工接受实施股票期权计划企业授予的股票期权时，除另有规定外，一般不征收个人所得税

B. 员工在行权日前将不可公开交易的股票期权转让的，以股票期权的转让净收入，按财产转让所得缴纳个人所得税

C. 普通员工行权时，从企业取得股票的实际购买价低于购买日公平市场价的差额，与当月工资、薪金合并，缴纳个人所得税

D. 员工将行权后的无论是境内上市还是境外上市公司的股票转让，均免征个人所得税

[答案] A

（二）可公开交易的股票期权

部分股票期权在授权时即约定可以转让，且在境内或境外存在公开市场及挂牌价格，本书称为可公开交易的股票期权。员工接受可公开交易的股票期权时，根据国税函〔2006〕902 号文件的规定，应作为财税〔2005〕35 号文件第二条第（一）款"另有规定"情形，按以下规定进行税务处理。

1. 取得时按工资、薪金所得征税

员工取得可公开交易的股票期权，属于员工已实际取得有确定价值的财产，应按授权日股票期权的市场价格，作为员工授权日所在月份的工资、薪金所得，并按财税〔2005〕35 号文件第四条第（一）款规定［即，应纳税额＝（股票期权形式的工资薪金应纳税所得额÷规定月份数×适用税率－速算扣除数）×规定月份数］计算缴纳个人所得税。如果是员工以折价购入方式取得股票期权的，可以授权日股票期权的市场价格扣除折价购入股票期权时实际支付的价款后的余额，作为授权日所在月份的工资、薪金所得。

2. 转让期权按财产转让所得征税

员工取得可公开交易的股票期权后，转让该股票期权所取得的所得，属于财产转让所得，依法缴纳个人所得税。

3. 行权时不征税

员工取得可公开交易的股票期权后，实际行使该股票期权购买股票时，不再计算缴纳个人所得税。

（三）工资、薪金所得境内、境外来源的划分

根据《国家税务总局关于在中国境内无住所个人以有价证券形式取得工资薪金所得确定纳税义务有关问题的通知》（国税函〔2000〕190 号），需对员工因参加企业股票期权计划而取得的"工资、薪金所得"确定境内或境外来源的，应按照该员工据以取得上述工资、薪金所得的境内、境外工作期间月份数比例计算划分。

国税函〔2006〕902 号文件规定，在确定员工取得股票期权所得的来源地时，按照财税〔2005〕35 号文件第三条规定（即按照规定，需对员工因参加企业股票期权计划而取得的工资、薪金所得确定境内或境外来源的，应按照该员工据以取得上述工资、薪金所得的境内、境外工作期间月份数比例计算划分）需划分境内、境外工作期间月份数。该境内、境外工作期间月份总数是指员工按企业股票期权计划规定，在可行权以前须履行工作义务的月份总数。

(四) 应纳税款的计算

1. 认购股票所得 (行权所得) 的税款计算

根据财税〔2005〕35 号等文件的规定,员工因参加股票期权计划而从中国境内取得的所得,按规定应按工资、薪金所得计算纳税的,对该股票期权形式的工资、薪金所得,可区别于所在月份的其他工资、薪金所得,单独按下列公式计算当月应纳税款。

$$
\text{应纳税额} = \left(\text{股票期权形式的工资、薪金应纳税所得额} \div \text{规定月份数} \times \text{适用税率} - \text{速算扣除数} \right) \times \text{规定月份数}
$$

公式中的"规定月份数",是指员工取得来源于中国境内的股票期权形式工资、薪金所得的境内工作期间月份数,长于 12 个月的,按 12 个月计算;适用税率和速算扣除数,以股票期权形式的工资、薪金应纳税所得额除以规定月份数后的商数,对照现行税率表确定。

【例 3-4】(计算题) 税务机关在检查时发现:A 上市公司自 2011 年开始对本单位关键技术人员实行股票期权激励计划。其中对技术总监张某的期权奖励计划是:2011 年 10 月 1 日起到 2016 年 10 月 1 日,在 A 公司任职 5 年、在中国境内任职不低于 3 年期满后,可以每股 1 元的价格购入公司的股票 100 000 股,购买股票当日市价与施权价的差价由 A 公司补足。2016 年 10 月 8 日,张某按公司股权激励计划规定,购入公司股票 100 000 股,当日股票收盘价为 5.8 元/股。A 公司也兑现了承诺。另外,当月张某还取得工资收入 6 000 元,季度奖励 3 000 元。请计算张某 2016 年 10 月应缴纳的个人所得税。

[答案] 张某 10 月份取得的工资、奖励所得应与股票期权所得分开计算纳税,并且由于在计算当月工资、薪金所得应纳税额时已扣除费用 3 500 元,因此,在计算股票期权所得应纳个人所得税时,不得再扣除费用。

张某工资、奖金应纳税额为:(6 000+3 000−3 500)×20%−555=545 (元)。

由于张某在境内工作期间月份数长于 12 个月,因此,按 12 个月对股票期权形式的工资、薪金所得进行平均,来确定适用税率及速算扣除数:100 000×(5.8−1)÷12=40 000 (元),适用税率 30%、速算扣除数为 2 755。

应纳税额为:[100 000×(5.8−1)÷12×30%−2 755]×12=110 940 (元)。

当月共计应缴纳个人所得税为:545+110 940=111 485 (元)。

2. 转让股票所得的税款计算

对于员工转让股票等有价证券取得的所得,应按现行税法和政策规定征免个人所得税。即个人将行权后的境内上市公司股票再行转让而取得的所得,暂不征收个人所得税;个人转让境外上市公司的股票而取得的所得,应按税法征免税的规定计算应纳税所得额和应纳税额,依法缴纳税款。

《财政部 国家税务总局 证监会关于沪港股票市场交易互联互通机制试点有关税收政策的通知》(财税〔2014〕81 号) 第一条规定,对内地个人投资者通过沪港通投资香港联交所上市股票取得的转让差价所得，自 2014 年 11 月 17 日起至 2017 年 11 月 16 日止，暂免征收个人所得税。

《财政部 国家税务总局 证监会关于深港股票市场交易互联互通机制试点有关税收政策的通知》（财税〔2016〕127 号）第一条规定，对内地个人投资者通过深港通投资香港联交所上市股票取得的转让差价所得，自 2016 年 12 月 5 日起至 2019 年 12 月 4 日止，暂免征收个人所得税。

3. 参与税后利润分配取得所得的税款计算

员工因拥有股权参与税后利润分配而取得的股息、红利所得，除依照有关规定可以免税或减税以外，应全额按规定税率计算纳税。

根据《财政部 国家税务总局 证监会关于上市公司股息红利差别化个人所得税政策有关问题的通知》（财税〔2015〕101 号）第一条的规定，个人从公开发行和转让市场取得的上市公司股票，持股期限超过 1 年的，股息红利所得暂免征收个人所得税。个人从公开发行和转让市场取得的上市公司股票，持股期限在 1 个月以内（含 1 个月）的，其股息红利所得全额计入应纳税所得额；持股期限在 1 个月以上至 1 年（含 1 年）的，暂减按 50％计入应纳税所得额；上述所得统一适用 20％的税率计征个人所得税。

二、股票增值权和限制性股票所得

股票增值权，是指上市公司授予公司员工在未来一定时期和约定条件下，获得规定数量的股票价格上升所带来收益的权利。被授权人在约定条件下行权，上市公司按照行权日与授权日二级市场股票差价乘以授权股票数量，发放给被授权人现金。

关于股票增值权和限制性股票所得项目和计税方法的确定问题，《国家税务总局关于股权激励有关个人所得税问题的通知》（国税函〔2009〕461 号）进一步明确：个人因任职、受雇从上市公司（含境内、境外上市公司，下同）取得的股票增值权所得和限制性股票所得，由上市公司或其境内机构按照"工资、薪金所得"项目和股票期权所得个人所得税计税方法，依法扣缴其个人所得税。

（一）股票增值权应纳税所得额的确定

股票增值权被授权人获取的收益，是由上市公司根据授权日与行权日股票差价乘以被授权股数，直接向被授权人支付的现金。上市公司应于向股票增值权被授权人兑现时依法扣缴其个人所得税。被授权人股票增值权应纳税所得额计算公式为：

$$股票增值权某次行权应纳税所得额 = (行权日股票价格 - 授权日股票价格) \times 行权股票份数$$

(二) 限制性股票应纳税所得额的确定

按照《个人所得税法》及其实施条例等有关规定,国税函〔2009〕461号文件明确,原则上应在限制性股票所有权归属于被激励对象时确认其限制性股票所得的应纳税所得额。具体计算方法为:上市公司实施限制性股票计划时,应以被激励对象限制性股票在中国证券登记结算公司(境外为证券登记托管机构)进行股票登记日期的股票市价(指当日收盘价,下同)和本批次解禁股票当日市价(指当日收盘价,下同)的平均价格乘以本批次解禁股票份数,减去被激励对象本批次解禁股份数所对应的为获取限制性股票实际支付资金数额,其差额为应纳税所得额。被激励对象限制性股票应纳税所得额计算公式为:

$$\text{应纳税所得额} = \left(\frac{\text{股票登记}}{\text{日股票市价}} + \frac{\text{本批次解禁}}{\text{股票当日市价}}\right) \div 2 \times \frac{\text{本批次解}}{\text{禁股票份数}} - \frac{\text{被激励对象实际}}{\text{支付的资金总额}} \times \left(\frac{\text{本批次解禁}}{\text{股票份数}} \div \frac{\text{被激励对象获取的}}{\text{限制性股票总份数}}\right)$$

【例3-5】(单选题)2014年1月某上市公司员工周某以1元/股的价格持有该公司的限制性股票5万股,该股票在中国证券登记结算公司登记日收盘价为4元/股,2015年12月解禁股票3万股,解禁当日收盘价7元/股。周某本次解禁股票应纳税所得额为(   )元。

A. 135 000   B. 147 000   C. 180 000   D. 286 000

[答案] A

[解析] 周某应纳税所得额为:(4+7)÷2×30 000-1×50 000×(30 000÷50 000)=135 000(元)。

(三) 应纳税额的计算

1. 首次取得所得应纳税额的计算

个人在纳税年度内第一次取得股票期权、股票增值权所得和限制性股票所得的,上市公司应按照财税〔2005〕35号文件第四条第一项所列的下列公式计算扣缴其个人所得税。

$$\text{应纳税额} = \left(\frac{\text{股票期权形式的工资}}{\text{薪金应纳税所得额}} \div \frac{\text{规定}}{\text{月份数}} \times \frac{\text{适用}}{\text{税率}} - \frac{\text{速算}}{\text{扣除数}}\right) \times \frac{\text{规定}}{\text{月份数}}$$

$$\text{应纳税所得额} = \left(\frac{\text{股票登记日}}{\text{股票市价}} + \frac{\text{本批次解禁}}{\text{股票当日市价}}\right) \div 2 \times \frac{\text{本批次解禁}}{\text{股票份数}} - \frac{\text{被激励对象实际}}{\text{支付的资金总额}} \times \left(\frac{\text{本批次解禁}}{\text{股票份数}} \div \frac{\text{被激励对象获取的}}{\text{限制性股票总份数}}\right)$$

【例3-6】(单选题)2014年1月,中国公民孙某从其任职的A上市公司取得限制性股票10 000股,在获得限制性股票时支付了10 000元,该批股票进行股票登记日的收盘价为5元/股。按照计划约定,2015年3月31日解禁5 000股,当天该股票收盘价8元/股。在不考虑其他税费的情况下,解禁时孙某应纳个人所得税税额为(   )元。

A. 1 490   B. 1 450   C. 1 850   D. 1 790

[答案] A

[解析] 孙某应纳税所得额＝(5＋8)÷2×5 000－10 000×(5 000÷10 000)＝27 500（元），应纳个人所得税＝(27 500÷12×10％－105)×12＝1 490（元）。

2. 再次取得所得应纳税额的计算

个人在纳税年度内两次以上（含两次）取得股票期权、股票增值权和限制性股票等所得，包括两次以上（含两次）取得同一种股权激励形式所得或者同时兼有不同股权激励形式所得的，上市公司应将其纳税年度内各次股权激励所得合并，按照国税函〔2006〕902号文件第七条、第八条所列的下列公式计算扣缴个人所得税：

$$\text{应纳税款}＝\left(\frac{\text{本纳税年度内取得的股票期权形式工资、薪金所得累计应纳税所得额}}{\text{规定月份数}}×\text{适用税率}－\text{速算扣除数}\right)×\text{规定月份数}$$
$$－\text{本纳税年度内股票期权形式的工资、薪金所得累计已纳税款}$$

$$\text{规定月份数}＝\frac{\sum\text{各次或各项股票期权形式工资、薪金应纳税所得额与该次或该项所得境内工作期间月份数的乘积}}{\sum\text{各次或各项股票期权形式工资、薪金应纳税所得额}}$$

需要说明的是，被激励对象为缴纳个人所得税款而出售股票，其出售价格与原计税价格不一致的，按原计税价格计算其应纳税所得额和税额。

【例3-7】（计算题）A公司的股票在上海证交所上市，2013年5月31日股东大会通过一项限制性股票激励计划，决定按每股5元的价格授予公司总经理王某20 000股限制性股票，王经理支付了100 000元。2013年7月1日，中国证券登记结算公司将这20 000股股票登记在王某的股票账户名下。当日，该公司股票收盘价为15元/股。根据计划规定，自授予日起至2015年12月31日为禁售期。根据激励计划规定，分三批解禁。第一批为2015年1月1日，解禁33％；第二批为2015年12月31日，解禁33％；最后一批于2016年12月31日，解禁最后的34％。2015年1月1日，经考核符合解禁条件，公司对王经理6 600股股票实行解禁。当日，公司股票的市场收盘价为25元/股。2015年12月31日，符合解禁条件后，又解禁6 600股。当日，公司股票的市场收盘价为19元/股。2015年3月15日，王经理以30元/股的市场价格出售上述2015年1月1日解禁的股票6 600股，2016年12月31日，经考核不符合解禁条件，公司注销其剩余的6 800股未解禁股票，返还其购股款34 000元。该公司已按规定将相关资料报税务机关备案，并依法履行个人所得税扣缴义务。请计算王经理2015年及2016年应缴纳的个人所得税（不考虑王经理的其他收入）。

[答案] 王经理应缴纳的个人所得税计算如下：

（1）2015年1月1日：应纳税所得额＝(15＋25)÷2×6 600－100 000×(6 600÷20 000)＝99 000（元）；

应纳税额＝(99 000÷12×20％－375)×12＝15 300（元）；

2015年12月31日：解禁所得应纳税所得额＝(15＋19)÷2×6 600－100 000×(6 600÷

20 000）＝79 200（元）。

2015 年 12 月 31 日，上市公司应扣缴王经理的个人所得税按如下方法计算：应纳税额＝[（99 000＋79 200)÷12×20％－375]×12－15 300＝15 840（元）。

（2）2015 年 3 月 15 日，王经理以 30 元/股市场价格出售已解禁股票，属股票转让所得，不征收个人所得税。

（3）2016 年 12 月 31 日，由于经考核不符合条件，该经理取得的限制性股票不予解禁，公司全部注销后返还购股款，被激励对象实际没有取得所得，因此不产生个人所得税纳税义务。

（四）纳税义务发生时间

股票增值权个人所得税纳税义务发生时间为上市公司向被授权人兑现股票增值权所得的日期。

限制性股票个人所得税纳税义务发生时间为每一批次限制性股票解禁的日期。

三、股权奖励

《财政部 国家税务总局关于完善股权激励和技术入股有关所得税政策的通知》（财税〔2016〕101 号）第二条第（二）款规定，上市公司股票期权、限制性股票应纳税款的计算，继续按照《财政部 国家税务总局关于个人股票期权所得征收个人所得税问题的通知》（财税〔2005〕35 号）、《财政部 国家税务总局关于股票增值权所得和限制性股票所得征收个人所得税有关问题的通知》（财税〔2009〕5 号）、《国家税务总局关于股权激励有关个人所得税问题的通知》（国税函〔2009〕461 号）等相关规定执行。股权奖励应纳税款的计算比照上述规定执行。

四、征收管理

（一）代扣代缴与自行申报

1. 代扣代缴

实施股票期权计划的境内企业为个人所得税的扣缴义务人，应按税法规定履行代扣代缴个人所得税的义务。

2. 自行申报

员工从两处或两处以上取得股票期权形式的工资、薪金所得和没有扣缴义务人的，该个人应在个人所得税法规定的纳税申报期限内自行申报缴纳税款。

3. 资料报送

实施股票期权、股票增值权计划的境内企业，应在股票期权计划实施之前，将企业的股票期权计划或实施方案、股票期权协议书、授权通知书等资料报送主管税务机关；应在员工行权之前，将股票期权行权通知书和行权调整通知书等资料报送主管税务机关。

实施限制性股票计划的境内上市公司，应在中国证券登记结算公司（境外为证券登记托管机构）进行股票登记，并经上市公司公示后 15 日内，将本公司限制性股票计划或实施方案、协议书、授权通知书、股票登记日期及当日收盘价、禁售期限和股权激励人员名单等资料报送主管税务机关备案。

境外上市公司的境内机构，应向其主管税务机关报送境外上市公司实施股权激励计划的中（外）文资料备案。

实施股票增值权计划或限制性股票计划的境内上市公司，应在向中国证监会报备的同时，将企业股票增值权计划、限制性股票计划或实施方案等有关资料报送主管税务机关备案。

实施股票增值权计划或限制性股票计划的境内上市公司，应在做好个人所得税扣缴工作的同时，按照《国家税务总局关于印发〈个人所得税全员全额扣缴申报管理暂行办法〉的通知》（国税发〔2005〕205 号）的有关规定，向主管税务机关报送其员工行权等涉税信息。

扣缴义务人和自行申报纳税的个人在申报纳税或代扣代缴税款时，应在税法规定的纳税申报期限内，将个人接受或转让的股权、接受或转让的股票期权以及认购的股票情况（包括种类、数量、施权价格、行权价格、市场价格、转让价格等）、股权激励人员名单、应纳税所得额、应纳税额等资料报送主管税务机关。

（二）股权激励优惠计税方法的适用范围

1. 股权激励优惠计税办法适用范围

财税〔2005〕35 号、国税函〔2006〕902 号、财税〔2009〕5 号以及国税函〔2009〕461 号等文件规定的有关股权激励个人所得税政策，适用于上市公司（含所属分支机构）和上市公司控股企业的员工，其中上市公司占控股企业股份比例最低为 30%（间接控股限于上市公司对二级子公司的持股）。间接持股比例，按各层持股比例相乘计算，上市公司对一级子公司持股比例超过 50% 的，按 100% 计算。

需要说明的是，上述"间接控股限于上市公司对二级子公司的持股"自 2011 年 5 月 1 日起，被《国家税务总局关于个人所得税有关问题的公告》（国家税务总局公告 2011 年第 27 号）废止。自 2011 年 5 月 1 日起，根据国家税务总局公告 2011 年第 27 号的规定，企业由上市公司持股比例不低于 30% 的，其员工以股权激励方式持有上市公司股权的，可以按照国税函〔2009〕461 号文件规定的计算方法，计算应扣缴的股权激励个人所得税，不再受上市公司控股企业层级限制。

2. 不适用优惠计税方法的情形

具有下列情形之一的股权激励所得，不适用国税函〔2009〕461 号文件规定的优惠计税方法，而应直接计入个人当期所得征收个人所得税：

（1）除国税函〔2009〕461号文件第七条第（一）项规定的上市公司（含所属分支机构）和上市公司控股企业的员工之外的集团公司、非上市公司员工取得的股权激励所得；

（2）公司上市之前设立股权激励计划，待公司上市后取得的股权激励所得；

（3）上市公司未按照国税函〔2009〕461号文件第六条规定向其主管税务机关报备有关资料的。

【例3-8】（案例分析题）A股份公司是一家在上海证交所上市的企业，持有B企业51%的股份，B企业持有C公司30%的股份；甲股份有限公司是一家在深交所上市的境内上市公司，持有乙企业40%的股份，乙企业持有C公司50%的股份。

C公司总经理李某于2013年11月1日取得被授予的A公司股票期权10 000份，每股施权价为5元，股权激励方案约定两年后可行权。

李总经理还于2014年7月5日取得被授予的A公司限制性股票10 000股，登记日股票市价为9元/股，取得时支付现金30 000元，该限制性股票的锁定期为一年，一年锁定期满后一次解锁。

另外，李总经理还于2013年12月1日被授予甲公司股票增值权10 000股，当日股票收盘价为8元/股，约定股票增值期为两年，2015年12月1日，当日甲公司股票市场收盘价每股10元。李总经理获得企业给付的股票增值权现金为：（10−8）×10 000＝20 000（元），该月还取得工资收入8 000元（已按规定扣除"三费一金"）。

2015年11月1日，李总经理按照约定行使股票期权，行权日A公司股票价格为15元/股。

李总经理获得的A公司限制性股票于2015年7月5日解禁，解禁日A公司股票价格为15元/股。

请回答下列问题：

（1）2015年12月份李总经理应缴纳多少个人所得税？

（2）2015年李总经理股票期权和限制性股票所得应纳多少个人所得税？

[答案]（1）由于A公司间接控制C公司的持股比例为：$100\% \times 30\% = 30\%$（A公司持有一级子公司B企业的股份超过50%，根据规定应按100%计算）。符合上市公司占控股企业的股份不低于30%的规定条件，所以李总经理获得的A公司的股票期权和限制性股票，可以适用股权激励的个人所得税优惠政策。

甲公司间接控制C公司的持股比例为：$40\% \times 50\% = 20\%$，不符合上市公司占控股企业的股份不低于30%的条件，李总经理在2015年12月1日取得的股票增值权所得要并入当期工资、薪金所得，一并缴纳个人所得税。当月工资与股票增值权所得应纳个人所得税为：$(8\,000 + 20\,000 - 3\,500) \times 25\% - 1\,005 = 5\,120$（元）。

根据《国家税务总局关于个人认购股票等有价证券而从雇主取得的折扣或补贴收入有关征收个人所得税问题的通知》（国税发〔1998〕9号）第二条的规定，个人认购股票等有价证券而从雇主取得的折扣或补贴，在计算缴纳个人所得税时，因一次收入较多，全部计入当月工资、薪金所得计算缴纳个人所得税有困难的，可在报经当地主管税务机关批准后，自其实际认购股票等有价证券的当月起，在不超过6个月的期限内平均分月计入工资、薪金所得计算缴纳个人所得税。假设李总经理的上述收入按照国税发〔1998〕9号文件的规定报经主管税务机关批准后，在 6 个月内平均分月计入工资、薪金所得计算个人所得税，此时当月应纳个人所得税为：（8 000＋20 000÷6－3 500）×20％－555＝1 011.67（元）。

假设李总经理取得的上述所得符合个人所得税优惠计税办法适用条件，此时两项所得应缴纳个人所得税为：[（8 000－3 500）×10％－105]＋（20 000÷12×10％－105）×12＝345＋740＝1 085（元）。税负比没有优惠减少了 78.8％，由此可见，股权激励的个人所得税优惠幅度很大。

（2）李总经理持有的 A 公司限制性股票于 2015 年 7 月 5 日解禁时，解禁日 A 公司股票价格为 15 元/股，解禁日李总经理限制性股票形式工资、薪金应纳税所得额为：（9＋15）÷2×10 000－30 000×（10 000÷10 000）＝90 000（元）。

李总经理持有的 A 公司限制性股票于 2015 年 7 月 5 日解禁时，属于在一个纳税年度中第一次取得股权激励所得，应缴纳个人所得税为：（90 000÷12×20％－555）×12＝11 340（元）。

2015 年 11 月李总经理持有的 A 公司股票期权行权时，属于在一个纳税年度内第二次取得股权激励所得，股票期权形式工资、薪金所得应纳税所得额为：（15－5）×10 000＝100 000（元），应缴纳个人所得税为：[（100 000＋90 000）÷12×25％－1 005]×12－11 340＝24 100（元）。

五、延期纳税

（一）股票期权、限制性股票和股权奖励延长纳税期限

《财政部 国家税务总局关于完善股权激励和技术入股有关所得税政策的通知》（财税〔2016〕101 号，自 2016 年 9 月 1 日起执行）第二条第（一）款规定，上市公司授予个人的股票期权、限制性股票和股权奖励，经向主管税务机关备案，个人可自股票期权行权、限制性股票解禁或取得股权奖励之日起，在不超过 12 个月的期限内缴纳个人所得税。《财政部 国家税务总局关于上市公司高管人员股票期权所得缴纳个人所得税有关问题的通知》（财税〔2009〕40 号）自该通知施行之日起废止。

这里所称的上市公司是指其股票在上海证券交易所、深圳证券交易所上市交易的股份有限公司。

（二）延期纳税备案表及其填报

《国家税务总局关于股权激励和技术入股所得税征管问题的公告》（国家税务总局公告 2016 年第 62 号，以下简称 62 号公告）第一条第（五）款规定，上市公司实施股权激励，个人选择在不超过 12 个月期限内缴税的，上市公司应自股票期权行权、限制性股票解禁、股权奖励获得之次月 15 日内，向主管税务机关报送《上市公司股权激励个人所得税延期纳税备案表》。上市公司初次办理股权激励备案时，还应一并向主管税务机关报送股权激励计划、董事会或股东大会决议。

《上市公司股权激励个人所得税延期纳税备案表》（见表 3-1）适用于实施股权激励的上市公司向主管税务机关办理个人所得税延期缴纳备案事宜时填报。企业应于股票期权行

表 3-1

备案编号（主管税务机关填写）：

上市公司股权激励个人所得税延期纳税备案表

单位：股，人民币元（列至角分）

公司基本情况

| 公司名称 | | 纳税人识别号 | | 股票代码 | | 联系人 | | 联系电话 | |

股权激励基本情况

股权激励形式：□股票期权 □限制性股票 □股权奖励

股权激励明细情况

序号	姓名	身份证照类型	身份证照号码	任职受雇月数	股票期权			限制性股票					股权奖励		
					行权日	行权日市价	行权价	行权股数	股票登记日	股票登记日市价	解禁日	解禁日市价	实际出资总额	本批次解禁股数	总股票数	授予日	授予日市价	奖励股票股数

谨声明：此表是根据《中华人民共和国个人所得税法》及有关法律法规规定填写的，是真实的、完整的、可靠的。

法定代表人签章：

公司签章：	代理申报机构（人）签章：	主管税务机关印章：
经办人：	经办人：	受理人：
填报日期：　年　月　日	经办人执业证件号码：	受理日期：　年　月　日
	代理申报日期：　年　月　日	

国家税务总局监制

填报说明：

1. 公司基本情况

(1) 公司名称：填写实施股权激励的上市公司法定名称全称。

(2) 纳税人识别号：填写纳税人识别号或统一社会信用代码。

(3) 联系人、联系电话：填写上市公司负责办理股权激励及相关涉税事项人员的相关情况。

2. 股权激励基本情况

股权激励形式：根据实施股权激励的形式（包括：股票期权、限制性股票、股权奖励）勾选。

3. 股权激励明细情况

(1) 姓名：填写纳税人姓名。中国境内无住所个人，其姓名应当用中、外文同时填写。

(2) 身份证照类型：填写能识别纳税人唯一身份的身份证件、军官证、士兵证、护照、港澳居民来往内地通行证、台湾居民来往大陆通行证等有效证照名称。

(3) 身份证照号码：填写能识别纳税人唯一身份的号码。

(4) 任职受雇月数：填写被激励对象在本公司实际任职受雇月份数。

(5) 股票期权栏：以股票期权形式实施激励的企业填写本栏。没有则不填。

①行权日：填写根据股票期权计划，行权购买股票的实际日期。

②行权日市价：填写被激励对象股票期权行权时，所持股票购买日的收盘价。

③行权价：填写被激励对象股票期权行权时，实际出资的每股金额。

④行权股数：填写被激励对象本次行权取得的股票数量。

(6) 限制性股票栏：以限制性股票形式实施激励的企业填写本栏。没有则不填。

①股票登记日：填写被激励对象取得的限制性股票在中国登记结算公司进行股票登记的日期。

②股票登记日市价：填写股票登记日的收盘价。

③解禁日：填写根据限制性股票计划，被激励对象取得限制性股票实际支付资金数额。

④解禁日市价：填写股票解禁日的收盘价。

⑤实际出资总额：填写被激励对象为获取限制性股票实际支付资金数额。

⑥本批次解禁数：填写本次股票解禁的股数。

⑦总股票数：填写被激励对象获取的限制性股票总数。

(7) 股权奖励栏：以股权奖励形式实施激励的企业填写本栏。没有则不填。

①授予日：填写授予被激励对象获得股票的实际日期。

②授予日市价：填写股权奖励授予日的收盘价。

③奖励股票数：填写被激励对象获取的股票总数。

权、限制性股票解禁、股权奖励获得之次月 15 日内报送该表。该表一式二份。主管税务机关受理后，由上市公司和主管税务机关分别留存。

（三）高管股票期权所得纳税确有困难的分期缴税老政策

由于《中华人民共和国公司法》和《中华人民共和国证券法》对上市公司董事、监事、高级管理人员等（以下简称上市公司高管人员）转让本公司股票在期限和数量比例上存在一定限制，导致其股票期权行权时无足额资金及时纳税问题。《财政部 国家税务总局关于上市公司高管人员股票期权所得缴纳个人所得税有关问题的通知》（财税〔2009〕40号）规定，自 2009 年 5 月 4 日起至 2016 年 9 月 1 日止：

（1）上市公司高管人员取得股票期权所得，应按照《财政部 国家税务总局关于个人股票期权所得征收个人所得税问题的通知》（财税〔2005〕35 号）和国税函〔2006〕902号文件的有关规定，计算个人所得税应纳税额。

（2）对上市公司高管人员取得股票期权在行权时，纳税确有困难的，经主管税务机关审核〔该项审核已被《国务院关于第一批取消 62 项中央指定地方实施行政审批事项的决定》（国发〔2015〕57 号）取消〕，可自其股票期权行权之日起，在不超过 6 个月的期限内分期缴纳个人所得税。

（3）其他股权激励方式参照财税〔2009〕40 号文件的规定执行。

第二节　非上市公司股权激励所得

为支持大众创业、万众创新战略的实施，促进我国经济结构转型升级，2016 年 9 月22 日，财政部、国家税务总局联合发布财税〔2016〕101 号文件。该文件规定的政策优惠力度大、涉及环节多、缴税期限长，为确保纳税人清晰知晓税收优惠办理流程和相关要求，使新旧政策顺畅衔接、便于新政落实，国家税务总局发布了 62 号公告，对相关征管问题进行了细化。

一、非上市公司股权激励概述

（一）我国股权激励总体发展情况

我国企业股权激励始于 20 世纪 90 年代，直到 2005 年股权分置改革后才真正启动。2005 年《上市公司股权激励管理办法（试行）》（《上市公司股权激励管理办法》已经于2016 年 5 月 4 日经中国证券监督管理委员会 2016 年第 6 次主席办公会议审议通过，自2016 年 8 月 13 日起施行，该办法同时废止）和 2014 年《上市公司实施员工持股计划试点指导意见》的出台，推动了股权激励制度快速发展。2006 年披露股权激励方案的上市公司只有 44 家，2015 年已增长到 557 家。

国有非上市科技型企业自 2009 年起在中关村、东湖、张江、合芜蚌等地区开展股权与分红激励试点，2014 年底试点单位初步统计约 230 家。2016 年 3 月 1 日，国家出台实施了《国有科技型企业股权和分红激励暂行办法》（财资〔2016〕4 号），因此在上市公司和民营企业之外，国有科技型企业股权激励也将呈迅速扩大趋势。

目前，我国股权激励方式主要有股票期权、股权期权、限制性股票、股权奖励、股权出售、员工持股计划等，此外还有技术成果投资入股方式。

（二）股权激励税收政策的主要内容

对于股票期权、股权期权、限制性股票和股权奖励等股权激励方式，现行税收政策的一般性规定是：在期权行权、限制性股票解禁以及获得股权奖励时，按照股票（股权）实际购买价格与公平市场价格之间的差额，按照"工资、薪金所得"项目，适用 3%～45% 的 7 级超额累进税率征收个人所得税；在个人转让上述股票（股权）时，对转让收入高于取得股票（股权）时公平市场价格的增值部分，按"财产转让所得"项目，适用 20% 的比例税率征收个人所得税。对于企业或个人以技术成果投资入股，在投资入股环节，按照技术成果评估作价增值额确认应税所得，计算缴纳企业所得税或个人所得税，同时允许在 5 年内分期纳税。

现行有关税收优惠政策主要集中在股权奖励和技术入股两方面，具体包括四项政策：

（1）对科研机构、高等学校转化职务科技成果给予个人的股权奖励，允许个人递延至分红或转让股权时缴税。

（2）对全国高新技术企业转化科技成果给予相关人员的股权奖励，实行 5 年分期纳税政策。

（3）2014—2015 年在中关村试点高新技术企业和科技型中小企业的股权奖励，允许递延至分红或转让股权时缴税。

（4）企业或个人以非货币性资产（包括技术成果）投资入股，对资产评估增值所得允许在 5 年内分期缴税。

（三）调整和完善股权激励政策的主要考虑

随着大众创业、万众创新的热情不断高涨，科技成果转化活动日益活跃，与之相关的股权激励等税收政策日益成为社会关注的焦点。一些非上市公司为吸引人才，也比照上市公司实施了股权激励。与上市公司相比，非上市公司股权变现能力较弱，公司未来经营发展的不确定性较大，它们希望给予进一步税收优惠，包括调整股权激励的纳税时点，降低适用税率等，以减轻税收负担。

为深入贯彻全国科技创新大会精神，充分调动广大科研人员的积极性，促进国家创业创新战略的实施，推动科技成果最大限度转化为现实生产力，财税部门在参考借鉴国际经验的基础上，结合我国科技成果转化的具体情况和问题，对现行股权激励税收政策进行了如下调整完善。

1. 分类适用

借鉴欧美发达国家经验，将股权激励分为可享受税收优惠的和不可享受税收优惠的两大类，在规定严格限制条件的前提下，对符合条件的非上市公司股权激励实施递延纳税优惠政策。

2. 扩大范围

扩大现行优惠政策的覆盖范围，由高等学校、科研机构、高新技术企业等扩大到其他参与创新创业的市场主体，优惠政策针对的股权激励方式也由目前的股权奖励扩大到股票（权）期权、限制性股票等其他方式。

3. 优惠方式

在优惠方式上，对符合条件的股权激励实施递延纳税政策，同时降低适用税率。

上述政策调整有效降低了股权激励的税收负担，将进一步激发和释放科研人员创新创业的活力和积极性。

（四）政策变化及对纳税人税负的影响

按照调整前的税收政策，企业给予员工的股票（权）期权、限制性股票、股权奖励等，员工应在股票（权）期权行权、限制性股票解禁、股权奖励获得等环节，按照"工资、薪金所得"项目，适用3％～45％的7级累进税率征税；对员工之后转让该股权获得的增值收益，则按"财产转让所得"项目，适用20％的税率征税。

为减轻股权激励获得者的税收负担，解决其当期纳税现金流不足问题，此次政策调整的主要内容如下：

1. 合并征税环节

对非上市公司符合条件的股票（权）期权、限制性股票、股权奖励，由分别按"工资薪金所得"和"财产转让所得"两个环节征税，合并为只在一个环节征税，即纳税人在股票（权）期权行权、限制性股票解禁以及获得股权奖励时暂不征税，待今后该股权转让时一次性征税，以解决在行权等环节纳税现金流不足的问题。

2. 降低适用税率

在转让环节一次性征税统一适用20％的税率，税负比之前降低10～20个百分点，有效降低纳税人税收负担。

上述政策进一步加大了对创新创业的支持力度，对于激励科技人员创新创业、增强经济发展活力、促进我国经济结构转型升级将发挥重要作用。

二、股权激励递延纳税新政及其适用条件

（一）非上市公司股权激励递延纳税新政

1. 股权激励所得及法理分析

与奖金、福利等现金激励类似，股权激励是企业以股权形式对员工的一种激励。企业通过低于市场价或无偿授予员工股权，对员工此前的工作业绩予以奖励，并进一步激发其工作热情，与企业共同发展。股权激励中，员工往往低价或无偿取得企业股权。该部分折价，实质上是企业给员工发放的非现金形式的补贴或奖金，对于该收入，应在员工取得时计算纳税，这也是国际上的通行做法。

2. 递延纳税

股权激励在员工购买取得股权时需要计算纳税，技术成果投资入股当期也要计算纳税。但从实际来看，纳税人此时取得的往往是股权形式的所得，没有现金流，纳税存在一定困难。递延纳税正是针对以上情况，将纳税时点递延至股权转让环节，即纳税人因股权激励或技术成果投资入股取得股权时先不纳税，待实际转让股权时再纳税。递延纳税的好处是解决纳税人纳税义务发生当期缺乏现金流缴税的困难。

3. 股权激励递延纳税新政

根据财税〔2016〕101号文件第一条第（一）款的规定，非上市公司授予本公司员工的股票期权、股权期权、限制性股票和股权奖励，符合规定条件的，经向主管税务机关备案，可实行递延纳税政策，即员工在取得股权激励时可暂不纳税，递延至转让该股权时纳税；股权转让时，按照股权转让收入减除股权取得成本以及合理税费后的差额，适用"财产转让所得"项目，按照20％的税率计算缴纳个人所得税。

4. 股票（权）转让时的资料报送

62号公告第一条第（七）款规定，递延纳税股票（权）转让、办理纳税申报时，扣缴义务人、个人应向主管税务机关一并报送能够证明股票（权）转让价格、递延纳税股票（权）原值、合理税费的有关资料，具体包括转让协议、评估报告和相关票据等。资料不全或无法充分证明有关情况，造成计税依据偏低，又无正当理由的，主管税务机关可依据税收征管法有关规定进行核定。

（二）股权激励递延纳税的适用条件

从欧美等发达国家通行做法看，对享受递延纳税优惠的股权激励都规定了非常严格的

条件，目的是规范股权激励行为，鼓励长期投资，防止逃漏税款。借鉴国际经验，财税〔2016〕101号文件第一条第（二）款对享受递延纳税优惠的股权激励规定了包括实施主体、计划审批等七方面的限制条件。纳税人适用股权激励递延纳税优惠的，这些条件需要同时具备。

1. 实施主体

参考世界各国的通行做法，结合我国税收优惠政策的一般原则，规定享受税收优惠政策的应是境内居民企业实施的股权激励计划。

2. 计划审批

为体现股权激励计划的合规性，避免企业的暗箱操作，规定股权激励计划必须经公司董事会、股东（大）会审议通过。未设立股东（大）会的国有单位，须经上级主管部门审核批准。

3. 激励标的

为体现激励对象与公司的利益相关性，激发员工的创业热情，规定激励股权标的应为本公司的股权，授予关联公司股权的不纳入优惠范围。同时，考虑到一些科研企事业单位存在将技术成果投资入股到其他企业，并以被投资企业股权实施股权奖励的情况，因此规定股权奖励的标的可以是技术成果投资入股到其他境内居民企业所取得的股权。

4. 激励对象

为体现对企业从事创新创业的支持，避免企业将股权激励变相为一般员工福利，规定激励对象应为企业的技术骨干和高级管理人员，具体人员由公司董事会或股东（大）会决定，激励对象人数累计不得超过本公司最近6个月在职职工平均人数的30%。

5. 持有时间

为实现员工与企业长期共同发展的目标，鼓励员工从企业的成长和发展中获利，而不是短期套利，因此对股权激励的持有时间做出限定：期权自授予日起应持有满3年，且自行权日起持有满1年；限制性股票自授予日起应持有满3年，且自限售条件解除之日起持有满1年；股权奖励自获得奖励之日起应持有满3年。

6. 行权时间

为体现股权激励计划的约束性，也便于税收管理，借鉴国际经验，规定股票（权）期权自授予日至行权日的时间不得超过10年。

行权时间这一条件，仅适用于股票（权）期权激励方式。

7. 限制性行业

考虑到股权奖励这一方式较为灵活，为避免企业通过这种方式避税，真正体现对企业因科技成果转化而实施股权奖励的优惠，需要对实施股权奖励的行业范围进行适当限制。鉴于目前科技类企业的统一标准难以界定，对其审核确认较为困难，因此借鉴国际通行做法，采取反列举办法，通过负面清单方式，对住宿和餐饮、房地产、批发和零售业等明显不属于科技类的行业企业，限制其享受股权奖励税收优惠政策，负面清单之外的企业实施的股权奖励则可享受递延纳税优惠政策。

限制性行业这一条件，仅针对股权奖励这种激励方式，其他激励方式不适用。

（三）股权激励的形式

符合条件的非上市公司股权激励递延纳税政策适用的股权激励形式，包括股票（权）期权、限制性股票和股权奖励。对其他股权激励方式，如员工持股计划、股票增值权等，不适用非上市公司股权激励递延纳税新政。

股票（权）期权，是指公司给予激励对象在一定期限内以事先约定的价格购买本公司股票（权）的权利。员工在行权时，可根据公司的发展情况，决定是否行权购买股权。

限制性股票，是指公司以一定的价格将本公司股权出售给员工，并同时规定，员工只有工作年限或业绩目标符合股权激励计划规定的条件后，才能对外出售该股权。

股权奖励，是指公司直接以公司股权无偿对员工实施奖励。

三、股票（权）期权

（一）股票（权）期权的界定

根据财税〔2016〕101号文件第一条第（三）款的规定，股票（权）期权是指公司给予激励对象在一定期限内以事先约定的价格购买本公司股票（权）的权利。

（二）股票（权）期权递延纳税政策应符合的条件

1. 享受股票（权）期权递延纳税政策应符合的条件

根据财税〔2016〕101号文件第一条第（二）款的规定，享受递延纳税政策的非上市公司股票期权、股权期权须同时满足实施主体、计划审批、激励标的、激励对象、持有期限、行权期限六个条件，具体条件如表3-2所示。

2. 最近6个月在职职工平均人数的确定

根据62号公告第一条第（一）款的规定，非上市公司实施符合条件的股票（权）期权激励，本公司最近6个月在职职工平均人数，按照股票（权）期权行权之上月起前6个月"工资薪金所得"项目全员全额扣缴明细申报的平均人数确定。

表 3-2 股票(权)期权递延纳税应符合的条件

序号	条件	具体要求	备注
1	实施主体	属于境内居民企业的股票(权)期权激励计划。	本公司最近6个月在职职工平均人数,按照股票(权)期权行权获得之上月起前6个月"工资薪金所得"项目全员全额扣缴明细申报的平均人数确定。
2	计划审批	股票(权)期权激励计划经公司董事会、股东(大)会审议通过。未设股东(大)会的国有单位,经上级主管部门审核批准。股票(权)期权激励计划应列明激励目的、对象、标的、有效期、各类价格的确定方法、激励对象获取权益的条件、程序等。	
3	激励标的	激励标的应为境内居民企业的本公司股权。激励标的股票(权)包括通过增发、大股东直接让渡以及法律法规允许的其他合理方式授予激励对象的股票(权)。	
4	激励对象	激励对象应为公司董事会或股东(大)会决定的技术骨干和高级管理人员,激励对象人数累计不得超过本公司最近6个月在职职工平均人数的30%。	
5	持有期限	股票(权)期权自授予日起应持有满3年,且自行权日起持有满1年;上述时间条件须在股权激励计划中列明。	
6	行权期限	股票(权)期权自授予日至行权日的时间不得超过10年。	

【例 3-9】(案例分析题)2016 年 9 月,甲企业实施的一项针对核心技术人员的股票(权)期权激励计划符合行权条件,共有 20 位激励对象行权。该企业 2016 年 3 月至 8 月"工资薪金所得"个人所得税全员全额扣缴明细申报的人数分别为 90 人、95 人、95 人、100 人、105 人、105 人。问:在其他条件符合规定的情况下,该企业的股权激励计划能否递延纳税?

[答案] 根据 62 号公告的规定,在职职工人数,需要根据取得股权激励之上月起前 6 个月"工资薪金所得"项目的明细申报人数确定。

该企业激励对象占最近 6 个月在职职工平均人数比＝20÷[(90＋95＋95＋100＋105＋105)÷6]≈20.34%＜30%。

因此,该股权激励计划符合递延纳税人数比例限制的条件,可以适用递延纳税政策。

(三)符合条件的股票(权)期权递延纳税新政

根据财税〔2016〕101 号文件第一条的规定,非上市公司授予本公司员工的股票期权、股权期权,符合规定条件的,经向主管税务机关备案,可实行递延纳税政策,即员工在取得股权激励时可暂不纳税,递延至转让该股权时纳税;股权转让时,按照股权转让收入减除股权取得成本以及合理税费后的差额,适用"财产转让所得"项目,按照 20%的税率计算缴纳个人所得税。股权转让时,股票(权)期权取得成本按行权价确定。

1. 股票(权)期权授予时的处理

员工接受实施股票(权)期权计划的非上市公司授予的股票(权)期权时,由于没有取得实际所得,不作为应税所得征税。

2. 股票（权）期权行权时的处理

非上市公司授予本公司员工的股票期权、股权期权，同时符合实施主体、计划审批、激励标的、激励对象、持有期限、行权期限六个条件的，经向主管税务机关备案，可实行递延纳税政策，即员工在取得期权行权所得时可暂不纳税，递延至转让该股权时纳税。

员工取得非上市公司授予的股票期权、股权期权，不同时符合实施主体、计划审批、激励标的、激励对象、持有期限、行权期限六个条件的，根据财税〔2016〕101 号文件第四条第（一）款的规定，个人从任职受雇企业以低于公平市场价格取得股票（权）的，凡不符合递延纳税条件，应在获得股票（权）时，对实际出资额低于公平市场价格的差额，按照"工资、薪金所得"项目，参照《财政部 国家税务总局关于个人股票期权所得征收个人所得税问题的通知》（财税〔2005〕35 号）有关规定计算缴纳个人所得税。

3. 转增股本时的处理

根据财税〔2016〕101 号文件第四条第（四）款的规定，持有递延纳税的股权期间，因该股权产生的转增股本收入，应在当期缴纳税款。

《国家税务总局所得税司关于印发〈股权激励和技术入股个人所得税政策口径〉的通知》（税总所便函〔2016〕149 号）问题 19 明确：依据税法，企业以未分配利润、盈余公积、资本公积转增股本，需按照"利息、股息、红利所得"项目计征个人所得税。同时，根据《财政部 国家税务总局关于将国家自主创新示范区有关税收试点政策推广到全国范围实施的通知》（财税〔2015〕116 号），中小高新技术企业转增股本，个人股东可分期 5 年缴税。但是，个人持有递延纳税股权期间，发生上述情形的，根据财税〔2016〕101 号文件第四条第（四）款的规定，因递延纳税的股权产生的转增股本收入，应在当期缴纳税款。

4. 以股权对外投资的处理

根据财税〔2016〕101 号文件第四条第（四）款的规定，持有递延纳税的股权期间，以该递延纳税的股权再进行非货币性资产投资的，应在当期缴纳税款，而不适用非货币性资产对外投资分期纳税政策。

税总所便函〔2016〕149 号文件问题 22 明确：个人以股权进行非货币性资产投资，《财政部 国家税务总局关于个人非货币性资产投资有关个人所得税政策的通知》（财税〔2015〕41 号）规定可以分期 5 年缴纳。但个人取得股权激励所得选择递延纳税的，根据财税〔2016〕101 号文件第四条第（四）项的规定，个人以递延纳税的股权进行非货币性资产投资，须在非货币性资产投资当期缴纳税款。

5. 在境内上市后处置股权的处理

根据财税〔2016〕101 号文件第四条第（二）款的规定，个人因股权激励取得股权后，非上市公司在境内上市的，处置递延纳税的股权时，按照现行限售股有关征税规定执行。

【例 3-10】(问答题)个人持有递延纳税非上市公司股权期间公司在境内上市了,税收上如何处理?

[**答案**] 税总所便函〔2016〕149 号文件明确:纳税人因获得非上市公司实施符合条件的股权激励而选择递延纳税的,自其取得股权至实际转让期间,因时间跨度可能非常长,其中会出现不少变数。如果公司在境内上市了,员工持有的递延纳税股权,自然转为限售股。根据财税〔2016〕101 号文件第四条第(二)款的规定,相关税收处理应按照限售股相关规定执行。具体包括以下三方面:

一是股票转让价格,按照限售股有关规定确定。

二是扣缴义务人转为限售股转让所得的扣缴义务人(即证券机构),实施股权激励的公司、获得技术成果的企业只需及时将相关信息告知税务机关,无须继续扣缴递延纳税股票个人所得税。

三是个人股票原值仍按财税〔2016〕101 号文件规定确定,也就是说,转让的股票来源于股权激励的,原值为其实际取得成本;来源于技术成果投资入股的,原值为技术成果原值。若证券机构扣缴的个人所得税与纳税人的实际情况有出入,个人需按照《财政部 国家税务总局 证监会关于个人转让上市公司限售股所得征收个人所得税有关问题的通知》(财税〔2009〕167 号)的规定,向证券机构所在地主管税务机关申请办理税收清算。

6. 转让股权的处理

员工将行权后的股票(权)再转让时获得的高于购买日公平市场价的差额,是因个人转让股票(权)等有价证券而获得的所得,应按照"财产转让所得"适用的征免规定计算缴纳个人所得税。

根据财税〔2016〕101 号文件第四条第(三)款的规定,个人转让股权时,视同享受递延纳税优惠政策的股权优先转让。递延纳税的股权成本按照加权平均法计算,不与其他方式取得的股权成本合并计算。

综上所述,非上市公司股票(权)期权个人所得税处理,可列表说明如下(见表 3-3)。

表 3-3 非上市公司股票(权)期权个人所得

环节	递延纳税政策	非递延纳税政策
授予期权时	通常不征个人所得税	通常不征个人所得税
行权时	暂不征收个人所得税	按工资薪金所得征税
转增股本	按利息、股息、红利所得征税	按利息、股息、红利所得征税
投资入股	按财产转让所得征税	按财产转让所得征税
在境内上市后转让股权	按限售股征税	按限售股征税
转让时	按财产转让所得征税	按财产转让所得征税

(四)扣缴义务人的确定

根据财税〔2016〕101 号文件第五条第(二)款的规定,企业实施股权激励或个人以技术成果投资入股，以实施股权激励或取得技术成果的企业为个人所得税扣缴义务人。递延纳税期间，扣缴义务人应在每个纳税年度终了后向主管税务机关报告递延纳税有关情况。针对股票期权、股权期权激励而言，以实施股票（权）期权激励的企业为个人所得税扣缴义务人。递延纳税期间，扣缴义务人应在每个纳税年度终了后向主管税务机关报告递延纳税有关情况。

（五）不符合条件的股票（权）期权所得

1. 初始不符合条件的不适用递延纳税优惠

根据财税〔2016〕101号文件第一条第（四）款的规定，股权激励计划所列内容不同时满足第一条第（二）款规定的全部条件，不得享受递延纳税优惠，应按规定计算缴纳个人所得税。

针对股票（权）期权激励而言，股票期权、股权期权激励计划所列内容不同时满足财税〔2016〕101号文件第一条第（二）款规定的全部六个条件，不得享受递延纳税优惠，应在股票（权）期权行权时按规定计算缴纳个人所得税。

2. 递延纳税期间情况变化不再符合条件的处理

根据财税〔2016〕101号文件第一条第（四）款的规定，非上市公司股权激励所得递延纳税期间公司情况发生变化，不再符合第一条第（二）款第4至6项条件的，不得享受递延纳税优惠，应按规定计算缴纳个人所得税。

62号公告第一条第（二）款进一步规定，递延纳税期间，非上市公司情况发生变化，不再同时符合财税〔2016〕101号文件第一条第（二）款第4至6项条件的，应于情况发生变化之次月15日内，按财税〔2016〕101号文件第四条第（一）款规定计算缴纳个人所得税。

由此可见，企业实施的股票（权）期权激励计划享受递延纳税期间，企业有关情况发生变化，不再符合政策文件中所列的可享受递延纳税优惠政策的条件第4项（激励对象范围）、第5项（股权持有时间）或第6项（行权时间）的，该股权激励计划不能继续享受递延纳税政策，税款应于情况发生变化之次月15日内及时缴清。

3. 所得税项目的确定

财税〔2016〕101号文件第四条第（一）款规定，个人从任职受雇企业以低于公平市场价格取得股票（权），凡不符合递延纳税条件的，应在获得股票（权）时，对实际出资额低于公平市场价格的差额，按照"工资、薪金所得"项目，参照《财政部 国家税务总局关于个人股票期权所得征收个人所得税问题的通知》（财税〔2005〕35号）有关规定计算缴纳个人所得税。

4. 授予股票（权）期权时的处理

根据财税〔2016〕101号文件第四条第（一）款和财税〔2005〕35号文件第二条第

（一）款的规定，员工接受实施股票（权）期权计划企业授予的股票（权）期权时，除另有规定外，一般不作为应税所得征税。

5. 股票（权）期权行权时的处理

（1）股票（权）期权形式工资薪金应纳税所得额的确定。

根据财税〔2016〕101号文件第四条第（一）款和财税〔2005〕35号文件第二条第（二）款的规定，员工行权时，其从企业取得股票（权）的实际购买价（施权价）低于购买日公平市场价的差额，是因员工在企业的表现和业绩情况而取得的与任职、受雇有关的所得，应按"工资、薪金所得"适用的规定计算缴纳个人所得税。

员工以在一个公历月份中取得的股票（权）形式工资薪金所得为一次。员工行权日所在期间的工资薪金所得，应按下列公式计算工资薪金应纳税所得额：

$$\begin{matrix}股票（权）期权形式的\\工资薪金应纳税所得额\end{matrix}=\left(\begin{matrix}行权股票（权）的\\每股市场价\end{matrix}-\begin{matrix}员工取得该股票（权）\\期权支付的每股施权价\end{matrix}\right)\times\begin{matrix}股票\\数量\end{matrix}$$

（2）认购股票（权）所得（行权所得）的税款计算。

员工因参加股票（权）期权计划而从中国境内取得的所得，按规定应按工资薪金所得计算纳税的，对该股票（权）期权形式的工资薪金所得可区别于所在月份的其他工资薪金所得，单独按下列公式计算当月应纳税款：

$$\begin{matrix}应纳\\税额\end{matrix}=\left[\begin{matrix}股票（权）期权形式的\\工资薪金应纳税所得额\end{matrix}\div\begin{matrix}规定\\月份数\end{matrix}\times\begin{matrix}适用\\税率\end{matrix}-\begin{matrix}速算\\扣除数\end{matrix}\right]\times\begin{matrix}规定\\月份数\end{matrix}$$

6. 员工在行权日之前将股票（权）期权转让的处理

根据财税〔2016〕101号文件第四条第（一）款和财税〔2005〕35号文件第二条第（二）款的规定，对因特殊情况，员工在行权日之前将股票（权）期权转让的，以股票期权的转让净收入，作为工资薪金所得征收个人所得税。

7. 符合条件实行递延纳税与不符合条件股权激励分别计税

根据62号公告第一条第（三）款的规定，员工以在一个公历月份中取得的股票（权）形式工资薪金所得为一次。员工取得符合条件、实行递延纳税政策的股权激励，与不符合递延纳税条件的股权激励分别计算。

8. 多次取得不符合条件的股票（权）形式所得的处理

根据62号公告第一条第（三）款的规定，员工在一个纳税年度中多次取得不符合递延纳税条件的股票（权）形式工资薪金所得的，参照《国家税务总局关于个人股票期权所得缴纳个人所得税有关问题的补充通知》（国税函〔2006〕902号）第七条规定执行。

国税函〔2006〕902号文件第七条规定，员工以在一个公历月份中取得的股票期权形式工资薪金所得为一次。员工在一个纳税年度中多次取得股票期权形式工资薪金所得的，其在该纳税年度内首次取得股票期权形式的工资薪金所得应按财税〔2005〕35 号文件第四条第（一）项规定的公式〔应纳税额＝［股票（权）期权形式的工资薪金应纳税所得额÷规定月份数×适用税率－速算扣除数］×规定月份数〕计算应纳税款；本年度内以后每次取得股票期权形式的工资薪金所得，应按以下公式计算应纳税款：

$$应纳税款 = \left(\frac{本纳税年度内取得的股票期权形式}{工资薪金所得累计应纳税所得额} \div \frac{规定}{月份数} \times 适用税率 - \frac{速算}{扣除数}\right) \times$$
$$规定月份数 - 本纳税年度内股票期权形式的工资薪金所得累计已纳税款$$

上述公式中的本纳税年度内取得的股票期权形式工资薪金所得累计应纳税所得额，包括本次及本次以前各次取得的股票期权形式工资薪金所得应纳税所得额；公式中的规定月份数，是指员工取得来源于中国境内的股票期权形式工资薪金所得的境内工作期间月份数，长于 12 个月的，按 12 个月计算；公式中的适用税率和速算扣除数，以本纳税年度内取得的股票期权形式工资薪金所得累计应纳税所得额除以规定月份数后的商数，对照个人所得税工资、薪金所得现行税率表确定；公式中的本纳税年度内股票期权形式的工资薪金所得累计已纳税款，不含本次股票期权形式的工资薪金所得应纳税款。

9. 公平市场价格的确定

根据 62 号公告第一条第（四）款的规定，财税〔2016〕101 号文件所称公平市场价格按以下方法确定：

（1）上市公司股票的公平市场价格，按照取得股票当日的收盘价确定。取得股票当日为非交易日的，按照上一个交易日收盘价确定。

（2）非上市公司股票（权）的公平市场价格，依次按照净资产法、类比法和其他合理方法确定。净资产法按照取得股票（权）的上年末净资产确定。

10. 员工将行权后的股票（权）再转让的处理

员工将行权后的股票（权）再转让时获得的高于购买日公平市场价的差额，是因个人转让股票（权）等有价证券而获得的所得，应按照"财产转让所得"适用的征免规定计算缴纳个人所得税。

即个人将行权后的非上市公司（包括全国中小企业股权转让系统挂牌公司）股票（权）转让而取得的所得，按"财产转让所得"适用 20％的税率计算缴纳个人所得税。个人股票（权）期权行权后，公司股票公开上市，再转让股票的，按限售股相关规定征收个人所得税。

11. 因拥有股权而参与税后利润分配的处理

员工因拥有股权而参与企业税后利润分配取得的所得，应按照"利息、股息、红利所得"适用的规定计算缴纳个人所得税。

综上所述，雇员取得非上市公司不符合递延纳税条件的股票（权）期权所得，授予时、行权时以及取得股权（票）后相关环节个人所得税处理列表说明如下（见表 3-4）。

表 3-4   雇员的股票(权)期权所得

序号	环节	税务处理
1	授予期权	不征个人所得税
2	行权时	不符合递延纳税条件,按工资、薪金所得纳税
		符合递延纳税条件,暂不征个人所得税
3	行权日前转让期权	按工资、薪金所得纳税
4	行权后的股票(权)再转让	按财产转让所得项目纳税
5	参与利润分配	按利息、股息、红利所得纳税
6	被投资企业转增股权	按利息、股息、红利所得纳税
7	以股权对外投资	可分期 5 年纳税

【例 3-11】(案例分析题)税务机关在检查新三板挂牌的甲公司时发现,该公司自 2014 年 9 月开始对本单位技术人员实行股票(权)期权激励计划。其中技术总监张某的期权是:2014 年 9 月 1 日起到 2016 年 9 月 1 日,在甲公司任职 2 年、在中国境内任职不低于 1 年期满后,可以每股 1 元的价格购入公司的股票 10 万股,购买股票当日公平市场价与施权价的差价由 A 公司补足。2016 年 9 月 10 日,张某行权购入公司股票 60 000 股,上年末公司每股净资产为 11 元/股。A 公司也兑现了承诺。当月张某还取得工资收入 6 000 元,季度奖励 3 000 元。

2016 年 11 月 10 日,张某按公司股权激励计划规定,再次行权购入公司股票 40 000 股,A 公司也兑现了承诺。请分析说明张某股票期权所得应如何缴纳个人所得税。

[**答案**] 财税〔2016〕101 号文件第四条第(一)款规定,个人从任职受雇企业以低于公平市场价格取得股票(权),凡不符合递延纳税条件的,应在获得股票(权)时,对实际出资额低于公平市场价格的差额,按照"工资、薪金所得"项目,参照财税〔2005〕35 号文件有关规定计算缴纳个人所得税。

公平市场价格的确定方法为:上市公司股票的公平市场价格,按照取得股票当日的收盘价确定;非上市公司股票(权)的公平市场价格,依次按照净资产法、类比法和其他合理方法确定。净资产法按照取得股票(权)的上年末净资产确定。

本案中的股票(权)期权激励计划不符合财税〔2016〕101 号文件规定的递延纳税条件。

(1)股票(权)期权形式工资薪金应纳税所得额的确定。

雇员因参加股票(权)期权计划而从中国境内非上市公司取得的股票(权)形式工资薪金所得,以在一个公历月份中取得的所得为一次。该所得按规定应按工资、薪金所得计算纳税的,对该股票期权形式的工资、薪金所得,可区别于行权日所在期间的工资薪金所得,单独按下列公式计算当月应纳税所得额。

$$\begin{matrix}\text{股票(权)期权形式的} \\ \text{工资薪金应纳税所得额}\end{matrix} = \begin{bmatrix}\begin{matrix}\text{行权股票(权)的} \\ \text{每股市场价}\end{matrix} - \begin{matrix}\text{员工取得该股票(权)} \\ \text{期权支付的每股施权价}\end{matrix}\end{bmatrix} \times \begin{matrix}\text{股票(权)} \\ \text{数量}\end{matrix}$$

因而,本案中张某 9 月取得的股票期权形式的工资薪金所得应纳税所得额为:(11-1)×60 000=600 000(元)。

(2)行权所得应纳税款的计算。

员工因参加股票（权）期权计划而从中国境内取得的工资、薪金所得，可区别于所在月份的其他工资薪金所得，单独按下列公式计算当月应纳税款：

$$应纳税额 = \left[股票(权)期权形式的工资薪金应纳税所得额 \div 规定月份数 \times 适用税率 - 速算扣除数 \right] \times 规定月份数$$

因而，本案中张某9月工资、奖励所得应与股票期权所得分开计算纳税，并且由于在计算当月工资、薪金所得应纳税额时，已扣除费用3 500元，在计算股票期权所得应纳个人所得税时，不得再扣除费用。

张某工资、奖金应纳税额为：（6 000＋3 000－3 500）×20%－555＝545（元）。

由于张某在境内工作期间月份数长于12个月，按12个月对股票期权形式的工资、薪金所得进行平均，来确定适用税率及速算扣除数：600 000÷12＝50 000（元），适用税率为30%、速算扣除数为2 755。

股票期权形式的工资、薪金所得应纳税额为：（600 000÷12×30%－2 755）×12＝146 940（元）。

9月张某共计应缴纳个人所得税：545＋146 940＝147 485（元）。

（3）多次取得不符合条件的股票（权）形式所得的处理。

员工在一个纳税年度中多次取得股票（权）期权形式工资薪金所得的，其在该纳税年度内首次取得股票期权形式的工资薪金所得应按上述公式计算应纳税款；本年度内以后每次取得股票期权形式的工资薪金所得，应按以下公式计算应纳税款：

$$应纳税款 = \left(本纳税年度内取得的股票期权形式工资薪金所得累计应纳税所得额 \div 规定月份数 \times 适用税率 - 速算扣除数 \right) \times 规定月份数 - 本纳税年度内股票期权形式的工资薪金所得累计已纳税款$$

因而，张某2016年度取得的股票期权形式工资薪金所得累计应纳税所得额为：（11－1）×60 000＋（11－1）×40 000＝1 000 000（元）。

1 000 000÷12＝83 333.33（元），适用税率为45%，速算扣除数为13 505。

应纳税款＝（1 000 000÷12×45%－13 505）×12－147 485＝140 455（元）。

需要说明的是，员工取得符合条件、实行递延纳税政策的股权激励，应与不符合递延纳税条件的股权激励分别计算。

四、限制性股票

（一）限制性股票的界定

根据财税〔2016〕101号文件第一条第（三）款的规定，限制性股票是指公司按照预先确定的条件授予激励对象一定数量的本公司股权，激励对象只有工作年限或业绩目标符合股权激励计划规定条件的才可以处置该股权。

（二）符合条件的限制性股票递延纳税

根据财税〔2016〕101号文件第一条第（一）款的规定，非上市公司（包括全国中小企业股份转让系统挂牌公司，下同）授予本公司员工的限制性股票，符合规定条件的，经向主管税务机关备案，可实行递延纳税政策，即员工在取得限制性股票时可暂不纳税，递延至转让该股票时纳税；股权（票）转让时，按照股权（票）转让收入减除股权（票）取得成本以及合理税费后的差额，适用"财产转让所得"项目，按照20％的税率计算缴纳个人所得税。

股权（票）转让时，限制性股票取得成本按实际出资额确定。

1. 授予时的处理

员工接受实施限制性股票激励计划的非上市公司授予的限制性股票时，由于没有取得实际所得，不作为应税所得征税。

2. 解禁时的处理

非上市公司授予本公司员工的限制性股票，同时符合实施主体、计划审批、激励标的、激励对象、持有期限五个规定条件的，经向主管税务机关备案，可实行递延纳税政策，即员工在限制性股票解禁取得股权激励所得时可暂不纳税，递延至转让该股权（票）时纳税。

员工取得非上市公司授予的限制性股票，不同时符合实施主体、计划审批、激励标的、激励对象、持有期限五个规定条件的，根据财税〔2016〕101号文件第四条第（一）款的规定，个人从任职受雇企业以低于公平市场价格取得股票（权），凡不符合递延纳税条件的，应在获得股票（权）时，对实际出资额低于公平市场价格的差额，按照"工资、薪金所得"项目，参照《财政部 国家税务总局关于个人股票期权所得征收个人所得税问题的通知》（财税〔2005〕35号）有关规定计算缴纳个人所得税。

3. 转让股票的处理

员工将解禁后的限制性股票再转让时获得的高于取得成本的差额，是因个人转让股票等有价证券而获得的所得，应按照"财产转让所得"计算缴纳个人所得税。

递延纳税的限制性股票转让时，按照股票转让收入减除限制性股票取得成本以及合理税费后的差额，适用"财产转让所得"项目，按照20％的税率计算缴纳个人所得税。股票转让时，限制性股票取得成本按实际出资额确定。

根据财税〔2016〕101号文件第四条第（三）款的规定，个人转让股票时，视同享受递延纳税优惠政策的股票优先转让。递延纳税的股票成本按照加权平均法计算，不与其他方式取得的股票成本合并计算。

4. 转增股本的处理

根据财税〔2016〕101 号文件第四条第（四）款的规定，持有递延纳税的限制性股票期间，因该股票产生的转增股本收入，应在当期缴纳税款。

税总所便函〔2016〕149 号文件问题 19 明确：依据税法，企业以未分配利润、盈余公积、资本公积转增股本，需按照"利息、股息、红利所得"项目计征个人所得税。同时，根据《财政部 国家税务总局关于将国家自主创新示范区有关税收试点政策推广到全国范围实施的通知》（财税〔2015〕116 号），中小高新技术企业转增股本，个人股东可分期 5 年缴税。但是，个人持有递延纳税的限制性股票期间，发生转增股本的，根据财税〔2016〕101 号文件第四条第（四）款的规定，因递延纳税的股票产生的转增股本收入，应在当期缴纳税款。

5. 上市后处置股票的处理

根据财税〔2016〕101 号文件第四条第（二）款的规定，个人因限制性股票解禁取得股票后，非上市公司在境内上市的，处置递延纳税的限制性股票时，按照现行限售股有关征税规定执行。

个人因获得非上市公司实施符合条件的限制性股票激励而选择递延纳税的，自限制性股票解禁取得股权至实际转让期间，如果公司在境内上市了，员工持有的递延纳税股票，自然转为限售股。根据财税〔2016〕101 号文件第四条第（二）项的规定，相关税收处理应按照限售股相关规定执行。主要涉及如下三方面内容：

（1）股票转让价格，按照限售股有关规定确定。

（2）扣缴义务人转为限售股转让所得的扣缴义务人（即证券机构），实施股权激励的公司只需及时将相关信息告知税务机关，无须继续扣缴递延纳税股票个人所得税。

（3）个人股票原值仍按财税〔2016〕101 号文件规定确定，也就是说，转让的股票来源于股权激励的，原值为其实际取得成本，限制性股票的取得成本按实际出资额确定。若证券机构扣缴的个人所得税与纳税人的实际情况有出入，个人需按照《财政部 国家税务总局 证监会关于个人转让上市公司限售股所得征收个人所得税有关问题的通知》（财税〔2009〕167 号）的规定，向证券机构所在地主管税务机关申请办理税收清算。

6. 以股票对外投资的处理

根据财税〔2016〕101 号文件第四条第（四）款的规定，持有递延纳税的限制性股票期间，以该递延纳税的股权再进行非货币性资产投资的，应在当期缴纳税款，而不适用非货币性资产对外投资分期纳税政策。

税总所便函〔2016〕149 号文件问题 22 明确：个人以股权进行非货币性资产投资，《财政部 国家税务总局关于个人非货币性资产投资有关个人所得税政策的通知》（财税〔2015〕41 号）规定可以分期 5 年缴纳。但个人取得限制性股票激励所得选择递延纳税的，根据财税〔2016〕101 号文件第四条第（四）项的规定，个人以递延纳税的股票进行非货币性资产投资，须在非货币性资产投资当期缴纳税款。

综上所述，符合条件的非上市公司限制性股票递延纳税可列表说明如下（见表3-5）。

表 3-5 符合条件的非上市公司限制性股票递延纳税

序号	环节	递延纳税政策
1	授予限制性股票时	不征收个人所得税
2	限制性股票解禁时	暂不征收个人所得税
3	转增股本时	按利息、股息、红利所得在当期纳税
4	投资入股时	按财产转让所得在当期纳税
5	在境内上市后处置股票	按限售股相关规定征税
6	转让递延税的股票时	按财产转让所得征收个人所得税，财产原值为实际出资额

（三）递延纳税应符合的条件

1. 享受递延纳税政策的限制性股票应符合的条件

根据财税〔2016〕101号文件第一条第（二）款的规定，取得非上市公司限制性股票激励享受递延纳税政策的须同时满足实施主体、计划审批、激励标的、激励对象、持有期限五个条件，具体条件列表说明如下（见表3-6）。

表 3-6 限制性股票递延纳税应符合的条件

序号	条件	具体要求	备注
1	实施主体	属于境内居民企业的限制性股票激励计划。	非上市公司实施符合条件的限制性股票激励，本公司最近6个月在职职工平均人数，按照限制性股票解禁之上月起前6个月"工资薪金所得"项目全员全额扣缴明细申报的平均人数确定。
2	计划审批	限制性股票激励计划经公司董事会、股东（大）会审议通过。未设股东（大）会的国有单位，经上级主管部门审核批准。限制性股票激励计划应列明激励目的、对象、标的、有效期、各类价格的确定方法、激励对象获取权益的条件、程序等。	
3	激励标的	激励标的应为境内居民企业的本公司股权。激励标的股票包括通过增发、大股东直接让渡以及法律法规允许的其他合理方式授予激励对象的股票。	
4	激励对象	激励对象应为公司董事会或股东（大）会决定的技术骨干和高级管理人员，激励对象人数累计不得超本公司最近6个月在职职工平均人数的30%。	
5	持有期限	限制性股票自授予日起应持有满3年，且解禁后持有满1年。上述时间条件须在股权激励计划中列明。	

2. 最近6个月在职职工平均人数的确定

根据62号公告第一条第（一）款的规定，非上市公司实施符合条件的限制性股票激励，本公司最近6个月在职职工平均人数，按照限制性股票解禁之上月起前6个月"工资薪金所得"项目全员全额扣缴明细申报的平均人数确定。

例如，甲公司实施一批限制性股票激励计划，并于2017年1月限制性股票解禁，计算在职职工平均人数时，以该公司 2016 年 7 月、8 月、9 月、10 月、11 月、12 月工资薪金所得项目全员全额扣缴明细申报的平均人数计算。

（四）不符合规定条件的限制性股票的处理

1. 不符合规定条件的限制性股票的处理规定

限制性股票激励计划不符合递延纳税条件的，不能享受递延纳税优惠。财税〔2016〕101 号文件第四条第（一）款规定，个人从任职受雇企业以低于公平市场价格取得股票（权），凡不符合递延纳税条件的，应在获得股票（权）时，对实际出资额低于公平市场价格的差额，按照"工资、薪金所得"项目，参照《财政部 国家税务总局关于个人股票期权所得征收个人所得税问题的通知》（财税〔2005〕35 号）有关规定计算缴纳个人所得税。

财税〔2016〕101 号文件第一条第（四）款还规定，股权激励计划所列内容不同时满足第一条第（二）款规定的全部条件，或递延纳税期间公司情况发生变化，不再符合第一条第（二）款第 4 至 6 项条件的，不得享受递延纳税优惠，应按规定计算缴纳个人所得税。

由此可见，企业实施的限制性股票激励计划享受递延纳税期间，企业有关情况发生变化，不再符合政策文件中所列的可享受递延纳税优惠政策的条件第 4 项（激励对象范围）、第 5 项（股票持有时间），该限制性股票激励计划不能继续享受递延纳税政策，税款应及时缴清。

（1）授予时的处理。

员工接受实施限制性股票激励计划的非上市公司授予的限制性股票时，由于没有取得实际所得，不作为应税所得征税。

（2）解禁时的处理。

员工取得非上市公司授予的限制性股票，不同时符合实施主体、计划审批、激励标的、激励对象、持有期限五个规定条件的，根据财税〔2016〕101 号文件第四条第（一）款的规定，个人从任职受雇企业以低于公平市场价格取得股票（权），凡不符合递延纳税条件的，应在获得股票（权）时，对实际出资额低于公平市场价格的差额，按照"工资、薪金所得"项目，参照《财政部 国家税务总局关于个人股票期权所得征收个人所得税问题的通知》（财税〔2005〕35 号）有关规定计算缴纳个人所得税。

（3）转让股票的处理。

员工将解禁后的限制性股票再转让时获得的高于解禁日公平市场价的差额，是因个人转让股票等有价证券而获得的所得，应按照"财产转让所得"适用的征免规定计算缴纳个人所得税。

即个人将解禁后的非上市公司（包括全国中小企业股权转让系统挂牌公司）股票转让取得的所得，按"财产转让所得"适用 20% 的税率计算缴纳个人所得税。个人限制性股票解禁后，公司股票公开上市，再转让股票的，按限售股相关规定征收个人所得税。

(4) 转增股本的处理。

依据个人所得税法相关规定，企业以未分配利润、盈余公积、资本公积转增股本，需按照"利息、股息、红利所得"项目计征个人所得税。同时，根据《财政部 国家税务总局关于将国家自主创新示范区有关税收试点政策推广到全国范围实施的通知》（财税〔2015〕116 号）的规定，中小高新技术企业转增股本，个人股东可分期 5 年缴税。

(5) 上市后处置股票的处理。

个人因获得非上市公司实施不符合规定条件的限制性股票激励，自限制性股票解禁取得股权至实际转让期间，如果公司在境内上市了，员工持有的递延纳税股权，自然转为限售股。上市后转让股票的相关税收处理应按照限售股相关规定执行。

(6) 以股票对外投资的处理。

个人以股票进行非货币性资产投资，根据《财政部 国家税务总局关于个人非货币性资产投资有关个人所得税政策的通知》（财税〔2015〕41 号）的规定，可以分期 5 年缴纳。

综上所述，非上市公司限制性股票所得可列表说明如下（见表 3-7）：

表 3-7　　　　　　　　　　　　非上市公司限制性股票所得

序号	环节	递延纳税政策	非递延纳税政策
1	授予限制性股票时	不征个人所得税	不征个人所得税
2	限制性股票解禁时	暂不征个人所得税	按工资薪金所得项目征税
3	转增股本时	按利息、股息、红利所得在当期纳税	按利息、股息、红利所得在当期纳税，中小高新技术企业可分 5 年递延纳税
4	投资入股时	按财产转让所得在当期纳税	可以分期 5 年缴纳
5	上市后处置股票	按限售股相关规定征税	按限售股相关规定征税
6	转让递延纳税的股票时	按财产转让所得征税	按财产转让所得征税

2. 公平市场价格的确定

62 号公告第一条第（四）款规定，财税〔2016〕101 号文件所称公平市场价格按以下方法确定：

(1) 上市公司股票的公平市场价格，按照取得股票当日的收盘价确定。取得股票当日为非交易日的，按照上一个交易日收盘价确定。

(2) 非上市公司股票（权）的公平市场价格，依次按照净资产法、类比法和其他合理方法确定。净资产法按照取得股票（权）的上年末净资产确定。

3. 符合递延纳税条件与不符合条件分别进行处理

员工取得的限制性股票激励，区分符合条件、实行递延纳税政策的股权激励和不符合条件、未递延纳税的股权激励，适用不同的税收政策分别计算纳税。其中，对员工在一个纳税年度内，多次从任职受雇企业以低于公平市场价格取得不符合递延纳税条件的股权，参照《国家税务总局关于个人股票期权所得缴纳个人所得税有关问题的补充通知》（国税函〔2006〕902 号）第七条的如下规定执行：

员工以在一个公历月份中取得的股票期权形式工资薪金所得为一次。员工在一个纳税年度中多次取得股票期权形式工资薪金所得的，其在该纳税年度内首次取得股票期权形式的工资薪金所得应按财税〔2005〕35号文件第四条第（一）项规定的下列公式计算应纳税款：

$$应纳税额 = \left(\frac{股票（权）期权形式的工资薪金应纳税所得额}{规定月份数} \times 适用税率 - 速算扣除数\right) \times 规定月份数$$

本年度内以后每次取得股票期权形式的工资薪金所得，应按以下公式计算应纳税款：

$$应纳税额 = \left(\frac{本纳税年度内取得的股票期权形式工资薪金所得累计应纳税所得额}{规定月份数} \times 适用税率 - 速算扣除数\right) \times$$
$$规定月份数 - 本纳税年度内股票期权形式的工资薪金所得累计已纳税款$$

（五）新三板挂牌公司限制性股票激励的处理

财税〔2016〕101号文件第四条第（五）款规定，全国中小企业股份转让系统挂牌公司按照通知第一条规定执行。也就是说，在新三板或其他产权交易所挂牌的企业，属于非上市公司，应按照非上市公司相关税收政策执行。

五、股权奖励

股权奖励递延缴纳个人所得税政策，最早于2014年1月1日起，在中关村国家自主创新示范区试点，后于2015年1月1日起推广至国家自主创新示范区、合芜蚌自主创新综合试验区和绵阳科技城（以下统称示范地区）实施，自2016年1月1日起，推广到全国范围内的高新技术企业实施。自2016年9月1日起，再次扩大到非上市公司授予本公司员工的符合规定条件的股权奖励。

（一）股权奖励的界定

根据财税〔2016〕101号文件第一条第（三）款的规定，股权奖励是指企业无偿授予激励对象一定份额的股权或一定数量的股份。

（二）符合条件的股权奖励递延纳税

根据财税〔2016〕101号文件第一条第（一）款的规定，非上市公司授予本公司员工的股权奖励，符合规定条件的，经向主管税务机关备案，可实行递延纳税政策，即员工在取得股权奖励时可暂不纳税，递延至转让该股权时纳税；股权转让时，按照股权转让收入减除股权取得成本以及合理税费后的差额，适用"财产转让所得"项目，按照20%的税率计算缴纳个人所得税。

股权转让时，股权奖励取得成本为零。

(三) 股权奖励递延纳税应符合的条件

1. 股权奖励递延纳税应符合的条件规定

根据财税〔2016〕101号文件第一条第（二）款的规定，享受递延纳税政策的非上市公司股权奖励须同时满足实施主体、计划审批、激励标的、激励对象、持有期限、所属行业六个条件，具体条件如表3-8所示。

表3-8　　　　　　　　　　　股权奖励递延纳税应符合的条件

序号	条件	具体要求	备注
1	实施主体	属于境内居民企业的股权奖励计划。	非上市公司实施符合条件的股权奖励，本公司最近6个月在职职工平均人数，按照股权奖励获得之上月起前6个月"工资薪金所得"项目全员全额扣缴明细申报的平均人数确定。
2	计划审批	股权奖励计划经公司董事会、股东（大）会审议通过。未设股东（大）会的国有单位，经上级主管部门审核批准。股权奖励计划应列明激励目的、对象、标的、有效期、各类价格的确定方法、激励对象获取权益的条件、程序等。	
3	激励标的	股权奖励标的应为境内居民企业的本公司股权，也可以是技术成果投资入股到其他境内居民企业所取得的股权。奖励标的股权包括通过增发、大股东直接让渡以及法律法规允许的其他合理方式授予激励对象的股权。	
4	激励对象	激励对象应为公司董事会或股东（大）会决定的技术骨干和高级管理人员，激励对象人数累计不得超过本公司最近6个月在职职工平均人数的30%。	
5	持有期限	股权奖励自获得奖励之日起应持有满3年。该时间条件须在股权奖励计划中列明。	
6	所属行业	实施股权奖励的公司及其奖励股权标的公司所属行业均不属于《股权奖励税收优惠政策限制性行业目录》范围。公司所属行业按公司上一纳税年度主营业务收入占比最高的行业确定。	

2. 最近6个月在职职工平均人数的确定

根据62号公告第一条第（一）款的规定，非上市公司实施符合条件的股权奖励，本公司最近6个月在职职工平均人数，按照股权奖励获得之上月起前6个月"工资薪金所得"项目全员全额扣缴明细申报的平均人数确定。

例如，乙公司实施股权奖励计划，李某等高管于2017年1月获得奖励的股权，计算在职职工平均人数时，以该公司2016年7月、8月、9月、10月、11月、12月"工资薪金所得"项目全员全额扣缴明细申报的平均人数计算。

3. 股权奖励税收优惠政策限制性行业

实施股权奖励的公司及其奖励股权标的公司所属行业均不属于《股权奖励税收优惠政策限制性行业目录》（见表3-9）范围。公司所属行业按公司上一纳税年度主营业务收入占比最高的行业确定。

表 3-9 股权奖励税收优惠政策限制性行业目录

门类代码	类别名称
A（农、林、牧、渔业）	（1）03 畜牧业（科学研究、籽种繁育性质项目除外） （2）04 渔业（科学研究、籽种繁育性质项目除外）
B（采矿业）	（3）采矿业（除第 11 类开采辅助活动）
C（制造业）	（4）16 烟草制品业 （5）17 纺织业（除第 178 类非家用纺织制成品制造） （6）19 皮革、毛皮、羽毛及其制品和制鞋业 （7）20 木材加工和木、竹、藤、棕、草制品业 （8）22 造纸和纸制品业（除第 223 类纸制品制造） （9）31 黑色金属冶炼和压延加工业（除第 314 类钢压延加工）
F（批发和零售业）	（10）批发和零售业
G（交通运输、仓储和邮政业）	（11）交通运输、仓储和邮政业
H（住宿和餐饮业）	（12）住宿和餐饮业
J（金融业）	（13）66 货币金融服务 （14）68 保险业
K（房地产业）	（15）房地产业
L（租赁和商务服务业）	（16）租赁和商务服务业
O（居民服务、修理和其他服务业）	（17）79 居民服务业
Q（卫生和社会工作）	（18）84 社会工作
R（文化、体育和娱乐业）	（19）88 体育 （20）89 娱乐业
S（公共管理、社会保障和社会组织）	（21）公共管理、社会保障和社会组织（除第 9421 类专业性团体和第 9422 类行业性团体）
T（国际组织）	（22）国际组织

说明：以上目录按照《国民经济行业分类》（GB/T 4754—2011）编制。

（四）不符合规定条件的股权奖励的处理

1. 不符合规定条件的股权奖励的处理规定

股权奖励等股权激励计划不符合递延纳税条件的，不能享受递延纳税优惠。财税〔2016〕101 号文件第四条第（一）款规定，个人从任职受雇企业以低于公平市场价格取得股票（权），凡不符合递延纳税条件的，应在获得股票（权）时，对实际出资额低于公平市场价格的差额，按照"工资、薪金所得"项目，参照《财政部 国家税务总局关于个人股票期权所得征收个人所得税问题的通知》（财税〔2005〕35 号）有关规定计算缴纳个人所得税。

财税〔2016〕101 号文件第一条第（四）款还规定，股权激励计划所列内容不同时满足第一条第（二）款规定的全部条件，或递延纳税期间公司情况发生变化，不再符合第一条第（二）款第 4 至 6 项条件的，不得享受递延纳税优惠，应按规定计算缴纳个人所得税。

由此可见，非上市公司实施的股权奖励等股权激励计划享受递延纳税期间，企业有关情况发生变化，不再符合政策文件中所列的可享受递延纳税优惠政策的条件第 4 项（激励对象范围）、第 5 项（股权持有时间），该股权激励计划不能继续享受递延纳税政策，税款应及时缴清。递延纳税期间，企业主营业务所属行业发生变化，进入负面清单行业的，已经实施的股权激励计划可继续享受递延纳税政策；自行业变化之日起新实施的股权激励计划不得享受递延纳税优惠政策。

2. 公平市场价格的确定

62 号公告第一条第（四）款规定，财税〔2016〕101 号文件所称公平市场价格按以下方法确定：

（1）上市公司股票的公平市场价格，按照取得股票当日的收盘价确定。取得股票当日为非交易日的，按照上一个交易日收盘价确定。

（2）非上市公司股票（权）的公平市场价格，依次按照净资产法、类比法和其他合理方法确定。净资产法按照取得股票（权）的上年末净资产确定。

3. 符合递延纳税条件与不符合条件分别进行处理

员工取得的股权奖励等股权激励，区分符合条件、实行递延纳税政策的股权激励和不符合条件、未递延纳税的股权激励，适用不同的税收政策分别计算纳税。其中，对员工在一个纳税年度内，多次从任职受雇企业以低于公平市场价格取得不符合递延纳税条件的股权，参照国税函〔2006〕902 号文件第七条规定执行。也就是说，对一年内多次取得的股权形式工资薪金，需合并后再按照上述计税方法计算纳税。

4. 持有递延纳税股权期间取得转增股本收入

关于个人持有递延纳税股权期间取得转增股本收入，税收上如何处理的问题，税总所便函〔2016〕149 号文件问题 19 明确：依据个人所得税法相关规定，企业以未分配利润、盈余公积、资本公积转增股本，需按照"利息、股息、红利所得"项目计征个人所得税。同时，根据《财政部 国家税务总局关于将国家自主创新示范区有关税收试点政策推广到全国范围实施的通知》（财税〔2015〕116 号），中小高新技术企业转增股本，个人股东可分期 5 年缴税。但是，个人持有递延纳税奖励股权期间，发生转增股本的，根据财税〔2016〕101 号文件第四条第（四）项的规定，因递延纳税的股权产生的转增股本收入，应在当期缴纳税款。

5. 以递延纳税的股权对外投资的处理

关于以递延纳税的奖励股权进行了非货币性资产投资，税收上如何处理的问题，税总所便函〔2016〕149 号文件问题 22 明确：个人以股权进行非货币性资产投资，《财政部 国家税务总局关于个人非货币性资产投资有关个人所得税政策的通知》（财税〔2015〕41 号）规定可以分期 5 年缴纳。但个人以奖励股权选择递延纳税的，根据财税〔2016〕101

号文件第四条第（四）项的规定，个人以递延纳税的股权进行非货币性资产投资，须在非货币性资产投资当期缴纳税款。

（五）新三板挂牌公司股权激励的处理

财税〔2016〕101 号文件第四条第（五）款规定，全国中小企业股份转让系统挂牌公司按照通知第一条规定执行。也就是说，在新三板或其他产权交易所挂牌的企业，属于非上市公司，应按照非上市公司股权奖励相关税收政策执行。

（六）政策衔接

经国务院批准，2014—2015 年在中关村试点股权奖励递延纳税政策，即对高新技术企业和科技型中小企业转化科技成果，给予本企业相关人员的股权奖励，允许递延至取得分红或转让股权时纳税。该试点政策于 2015 年底到期。2016 年 9 月对股权激励税收政策进行调整，新政策自 2016 年 9 月 1 日起实施，中关村统一按新政策执行。

关于中关村 2016 年 1 月 1 日至 8 月 31 日之间发生的尚未纳税的股权奖励事项如何衔接的问题，财税〔2016〕101 号文件第六条规定，中关村国家自主创新示范区 2016 年 1 月 1 日至 8 月 31 日之间发生的尚未纳税的股权奖励事项，符合该通知规定的相关条件的，可按该通知有关政策执行。

62 号公告第三条进一步规定，该公告自 2016 年 9 月 1 日起实施。中关村国家自主创新示范区 2016 年 1 月 1 日至 8 月 31 日之间发生的尚未纳税的股权奖励事项，按财税〔2016〕101 号文件有关政策执行的，可按该公告有关规定办理相关税收事宜。

（七）中关村自主创新示范区股权奖励延期纳税

经国务院批准，《财政部 国家税务总局 科技部关于中关村国家自主创新示范区有关股权奖励个人所得税试点政策的通知》（财税〔2014〕63 号，在 2014 年 1 月 1 日至 2015 年 12 月 31 日期间获得股权奖励的人员，可按该通知规定享受税收优惠政策。2014 年 1 月 1 日至该通知下发之前已实施股权奖励且已进行税收处理的，不再按该通知规定执行）第一条就中关村国家自主创新示范区（以下简称示范区）有关股权奖励个人所得税试点政策做出规定。

1. 中关村自主创新示范区股权奖励延期纳税规定

对示范区内高新技术企业和科技型中小企业（以下简称企业）转化科技成果，以股份或出资比例等股权形式给予本企业相关人员的奖励，应按照以下规定计算缴纳个人所得税：

（1）获得股权时个人所得税的处理。

获得奖励人员在获得股权时，按照"工资薪金所得"项目，参照财税〔2005〕35 号文件有关规定计算确定应纳税额，股权奖励的计税价格参照获得股权时的公平市物价格确定，但暂不缴纳税款；该部分税款在获得奖励人员取得分红或转让股权时一并缴纳，税款由企业代扣代缴。

《关于中关村国家自主创新示范区有关股权奖励个人所得税试点工作管理办法》第二条进一步规定，对于个人获得股权奖励应纳的个人所得税，在获得奖励时可暂不缴纳，该部分税款在获得奖励人员取得分红或转让股权时一并缴纳，税款由企业代扣代缴。

延期纳税期间，若个人中途离职，对于未缴纳的股权奖励个人所得税，在个人取得分红或转让股权时，由原任职单位继续履行扣缴义务。

（2）分红时个人所得税的处理。

获得奖励人员取得按股权的分红时，企业应依法按照"利息、股息、红利所得"项目计算扣缴个人所得税，并将税后部分优先用于扣缴获得奖励人员取得股权按"工资薪金所得"项目计算确定的应纳税额。

（3）转让股权时个人所得税的处理。

获得奖励人员在转让股权时，对转让收入超出其原值的部分，按照"财产转让所得"项目适用的征免规定计算缴纳个人所得税；税后部分优先用于缴纳其取得股权按照"工资薪金所得"项目计算确定的应纳税额尚未缴纳的部分。

2. 可享受优惠政策的奖励主体的界定

根据财税〔2014〕63号文件第一条的规定，可享受股权奖励"工资薪金所得"个人所得税递延到分红或转让股权时一并缴纳优惠的主体，是示范区内高新技术企业和科技型中小企业。

根据财税〔2014〕63号文件的规定，这里所称的高新技术企业是指注册在示范区内、实行查账征收、经北京市高新技术企业认定管理机构认定的高新技术企业。

所称科技型中小企业的条件和标准，由北京市制定相关管理办法，并报财政部、国家税务总局和科技部备案批准后实施。

3. 奖励对象相关人员的界定

财税〔2014〕63号文件第一条所称企业相关人员，是指经公司董事会和股东大会决议批准获得股权奖励的以下两类人员：

（1）对企业科技成果研发和产业化做出突出贡献的技术人员，包括企业内关键职务科技成果的主要完成人、重大开发项目的负责人、对主导产品或者核心技术、工艺流程做出重大创新或者改进的主要技术人员。

（2）对企业发展做出突出贡献的经营管理人员，包括主持企业全面生产经营工作的高级管理人员，负责企业主要产品（服务）生产经营合计占主营业务收入（或者主营业务利润）50%以上的中、高级经营管理人员。

企业面向全体员工实施的股权奖励，不得按财税〔2014〕63号文件规定的税收政策执行。

4. 应纳税款的计算

根据《关于中关村国家自主创新示范区有关股权奖励个人所得税试点工作管理办法》第一条的规定，示范区内高新技术企业和科技型中小企业在 2014 年 1 月 1 日至 2015 年 12 月 31 日期间，转化科技成果，以股份或出资比例等股权形式给予本企业相关人员奖励，应按照"工资薪金所得"项目计算确定应纳税额，具体计算方法如下：

对该股权奖励的工资薪金所得可区别于所在月份的其他工资薪金所得，单独按下列公式计算应纳税款：

$$应纳税额 = \left(\dfrac{股权奖励的工资薪金应纳税所得额}{规定月份数} \times 适用税率 - 速算扣除数 \right) \times 规定月份数$$

上述公式中的规定月份数，以获得奖励的个人在本企业的工作月份数确定，超过 12 个月的按 12 计算。

对于股权奖励的计税价格按以下原则确定：对于上市公司实施股权奖励，其计税价格按获得股权时的公平市场价格确定；对于非上市公司实施股权奖励，其计税价格按个人获得股权所对应的上年末企业净资产价值确定。

5. 备案管理

财税〔2014〕63 号文件第四条规定，企业实施股权奖励，应自行到主管税务机关备案。企业未在规定期限内自行到主管税务机关办理备案手续的，不得按该通知规定执行。

6. 税款缴纳

根据财税〔2014〕63 号文件第五条的规定，获得奖励人员在转让该部分股权之前，企业依法宣告破产，获得奖励人员进行相关权益处置后，没有取得收益或资产，或者取得的收益和资产用于缴纳其取得股权按"工资薪金所得"项目计算的应纳税款尚不足的，经主管税务机关审核，尚未缴纳的个人所得税可不予追征。

根据《关于中关村国家自主创新示范区有关股权奖励个人所得税试点工作管理办法》第六条的规定，在延期纳税期间，企业根据不同情况，应按以下原则办理扣缴申报和解缴税款：

（1）企业应于每次派发股息红利并依法扣缴"利息、股息、红利所得"个人所得税后，再将税后部分优先用于扣缴股权奖励"工资薪金所得"个人所得税，并于次月 15 日内，持《中关村示范区高新技术企业和科技型中小企业股权奖励个人所得税延期缴纳报告表》到主管税务机关进行登记确认。

（2）企业应于获得股权奖励的个人取得股权转让收入的次月 15 日内，扣缴该个人尚未缴纳的股权奖励"工资薪金所得"个人所得税。

（3）延期纳税期间，企业依法宣告破产，获得股权奖励人员进行相关权益处置后，没有取得收益或资产，或取得的收益和资产用于缴纳股权奖励"工资薪金所得"尚未缴纳的税款，金额不足的，企业应于注销税务登记前，及时持以下资料到主管税务机关进行审核：

①《中关村示范区高新技术企业和科技型中小企业破产个人所得税纳税信息报告表》

（一式两份）；

②人民法院关于宣告破产的民事裁决书和破产清算报告原件及复印件；

③公司（企业）章程复印件（加盖企业公章）、验资证明复印件（加盖企业公章）或其他能够证明分期缴税个人股东初始投资额的资料。

经主管税务机关审核，符合条件的，对个人股权奖励"工资薪金所得"尚未缴纳的个人所得税不予追征。

（八）示范地区股权奖励分期缴税

根据国务院决定，自 2015 年 1 月 1 日起，中关村国家自主创新示范区有关税收试点政策推广至国家自主创新示范区、合芜蚌自主创新综合试验区和绵阳科技城（以下统称示范地区）实施。

国家自主创新示范区分别为：北京中关村（2009），武汉东湖（2009），上海张江（2011），深圳（2014），长株潭（2014），苏南（南京、苏州、无锡、常州、镇江、昆山、江阴、武进）（2014），天津滨海（2015）。

1. 示范地区股权奖励分期纳税政策

《财政部 国家税务总局关于推广中关村国家自主创新示范区税收试点政策有关问题的通知》（财税〔2015〕62 号，自 2015 年 1 月 1 日起施行。实施范围包括中关村等所有国家自主创新示范区、合芜蚌自主创新综合试验区和绵阳科技城）第一条规定，自 2015 年 1 月 1 日起，对示范地区内的高新技术企业转化科技成果，给予本企业相关技术人员的股权奖励，技术人员一次缴纳税款有困难的，经主管税务机关审核，可分期缴纳个人所得税，但最长不得超过 5 年。

2. 股权奖励的界定

示范地区股权奖励分期纳税政策所称股权奖励，是指企业无偿授予相关技术人员一定份额的股权或一定数量的股份。股权奖励的计税价格参照获得股权时的公平市场价格确定。

3. 相关技术人员的界定

财税〔2015〕62 号文件所称相关技术人员，具体范围依照财税〔2014〕63 号文件的相关规定执行。即为经公司董事会和股东大会决议批准获得股权奖励的以下两类人员：

（1）对企业科技成果研发和产业化做出突出贡献的技术人员，包括企业内关键职务科技成果的主要完成人、重大开发项目的负责人、对主导产品或者核心技术、工艺流程做出重大创新或者改进的主要技术人员。

（2）对企业发展做出突出贡献的经营管理人员，包括主持企业全面生产经营工作的高级管理人员，负责企业主要产品（服务）生产经营合计占主营业务收入（或者主营业务利润）50％以上的中、高级经营管理人员。

4. 转让奖励的股权的现金收入优先缴税

技术人员转让奖励的股权（含奖励股权孳生的送、转股）并取得现金收入的，该现金收入应优先用于缴纳尚未缴清的税款。

5. 企业破产尚未缴纳税款的不予追征

技术人员在转让奖励的股权之前企业依法宣告破产，技术人员进行相关权益处置后没有取得收益或资产，或取得的收益和资产不足以缴纳其取得股权尚未缴纳的应纳税款的，经主管税务机关审核，尚未缴纳的个人所得税可不予追征。

六、备案与管理

（一）递延纳税的备案

财税〔2016〕101 号文件第五条第（一）款规定，对股权激励或技术成果投资入股选择适用递延纳税政策的，企业应在规定期限内到主管税务机关办理备案手续。未办理备案手续的，不得享受该通知规定的递延纳税优惠政策。

62 号公告第一条第（五）款规定，非上市公司实施符合条件的股权激励，个人选择递延纳税的，非上市公司应于股票（权）期权行权、限制性股票解禁、股权奖励获得之次月 15 日内，向主管税务机关报送《非上市公司股权激励个人所得税递延纳税备案表》、股权激励计划、董事会或股东大会决议、激励对象任职或从事技术工作情况说明等。实施股权奖励的企业同时报送本企业及其奖励股权标的企业上一纳税年度主营业务收入构成情况说明。

（二）递延纳税备案表及其填报

《非上市公司股权激励个人所得税递延纳税备案表》（见表 3-10）适用于实施符合条件股权激励的非上市公司向主管税务机关办理个人所得税递延缴纳备案事宜时填报。

企业应于符合条件的股票（权）期权行权、限制性股票解禁、股权奖励获得之次月 15 日内报送。

（三）递延纳税情况年度报告表及其填报

62 号公告第一条第（六）款规定，个人因非上市公司实施股权激励或以技术成果投资入股取得的股票（权），实行递延纳税期间，扣缴义务人应于每个纳税年度终了后 30 日内，向主管税务机关报送《个人所得税递延纳税情况年度报告表》。

《个人所得税递延纳税情况年度报告表》（见表 3-11）适用于实施符合条件股权激励的

表 3-10

备案编号（主管税务机关填写）：

非上市公司股权激励个人所得税递延纳税备案表

单位：股，%，人民币元（列至角分）

公司基本情况

公司名称		纳税人识别号		联系人		联系电话	

股权激励基本情况

股权激励形式	□股票（权） □期权 □限制性股票 □股权奖励	股权激励人数		近6个月平均人数	
该栏仅由实施股权奖励的公司填写	本公司是否为限制性行业 □是 □否	标的公司名称			
	标的公司是否为限制性行业 □是 □否	标的公司纳税人识别号			

股权激励明细情况

序号	姓名	身份证照类型	身份证照号码	股票（权）期权						限制性股票						股权奖励			
				授予日	行权日	可出售日	取得成本	股数	持股比例	授予日	解禁日	可出售日	取得成本	股数	持股比例	授予日	可出售日	股数	持股比例

谨声明：此表是根据《中华人民共和国个人所得税法》及有关法律法规规定填写的，是真实的、完整的、可靠的。

公司签章： 经办人： 填报日期： 年 月 日	实施股权激励公司法定代表人签章：	代理申报机构（人）签章： 经办人： 经办人执业证件号码： 代理申报日期： 年 月 日	主管税务机关印章： 受理人： 受理日期： 年 月 日

国家税务总局监制

填报说明：

1. 公司基本情况

（1）公司名称：填写实施股权激励的非上市公司法定名称全称。

（2）纳税人识别号：填写纳税人识别号或统一社会信用代码。

（3）联系人、联系电话：填写非上市公司负责办理股权激励及相关涉税事项人员的相关情况。

2. 股权激励基本情况

（1）股权激励形式。

根据实施股权激励的形式（包括：股票（权）期权、限制性股票、股权奖励）勾选。

（2）股权激励人数。

填写股权激励计划中被激励对象的总人数。

（3）近6个月平均人数。

填写股票（权）期权、限制性股票解禁、股权奖励获得之上月起向前6个月"工资、薪金所得"项目全员全额扣缴明细申报的平均人数。如，某公司实施一批股票（权）期权期权并于2017年1月1日行权，则按照该公司2016年7月、8月、9月、10月、11月、12月"工资、薪金所得"项目全员全额扣缴明细申报的平均人数计算。计算结果按四舍五入取整。

（4）实施股权激励企业的有关情况。

填写实施股权奖励企业的有关情况：

①本公司是否为限制性行业：实施股权激励公司根据本公司上一纳税年度主营业务收入占比最高的行业，确定是否属于《财政部 国家税务总局关于完善股权激励和技术入股有关所得税政策的通知》（财税〔2016〕101号）附件《股权奖励税收优惠政策限制性行业目录》所列行业。属于所列行业，选"是"，不属于所列行业选"否"。

填写本栏。

②标的公司名称、标的公司纳税人识别号：标的公司为限制行业，标的公司是否为限制行业，无须填写本栏。

标的公司名称：以本公司股权实施股权奖励的，填写本公司法定名称全称；以其他境内居民企业股权实施股权奖励的，填写用以实施股权奖励的公司法定名称全称。

标的公司纳税人识别号：以本公司股权实施股权奖励的，无须填写。以其他境内居民企业股权实施股权奖励的，填写用以实施股权奖励的公司的纳税人识别号或统一社会信用代码。

标的公司是否为限制性行业：以其他境内居民企业股权奖励的，根据标的公司上一纳税年度主营业务收入占比最高的行业，确定是否属于《财政部 国家税务总局关于完善股权激励和技术入股有关所得税政策的通知》（财税〔2016〕101号）附件《股权奖励税收优惠政策限制性行业目录》所列行业。属于所列行业选"是"，不属于所列行业选"否"。

3. 姓名

（1）姓名。

填写纳税人姓名。中国境内无住所个人，其姓名应当用中、外文同时填写。

(2) 身份证照类型。

填写能识别纳税人唯一身份的身份证、军官证、士兵证、护照、港澳居民来往内地通行证、台湾居民来往大陆通行证等有效证照名称。

(3) 身份证照号码。

填写能识别纳税人唯一身份的号码。

(4) 股票(权)期权栏。

以股票(权)期权形式实施激励的企业填写本栏。没有则不填。

①授予日：填写股票(权)期权计划中，授予被激励对象股票(权)期权的实际日期。

②行权日：填写根据股票(权)期权计划、行权购买股票(权)的实际日期。

③可出售日：填写根据股票(权)期权计划、股票(权)期权同时满足自授予日起持有满3年、且自行权日起持有满1年条件后，实际可以对外出售的日期。

④取得成本：填写被激励对象股票(权)期权行权时，按行权价实际出资的金额。

⑤股数、持股比例：填写被激励对象实际取得的股数以及对应的持股比例。若非上市公司因公司注册类型限制、难以用股数体现被激励对象股权激励权益的，可只填写持股比例，持股比例按照小数点后两位填写。

(5) 限制性股票栏。

以限制性股票形式实施激励的企业填写本栏。没有则不填。

①授予日：填写限制性股票计划中，授予被激励对象限制性股票的实际日期。

②解禁日：填写根据限制性股票计划、被激励对象取得限制性股票达到规定条件而解除出售限制的具体日期。

③可出售日：填写根据限制性股票计划、限制性股票同时满足自授予日起持有满3年、且解禁后持有满1年条件后，实际可以对外出售的日期。

④取得成本：填写被激励对象取得限制性股票时的实际出资金额。

⑤股数、持股比例：填写被激励对象实际取得的股数以及对应的持股比例。若非上市公司因公司注册类型限制、难以用股数体现被激励对象股权激励权益的，可只填写持股比例，持股比例按照小数点后两位填写。

(6) 股权奖励栏。

以股权奖励形式实施激励的企业填写本栏。没有则不填。

①授予日：填写授予被激励对象股权奖励的实际日期。

②可出售日：填写根据股权奖励计划、自获得奖励之日起持有满3年后，实际可以对外出售的日期。

③股数、持股比例：填写被激励对象实际取得的股数以及对应的持股比例。若非上市公司因公司注册类型限制、难以用股数体现被激励对象股权激励权益的，可只填写持股比例，持股比例按照小数点后两位填写。

本表一式二份，主管税务机关受理后，由非上市公司和主管税务机关分别留存。

表 3-11

个人所得税递延纳税情况年度报告表

报告所属期：　　年

单位：股、%、人民币元（列至角分）

公司基本情况

公司名称		纳税人识别号		联系人		联系电话	

递延纳税有关情况

递延纳税股票（权）形式：　□股票（权）　□限制性股票　□股权奖励　□技术成果投资入股

递延纳税明细情况

序号	姓名	身份证照类型	身份证照号码	总体情况					股票（权）期权				限制性股票				股权奖励				技术成果投资入股			
				扣缴个人所得税	转让情况		剩余情况		转让情况		剩余情况		转让情况		剩余情况		转让情况		剩余情况		转让情况		剩余情况	
					股数	持股比例	股数	持股比例	股数	持股比例	股数	持股比例	股数	持股比例	股数	持股比例	股数	持股比例	股数	持股比例	股数	持股比例	股数	持股比例

谨声明：此表是根据《中华人民共和国个人所得税法》及有关法律法规规定填写的，是真实的、完整的、可靠的。

公司盖章：
经办人：
填报日期：　　年　　月　　日

公司法定代表人签章：
　　年　　月　　日

代理申报机构（人）签章：
经办人：
经办人执业证件号码：
代理申报日期：　　年　　月　　日

主管税务机关印章：
受理人：
受理日期：　　年　　月　　日

国家税务总局监制

填报说明:

1. 公司基本情况

(1) 公司名称:填写实施股权激励的非上市公司,或者取得个人技术成果的境内公司的法定名称全称。

(2) 纳税人识别号:填写纳税人识别号或统一社会信用代码。

(3) 联系人、联系电话:填写负责办理股权激励或技术成果投资入股相关涉税事项人员的相关情况。

2. 递延纳税有关情况

递延纳税持股(权)形式:根据递延纳税的股票(权)形式(包括股票(权)期权、限制性股票、股权奖励和技术成果投资入股)勾选。

3. 递延纳税明细情况

(1) 姓名:填写纳税人姓名。中国境内无住所个人,其姓名应当用中、外文同时填写。

(2) 身份证照类型:填写能识别纳税人唯一身份的身份证照名称。

(3) 身份证照号码:填写能识别纳税人唯一身份的号码。

(4) 总体情况、股票(权)期权、限制性股票、股权奖励、技术成果投资入股栏:填写个人转让和剩余享受递延纳税优惠的股票(权)数以及对应的持股比例填写。

①股数、持股比例:填写个人实际转让或剩余享受递延纳税优惠的股票(权)数及现个人相关权益的,可只填列持股比例,持股比例填写保留小数点后两位填写。

②扣缴个人所得税:填写个人转让递延纳税的股权,扣缴义务人实际扣缴的个人所得税。

本表一式二份。主管税务机关受理后,由扣缴义务人和主管税务机关分别留存。

非上市公司和取得个人技术成果的境内公司，在递延纳税期间向主管税务机关报告个人相关股权持有和转让情况。

实施股权激励的非上市公司和取得个人技术成果的境内公司，应于每个纳税年度终了30日内报送该表。

七、认购有价证券从雇主取得折扣或补贴收入

一些中国境内的公司、企业为了吸收、稳定人才，按照有关法律及本公司规定，向其雇员（内部职工）发放认股权证，并承诺雇员在公司达到一定工作年限或满足其他条件，可凭该认股权证按事先约定价格（一般低于当期股票发行价格或市场价格）认购公司股票；或者向达到一定工作年限或满足其他条件的雇员，按当期市场价格的一定折价转让本企业持有的其他公司（包括外国公司）的股票等有价证券；或者按一定比例为该雇员负担其进行股票等有价证券的投资。雇员以上述不同方式认购股票等有价证券而从雇主取得的各类折扣或补贴，应按国税发〔1998〕9号文件规定的如下方法进行个人所得税处理。

（一）所得性质的认定

在中国负有纳税义务的个人（包括在中国境内有住所和无住所的个人）认购股票等有价证券，因其受雇期间的表现或业绩，从其雇主以不同形式取得的折扣或补贴（指雇员实际支付的股票等有价证券的认购价格低于当期发行价格或市场价格的数额），属于该个人因受雇而取得的工资、薪金所得，应在雇员实际认购股票等有价证券时，按照个人所得税法的相关规定计算缴纳个人所得税。

上述个人在认购股票等有价证券后再行转让所取得的所得，属于税法规定的股票等有价证券转让所得，适用有关对股票等有价证券转让所得征收个人所得税的规定。

（二）计税方法

根据国税发〔1998〕9号文件第二条和《国家税务总局关于3项个人所得税事项取消审批实施后续管理的公告》（国家税务总局公告2016年第5号，以下简称5号公告）第二条的规定，个人认购股票等有价证券而从雇主取得的折扣或补贴，在计算缴纳个人所得税时，因一次收入较多，全部计入当月工资、薪金所得计算缴纳个人所得税有困难的，向主管税务机关备案后，可选择自其实际认购股票等有价证券的当月起，在不超过6个月的期限内平均分月计入工资、薪金所得计算缴纳个人所得税。

（三）取消审批的后续管理

2015年11月17日，《国家税务总局关于贯彻落实〈国务院关于第一批取消62项中央

指定地方实施行政审批事项的决定〉的通知》（税总发〔2015〕141 号）发布。该文件取消了 29 项中央指定地方税务机关实施的税务行政审批事项，其中涉及的个人所得税行政审批事项包括"对律师事务所征收方式的核准"和"个人取得股票期权或认购股票等取得折扣或补贴收入个人所得税纳税有困难的审核"两项。

为修改相关规定和征管流程，明确取消审批事项后续管理要求，5 号公告第二条规定，按照《国家税务总局关于个人认购股票等有价证券而从雇主取得折扣或补贴收入有关征收个人所得税问题的通知》（国税发〔1998〕9 号）的规定，纳税人若选择分期缴纳个人所得税，其扣缴义务人应在实际认购股票等有价证券的次月 15 日内，向主管税务机关办理分期缴纳个人所得税备案手续，报送《个人取得股票期权或认购股票等取得折扣或补贴收入分期缴纳个人所得税备案表》。其他相关证明材料由扣缴义务人留存备查。

5 号公告第二条第（二）项明确了办理备案手续的主体和时间，即扣缴义务人应在实际认购股票等有价证券的次月 15 日内，向主管税务机关办理分期缴税备案手续。

（四）备案和留存备查资料

5 号公告第二条第（二）项还规定了备案材料要求：个人认购股票等有价证券而从雇主取得的折扣或补贴办理分期缴税备案手续时，需报送《个人取得股票期权或认购股票等取得折扣或补贴收入分期缴纳个人所得税备案表》。其他相关证明材料由扣缴义务人留存备查。

根据国税发〔1998〕9 号文件第三条和 5 号公告第二条的规定，扣缴义务人应将纳税人认购的股票等有价证券的种类、数量、认购价格、市场价格（包括国内市场价格）等情况及有关的证明材料和计税过程留存备查。

（五）备案表及其填报

《个人取得股票期权或认购股票等取得折扣或补贴收入分期缴纳个人所得税备案表》（见表 3-12）适用于个人取得股票期权或认购股票等取得折扣或补贴收入，其扣缴义务人向主管税务机关办理分期缴纳个人所得税备案事宜。该表一式二份，主管税务机关受理后，由扣缴义务人和主管税务机关分别留存。若分期缴税情况填写不下，可另附纸填写。

八、高新技术企业转化科技成果股权奖励

（一）转化科技成果股权奖励分期缴税

根据《财政部 国家税务总局关于将国家自主创新示范区有关税收试点政策推广到全国

表3-12　　个人取得股票期权或认购股票等取得折扣或补贴收入分期缴纳个人所得税备案表

备案编号（主管税务机关填写）：

金额单位：人民币元（列至角分）

扣缴单位基本情况

扣缴单位名称		纳税人识别号		总股本（实收资本）	
地　址		联系人		电　话	

分期缴税情况

分期缴税类别　□上市公司高管人员取得股票期权行权时纳税确有困难分期缴税
　　　　　　　□个人认购股票等有价证券而从雇主取得折扣或补贴收入纳税确有困难分期缴税

序号	姓名	身份证照类型	身份证照号码	有价证券种类	有价证券名称	有价证券代码	行权/认购时间	行权/认购价格	行权/认购数量	市场价格	应纳税所得额	分期月数	签名

谨声明：此表是根据《中华人民共和国个人所得税法》及有关法律法规规定填写的，是真实的、完整的、可靠的。

扣缴单位负责人签字：　　　　　　　　　　　　扣缴单位盖章：

代理申报机构（人）签章：

经办人：

经办人执业证件号码：

代理申报日期：　　　年　　月　　日

主管税务机关受理章：

受理人：

受理日期：　　　年　　月　　日

国家税务总局监制

填报说明:

1. 备案编号: 由主管税务机关自行编制。

2. 纳税人识别号: 填写税务机关赋予的纳税人识别号。

3. 分期缴税类别: 根据实际情况勾选。

4. 有价证券种类: 填写有价证券的种类, 如填写"股票"。

5. 有价证券名称: 填写有价证券的具体名称, 如填写股票名称。

6. 有价证券代码: 填写取得有价证券的代码, 如填写股票代码, 无代码的可不填写。

7. 行权/认购时间: 填写纳税人实际行权(认购)有价证券的具体日期。纳税人在备案期限内多次取得有价证券的, 需分别填写。

8. 行权/认购价格: 填写纳税人实际行权(认购)有价证券的价格。

9. 行权/认购数量: 填写纳税人实际行权(认购)有价证券的数量并注明计量单位, 如股票的股数。

10. 应纳税所得额: 按照《中华人民共和国个人所得税法》及相关规定计算。

11. 分期月份数: 填写计划分期缴纳个人所得税的月份数。

范围实施的通知》（财税〔2015〕116 号）第四条的规定，自 2016 年 1 月 1 日起，全国范围内的高新技术企业转化科技成果，给予本企业相关技术人员的股权奖励，个人一次缴纳税款有困难的，可根据实际情况自行制定分期缴税计划，在不超过 5 个公历年度内（含）分期缴纳，并将有关资料报主管税务机关备案。

1. 相关技术人员的界定

财税〔2015〕116 号文件所称相关技术人员，是指经公司董事会和股东大会决议批准获得股权奖励的以下两类人员：

（1）对企业科技成果研发和产业化做出突出贡献的技术人员，包括企业内关键职务科技成果的主要完成人、重大开发项目的负责人、对主导产品或者核心技术、工艺流程做出重大创新或者改进的主要技术人员。

（2）对企业发展做出突出贡献的经营管理人员，包括主持企业全面生产经营工作的高级管理人员，负责企业主要产品（服务）生产经营合计占主营业务收入（或者主营业务利润）50% 以上的中、高级经营管理人员。

企业面向全体员工实施的股权奖励，不得按财税〔2015〕116 号文件规定的分期纳税政策执行。

2. 股权奖励的界定

根据财税〔2015〕116 号文件的规定，股权奖励是指企业无偿授予相关技术人员一定份额的股权或一定数量的股份。

3. 高新技术企业的界定

根据财税〔2015〕116 号文件的规定，高新技术企业是指实行查账征收、经省级高新技术企业认定管理机构认定的高新技术企业。

（二）所得项目的确定

个人获得股权奖励时，按照"工资薪金所得"项目，参照财税〔2005〕35 号文件有关规定计算确定应纳税额。股权奖励的计税价格参照获得股权时的公平市场价格确定。

1. 股权奖励计税价格的确定

《国家税务总局关于股权奖励和转增股本个人所得税征管问题的公告》（国家税务总局公告 2015 年第 80 号，以下简称 80 号公告，自 2016 年 1 月 1 日起施行）第一条第（一）款规定，股权奖励的计税价格参照获得股权时的公平市场价格确定，具体按以下方法确定：

（1）上市公司股票的公平市场价格，按照取得股票当日的收盘价确定。取得股票当日为非交易时间的，按照上一个交易日收盘价确定。

（2）非上市公司股权的公平市场价格，依次按照净资产法、类比法和其他合理方法确定。

2. 计算应纳税额时规定月份数的确定

根据 80 号公告第一条第（二）款的规定，计算股权奖励应纳税额时，规定月份数按员工在企业的实际工作月份数确定。员工在企业工作月份数超过 12 个月的，按 12 个月计算。

（三）现金收入优先缴税

技术人员转让奖励的股权（含奖励股权孳生的送、转股）并取得现金收入的，该现金收入应优先用于缴纳尚未缴清的税款。

（四）企业破产尚未缴纳税款的处理

技术人员在转让奖励的股权之前企业依法宣告破产，技术人员进行相关权益处置后没有取得收益或资产，或取得的收益和资产不足以缴纳其取得股权尚未缴纳的应纳税款的部分，税务机关可不予追征。

（五）备案办理

1. 初始备案

根据 80 号公告第三条第（一）款的规定，获得股权奖励的企业技术人员需要分期缴纳个人所得税的，应自行制定分期缴税计划，由企业于发生股权奖励的次月 15 日内，向主管税务机关办理分期缴税备案手续。

办理股权奖励分期缴税，企业应向主管税务机关报送高新技术企业认定证书、股东大会或董事会决议、《个人所得税分期缴纳备案表（股权奖励）》、相关技术人员参与技术活动的说明材料、企业股权奖励计划、能够证明股权或股票价格的有关材料、企业转化科技成果的说明、最近一期企业财务报表等。

高新技术企业认定证书、股东大会或董事会决议的原件，主管税务机关进行形式审核后退还企业，复印件及其他有关资料由税务机关留存。

2. 变更备案

根据 80 号公告第三条第（二）款的规定，纳税人分期缴税期间需要变更原分期缴税计划的，应重新制定分期缴税计划，由企业向主管税务机关重新报送《个人所得税分期缴纳备案表》。

（六）代扣代缴

根据 80 号公告第四条的规定，企业在填写《扣缴个人所得税报告表》时，应将纳税人取得股权奖励情况单独填列，并在"备注"栏中注明"股权奖励"字样。

纳税人在分期缴税期间取得分红或转让股权的，企业应及时代扣股权奖励尚未缴清的个人所得税，并于次月 15 日内向主管税务机关申报纳税。

九、促进科技成果转化股权奖励

（一）促进科技成果转化税收优惠政策

《财政部 国家税务总局关于促进科技成果转化有关税收政策的通知》（财税字〔1999〕45 号）第三条规定，自 1999 年 7 月 1 日起，科研机构、高等学校转化职务科技成果以股份或出资比例等股权形式给予个人奖励，获奖人在取得股份、出资比例时，暂不缴纳个人所得税；取得按股份、出资比例分红或转让股权、出资比例所得时，应依法缴纳个人所得税。有关此项的具体操作规定，由国家税务总局另行制定。

《国家税务总局关于促进科技成果转化有关个人所得税问题的通知》（国税发〔1999〕125 号）第一条和《国家税务总局关于取消促进科技成果转化暂不征收个人所得税审核权有关问题的通知》（国税函〔2007〕833 号）第一条进一步规定，科研机构、高等学校转化职务科技成果以股份或出资比例等股权形式给予科技人员个人奖励，暂不征收个人所得税。

（二）科研机构和高等学校的界定

上述科研机构是指按中央机构编制委员会和国家科学技术委员会《关于科研事业单位机构设置审批事项的通知》（中编办发〔1997〕14 号）的规定设置审批的自然科学研究事业单位机构。

上述高等学校是指全日制普通高等学校（包括大学、专门学院和高等专科学校）。

根据国税发〔1999〕125 号文件第四条的规定，享受上述优惠政策的科技人员必须是科研机构和高等学校的在编正式职工。

（三）取消审核的后续管理

《国家税务总局关于促进科技成果转化有关个人所得税问题的通知》（国税发〔1999〕125 号）第一条规定，科研机构、高等学校转化职务科技成果以股份或出资比例等股权形式给予科技人员个人奖励，经主管税务机关审核后，暂不征收个人所得税。

2007 年，国税函〔2007〕833 号文件发布，规定自 2007 年 8 月 1 日起取消"促进科技成果转化暂不征收个人所得税的审核"，并明确了相关后续管理工作。但是，由于该通知要求提供科技管理部门出具的《出资入股高新技术成果认定书》，而科技部已取消了对该项目的认定工作，同时为了鼓励大众创业万众创新，激发"双创"新动能，有必要进一步优化相关后续管理工作。

基于以上考虑，国家税务总局制定发布了《国家税务总局关于 3 项个人所得税事项取消审批实施后续管理的公告》(国家税务总局公告 2016 年第 5 号)，该公告第一条规定，按照《国家税务总局关于促进科技成果转化有关个人所得税问题的通知》(国税发〔1999〕125 号)和《国家税务总局关于取消促进科技成果转化暂不征收个人所得税审核权有关问题的通知》(国税函〔2007〕833 号)的规定，将职务科技成果转化为股份、投资比例的科研机构、高等学校或者获奖人员，应在授（获）奖的次月 15 日内向主管税务机关备案，报送《科技成果转化暂不征收个人所得税备案表》。技术成果价值评估报告、股权奖励文件及其他证明材料由奖励单位留存备查。

5 号公告第一条明确了办理备案手续的主体和时间为：将职务科技成果转化为股份、投资比例的科研机构、高等学校或者获奖人员，应在授（获）奖的次月 15 日内向主管税务机关备案。

5 号公告还简化了备案材料要求，备案时仅需报送《科技成果转化暂不征收个人所得税备案表》，不再需要提供科技管理部门出具的《出资入股高新技术成果认定书》。技术成果价值评估报告、股权奖励文件及其他证明材料留存备查。

（四）备案表及其填报

《科技成果转化暂不征收个人所得税备案表》(见表 3-13) 适用于将职务科技成果转化为股份、投资比例的科研机构、高等学校或者获奖人员向主管税务机关办理暂不征收个人所得税备案事宜。该表一式二份，主管税务机关受理后，由科研机构、高等学校或者获奖人员和主管税务机关分别留存。

（五）获奖人按股份、出资比例获得分红的处理

根据国税发〔1999〕125 号文件第二条的规定，在获奖人按股份、出资比例获得分红时，对其所得按"利息、股息、红利所得"应税项目征收个人所得税。

（六）获奖人转让股权、出资比例的处理

根据国税发〔1999〕125 号文件第三条的规定，获奖人转让股权、出资比例，对其所得按"财产转让所得"应税项目征收个人所得税，财产原值为零。

表 3-13

科技成果转化暂不征收个人所得税备案表

备案编号（主管税务机关填写）：

金额单位：人民币元（列至角分）

奖励单位名称		纳税人识别号		地址		联系人	电话

奖励单位基本情况

获奖人员基本情况

序号	姓名	身份证照类型	身份证照号码	职务	获奖时间	获得股权奖励形式及数量		涉及单位名称	获奖金额	签名
						股份数量（股）	出资比例（%）			

科技成果基本情况

科技成果名称	基本情况说明

谨声明：此表是根据《中华人民共和国个人所得税法》及有关法律法规规定填写的，是真实的、完整的、可靠的。

科研机构或高等学校签章：

经办人（获奖人）：

办理日期： 年 月 日

主管税务机关受理章：

受理人：

受理日期： 年 月 日

国家税务总局监制

填报说明:

(1) 备案编号: 由主管税务机关自行编制。

(2) 纳税人识别号: 填写税务机关赋予的纳税人识别号。

(3) 职务: 填写获得奖励的纳税人在科研机构或高等学校中担任的职务。

(4) 获奖时间: 填写纳税人实际获得奖励的具体日期。纳税人在备案时限内多次取得奖励的, 需分别填写。

(5) 获得股权奖励形式及数量: 填写奖励形式下填写被用作奖励的股份数量或实际出资比例。

(6) 涉及单位名称: 填写股份或出资比例等被用作奖励的单位名称。纳税人奖励涉及多家单位的, 可一并填写。

(7) 获奖金额: 填写纳税人获得奖励的股份、出资比例等股权价值。

(8) 科技成果名称: 填写科技成果的标准名称。

(9) 基本情况说明: 对科技成果的基本情况进行简要说明。

若获奖人员和科技成果基本情况填写不下, 可另附纸填写。

获奖人员办理时, 所有项目均需填写, 并在经办人 (获奖人) 处签字, 同时加盖科研机构或高等学校签章。

【例 3-12】（案例分析题）赵某为 A 公司核心技术人员。2016 年 9 月，赵某以个人发明的专利技术作价 100 万元入股 A 公司，取得 A 公司股票 20 万股，该技术成果原值为 10 万元，赵某选择了递延纳税。2017 年 6 月，赵某以自有房屋作价 50 万元，取得 A 公司股票 5 万股。2017 年 10 月，赵某出资 60 万元自股东林某手中购买 A 公司股票 5 万股。此外，2017 年 1 月，A 公司实施了符合条件的股票期权激励，赵某可于 2020 年 5 月以 8 元/股的价格行权获得 5 万股，赵某选择了递延纳税。

请回答下列问题：

（1）赵某的股票原值如何计算？

（2）若赵某 2021 年 8 月以 100 万元转让了 5 万股，其他税费忽略不计，如何计算纳税？

（3）若赵某 2021 年 8 月以 600 万元转让 30 万股给 B 公司，其他税费忽略不计，如何计算纳税？

（4）赵某转让股权时，企业如何扣缴个人所得税？

（5）假如赵某此前在 2018 年 6 月以 8 元/股的价格行权取得股票 1 万股，并在当期缴纳了个人所得税，则如何计算股票原值？

（6）假设行权时股票的公平市场价格为 18 元/股，赵某应缴纳多少个人所得税？

[答案]

（1）根据财税〔2016〕101 号文件的规定，非上市公司股票（权）期权的财产原值按照行权价确定，限制性股票按照实际出资额确定，股权奖励的原值为零，技术成果投资入股的财产原值即为技术成果的原值。若纳税人同时取得了多项享受递延纳税政策的股权，应按照加权平均法计算财产原值，并且不与其他方式取得的股权成本合并计算。

对于单独取得股票（权）期权、限制性股票、股权奖励或以技术成果入股，财产原值的确定并不困难。对于同时取得多项享受递延纳税政策的股权，主要应把握两点：一是需要按照加权平均法进行统筹计算；二是与其他方式出资取得的股权分别进行计算。

根据政策规定，赵某递延纳税部分的股票和非递延纳税部分的股票应分别计税，原值也分开计算。

①递延纳税股票部分：

赵某递延纳税的股票由以技术成果投资入股和股票期权两部分构成。

递延纳税的股票原值＝技术成果的原值＋股票期权的行权总价＝10＋8×5＝50（万元）；

递延纳税的股票每股原值＝50÷（20＋5）＝2（元/股）。

②非递延纳税股票部分：

赵某非递延纳税的股票由房屋投资入股和直接购买两部分构成。根据《股权转让所得个人所得税管理办法（试行）》（国家税务总局公告 2014 年第 67 号）发布的规定，这两部分的股票原值也需要进行加权平均计算。在不考虑其他因素的情况下，赵某非递延纳税的股票原值按如下方法计算：

非递延纳税的股票原值＝50＋60＝110（万元）；

非递延纳税的股票每股原值＝110÷（5＋5）＝11（元/股）。

（2）根据财税〔2016〕101 号文件的规定，实际转让股权时，视同递延纳税优惠政策的股权优先转让。因此赵某应纳的个人所得税按如下方法计算：

应纳税所得额＝100－2×5＝90（万元）；

应纳税额＝90×20％＝18（万元）。

（3）赵某递延纳税的股票共25万股，非递延纳税的股票共10万股。若赵某转让了30万股，则视同递延纳税的部分全部转让，非递延纳税的部分转让了5万股。

对于A公司而言，此时需要考虑代扣赵某个人所得税的问题。具体计算如下：

递延纳税部分的股票转让收入＝600÷30×25＝500（万元）；

递延纳税部分应纳税额＝（500－50）×20％＝90（万元）。

赵某非递延纳税的部分股票，具体计算如下：

非递延纳税部分的股票转让收入＝600÷30×5＝100（万元）；

非递延纳税部分应纳税额＝（100－11×5）×20％＝9（万元）。

（4）根据财税〔2016〕101号文件的规定，企业实施股权激励或个人以技术成果投资入股，以实施股权激励或取得技术成果的企业为个人所得税扣缴义务人。也就是说，虽然缴纳税款时点递延了，但企业的扣缴义务并没有因此而消除。

需要注意的是，根据个人所得税法及《股权转让所得个人所得税管理办法（试行）》的相关规定，个人转让非上市公司股权，以受让方为扣缴义务人。这也意味着，个人转让股权，若为递延纳税的股权，由实施股权激励和取得技术成果投资入股的企业代扣代缴税款；对于非递延纳税的股权，则仍按照《股权转让所得个人所得税管理办法（试行）》的相关规定，由受让方代扣代缴税款，并在被投资企业所在地申报缴纳。

赵某转让股权最终需要缴纳的个人所得税中，90万元由A公司进行代扣代缴，9万元由B公司代扣代缴。

（5）由于该部分股票已经缴纳了个人所得税，因此不与递延纳税的股票部分进行合并，应与非递延纳税的股票进行加权平均计算。

赵某非递延纳税的股票原值＝8×1＋110＝118（万元）；

非递延纳税的股票每股原值＝118÷11＝10.73（元/股）。

赵某递延纳税的股票原值仍为50万元。

（6）股票期权行权所得应缴工资、薪金项目个人所得税为：〔（18－8）×10 000÷12×20％－555〕×12＝13 340（元）。

综合案例

美团股权激励计划引争议，员工主张期权行权权利

一、案情介绍

近日，海淀法院受理了原告刘先生与被告北京三快科技有限公司（以下简称三快科技公司）劳动争议纠纷一案。该案系因美团股权激励计划引发的争议，与刘先生一同提起诉讼的还有三快科技公司的前员工包女士，二人诉请类似，均为离职后股票期权的行权相关事宜。

原告刘先生诉称，2011年2月1日其入职三快科技公司，担任城市经理一职。在职期间其通过《MEITUAN CORPORATION－2011 STOCK INCENTIVE PLAN－NOTICE OF STOCK OPTION AWARD（美团公司—2011年股权激励计划—股票期权授予通知）》，被授予35 000股的股票期权，三快科技公司的法定代表人王兴在该通知书上签字。2013年8月21日其离职，此后双方因股票期权的行权事宜产生争议。刘先生诉至法院，要求确认其股票期权行权日为2013年8月20日，且同时应得股票期权为17 953股；确认其股票期权行权日的每股股票价值按三快科技公司经审计的2012年度会计报告中每股净资产值进行确认；确认其行权时股票增值收益所得按全年一次性奖金的征税办法计算征收个人所得税并由三快科技公司代扣代缴；三快科技公司在刘先生支付行权款之日起三日内向刘先生提供行权收据和股份证书。

被告三快科技公司辩称，刘先生2011年2月1日入职其公司，担任城市经理，后变更为销售经理，2013年8月21日双方解除劳动关系。刘先生起诉主体错误，《股票期权授予通知》并非其公司做出，而是MEITUAN CORPORATION（美团公司，一家依据开曼群岛法律设立的公司）做出，该公司与刘先生之间不存在劳动关系，本案不属于劳动争议；《股票期权授予通知》及《股票期权授予协议》中载明管辖法院为香港法院，海淀法院没有管辖权；其公司并未发行股票，与美团公司之间不存在相互持股的关系，客观上不存在向刘先生授予第三方股权的可能性；税收问题由行政机关管理，并非人民法院民事案件的受案范围；刘先生并未支付行权款，无法在尚未发生的事实的基础上主张权利。请求法院驳回刘先生的全部诉讼请求。

目前，该案正在进一步审理中。

据了解，依据北京市企业信用信息网中的工商登记公示信息，北京三快在线科技有限公司（以下简称三快在线公司）的全资股东为外商投资企业美团有限公司，三快在线公司与三快科技公司的法定代表人均为王兴。《股票期权授予通知》载明期权授予方为MEITUAN CORPORATION，代表该公司签字的人员亦为王兴。

请从税收视角分析回答如下问题：

（1）假设期权的行权日在2016年9月1日以后，是否符合递延纳税条件？

（2）假设在2016年9月以前行权，雇员应如何缴纳个人所得税？

二、案例分析

（1）假设本案中的股票期权于2016年9月1日财税〔2016〕101号文件实施之后行权，从非上市公司股票（权）期权递延纳税应符合的条件视角，对本案例进行如下分析。

①实施主体。

MEITUAN CORPORATION是依据开曼群岛法律设立的，因而不属于境内居民企业。本案中的刘先生根据MEITUAN CORPORATION的股票期权计划取得股权激励所得，该股票期权计划不属于境内居民企业的股票（权）期权激励计划。

②激励标的。

本案中股票（权）期权激励标的是依据开曼群岛法律设立的MEITUAN CORPORATION的股票（权），而不是境内居民企业的本公司股票（权）。

③激励对象。

激励对象应为公司董事会或股东（大）会决定的技术骨干和高级管理人员，激励对象人数累计不得超过本公司最近6个月在职职工平均人数的30％。

非上市公司实施符合条件的股票（权）期权激励，本公司最近6个月在职职工平均人数，按照股票（权）期权行权之上月起前6个月"工资薪金所得"项目全员全额扣缴明细申报的平均人数确定。

假设本案中刘先生取得的股票期权行权日为2017年8月20日，则应根据2月至7月"工资薪金所得"个人所得税全员全额扣缴明细申报的平均人数确定。

④持有期限。

本案中刘先生从2011年2月1日入职到2013年8月21日离职，只有两年半时间，不符合股票（权）期权自授予日起应持有满3年，且自行权日起持有满1年的时间条件。

综上所述，假设本案中的刘先生行权日在2016年9月1日以后，个人只有从非上市公司取得符合条件的股权激励才可以适用递延纳税优惠。本案中刘先生取得的股票期权不符合实施主体、激励标的、持有期限等条件，不能适用递延纳税政策，而应在行权当期缴纳个人所得税。

（2）2016年9月以前，雇员以不同方式认购股票等有价证券而从雇主取得的各类折扣或补贴，应按国税发〔1998〕9号文件的规定进行个人所得税处理。

①所得性质的认定。

根据国税发〔1998〕9号文件第一条的规定，在中国负有纳税义务的个人（包括在中国境内有住所和无住所的个人）认购股票等有价证券，因其受雇期间的表现或业绩，从其雇主以不同形式取得的折扣或补贴（指雇员实际支付的股票等有价证券的认购价格低于当期发行价格或市场价格的数额），属于该个人因受雇而取得的工资、薪金所得，应在雇员实际认购股票等有价证券时，按照个人所得税法的相关规定计算缴纳个人所得税。

个人在认购股票等有价证券后再行转让所取得的所得，属于税法规定的股票等有价证券转让所得，适用有关对股票等有价证券转让所得征收个人所得税的规定。

根据国税发〔1998〕9号文件第一条的规定，本案中刘先生取得的股票（权）期权行权所得，应按工资、薪金所得项目缴纳个人所得税。

②计税方法。

关于计税方法问题，根据国税发〔1998〕9号文件第二条和《国务院关于第一批取消62项中央指定地方实施行政审批事项的决定》（国发〔2015〕57号）等文件的规定，个人认购股票等有价证券而从雇主取得的折扣或补贴，在计算缴纳个人所得税时，因一次收入较多，全部计入当月工资、薪金所得计算缴纳个人所得税有困难的，可自其实际认购股票等有价证券的当月起，在不超过6个月的期限内平均分月计入工资、薪金所得计算缴纳个人所得税，并向主管税务机关办理备案手续。

虽然《国家税务总局关于阿里巴巴（中国）网络技术有限公司雇员非上市公司股票期权所得个人所得税问题的批复》（国税函〔2007〕1030号）第二条曾批复，该公司雇员以非上市公司股票期权形式取得的工资、薪金所得，在计算缴纳个人所得税时，因一次收入较多，可比照《国家税务总局关于调整个人取得全年一次性奖金等计算征收个人所得税方法问题的通知》（国税发〔2005〕9号）规定的全年一次性奖金的征税办法，计算征收个人所得税，但是，国税函〔2007〕1030号文件已被《国家税务总局关于公布全文失效废止部分条款失效废止的税收规范性文件目录的公告》（国家税务总局公告2011年第2号）全文废止。

由于国税函〔2007〕1030号文件个案批复的阿里巴巴公司股票期权所得可比照全年一次性奖金计税方法计算个人所得税的规定，在刘先生行权前已废止，根据国税发〔1998〕9号文件第二条的规定，本案中刘先生取得的股票（权）期权行权所得〔股票（权）公允价高于行权价的差额〕，可以全部计入当期工资、薪金所得计算缴纳个人所得税；如因一次收入较多，全部计入当月工资、薪金所得纳税有困难的，可自其行权的当月起，在不超过6个月的期限内平均分月计入工资、薪金所得计算缴纳个人所得税。

③注意事项。

5号公告第二条规定，按照国税发〔1998〕9号文件的规定，纳税人若选择分期缴纳个人所得税，其扣缴义务人应在实际认购股票等有价证券的次月15日内，向主管税务机关办理分期缴纳个人所得税备案手续，报送《个人取得股票期权或认购股票等取得折扣或补贴收入分期缴纳个人所得税备案表》。其他相关证明材料由扣缴义务人留存备查。

自2016年1月28日起，根据国税发〔1998〕9号文件第三条和5号公告第二条的规定，扣缴义务人应将纳税人认购的股票等有价证券的种类、数量、认购价格、市场价格（包括国内市场价格）等情况及有关的证明材料和计税过程留存备查。而在2016年1月28日之前，上述材料应报当地主管税务机关。

综上所述，在2016年9月1日财税〔2016〕101号文件实施以前，雇员从非上市公司取得的股票（权）期权行权所得，应按工资、薪金所得项目缴纳个人所得税。本案中刘先生取得的股票期权行权所得，可以全部计入当期工资、薪金所得计算缴纳个人所得税；也可自其行权的当月起，在不超过6个月的期限内平均分月计入工资、薪金所得计算缴纳个人所得税。

资料来源：北京市海淀区法院网. 美团股权激励计划引争议，员工主张期权行权权利〔EB/OL〕.（2016-09-26）http://bjhdfy.chinacourt.org/public/detail.php? id＝4357.

4

第四章
无住所个人所得

由于在中国境内无住所个人中既有居民纳税人，又有非居民纳税人，而且其居住时间长短不同，纳税义务大小也不一样，加之适用于外籍人员个人所得税的政策包括我国税收法律法规、我国政府与外国政府或香港、澳门特别行政区签订的税收协定或安排等，因此，对在中国境内无住所个人应纳个人所得税的计算，是个人所得税中的一个难点。

对于在中国境内无住所的个人由于在中国境内公司、企业、经济组织（以下简称中国境内企业）或外国企业在中国境内设立的机构、场所以及税收协定所说常设机构（以下简称中国境内机构）担任职务，或者由于受雇或履行合同而在中国境内从事工作而取得的工资、薪金所得应如何确定征收个人所得税问题，《国家税务总局关于在中国境内无住所的个人取得工资、薪金所得纳税义务问题的通知》（国税发〔1994〕148 号）、《国家税务总局关于在中国境内无住所的个人计算缴纳个人所得税若干具体问题的通知》（国税函发〔1995〕125）等文件做出了规定。

第一节　个人所得税所得来源地的判定

判断所得来源地，是确定该项所得是否应该征收个人所得税的重要依据。对于非居民纳税人，由于通常只就其来源于中国境内的所得征税，因此判断所得来源地显得更为重要。

一、个人所得税所得来源地的判定原则

根据《个人所得税法实施条例》第五条的规定，下列所得，不论支付地点是否在中国境内，均为来源于中国境内的所得：

（1）因任职、受雇、履约等而在中国境内提供劳务取得的所得。即劳务所得，以劳务提供地确定所得来源地。

（2）财产出租给承租人在中国境内使用而取得的所得。即财产租赁所得，以承租人使用地确定所得来源地。

（3）转让中国境内的建筑物、土地使用权等财产或者在中国境内转让其他财产取得的所得。即不动产转让所得，以不动产坐落地确定所得来源地；其他财产转让所得，以转让地确定所得来源地。

（4）许可各种特许权在中国境内使用而取得的所得。即特许权使用费所得，以使用地确定所得来源地。

（5）从中国境内的公司、企业以及其他经济组织或者个人取得的利息、股息、红利所得。即利息、股息、红利所得，以支付者所在地确定所得来源地。

二、工资、薪金所得来源地的确定

(一) 工资、薪金所得来源地的确定

关于工资、薪金所得来源地的确定问题，国税发〔1994〕148 号文件规定，属于来源于中国境内的工资、薪金所得应为个人实际在中国境内工作期间取得的工资、薪金，即：个人实际在中国境内工作期间取得的工资薪金，不论是由中国境内还是境外企业或个人雇主支付的，均属来源于中国境内的所得；个人实际在中国境外工作期间取得的工资薪金，不论是由中国境内还是境外企业或个人雇主支付的，均属于来源于中国境外的所得。

《财政部关于外国来华工作人员缴纳个人所得税问题的通知》（财税字〔1980〕189 号）第（三）项规定，外国来华工作人员，在我国服务而取得的工资、薪金，不论是我方支付、外国支付、我方和外国共同支付，均属于来源于中国的所得，除该通知第（一）项（即援助国派往我国专为该国无偿援助我国的建设项目服务的工作人员，取得的工资、生活津贴，不论是我方支付或外国支付，均可免征个人所得税）规定给予免税优惠外，其他均应按规定征收个人所得税。但对在中国境内连续居住不超过 90 天的，可只就我方支付的工资、薪金部分计算纳税，对外国支付的工资、薪金部分免予征税。工资、薪金所得来源地的确定可总结如表 4-1 所示。

表 4-1 　　　　　　　　　　工资、薪金所得来源地的确定

来源地	判定原则	支付地
来源于中国境内的工资、薪金所得	个人实际在中国境内工作期间取得的工资、薪金	由中国境内或个人雇主支付的
		由中国境外企业或个人雇主支付的
来源于中国境外的工资、薪金所得	个人实际在中国境外工作期间取得的工资、薪金	由中国境内或个人雇主支付的
		由中国境外企业或个人雇主支付的

(二) 受派来华为海洋石油作业进行工作的雇员工资所得来源地的确定

《财政部关于对外国公司临时派来我国为海洋石油作业进行工作的雇员征收个人所得税问题的批复》（财税油政〔1984〕3 号，现已全文废止）明确，对在华作业的外国石油公司或承包商的国外关联公司或第三方公司临时派遣来华为海洋石油作业进行工作的雇员，其工资、薪金如先由在华作业的外国公司或承包商按派来人数及工作时间统一以"服务费"或"人员费用——工资"等名义结付给国外公司，然后再由国外公司支付给其雇员的，这些雇员的工资、薪金所得仍属来源于中国的所得。只要外国企业在缴纳所得税时，把这些人员费用作为在中国境内经营公司的费用扣除的，应视同在中国海洋进行石油作业的外国公司、承包商的雇员，按照规定，征收个人所得税。

【例 4-1】（单选题）下列有关个人所得税所得来源地的表述中，正确的是（　　）。

A. 特许权使用费所得以特许权的使用地作为所得来源地

B. 财产租赁所得以租赁所得的实现地作为所得来源地

C. 利息、股息、红利所得以取得收入的地点为所得来源地

D. 劳务报酬所得以纳税人实际取得收入的支付地为所得来源地

[答案] A

三、以折扣认购有价证券形式取得工资、薪金

在中国境内无住所的个人先后在一家公司（集团）内的境内、境外机构场所（或成员企业）中工作，其在华工作期间以折扣认购股票等有价证券形式取得属于来华之前的工资、薪金所得，以及离华后以此形式取得属于在华工作期间的工资、薪金所得，如何按照《国家税务总局关于个人认购股票等有价证券而从雇主取得折扣或补贴收入有关征收个人所得税问题的通知》（国税发〔1998〕9号）的规定征收个人所得税？《国家税务总局关于在中国境内无住所个人以有价证券形式取得工资薪金所得确定纳税义务有关问题的通知》（国税函〔2000〕190号）对此做出了规定：根据个人所得税法及其实施条例、政府间税收协定和有关税收规定，在中国境内无住所的个人在华工作期间或离华后以折扣认购股票等有价证券形式取得工资、薪金所得，仍应依照劳务发生地原则判定其来源地及纳税义务。上述个人来华后以折扣认购股票等形式收到的工资、薪金性质所得，凡能够提供雇佣单位有关工资制度及折扣认购有价证券办法，证明上述所得含有属于该个人来华之前工作所得的，可仅就其中属于在华工作期间的所得征收个人所得税。与此相应，上述个人停止在华履约或执行职务离境后收到的属于在华工作期间的所得，也应确定为来源于我国的所得，但该项工资、薪金性质所得未由在中国境内的企业或机构、场所负担的，可免予扣缴个人所得税。

【例4-2】（单选题）下列关于个人所得税的表述中，正确的是（　　　）。

A. 扣缴义务人对纳税人的应扣未扣税款应由扣缴义务人予以补缴

B. 外籍个人从外商投资企业取得的股息、红利所得应缴纳个人所得税

C. 在判断个人所得来源地时对不动产转让所得以不动产坐落地为所得来源地

D. 个人取得兼职收入应并入当月"工资、薪金所得"应税项目计征个人所得税

[答案] C

四、境内销售货物、劳务或发生应税行为的判定

所得税法规中所得来源地的确定原则，与增值税法规中所称的在中国境内销售货物、提供加工修理修配劳务及应税行为不是同一概念。

（一）境内销售货物或者提供劳务的判定

根据《增值税暂行条例实施细则》第八条的规定，在中华人民共和国境内（以下简称

境内）销售货物或者提供加工、修理修配劳务，是指：

（1）销售货物的起运地或者所在地在境内；

（2）提供的应税劳务发生在境内。

（二）境内销售服务、无形资产或者不动产的判定

根据《营业税改征增值税试点实施办法》〔即《财政部 国家税务总局关于全面推开营业税改征增值税试点的通知》（财税〔2016〕36号）附件1〕第十二条的规定，在境内销售服务、无形资产或者不动产，是指：

（1）服务（租赁不动产除外）或者无形资产（自然资源使用权除外）的销售方或者购买方在境内；

（2）所销售或者租赁的不动产在境内；

（3）所销售自然资源使用权的自然资源在境内；

（4）财政部和国家税务总局规定的其他情形。

（三）不属于在境内销售服务或者无形资产的情形

根据《营业税改征增值税试点实施办法》第十三条的规定，下列情形不属于在境内销售服务或者无形资产：

（1）境外单位或者个人向境内单位或者个人销售完全在境外发生的服务；

（2）境外单位或者个人向境内单位或者个人销售完全在境外使用的无形资产；

（3）境外单位或者个人向境内单位或者个人出租完全在境外使用的有形动产；

（4）财政部和国家税务总局规定的其他情形。

根据《国家税务总局关于营改增试点若干征管问题的公告》（国家税务总局公告2016年第53号）第一条的规定，境外单位或者个人发生的下列行为不属于在境内销售服务或者无形资产：

（1）为出境的函件、包裹在境外提供的邮政服务、收派服务；

（2）向境内单位或者个人提供的工程施工地点在境外的建筑服务、工程监理服务；

（3）向境内单位或者个人提供的工程、矿产资源在境外的工程勘察勘探服务；

（4）向境内单位或者个人提供的会议展览地点在境外的会议展览服务。

第二节 境内居住天数和实际工作时间

一、境内居住天数的确定

对于判定纳税义务时如何计算在中国境内居住天数，《国家税务总局关于在中国境内

无住所的个人执行税收协定和个人所得税法若干问题的通知》（国税发〔2004〕97 号）第一条规定，对在中国境内无住所的个人，需要计算确定其在中国境内居住天数，以便依照税法和协定或安排的规定判定其在华负有何种纳税义务时，均应以该个人实际在华逗留天数计算。上述个人入境、离境、往返或多次往返境内外的当日，均按一天计算其在华实际逗留天数。

二、境内工作期间的确定

（一）入境、离境当日按半日计入工作期间

关于对个人入境、离境当日如何计算在中国境内实际工作期间的问题，国税发〔2004〕97 号文件第二条规定，对在中国境内、境外机构同时担任职务或仅在境外机构任职的境内无住所个人，在按国税函发〔1995〕125 号文件第一条的规定计算其境内工作期间时，对其入境、离境、往返或多次往返境内外的当日，均按半天计算为在华实际工作天数。居住时间与工作天数的确定如表 4-2 所示。

表 4-2　　　　　　　　　　　居住时间与工作天数的确定

项目	确定方法	入境、离境、往返或多次往返境内外的当日
居住时间	以实际在华逗留天数计算	按一天计算其在华实际逗留天数
工作天数	境内工作期间	按半天计算为在华实际工作天数

（二）公休假日、个人休假日及接受培训天数的处理

国税函发〔1995〕125 号文件第一条规定，在中国境内企业、机构中任职（包括兼职，下同）、受雇的个人，其实际在中国境内工作期间，应包括在中国境内工作期间在境内、境外享受的公休假日、个人休假日以及接受培训的天数；其在境外营业机构中任职并在境外履行该项职务或在境外营业场所中提供劳务的期间，包括该期间的公休假日，为在中国境外的工作期间。税务机关在核实个人申报的境外工作期间时，可要求纳税人提供派遣单位出具的其在境外营业机构任职的证明，或者企业在境外设有营业场所的项目合同书及派往该营业场所工作的证明。不在中国境内企业、机构中任职、受雇的个人受派来华工作，其实际在中国境内工作期间应包括来华工作期间在中国境内所享受的公休假日。

凡属依据税法规定，应就境外雇主支付的工资、薪金申报纳税的个人，或者依据规定，应就视为由中国境内企业、机构支付或负担的工资、薪金申报纳税的个人，应如实申报上述工资、薪金数额及在中国境内的工作期间，并提供支付工资证明及必要的公证证明和居住时间的有效凭证。

前述居住时间的有效凭证，包括护照、港澳同胞还乡证、台湾同胞"往来大陆通行证"以及主管税务机关认为有必要提供的其他证明凭据。

公休假日、个人休假日、接受培训天数的处理如表 4-3 所示。

表 4-3　　　　　　　　　　　公休假日、个人休假日、接受培训天数的处理

纳税人类型	工作期间	公休假日、个人休假日、接受培训天数
在中国境内企业、机构中任职（包括兼职）、受雇的个人	实际在中国境内工作期间	包括在中国境内工作期间在境内、境外享受的公休假日、个人休假日以及接受培训的天数
	在境外营业机构中任职并在境外履行该项职务或在境外营业场所中提供劳务的期间	包括该期间的公休假日
不在中国境内企业、机构中任职、受雇的个人受派来华工作	实际在中国境内工作期间	包括来华工作期间在中国境内所享受的公休假日

（三）离境休息期间的处理

《财政部　海洋石油税务局关于对方缔约国居民个人在华停留天数计算问题的批复》（财税油政〔1987〕26 号）第一条规定：对方缔约国的公司将其钻井船租给中国境内的租用者使用，派有随船人员因为钻井船上工作时间长，劳动强度大，对这类人员实行工作四周休息四周的制度，休息期间照付工资。这类人员离境休息，不是在华停留的终止而是在华工作的延续。在计算确定这类人员在我国的停留天数时，不扣减离境休息的天数。

此外，对方缔约国公司派其雇员来华为我国公司（包括中外合资经营企业）提供服务或培训人员，有的工作在境内，居住在香港，平时早晨来晚上回港，周末星期六晚上回港，星期一早晨来。财税油政〔1987〕26 号文件认为，此种情况应认为是连续在我国停留，不扣减天数。

综上，计算在中国境内居住的天数时，实际在华逗留天数，入境、离境、往返及多次往返的当日，均按照一天计算；计算在中国境内实际工作天数时，入境、离境、往返及多次往返的当日，均按半天计算。

【例 4-3】（单选题）琼斯为外籍个人，在中国境内无住所，同时在中国境内、境外机构担任职务，2016 年 3 月 6 日来华，12 月 20 日离开。期间琼斯因工作原因，于 6 月 8 日离境，6 月 14 日返回。在计算个人所得税时，琼斯在中国境内实际工作天数为（　　）天。

A. 282　　　　　B. 283　　　　　C. 284　　　　　D. 285

［答案］B

［解析］根据个人所得税法的规定，计算在中国境内实际工作天数时，入境、离境、往返及多次往返的当日，均按半天计算。因而 3 月 6 日、6 月 8 日、6 月 14 日和 12 月 20 日，均按半天计算琼斯在华实际工作天数。

中国境内实际工作天数 = 25.5 + 30 + 31 + 24 + 31 + 31 + 30 + 31 + 30 + 19.5 = 283（天）。

也可采用倒算的方法，1 月、2 月、3 月、6 月、12 月不在华工作的天数分别为 31 天、29 天、5.5 天、6 天、11.5 天，合计为 83 天，所以在华工作的天数为 366 － 83 ＝

283（天）。

【**例 4-4**】（单选题）某外籍个人 2016 年 3 月 1 日来华任职于境内的某企业，2016 年 3 月 25 日离境，该外籍个人境内居住天数、境内工作天数分别为（　　）。

　　A. 25 天、24 天　　B. 25 天、25 天　　C. 24 天、25 天　　D. 25 天、23 天

　　[答案] A

（四）实际在境内、境外工作期间的确定

国税函发〔1995〕125 号文件第一条规定，在中国境内企业、机构中任职（包括兼职，下同）、受雇的个人，其实际在中国境内工作期间，应包括在中国境内工作期间在境内、外享受的公休假日、个人休假日以及接受培训的天数；其在境外营业机构中任职并在境外履行该项职务或在境外营业场所中提供劳务的期间，包括该期间的公休假日，为在中国境外的工作期间。税务机关在核实个人申报的境外工作期间时，可要求纳税人提供派遣单位出具的其在境外营业机构任职的证明，或者企业在境外设有营业场所的项目合同书及派往该营业场所工作的证明。

不在中国境内企业、机构中任职、受雇的个人受派来华工作，其实际在中国境内工作期间应包括来华工作期间在中国境内所享受的公休假日。

（五）地方税务机关的规定

关于如何确定个人实际在中国境内工作的时间问题，《上海市税务局关于转发国税局〈关于在中国境内无住所的个人取得工资、薪金所得纳税义务问题的通知〉的本市贯彻意见》（沪税外〔1994〕84 号）第八条明确：在中国境内无住所，而来中国境内工作的人，应向税务机关提供其实际在中国境内工作时间有效证明。按现行出入边境的有关规定，外国人应提供护照（复印件，下同）；港澳同胞应提供"港澳同胞还乡证"；台湾同胞应提供"往来大陆通行证"（长期有效的）。税务机关可根据上述证件上连续或累计所记载的实际天数来判断其纳税义务。

沪税外〔1994〕84 号文件第一条规定，国税发〔1994〕148 号文件第一条中所称"个人实际在中国境内工作期间"，是指个人在中国境内无住所而在中国境内企业、机构任职、受雇实际在中国境内居住的时间，临时离境的不扣减日数。所称"个人实际在中国境外工作期间"，是指个人在中国境外企业、机构任职（或兼职），或因工作需要在境外履约或出差的时间。不包括个人在中国境内工作期间出境旅游、探亲、休假等时间。

第三节　纳税义务的确定与应纳税额的计算

居民纳税义务人负有无限纳税义务，从中国境内和境外取得的所得，依照我国个人所得税法的规定缴纳个人所得税。非居民纳税义务人承担有限纳税义务，仅就其从中国境内

取得的所得，依法向中国缴纳个人所得税。

根据《个人所得税法实施条例》第四条的规定，这里所说的从中国境内取得的所得，是指来源于中国境内的所得；从中国境外取得的所得，是指来源于中国境外的所得。

现行税法规定，应根据无住所个人在一个纳税年度中在中国境内居住时间长短确定其相应的纳税义务。在中国境内无住所的个人，根据其在境内居住时间的长短不同，可分为在一个纳税年度中不超过 90 日或 183 日、超过 90 日或 183 日但不满一年、居住满一年但不满五年以及居住满五年等几种情况，其纳税义务确定和应纳税额的计算方法如下。

一、不同情形下的分析与计算

（一）连续或累计居住不超过 90 日（或 183 日）

这里所说的"连续或累计居住不超过 90 日（或 183 日）"是指对在中国境内无住所，而在一个纳税年度中，在中国境内连续或累计居住不超过 90 日或在税收协定规定的期间在中国境内连续或累计居住不超过 183 日。

1. 纳税义务的确定

《个人所得税法》第一条第二款规定，在中国境内无住所又不居住或者无住所而在境内居住不满一年的个人，从中国境内取得的所得，依照本法规定缴纳个人所得税。《个人所得税法实施条例》第七条规定，在中国境内无住所，但是在一个纳税年度中在中国境内连续或者累计居住不超过 90 日的个人，其来源于中国境内的所得，由境外雇主支付并且不由该雇主在中国境内的机构、场所负担的部分，免予缴纳个人所得税。

需要说明的是，这里免征的是境外雇主支付的来源于境内的工资、薪金所得个人所得税，而不包括在中国境内无住所个人来源于境内的其他项目所得的个人所得税。

国税发〔1994〕148 号文件第二条进一步就纳税义务、免税范围及视同境内支付做出规定：在中国境内无住所而在一个纳税年度中在中国境内连续或累计工作不超过 90 日或在税收协定规定的期间在中国境内连续或累计居住不超过 183 日的个人，由中国境外雇主支付并且不是由该雇主的中国境内机构负担的工资、薪金，免予申报缴纳个人所得税。对前述个人应仅就其实际在中国境内工作期间由中国境内企业或个人雇主支付或者由中国境内机构负担的工资、薪金所得申报纳税。凡是该中国境内企业、机构属于采取核定利润方法计征企业所得税或没有营业收入而不征收企业所得税的，在该中国境内企业、机构任职、受雇的个人实际在中国境内工作期间取得的工资、薪金，不论是否在该中国境内企业、机构会计账簿中有记载，均应视为该中国境内企业支付或由该中国境内机构负担的工资、薪金。上述个人每月应纳的税款应按税法规定的期限申报缴纳。

2. 应纳税款的计算

根据国税发〔2004〕97 号文件第三条第（一）项的规定，此种情况下，计算其应纳

税额时,按以下公式计算:

$$应纳税额 = \left(\begin{matrix}当月境内外工资、\\薪金应纳税所得额\end{matrix} \times 适用税率 - 速算扣除数\right) \times \left(\begin{matrix}当月境内\\工作天数\end{matrix} \div \begin{matrix}当月\\天数\end{matrix}\right) \times$$

$$(当月境内支付工资 \div 当月境内外支付工资总额)$$

公式中"当月境内外工资、薪金应纳税所得额",根据《国家税务总局关于在中国境内无住所个人计算工资薪金所得缴纳个人所得税问题的批复》(国税函〔2005〕1041号)的规定,是指当月按中国税法规定计算的工资薪金收入全额(包括由境内外各种来源支付或负担的数额),减除准予扣除的费用后的余额。上述公式仅用于计算符合规定条件的无住所个人取得的来源于中国境内工资薪金所得应纳的税款。符合上述规定条件的个人,包括在一个纳税年度中在中国境内连续或累计居住不超过90日的在中国境内无住所个人;以及在税收协定规定的期间中,在中国境内连续或累计居住不超过183天的可以享受协定待遇的外国个人居民。

【例4-5】(计算题)某外籍个人2016年3月3日来华,在华工作期间,境内企业每月支付工资20 000元,境外单位支付工资折合人民币10 000元,5月25日离开中国,另外,5月该外籍个人从我国某外商投资企业取得股息所得10 000元。请确定2016年5月该外籍个人应向我国缴纳多少个人所得税。

[答案] 该外籍个人在境内居住不满90天(29+30+25=84),仅就其境内工作期间境内支付的工资、薪金部分纳税。对在中国境内、境外机构同时担任职务或仅在境外机构任职的境内无住所个人,计算其境内工作期间时,对其入境、离境、往返或多次往返境内外的当日,均按半天计算为在华实际工作天数。《财政部 国家税务总局关于个人所得税若干政策问题的通知》(财税字〔1994〕20号)规定,外籍个人从外商投资企业取得的股息、红利所得暂免征收个人所得税,因此股息所得10 000元免税。2013年2月3日,《国务院批转发展改革委等部门关于深化收入分配制度改革若干意见的通知》(国发〔2013〕6号)明确,取消对外籍个人从外商投资企业取得的股息、红利所得免征个人所得税等税收优惠。

5月该外籍个人应向我国缴纳个人所得税额为:

$$[(20\,000+10\,000-4\,800) \times 25\% - 1\,005] \times (24.5 \div 31) \times (20\,000 \div 30\,000) = 2\,789.84(元)$$

【例4-6】(单选题)韩国居民崔先生受其供职的境外公司委派,来华从事设备安装调试工作,在华停留60天,期间取得境外公司支付的工资40 000元,取得中国体育彩票中奖收入20 000元。崔先生应在中国缴纳个人所得税( )元。

A. 4 000　　　　B. 5 650　　　　C. 9 650　　　　D. 10 250

[答案] A

[解析] 境内无住所的个人在中国境内连续或累计居住不超过90日,境内所得境外支付的工资薪金部分免税,但取得中国体育彩票中奖收入应按规定申报缴纳个人所得税,因而其应纳税额为:20 000×20%=4 000(元)。

此外,根据《财政部 税务总局关于对外国承包商派雇员来中国从事承包作业的工资、薪金收入征收个人所得税问题的通知》(财税外〔1984〕14号)的规定,外国公司在中国承包工程作业,其作业场所应视为在中国设有营业机构。对其雇员的工资、薪金所得,属于从中国境内取得的报酬，应当根据个人所得税法征收个人所得税，不适用居住时间是否超过 90 天的征免税规定。

无住所个人在境内连续或累计居住不超过 90 日（或 183 日）应纳税款的计算可总结如表 4-4 所示。

表 4-4　无住所个人在境内连续或累计居住不超过 90 日（或 183 日）应纳税款的计算

在中国境内无住所而在一个纳税年度中在中国境内连续或累计居住不超过 90 日或在税收协定规定的期间在中国境内连续或累计居住不超过 183 日的个人	所得类型	纳税人性质	纳税义务					应纳税额
			来源于境内所得			来源于境外所得		(当月境内外工资、薪金应纳税所得额×适用税率－速算扣除数)×(当月境内工作天数÷当月天数)×(当月境内支付工资÷当月境内外支付工资总额)
			境内支付	境外支付		境内支付	境外支付	
				境内机构负担	非境内机构负担			
	工资、薪金所得	非居民纳税人	√	√	免税	×	×	
	其他项目所得		√			×		

说明：√表示征收个人所得税，×表示不征收个人所得税。

3. 纳税申报

上述个人（即在中国境内无住所，而在一个纳税年度中，在中国境内连续或累计居住不超过 90 日或在税收协定规定的期间在中国境内连续或累计居住不超过 183 日的个人）每月应纳的税款应按税法规定的期限申报缴纳。

关于在纳税年度中由于纳税人出入境频繁，能否采用简便征收方法的问题，沪税外〔1994〕84 号文件第七条规定，按国税发〔1994〕148 号文件规定，纳税义务人每月应纳的税款应按税法规定的期限申报缴纳。

但鉴于有些纳税义务人每月在华工作天数很少，来华时间也很匆促，因而每月按实际天数申报缴纳个人所得税有困难。可经个人申请，税务机关批准，采用待达到满月天数（30 日）后的次月 7 日（自 2011 年 9 月 1 日起为 15 日）内，就其以前月份应纳的税款一并申报缴纳；也可采用先按满月天数预缴，再按实际来华天数汇算的方法。

（二）连续或累计居住超过 90 日或 183 日但不满一年

这里所说的"连续或累计居住超过 90 日或 183 日但不满一年"，是指对在中国境内无住所而在一个纳税年度中在中国境内连续或累计居住超过 90 日或在税收协定规定的期间在中国境内连续或累计居住超过 183 日但不满一年。

1. 纳税义务的确定

根据国税发〔1994〕148 号文件第三条的规定，在中国境内无住所而在一个纳税年度中在中国境内连续或累计工作超过 90 日或在税收协定规定的期间在中国境内连续或累计居住超过 183 日但不满一年的个人，其实际在中国境内工作期间取得的由中国境内企业或个人雇主支付和由境外企业或个人雇主支付的工资、薪金所得，均应申报缴纳个人所得税；其在中国境外工作期间取得的工资、薪金所得，除属于国税发〔1994〕148 号文件第五条规定（即担任中国境内企业董事或高层管理职务的个人，其取得的由该中国境内企业支付的董事费或工资、薪金，应自其担任该中国境内企业董事或高层管理职务起，至其解除上述职务止的期间，不论其是否在中国境外履行职务，均应申报缴纳个人所得税）的情况外，不予征收个人所得税。

2. 应纳税款的计算

此种情况下，根据国税发〔2004〕97 号文件第三条第（二）项的规定，应纳税额的计算公式为：

$$\begin{aligned}\text{应纳}\atop\text{税额} = \left(\begin{matrix}\text{当月境内外工资、薪金}\\\text{应纳税所得额}\times\text{适用税率}\end{matrix} - \begin{matrix}\text{速算}\\\text{扣除数}\end{matrix}\right)\times\left(\begin{matrix}\text{当月境内工作天数}\\\text{（当月实际在中国天数）}\end{matrix} \div \begin{matrix}\text{当月}\\\text{天数}\end{matrix}\right)\end{aligned}$$

无住所个人境内连续或累计居住超过 90 日或 183 日但不满一年应纳税款的计算可总结如表 4-5 所示。

表 4-5　无住所个人境内连续或累计居住超过 90 日或 183 日但不满一年应纳税款计算

境内无住所而在一个纳税年度中在中国境内连续或累计居住超过 90 日或在税收协定规定的期间在中国境内连续或累计居住超过 183 日但不满一年的个人	所得类型	纳税人性质	纳税义务				应纳税额
			来源于境内所得		来源于境外所得		（当月境内外工资、薪金应纳税所得额×适用税率－速算扣除数）×（当月境内工作天数÷当月天数）
			境内支付	境外支付	境内支付	境外支付	
	工资、薪金所得	非居民纳税人	√	√	×	×	
	其他项目所得		√		×		

说明：√表示征收个人所得税，×表示不征收个人所得税。

3. 纳税申报

上述个人每月应纳的税款应按税法规定的期限申报缴纳。其中，取得的工资、薪金所得是由境外雇主支付并且不是由中国境内机构负担的个人，事先可预定在一个纳税年度中连续或累计居住超过 90 日或在税收协定规定的期间连续或累计居住超过 183 日的，其每月应纳的税款应按税法规定期限申报纳税；对事先不能预定在一个纳税年度或税收协定规定的有关期间连续或累计居住超过 90 日或 183 日的，可以待达到 90 日或 183 日后的次月 15 日内，就其以前月份应纳的税款一并申报缴纳。

（三）居住满一年不满五年

1. 纳税义务的确定

根据《个人所得税法实施条例》第六条的规定，在中国境内无住所，但是居住一年以上五年以下的个人，其来源于中国境外的所得，经主管税务机关批准，可以只就由中国境内公司、企业以及其他经济组织或者个人支付的部分缴纳个人所得税；居住超过五年的个人，从第六年起，应当就其来源于中国境外的全部所得缴纳个人所得税。

2. 工资、薪金纳税义务的确定

根据国税发〔1994〕148 号文件第四条的规定，在中国境内无住所但在境内居住满一年而不超过五年的个人，其在中国境内工作期间取得的由中国境内企业或个人雇主支付和由中国境外企业或个人雇主支付的工资、薪金，均应申报缴纳个人所得税；其在临时离境工作期间的工资、薪金所得，仅就由中国境内企业或个人雇主支付的部分申报纳税，凡是该中国境内企业、机构属于采取核定利润方法计征企业所得税或没有营业收入而不征收企业所得税的，在该中国境内企业、机构任职、受雇的个人取得的工资、薪金，不论是否在中国境内企业、机构会计账簿中有记载，均应视为由其任职的中国境内企业、机构支付。

3. 应纳税额的计算

根据国税发〔2004〕97 号文件第三条第（三）项的规定，按国税发〔1994〕148 号文件第四条（居住满一年不足五年）或第五条规定负有纳税义务的个人应适用国税函发〔1995〕125 号文件第四条规定的下述公式计算应纳税额：

$$应纳税额 = (当月境内外工资薪金应纳税所得额 \times 适用税率 - 速算扣除数) \times$$
$$\left(1 - \frac{当月境外支付工资}{当月境内外支付工资总额} \times \frac{当月境外工作天数}{当月天数}\right)$$

如果上述各类个人取得的是日工资薪金或者不满一个月工资薪金，均仍应按照国税发〔1994〕148 号文件第六条第二款的规定换算为月工资后，按照上述公式计算其应纳税额。

根据国税函发〔1995〕125 号文件的规定，在中国境内居住满一年而不超过五年的个人，以及在中国境内企业担任高层管理职务的个人，凡其工资是由境内雇主和境外雇主分别支付的，并且在一个月中有境外工作天数的，依据规定，对其境外雇主支付的工资中属于境外工作天数部分不予征税。在具体计算应纳税额时，按下述公式计算：

$$当月应纳税款 = 按当月境内外工资总额计算的税额 \times \left[1 - \left(\frac{当月境外支付工资}{当月工资总额}\right) \times \left(\frac{当月境外工作天数}{当月天数}\right)\right]$$

$$按当月境内外工资总额计算的税额 = \left(当月境内外工资、薪金应纳税所得额 \times 适用税率 - 速算扣除数\right) \times$$
$$\left[1 - \left(\frac{当月境外工作天数}{当月天数}\right) \times \left(\frac{当月境外支付工资}{当月境内外支付工资总额}\right)\right]$$

上述个人，在一个月中既有在中国境内工作期间的工资、薪金所得，也有在临时离境期间由境内企业或个人雇主支付的工资、薪金所得的，应合并计算当月应纳税款，并按税法规定的期限申报缴纳。

无住所个人境内居住满一年不满五年应纳税款的计算如表 4-6 所示。

表 4-6　　　　　　　　无住所个人境内居住满一年不满五年应纳税款的计算

境内无住所，但是居住一年以上五年以下的个人	所得类型	纳税人性质	纳税义务					应纳税额
			来源于境内所得		来源于境外所得			（当月境内外工资薪金应纳税所得额×适用税率－速算扣除数）×（1－当月境外支付工资÷当月境内外支付工资总额×当月境外工作天数÷当月天数）
			境内支付	境外支付	境内支付	视为境内支付	境外支付	
	工资、薪金所得	居民纳税人	√	√	√	√	免税	
	其他项目所得		√		√		免税	

说明：√代表征税，×代表不征税。

【例 4-7】（单选题）外籍专家杰克任职于某外国企业在中国的分支机构，截至 2016 年 12 月在中国境内居住满四年。12 月 3 日杰克离境述职，12 月 12 日返回。12 月份中国境内机构支付工资 30 000 元，境外总公司支付工资折合人民币 10 000 元。假定我国政府与杰克所在国签订了税收协定，2016 年 12 月杰克应缴纳个人所得税（　　）元。

A．7 238.51　　　B．7 266.72　　　C．7 199.44　　　D．7 374.38

[答案] A

[解析] 杰克应纳个人所得税为：[（30 000＋10 000－4 800）×30%－2 755]×[1－（9÷31）×（10 000÷40 000）]＝7 238.51（元）。

【例 4-8】（多选题）在我国境内居住满一年而未满五年的外籍个人，其所得应在我国缴纳个人所得税的有（　　）。

A．来源于中国境内的劳务报酬所得

B．出租其在境外的住房取得的境外承租人支付的租金所得

C．以现金形式取得的伙食补贴和搬迁费所得

D．在中国境内工作期间取得的中国境内企业支付的工资所得

E．在中国境内工作期间取得的中国境外企业支付的工资所得

[答案] ACDE

4. 纳税申报

关于对境外雇主支付工资、薪金的个人应如何在中国境内申报纳税的问题，沪税外〔1994〕84 号文件第二条明确：根据《个人所得税法》及其实施条例的有关规定，在中国境内无住所而在一个纳税年度中在中国境内连续或累计居住超过 90 日（或 183 日），或在境内居住满一年而不超过五年的个人，其在中国境内工作期间如取得的是由境外雇主支付的工资、薪金，应在我国申报缴纳个人所得税。

上述个人应向税务机关如实申报其境外雇主支付的工资薪金数额，并提供有效的证明文件。纳税义务人有意不报、少报或隐匿应税收入额的，主管税务机关可以按照税收征管法的有关条款进行处理。

（四）在华居住满五年以后

根据《个人所得税法》第六条的规定，在中国境内无住所，但居住超过五年的个人，从第六年起，应当就其来源于中国境外的全部所得缴纳个人所得税。

1. 境内居住满五年的计算

根据《财政部 国家税务总局关于在华无住所的个人如何计算在华居住满五年问题的通知》（财税字〔1995〕98 号）第一条的规定，个人在中国境内居住满五年，是指个人在中国境内连续居住满五年，即在连续五年中的每一纳税年度内均居住满一年。

2. 纳税义务的确定

关于无住所个人在华居住满五年以后纳税义务的确定问题，财税字〔1995〕98 号文件第二条规定，个人在中国境内居住满五年后，从第六年起的以后各年度中，凡在境内居住满一年的，应当就其来源于境内、境外的所得申报纳税；凡在境内居住不满一年的，则仅就该年内来源于境内的所得申报纳税。如该个人在第六年起以后的某一纳税年度内在境内居住不足 90 天，可以按《个人所得税法实施条例》第七条的规定（即，其来源于中国境内的所得，由境外雇主支付并且不由该雇主在中国境内的机构、场所负担的部分，免予缴纳个人所得税）确定纳税义务，并从再次居住满一年的年度起重新计算五年期限。个人在境内是否居住满五年自 1994 年 1 月 1 日起开始计算。

无住所个人在华居住满五年以后纳税义务的确定如表 4-7 所示。

表 4-7　　　　　　无住所个人在华居住满五年以后纳税义务的确定

	居住天数	纳税人性质	纳税义务		来源于境外所得	备注
			来源于境内所得			
			境内支付	境外支付		
在中国境内居住满五年后，从第六年起的以后各年度中	居住满一年	居民纳税人	√	√	√	
	居住不满一年	非居民纳税人	√	√	×	
	某一纳税年度内境内居住不足 90 天	非居民纳税人	√	√（其中境外雇主支付并且不由境内机构负担的部分免税）	×	从再次居住满一年的年度起重新计算五年期限

说明：√代表征税，×代表不征税。

综上所述，中国境内无住所的个人，其工资、薪金所得征税规定可归纳如表 4-8 所示。

表 4-8　　　　　　无住所个人所得税纳税义务的确定

居住时间	纳税人性质	境内所得		境外所得	
		境内支付	境外支付	境内支付	境外支付
90 日或 183 日以内	非居民纳税人	√	免税	×	×

续表

居住时间	纳税人性质	境内所得		境外所得	
		境内支付	境外支付	境内支付	境外支付
90 日或 183 日~1 年	非居民纳税人	√	√	×	×
1~5 年	居民纳税人	√	√	√	免税
满 5 年后又满 1 年	居民纳税人	√	√	√	√
满 5 年后不满 1 年	非居民纳税人	√	√	×	×
满 5 年后某 1 年内不满 90 日或 183 日	非居民纳税人	√	免税	×	×

说明：√代表征税，×代表不征税。

关于居住时间与纳税义务的确定，列表表述如下（见表 4-9）：

表 4-9 　　　　　　　　　　　　居住时间与纳税义务

居住时间	纳税义务范围
连续或累计居住不满 90 日或 183 日（税收协定规定的期间）	（1）实际在中国境内工作期间取得的由境内雇主支付或境内机构、场所负担的工资薪金； （2）在中国境内属于采取核定利润方法计征企业所得税或没有营业收入而不征收企业所得税的，在该中国境内企业、机构任职、受雇的个人实际在中国境内工作期间取得的工资薪金
满 90 日或 183 日但不满一年	实际在中国境内工作期间取得的工资薪金所得，无论是中国境内雇主还是境外雇主支付。
满一年但不满五年	（1）实际在中国境内工作期间取得的工资、薪金，无论是境内雇主还是境外雇主支付； （2）临时离境工作期间的工资、薪金所得，仅就中国境内雇主支付部分纳税； （3）在中国境内属于采取核定利润方法计征企业所得税或没有营业收入而不征收企业所得税的企业、机构任职、受雇的个人取得的工资薪金
满五年，从第六年起	住满一年的来源于境内、境外的全部所得。但在境内居住不满一年的，仍按前述办法确定纳税义务

【**例 4-9**】（单选题）根据个人所得税法的相关规定，在中国境内无住所但居住满五年的个人，对其第六年来源于境内外的所得，下列税务处理中，正确的是（　　）。

A. 应就其来源于中国境内、境外的所得缴纳个人所得税

B. 凡在境内居住满一年的，应当就其来源于境内、境外的所得缴纳个人所得税

C. 个人在临时离境工作期间的工资、薪金所得，仅就由中国境内的企业或个人雇主支付的部分缴纳个人所得税

D. 在境内居住不超过 90 天，其来源于中国境内的所得，由境外雇主支付并且不由该雇主在中国境内的机构、场所负担的部分，应全额缴纳个人所得税

[**答案**] B

【**例 4-10**】（多选题）下列关于个人所得税的表述中，正确的有（　　）。

A. 在中国境内无住所，且一个纳税年度内在中国境内居住满 365 天的个人，为居民纳税人

B. 连续或累计在中国境内居住不超过 90 天的非居民纳税人，其所取得的中国境内所得并由境内支付的部分免税

C. 在中国境内无住所，且一个纳税年度内（多次来华）在中国境内一次居住不超过 30 天的个人，为非居民纳税人

D. 在中国境内无住所，但在中国境内居住超过五年的个人，从第六年起的以后各年度中，凡在境内居住满一年的，就来源于中国境内外的全部所得缴纳个人所得税

[答案] AD

【例 4-11】（多选题）在中国境内无住所但在境内连续居住满五年的个人，从第六年起以后的各年度中，在计算缴纳个人所得税时，下列表述中正确的有（　　　）。

A. 应就来源于中国境内和境外的所得申报纳税

B. 在境内居住满一年的，应就来源于境内、境外的所得申报纳税

C. 在境内居住不满一年但超过 183 天的，仅就其该年度来源于境内的所得申报纳税

D. 在境内居住不满 90 日的，其来源于中国境内的所得，由境外雇主支付的部分并且不由该雇主在中国境内的机构、场所负担的部分，也应申报纳税

E. 在境内居住不满 183 天的，应当从再次居住满一年的年度起计算五年期限

[答案] BC

二、董事、高层管理人员应纳税额的计算

1. 企业高层管理职务的界定

根据国税函发〔1995〕125 号文件的规定，中国境内企业高层管理职务，是指公司正、副（总）经理、各职能总师、总监及其他类似公司管理层的职务。

2. 境内企业董事、高层管理人员纳税义务的确定

关于中国境内企业董事、高层管理人员纳税义务的确定问题，国税发〔1994〕148 号文件第五条规定，担任中国境内企业董事或高层管理职务的个人，其取得的由该中国境内企业支付的董事费或工资薪金，不适用该通知第二条、第三条的规定，而应自其担任该中国境内企业董事或高层管理职务起，至其解除上述职务止的期间，不论其是否在中国境外履行职务，均应申报缴纳个人所得税；其取得的由中国境外企业支付的工资薪金，应依照该通知第二条、第三条、第四条的规定确定纳税义务。

（1）境内企业支付的董事费或工资、薪金。

根据国税发〔1994〕148 号文件第五条的规定，担任中国境内企业董事或高层管理职务的个人，其取得的由该中国境内企业支付的董事费或工资、薪金，应自其担任该中国境内企业董事或高层管理职务起，至其解除上述职务止的期间，不论其是否在中国境外履行职务，均应申报缴纳个人所得税。

（2）境外企业支付的董事或高管的工资、薪金。

根据国税发〔1994〕148 号文件第五条的规定，担任中国境内企业董事或高层管理职

务的个人，其取得的由中国境外企业支付的工资、薪金，应依照如下规定确定纳税义务。

①连续或累计工作不超过 90 日或 183 日。一个纳税年度中，在中国境内连续或累计工作不超过 90 日或在税收协定规定的期间在中国境内连续或累计居住不超过 183 日的个人，在中国境内工作期间由中国境外企业支付（并且不是由该雇主的中国境内机构负担）的工资、薪金免予申报缴纳个人所得税。前述个人应仅就其实际在中国境内工作期间由中国境内雇主支付或由中国境内机构负担的工资薪金所得申报纳税。

此时，应纳税额的计算公式为：

$$应纳税款 = \left(\begin{matrix}当月境内外工资薪金\\应纳税所得额\end{matrix} \times \begin{matrix}适用\\税率\end{matrix} - \begin{matrix}速算\\扣除数\end{matrix}\right) \times \left(\begin{matrix}当月境内\\支付工资\end{matrix} \div \begin{matrix}当月境内外\\支付工资总额\end{matrix}\right)$$

②境内工作超过 90 日但不满 1 年以及满 1 年而不超过 5 年。在一个纳税年度中，在中国境内连续或累计工作超过 90 日（或 183 日）但不满 1 年的，以及境内居住满 1 年而不超过 5 年的，在中国境内工作期间由境外企业支付的工资、薪金应申报缴纳个人所得税。但对在中国境外工作期间由中国境外企业支付的工资、薪金不予征收或免予申报缴纳个人所得税。

此时，应纳税额的计算公式为：

$$当月应纳税款 = \begin{matrix}按当月境内外工资\\总额计算的税额\end{matrix} \times \left[1 - \left(\begin{matrix}当月境外\\支付工资\end{matrix} \div \begin{matrix}当月工资\\总额\end{matrix}\right) \times \left(\begin{matrix}当月境外\\工作天数\end{matrix} \div \begin{matrix}当月\\天数\end{matrix}\right)\right]$$

综上所述，担任中国境内企业董事或高层管理职务的个人，其取得的董事费或工资、薪金所得的纳税义务可归纳如表 4-10 所示。

表 4-10　　　　　　　　　　　无住所高管人员纳税义务

居住时间	纳税人性质	境内所得		境外所得	
		境内支付	境外支付	境内支付	境外支付
90 日或 183 日以内	非居民纳税人	√	免税	√	×
90 日或 183 日~1 年	非居民纳税人	√	√	√	×
1~5 年	居民纳税人	√	√	√	免税
5 年以后满一年的	居民纳税人	√	√	√	√

说明：√代表征税，×代表不征税。

3. 境内担任董事或高管无住所个人计税公式的适用

关于担任中国境内董事或高层管理职务的外籍个人计算个人所得税适用公式问题，《国家税务总局关于在中国境内担任董事或高层管理职务无住所个人计算个人所得税适用公式的批复》（国税函〔2007〕946 号）明确，在中国境内无住所的个人担任中国境内企业的董事或高层管理人员（以下称企业高管人员），同时兼任中国境内外的职务，其从中国境内外收取的当月全部报酬不能合理地归属为境内或境外工作报酬的，应分别按照下列公式计算缴纳其工资薪金所得应纳的个人所得税：

（1）无税收协定（安排）适用的企业高管人员，在一个纳税年度中在中国境内连续或累计居住不超过 90 天，或者按税收协定（安排）规定应认定为对方税收居民，但按税收协定（安排）及《国家税务总局关于在中国境内无住所的个人执行税收协定和个人所得税法若干问题的通知》（国税发〔2004〕97 号）第四条的有关规定应适用税收协定（安排）董事费条款的企业高管人员，在税收协定（安排）规定的期间在中国境内连续或累计居住不超过 183 天，均应按照《国家税务总局关于在中国境内无住所的个人取得工资薪金所得纳税义务问题的通知》（国税发〔1994〕148 号）第二条和第五条规定确定纳税义务，无论其在中国境内或境外的工作期间长短，按下列公式（可不适用国税发〔2004〕97 号第三条第一款第（三）项规定的公式）计算其取得的工资薪金所得应纳的个人所得税：

$$应纳税款 = \left(\begin{array}{c}当月境内外工资\\薪金应纳税所得额\end{array} \times \begin{array}{c}适用\\税率\end{array} - \begin{array}{c}速算\\扣除数\end{array}\right) \times \left(\begin{array}{c}当月境内\\支付工资\end{array} \div \begin{array}{c}当月境内外\\支付工资总额\end{array}\right)$$

【例 4-12】（计算题）某中国境内外资企业公司总经理罗伯特先生，同时兼任美国某公司财务总监职务，其工资薪金由中国境内、境外企业分别支付，2016 年在华居住总计 80 天。2016 年 9 月，罗伯特在中国境内工作 18 天，在美国工作 12 天，取得境内外支付工资薪金分别为境内支付 49 200 元人民币和境外支付 6 000 美元（1 美元＝7.85 元人民币）。请确定罗伯特 9 月份在境内应缴纳多少个人所得税。

［答案］罗伯特 9 月份在境内应纳个人所得税＝[(6 000×7.85＋49 200－4 800)×40%－10 375]×49 200/(6 000×7.85＋49 200)＝13 398.44（元）。

为什么不计算境内工作天数比例？本例中罗伯特属于高级管理人员。高管人员执行职务期间，我国境内支付的所得，不分其实际居住在境内或境外，均在我国申报纳税。因此不需要按照境内工作天数的比例划分。

（2）下列企业高管人员仍应按照国税发〔2004〕97 号文件第三条第一款第（三）项规定的下列公式计算其取得的工资薪金所得应纳的个人所得税：

$$应纳税额＝(当月境内外工资薪金应纳税所得额×适用税率－速算扣除数)×$$
$$\left[1 - \left(\begin{array}{c}当月境外\\工作天数\end{array} \div 当月天数\right) \times \left(\begin{array}{c}当月境外\\支付工资\end{array} \div \begin{array}{c}当月境内外\\支付工资总额\end{array}\right)\right]$$

①无税收协定（安排）适用，或按税收协定（安排）规定应认定为我方税收居民的企业高管人员，在一个纳税年度在中国境内连续或累计居住超过 90 天，但按规定在中国境内连续居住不满五年的。

②按税收协定（安排）规定应认定为对方税收居民，但按税收协定（安排）及国税发〔2004〕97 号文件第四条的有关规定应适用税收协定（安排）董事费条款的企业高管人员，在税收协定规定的期间在中国境内连续或累计居住超过 183 天的。

（3）无税收协定（安排）适用，或按税收协定（安排）应认定为我方税收居民的企业高管人员，在按财税字〔1995〕98 号文件的有关规定构成在中国境内连续居住满五年后的纳税年度中，仍在中国境内居住满一年的，应按下列公式计算其取得的工资薪金所得应纳的个人所得税：

$$应纳税额＝当月境内外的工资薪金应纳税所得额×适用税率－速算扣除数$$

需要说明的是，如果上述所述各类人员取得的是日工资或者不满一个月工资，应按照国税发〔1994〕148号文件第六条第二款和国税发〔2004〕97号文件第三条第二款的规定换算为月工资后，再按照上述的适用公式计算其应纳税额。

4. 企业高层管理人员协定或安排条款的适用

根据国税发〔2004〕97号文件第四条的规定，在中国境内无住所的个人担任中国境内企业高层管理职务的，该个人所在国或地区与我国签订的协定或安排中的董事费条款中，未明确表述包括企业高层管理人员的，对其取得的报酬可按该协定或安排中有关非独立个人劳务条款和国税发〔1994〕148号文件第二、三、四条的规定，判定纳税义务。

在中国境内无住所的个人担任中国境内企业高层管理职务同时又担任企业董事，或者虽名义上不担任董事但实际上享有董事权益或履行董事职责的，其从该中国境内企业取得的报酬，包括以董事名义取得的报酬和以高层管理人员名义取得的报酬，均仍应适用协定或安排中有关董事费条款和国税发〔1994〕148号文件第五条的有关规定，判定纳税义务。

境内企业董事或高管应纳税额的计算总结如表4-11所示。

表4-11　　　　　　　　　　境内企业董事或高管应纳税额的计算

居住天数 (T)	纳税人性质	纳税义务					应纳税额
		境内企业支付		境外企业支付			
		境内工作期间	境外工作期间	境内工作期间		境外工作期间	
				由雇住的境内机构负担	不由雇住的境内机构负担		
T<90或183	非居民纳税人	√	√	√	免税	×	按当月境内外工资薪金总额计算的应纳税额×(当月境内支付工资÷当月境内外支付工资总额)
90或183日<T<1年	非居民纳税人	√	√	√	√	×	按当月境内外工资总额计算的税额×[1−(当月境外支付工资÷当月工资总额)×(当月境外工作天数÷当月天数)]
5年>T>1年	居民纳税人	√	√	√	√	免税	

5. 关于董事费征税问题

《国家税务总局关于印发〈征收个人所得税若干问题的规定〉的通知》（国税发〔1994〕89号）第八条规定，个人由于担任董事职务所取得的董事费收入，属于劳务报酬所得性质，按照劳务报酬所得项目征收个人所得税。根据2009年8月17日下发的《国家税务总局关于明确个人所得税若干政策执行问题的通知》（国税发〔2009〕121号）的规定，这里的董事费按劳务报酬所得项目征税方法，仅适用于个人担任公司董事、监事，且不在公司任职、受雇的情形。个人在公司（包括关联公司）任职、受雇，同时兼任董事、监事的，应将董事费、监事费与个人工资收入合并，统一按工资、薪金所得项目缴纳个人所得税。

在 2009 年 8 月 17 日之前，《国家税务总局关于外商投资企业的董事担任直接管理职务征收个人所得税问题的通知》（国税发〔1996〕214 号）第一条（2009 年 8 月 17 日该条被国税发〔2009〕121 号文件停止执行）规定，对于外商投资企业的董事（长）同时担任企业直接管理职务，或者名义上不担任企业的直接管理职务，但实际上从事企业日常管理工作的，应判定其在该企业具有董事（长）和雇员的双重身份，除其取得的属于股息、红利性质的所得应依照《国家税务总局关于外商投资企业、外国企业和外籍个人取得股票（股权）转让收益和股息所得税收问题的通知》（国税发〔1993〕45 号）有关规定免征个人所得税以外，应分别就其以董事（长）身份取得的董事费收入和以雇员身份应取得的工资、薪金所得征收个人所得税。

《国家税务总局关于外商投资企业的董事担任直接管理职务征收个人所得税问题的通知》（国税发〔1996〕214 号）第二条还规定，上述个人（即外商投资企业的董事（长）同时担任企业直接管理职务，或者名义上不担任企业的直接管理职务，但实际上从事企业日常管理工作的）在该企业仅以董事费名义或分红形式取得收入的，应主动申报从事企业日常管理工作每月应取得的工资、薪金收入额，或者由主管税务机关参照同类地区、同类行业和相近规模企业中类似职务的工资、薪金收入水平核定其每月应取得的工资、薪金收入额，并依照《个人所得税法》以及《国家税务总局关于在中国境内无住所的个人取得工资薪金所得纳税义务问题的通知》（国税发〔1994〕148 号）和《国家税务总局关于在中国境内无住所的个人计算缴纳个人所得税若干具体问题的通知》（国税函发〔1995〕125 号）的有关规定征收个人所得税。

国税发〔1996〕214 号文件第三条进一步规定，凡根据该通知第二条的规定，由个人所得税主管税务机关核定上述个人的工资、薪金收入额，需要相应调整外商投资企业应纳税所得额的，对核定的工资薪金数额，应由个人所得税主管税务机关会同外商投资企业所得税主管税务机关确定。

此外，《国家税务总局关于外国企业的董事在中国境内兼任职务有关税收问题的通知》（国税函〔1999〕284 号）规定，外国企业的董事或合伙人担任该企业设立在中国境内的机构、场所的职务，或者名义上不担任该机构、场所的职务，但实际上从事日常经营、管理工作，其在中国境内从事上述工作取得的工资、薪金所得，属于来源于中国境内的所得，应按照个人所得税法及其实施条例和其他有关规定计算缴纳个人所得税。上述个人凡未申报或未如实申报其工资、薪金所得的，可比照国税发〔1996〕214 号文件规定（即由主管税务机关参照同类地区、同类行业和相近规模企业中类似职务的工资、薪金收入水平核定其每月应取得的工资、薪金收入额）核定其应取得的工资、薪金所得，并作为该中国境内机构、场所应负担的工资薪金确定纳税义务，计算应纳税额。

【例 4-13】（单选题）王某为一家私营企业的董事兼投资者，不在该私营企业任职，2015 年从该公司取得董事费收入 8 万元，将其中 2 万元通过民政部门捐赠给贫困地区；以投资者的名义向该私营企业借款 3 万元用于非生产经营，年末未偿还借款。上述事项王某应缴纳个人所得税（　　）元。

    A. 11 200　　　　　B. 11 400　　　　　C. 16 190　　　　　D. 17 440

[答案] D

[解析] 不在企业任职，取得的董事费收入按照"劳务报酬所得"项目缴纳个人所得税；私营企业投资者从其投资的企业借款年终不归还，又不用于生产经营的，按"利息、股息、红利所得"缴纳个人所得税。

公益救济性捐赠扣除限额＝80 000×(1－20％)×30％＝19 200(元)，实际公益救济性捐赠额为 20 000 元，超过捐赠扣除限额，所以税前扣除捐赠额为扣除限额 19 200 元。王某应缴纳个人所得税＝80 000×(1－20％)×(1－30％)×30％－2 000＋30 000×20％＝17 440(元)。

【例 4-14】(单选题)郑某为某上市公司独立董事(未在该公司任职)，2016 年 12 月取得董事费 8 万元，向中国教育发展基金会捐款 3 万元。2016 年 12 月郑某应缴纳个人所得税(　　)元。

A. 8 200　　　　B. 640　　　　C. 1 280　　　　D. 1 440

[答案] A。

[解析] 向中国教育发展基金会捐赠可以全额扣除。应缴纳个人所得税为：[80 000×(1－20％)－30 000]×30％－2 000＝8 200(元)。

三、不满一个月的工资、薪金所得应纳税款的计算

1. 不满一个月的工资、薪金所得应纳税额的计算方法

国税发〔1994〕148 号文件第六条规定，属于该通知第二条(居住不满 90 天或 183 天)、第三条(居住满 90 天或 183 天但不满 1 年)、第四条(居住满 1 年)、第五条(董事、高层管理人员)所述情况中的个人，凡应仅就不满一个月期间的工资薪金所得申报纳税的，均应按全月工资薪金所得计算实际应纳税额。即对在中国境内无住所的个人，凡应仅就不满一个月期间的工资、薪金所得申报纳税的，应先换算成全月工资、薪金所得，作为应纳税所得，再按照该月在中国境内的工作天数占全月天数的比例，计算应纳税额。计算公式如下：

$$应纳税额＝\left(\begin{array}{c}当月工资薪金\\应纳税所得额\end{array}×适用税率－速算扣除数\right)×\begin{array}{c}当月实际\\在中国天数\end{array}÷当月天数$$

$$应纳税所得额＝\begin{array}{c}当月实际取得的\\工资、薪金金额\end{array}÷当月工作天数×当月日历天数－扣除费用金额$$

2. 取得日工资、薪金的换算

如果属于上述情况(即属于国税发〔1994〕148 号文件第二条、第三条、第四条、第五条所述情况)的个人取得的是日工资、薪金，应以日工资、薪金乘以当月天数换算成月工资、薪金后，按上述公式计算应纳税额。

【例 4-15】(计算题)日本某公司派其雇员小村(日本国民)，来我国 A 合资企业安装、调试电器生产线。小村于 2016 年 7 月 1 日来华，工作时间为 7 个月，但其中 2016 年

12 月份仅在华工作 20 天，其工资由 A 合资企业支付，取得工资 8 000 元。请计算 A 合资企业应代扣代缴多少个人所得税。

[答案] 根据国税发〔1994〕148 号文件第六条的规定，在境内无住所的个人，对其取得的不满一个月的工资、薪金所得申报纳税时，应换算成全月工资、薪金所得，再按照该月在境内的工作天数占全月天数的比例，计算应纳税额。

本例中，小村 12 月份的应纳税所得额＝8 000÷20×31－4 800＝7 600（元）；

应纳税额＝[（12 400－4 800）×20％－555]×20/31＝622.58（元）。

3. 境内工作不满全月境内、境外分别支付工薪的处理

有关境内工作不满全月由境内、境外雇主分别支付工资薪金应纳税款计算问题，国税函发〔1995〕125 号文件第四条规定，在中国境内居住满一年而不超过五年的个人，以及在中国境内企业担任高层管理职务的个人，凡其工资是由境内雇主和境外雇主分别支付的，并且在一个月中有境外工作天数的，依据国税发〔1994〕148 号文件第四条、第五条的规定，对其境外雇主支付的工资中属于境外工作天数部分不予征税。在具体计算应纳税额时，按下述公式计算：

$$\begin{matrix}当月\\应纳税款\end{matrix}=\begin{matrix}按当月境内外工资\\总额计算的税额\end{matrix}\times\left[1-\left(\begin{matrix}当月境外\\工作天数\end{matrix}\div\begin{matrix}当月\\天数\end{matrix}\right)\times\left(\begin{matrix}当月境外\\支付工资\end{matrix}\div\begin{matrix}当月工资\\总额\end{matrix}\right)\right]$$

4. 来华工作不足一个月取得全月工资、薪金的处理

关于外籍人员来华工作不足一个月取得全月工资、薪金征税问题，根据《财政部 海洋石油税务局关于外籍来华工作不足一个月而取得的全月工资、薪金如何征税问题的批复》（〔88〕财税油政字第 17 号）规定：

（1）在华合作开采石油资源的外国石油公司或承包作业的公司派遣来华工作的人员，由其雇主公司在华机构支付或负担的工资、薪金属于来源于我国的所得，应按个人所得税法的规定征税。这类人员在入、离境的月份在华工作不足一个月，但其雇主公司在华机构仍支付或负担全月工资、薪金的，应就其取得的全月工资、薪金所得征税。

（2）根据财政部〔88〕财税字第 5 号文件的规定，对于从我国境外雇主取得工资、薪金的临时来华外籍人员，在一个历年中在华居住连续或累计超过 90 日的，仅就其在华实际居住期间应得的工资、薪金所得，计征个人所得税。

四、同时兼任境内外职务工资、薪金所得的处理

根据《国家税务总局关于在中国境内无住所的个人计算缴纳个人所得税若干具体问题的通知》（国税函发〔1995〕125 号）第二条的规定，个人分别在中国境内和境外企业、机构兼任职务的，不论其工资、薪金是否按职务分别确定，均应就其取得的工资、薪金总额，依据个人所得税法及相关规定，按其实际在中国境内的工作期间确定纳税。

关于对境外公司、企业和其他经济组织派驻我国的常驻代表，同时兼任其他国家或地

区的常驻代表,其工资薪金如何征税的问题,沪税外〔1994〕84号文件第三条规定,凡在几个国家或地区担任常驻代表,不论派遣单位是按其任职情况分别支付工资、薪金,还是只领取一份工资薪金的,应就其全部的工资薪金所得按其在中国境内实际工作的时间申报缴纳个人所的税。

五、境内无住所个人奖金收入应纳税额的计算

1. 无住所个人取得的全年一次性奖金的处理

无住所个人取得的全年一次性奖金,按照《国家税务总局关于调整个人取得全年一次性奖金等计算征收个人所得税方法问题的通知》(国税发〔2005〕9号)规定的全年一次性奖金计税办法计算缴纳个人所得税。

2. 其他各种名目的奖金的处理

(1)除全年一次性奖金以外的其他各种名目的奖金。自2005年1月1日起,国税发〔2005〕9号文件第五条规定,雇员取得除全年一次性奖金以外的其他各种名目奖金,如半年奖、季度奖、加班奖、先进奖、考勤奖等,一律与当月工资、薪金收入合并,按税法规定缴纳个人所得税。

(2)境内没有纳税义务月份或在境内工作不满一个月的奖金。国税发〔2005〕9号文件第六条规定,对无住所个人取得该通知第五条所述的各种名目奖金(除全年一次性奖金以外的其他各种名目奖金,如半年奖、季度奖、加班奖、先进奖、考勤奖等),如果该个人当月在我国境内没有纳税义务,或者该个人由于出入境原因导致当月在我国工作时间不满一个月的,仍按照《国家税务总局关于在我国境内无住所的个人取得奖金征税问题的通知》(国税发〔1996〕183号)计算纳税(即对在中国境内无住所的个人一次取得数月奖金或年终加薪、劳动分红,可单独作为一个月的工资、薪金所得计算纳税。由于对每月的工资、薪金所得计税时已按月扣除了费用,因此,对上述奖金不再减除费用,全额作为应纳税所得额直接按适用税率计算应纳税款,并且不再按居住天数进行划分计算)。

3. 来华工作后或离职离华后取得的奖金的处理

根据《国家税务总局关于三井物产(株)大连事务所外籍雇员取得数月奖金确定纳税义务问题的批复》(国税函发〔1997〕546号)的规定,在中国境内无住所的个人来华工作前或离华后,一次取得数月奖金,对其来源地及纳税义务的判定,应依照《个人所得税法》及其实施条例、政府间税收协定和《国家税务总局关于在中国境内无住所的个人取得工资、薪金所得纳税义务问题的通知》(国税发〔1994〕148号)及《财政部 税务总局关于执行税收协定有关征收个人所得税的计算问题的批复》(〔86〕财税协字第29号)第三条等有关规定确定的劳务发生地原则进行。个人来华后收到的数月奖金,凡能够提供雇佣单位有关奖励制度,证明上述数月奖金含有属于该个人来华之前在我国境外工作月份奖金

的，可将有关证明材料报主管税务机关核准后，仅就其中属于来华后工作月份的奖金，依照上述有关规定确定中国纳税义务。但个人停止在华履约或执行职务离境后收到的属于在华工作月份的奖金，也应在取得该项所得时，向中国主管税务机关申报纳税。

在中国境内无住所的个人取得按上述规定判定负有中国纳税义务的数月奖金，其应纳个人所得税税额应按照国税发〔1996〕183号文件规定的计算方法计算（即对在中国境内无住所的个人一次取得数月奖金或年终加薪、劳动分红，可单独作为一个月的工资、薪金所得计算纳税。对上述奖金不再减除费用，全额作为应纳税所得额直接按适用税率计算应纳税款），并不再按来华工作后的每月实际在华工作天数划分计算应纳税额。

《上海市地方税务局关于转知国家税务总局对在中国境内无住所个人取得的数月奖金应如何征税问题的通知》（沪税外〔1998〕19号）第二条明确：在中国境内无住所的个人来华工作后或离华后，一次取得数月奖金，对其来源地及纳税义务的判定，应依照《个人所得税法》及其实施条例、政府间税收协定和《国家税务总局关于在中国境内无住所的个人工资、薪金所得纳税义务问题的通知》（国税发〔1994〕148号）及《财政部 税务总局关于执行税收协定有关征收个人所得税的计算问题的批复》（〔86〕财税协字第29号）第三条等有关规定确定的劳务发生地原则进行。

4. 数月奖金中不在华履职期间奖金的处理

在中国境内无住所的个人虽然担任中国境内机构职务，但由于在境外企业仍兼任其他职务，因此并不实际或并不经常在中国境内履行职务，其一次取得数月奖金中含有不在华履行职务月份的奖金。关于此种情况如何确定纳税义务的问题，《国家税务总局关于在中国境内无住所个人取得不在华履行职务的月份奖金确定纳税义务问题的通知》（国税函〔1999〕245号）做出了规定。

在中国境内无住所的个人在担任境外企业职务的同时，兼任该外国企业在华机构的职务，但并不实际或并不经常到华履行该在华机构职务，对其一次取得的数月奖金中属于全月未在华工作的月份奖金，依照劳动发生地原则，可不作为来源于中国境内的奖金收入计算纳税；对其取得的有到华工作天数的各月份奖金，应全额依照国税发〔1996〕183号文件规定的方法计算纳税，不再按该月份实际在华天数划分计算应纳税额。即对上述个人取得的奖金，可单独作为一个月的工资、薪金所得计算纳税。对上述奖金不再减除费用，全额作为应纳税所得额直接按适用税率计算应纳税款，并且不再按居住天数进行划分计算。

沪税外〔1998〕19号文件第三条明确：在中国境内无住所个人来华后取得的数月奖金，凡能提供雇佣单位有关奖励制度，证明上述数月奖金含有属于该个人来华之前在我国境外工作月份奖金的可将有关证明材料报主管税务机关核准后，仅就其中属于来华后工作月份的奖金依照上述规定确定中国纳税义务。但上述个人停止在华履约或执行职务离境后收到的属于在华工作月份的奖金，也应在取得该项所得时，向中国主管税务机关申报纳税。

沪税外〔1998〕19号文件第四条规定，在中国境内无住所个人取得按上述规定判定负有中国纳税义务的数月奖金，其应纳个人所得税应按该通知第一条规定计算方法计算，并不再按来华实际居住天数划分计算应纳税额。上述个人应在取得奖金月份的次月 15 日内申报纳税。

沪税外〔1998〕19 号文件第五条规定，对在中国境内无住所个人来华工作后取得的数月奖金中属于来华当月的部分，只要该个人当月在华有实际工作天数（无论长短）均可将属于该月的奖金计入应在中国申报缴纳个人所得税的数月奖金按该通知第一条规定计算，征收个人所得税。但该个人在中国境内停止工作时，其离华当月的实际工作天数与上述到华当月的实际工作天数相加不足 30 日的，对其取得的数月奖金中属于离华当月的部分，可不再申报缴纳个人所得税。

【**例 4-16**】（案例分析题）Lee 是英国公民，在国内外资企业 Y 担任产品助理。2016 年期间，Lee 除了圣诞节回国探亲外都在中国。Lee 工资为 10 000 元/月，享受各项国家规定的补助；2016 年 12 月，获得年终奖 20 000 元人民币。请计算 Lee 在 12 月应缴纳多少个人所得税。

［**答案**］Lee 在 2016 年期间，属于中国的税收居民，其取得的来源于境内和境外的所得，都需要在中国申报缴纳个人所得税。

12 月工资所得应纳个人所得税为：

$(10\,000-4\,800)\times20\%-555=485$（元）。

年终奖应纳个人所得税的计算：

$20\,000/12=1\,666.67$，适用税率为 10%，速算扣除数为 105。

应纳个人所得税为：$20\,000\times10\%-105=1\,895$（元）。

【**例 4-17**】（案例分析题）Mark 是某外国公民，在国内外资企业 P 任财务经理。2016 年期间，Mark 共计在华时间为 120 天；9 月份，获得工资 80 000 元人民币，其中 30 000 元为境内外资企业支付，50 000 元为境外母公司支付；同时，Mark 在 9 月份在华天数为 10 天。请确定 Mark 在 2016 年 9 月的个人所得税应纳税额是多少。

［**答案**］Mark 2016 年在华时间为 120 天，属于非居民纳税人，其来源于境内的所得应申报缴纳个人所得税。

9 月工资应纳个人所得税为：$[(80\,000-4\,800)\times35\%-5\,505]\times(30\,000/80\,000)\times(10/31)=2\,517.94$（元）。

【**例 4-18**】（案例分析题）Dennis 是英国公民，在国内外资企业 Q 任财务总监及董事。2016 年期间，Dennis 共计在华时间为 120 天；Dennis 月工资为 60 000 元人民币，其中 20 000 元为境内的外资企业支付，40 000 元为境外母公司支付，同时，境内的外资企业支付给他 20 000 元董事费。已知，Dennis 2016 年 9 月在华共计 10 天。请计算 Dennis 9 月应缴多少个人所得税。

［**答案**］Dennis 属于在境内公司任职的董事、高层管理人员。2016 年在华 120 天，属于非居民纳税人，其 2016 年来源于境内的所得，以及境外所得境内支付部分应申报缴纳个人所得税。

9 月应纳个人所得税为：$[(60\,000+20\,000-4\,800)\times35\%-5\,505]\times[1-(20\,000/80\,000)\times(20/30)]=20\,815\times(1-0.25\times2/3)=20\,815\times(1-0.166\,7)=20\,815\times0.833\,3=17\,345$（元）。

六、港澳税收居民应纳税额的计算

为了解决往来内地与港、澳间跨境工作个人双重征税问题，根据内地与香港、澳门签署的关于对所得避免双重征税和防止偷漏税安排（以下简称《安排》）受雇所得条款（与澳门间安排为非独立个人劳务条款，以下统称受雇所得条款）的有关规定，就在港、澳受雇或在内地与港、澳间双重受雇的港澳税收居民执行《安排》受雇所得条款涉及的居民个人所得税问题，《国家税务总局关于执行内地与港澳间税收安排涉及个人受雇所得有关问题的公告》（国家税务总局公告 2012 年第 16 号，以下简称 16 号公告）进行了明确，适用于自 2012 年 6 月 1 日起取得的工资薪金所得。

1. 受雇所得的处理

受雇所得是指非独立个人劳务所得。《安排》第十四条受雇所得第二款第（一）项将原安排的"在有关纳税年度停留连续或累计不超过 183 天"改为"在有关纳税年度开始或终了的任何十二个月停留连续或累计不超过 183 天"，根据《国家税务总局关于〈内地和香港特别行政区关于对所得避免双重征税和防止偷漏税的安排〉有关条文解释和执行问题的通知》（国税函〔2007〕403 号），对此项规定暂按以下解释执行：

（1）"在有关纳税年度开始或终了的任何十二个月停留连续或累计不超过 183 天"一语，是指以任何入境日所在月份往后计算的每 12 个月或以任何离境日所在月份往前计算的 12 个月中停留连续或累计不超过 183 天。

按上述原则计算，香港居民个人在内地停留连续或累计超过 183 天的 12 个月的开始或终了月份分别处于两个年度的，在两个年度中其内地的所有工作月份取得的所得均应在内地负有纳税义务。

例如，某香港个人分别在 2015 年度的 2 月、4 月、11 月、12 月和 2016 年度的 3 月、4 月、5 月、10 月、12 月来内地从事受雇活动，其中 2015 年 11 月至 2016 年 10 月期间停留超过了 183 天，应对该受雇人员按其达到 183 天停留期的 2015 年 11 月和 2016 年 10 月所在的纳税年度即 2015 和 2016 年度所有在内地停留的月份征税，即：既包括 2015 年 11 月至 2016 年 10 月的 12 个月期间的停留月份，也包括此 12 个月期间所在年度 2015 年的 2 月、4 月和 2016 年的 12 月。

（2）具体操作确定纳税义务和计算应税所得时，可按以下步骤进行：

①在有关个人每次申报纳税期限内或离境日时，往回推算 12 个月，并计算在此 12 个月中该个人停留连续或累计是否达到 183 天，对达到 183 天所涉及的一个或两个年度中在内地的工作月份均应确定负有纳税义务。

②具体确定有关月份的应纳税所得额及适用公式时，仍按国税发〔2004〕97 号文件规定的方法和计算公式执行。

2. 执行受雇所得条款相关规定及计税方法

（1）港澳税收居民在内地从事相关活动取得所得，根据《安排》受雇所得条款第一款的规定，应仅就归属于内地工作期间的所得，在内地缴纳个人所得税。计算公式为：

$$应纳税额 = \left(当期境内外工资薪金应纳税所得额 \times 适用税率 - 速算扣除数 \right) \times 当期境内实际停留天数 \div 当期公历天数$$

（2）港澳税收居民在内地从事相关活动取得所得，根据《安排》受雇所得条款第二款的规定，可就符合条件部分在内地免予征税；内地征税部分的计算公式为：

$$应纳税额 = \left(当期境内外工资薪金应纳税所得额 \times 适用税率 - 速算扣除数 \right) \times \left(当期境内实际停留天数 \div 当期公历天数 \right) \times$$
$$（当期境内支付工资 \div 当期境内外支付工资总额）$$

这里的"当期"指按国内税收规定计算工资薪金所得应纳税所得额的当个所属期间。"当期境内外工资薪金应纳税所得额"指应当计入当期的工资薪金收入按照国内税收规定计算的应纳税所得额。"适用税率"和"速算扣除数"均按照国内税收规定确定。"当期境内支付工资"指当期境内外支付工资总额中由境内居民或常设机构支付或负担的部分。"当期境内外支付工资总额"指应当计入当期的工资薪金收入总额，包括未做任何费用减除计算的各种境内外来源数额。"当期境内实际停留天数"指港澳税收居民当期在内地的实际停留天数，但对其入境、离境、往返或多次往返境内外的当日，按半天计算为当期境内实际停留天数。"当期公历天数"指当期包含的全部公历天数，不因当日实际停留地是否在境内而做任何扣减。

3. 一次取得跨多个计税期间收入的处理

港澳税收居民一次取得跨多个计税期间的各种形式的奖金、加薪、劳动分红等（以下统称奖金，不包括应按每个计税期间支付的奖金），仍应以按照国内税收规定确定的计税期间作为执行《安排》规定的所属期间，并分别情况适用上述公式计算个人所得税应纳税额。在适用上述公式时，公式中"当期境内实际停留天数"指在据以获取该奖金的期间中属于在境内实际停留的天数；"当期公历天数"指据以获取该奖金的期间所包含的全部公历天数。

港澳税收居民执行上述规定在计算缴纳个人所得税时不再执行下列文件条款规定，但在处理与《安排》受雇所得条款规定无关税务问题时，下列文件条款规定的效力不受16号公告影响：

（1）《国家税务总局关于在中国境内无住所的个人取得工资薪金所得纳税义务问题的通知》（国税发〔1994〕148号）第二条、第三条和第六条；

（2）《国家税务总局关于在中国境内无住所的个人计算缴纳个人所得税若干具体问题的通知》（国税函发〔1995〕125号）第一条和第二条；

（3）《国家税务总局关于三井物产（株）大连事务所外籍雇员取得数月奖金确定纳税义务问题的批复》（国税函发〔1997〕546号）第一条；

（4）《国家税务总局关于在中国境内无住所的个人执行税收协定和个人所得税法若干问题的通知》（国税发〔2004〕97号）第二条以及第三条第一款第（一）项和第（二）项。

第四节　外籍个人所得税政策

一、居住一年以上五年以下无住所个人境外所得境外支付部分免税

《个人所得税法实施条例》第六条规定，在中国境内无住所，但是居住一年以上五年以下的个人，其来源于中国境外的所得，经主管税务机关批准，可以只就由中国境内公司、企业以及其他经济组织或者个人支付的部分缴纳个人所得税；居住超过五年的个人，从第六年起，应当就其来源于中国境外的全部所得缴纳个人所得税。

需要说明的是：

（1）这里"在中国境内无住所，但是居住一年以上五年以下的个人，其来源于中国境外的所得"包括《个人所得税法》第二条规定的 11 项所得，而不局限于工资、薪金所得。

（2）在中国境内无住所，但是居住一年以上五年以下的个人，其来源于中国境外的所得，境外支付部分免征个人所得税需经主管税务机关批准。

根据国税发〔1994〕148 号文件第五条的规定，在中国境内无住所但在境内居住满一年而不超过五年的个人，其在中国境内工作期间取得的由中国境内企业或个人雇主支付和由中国境外企业或个人雇主支付的工资薪金，均应申报缴纳个人所得税；其在《个人所得税法实施条例》第三条所说临时离境工作期间的工资薪金所得，仅就由中国境内企业或个人雇主支付的部分申报纳税，凡是该中国境内企业、机构属于采取核定利润方法计征企业所得税或没有营业收入而不征收企业所得税的，在该中国境内企业、机构任职、受雇的个人取得的工资薪金，不论是否在中国境内企业、机构会计账簿中有记载，均应视为由其任职的中国境内企业、机构支付。

二、居住不超过 90 日无住所个人境内所得境外雇主支付部分免税

《个人所得税法实施条例》第七条规定，在中国境内无住所，但是在一个纳税年度中在中国境内连续或者累计居住不超过 90 日的个人，其来源于中国境内的所得，由境外雇主支付并且不由该雇主在中国境内的机构、场所负担的部分，免予缴纳个人所得税。

需要说明的是，这里免征的是境内工资薪金所得境外支付部分的工资、薪金所得的个人所得税，而对其他十项所得应征收个人所得税。

【例 4-19】（问答题）外国公司在中国承包工程作业，派雇员来华为其承包的作业进行工作，对其雇员的工资、薪金征收个人所得税，是否按照居住时间满 90 天征免税的规定执行？

[答案]《财政部　税务总局关于对外国承包商派雇员来中国从事承包作业的工资、薪

金收入征收个人所得税问题的通知》（财税外〔1984〕14 号）明确：外国公司在中国承包工程作业，其作业场所应视为在中国设有营业机构。对其雇员的工资、薪金所得，属于从中国境内取得的报酬，应当根据个人所得税法征收个人所得税，不适用居住时间是否 90 天的征免税规定。

根据国税发〔1994〕148 号文件第二条的规定，在中国境内无住所而在一个纳税年度中在中国境内连续或累计工作不超过 90 日或在税收协定规定的期间在中国境内连续或累计居住不超过 183 日的个人，由中国境外雇主支付并且不是由该雇主的中国境内机构负担的工资薪金，免予申报缴纳个人所得税。

三、符合条件的外籍专家的工资、薪金所得优惠

根据《财政部 国家税务总局关于个人所得税若干政策问题的通知》（财税字〔1994〕20 号）第二条第（九）项的规定，凡符合下列条件之一的外籍专家取得的工资、薪金所得可免征个人所得税：

1. 依世界银行专项贷款协议由世界银行直接派往我国工作的外国专家

根据财税字〔1994〕20 号文件第二条第（九）项第 1 点的规定，根据世界银行专项贷款协议由世界银行直接派往我国工作的外国专家，取得的工资、薪金所得可免征个人所得税。

2. 联合国组织直接派往我国工作的专家

根据财税字〔1994〕20 号文件第二条第（九）项第 2 点的规定，联合国组织直接派往我国工作的专家取得的工资、薪金所得可免征个人所得税。

《国家税务总局关于世界银行、联合国直接派遣来华工作的专家享受免征个人所得税有关问题的通知》（国税函发〔1996〕417 号）进一步规定，世界银行或联合国"直接派往"是指世界银行或联合国组织直接与该专家签订提供技术服务的协议或与该专家的雇主签订技术服务协议，并指定该专家为有关项目提供技术服务，由世界银行或联合国支付该外国专家的工资、薪金报酬。该外国专家办理上述免税时，应提供其与世界银行签订的有关合同和其工资薪金所得由世界银行或联合国组织支付、负担的证明。联合国组织是指联合国的有关组织，包括联合国开发计划署、联合国人口活动基金、联合国儿童基金会、联合国技术合作部、联合国工业发展组织、联合国粮农组织、世界粮食计划署、世界卫生组织、世界气象组织、联合国教科文组织等。除上述由世界银行或联合国组织直接派往中国工作的外国专家以外，其他外国专家从事与世界银行贷款项目有关的技术服务所取得的工资薪金所得或劳务报酬所得，均应依法征收个人所得税。

3. 为联合国援助项目来华工作的专家

根据财税字〔1994〕20 号文件第二条第（九）项第 3 点的规定，为联合国援助项目来

华工作的专家取得的工资、薪金所得可免征个人所得税。

4. 援助国派往我国专为该国无偿援助项目工作的专家

根据财税字〔1994〕20 号文件第二条第（九）项第 4 点的规定，援助国派往我国专为该国无偿援助项目工作的专家，取得的工资、薪金所得可免征个人所得税。

《财政部关于外国来华工作人员缴纳个人所得税问题的通知》（财税字〔1980〕189 号）第一条规定，援助国派往我国专为该国无偿援助我国的建设项目服务的工作人员，取得的工资、生活津贴，不论是我方支付或外国支付，均可免征个人所得税。

5. 政府间文化交流项目来华工作两年以内的文教专家

根据财税字〔1994〕20 号文件第二条第（九）项第 5 点的规定，根据两国政府签订文化交流项目来华工作两年以内的文教专家，其工资、薪金所得由该国负担的，可免征个人所得税。

6. 大专院校国际交流项目来华工作两年以内的文教专家

根据财税字〔1994〕20 号文件第二条第（九）项第 6 点的规定，根据我国大专院校国际交流项目来华工作两年以内的文教专家，其工资、薪金所得由该国负担的，可免征个人所得税。

财税字〔1980〕189 号文件第二条规定，外国来华文教专家，在我国服务期间，由我方发工资、薪金，并对其住房、使用汽车、医疗实行免费"三包"，可只就工资、薪金所得按照税法规定征收个人所得税；对我方免费提供的住房、使用汽车、医疗，可免予计算纳税。

7. 通过民间科研协定来华工作的专家

根据财税字〔1994〕20 号文件第二条第（九）项第 7 点的规定，通过民间科研协定来华工作的专家，其工资、薪金所得由该国政府机构负担的，可免征个人所得税。

8. 上海有关外国专家个人所得税征免规定

《上海市国家税务局 地方税务局关于对引进的外国专家个人所得税征免问题的通知》（沪税外〔1995〕105 号）第一条规定，外国专家在上海市工作期间取得的工资、薪金或其他应税收入，除另有免征规定和税收协定规定的以外，均应依照《个人所得税法》及其实施条例的规定缴纳个人所得税。

外国文教专家和外籍工作人员，由我方无偿提供的住房、交通、医疗部分以及休假补贴等，可暂免计算征税。

沪税外〔1995〕105 号文件第三条规定，对来自同我国政府签有避免双重征税协定国家的教师和研究人员，按税收协定有关条款执行。

根据沪税外〔1995〕105 号文件第四条的规定，办理征免税的程序为：

（1）外国文教专家应聘来沪后，应由聘用单位填写《外国文教专家税收征免证明》并附《外国文教专家到职通知书》送主管税务机关，凡享受税收协定免税待遇的外国文教专家，须提供其所在国的居民身份证明。

（2）凡符合该通知第二条所列条件可免征个人所得税的外国专家，应由上海市接受世界银行专项贷款、接受联合国援助以及文化交流等项目的单位提供证明，向主管税务机关办理免征手续。

（3）依照我国个人所得税法及税收协定规定应该缴纳个人所得税的外国专家，应由聘用单位或其他支付单位在支付工资、薪金或其他应税收入时代扣代缴个人所得税，向主管税务机关办理纳税事宜。

四、留学生生活津贴、奖学金和勤工俭学收入

1. 留学生生活津贴费、奖学金不征税

财税字〔1980〕189 号文件第（四）项规定，外国来华留学生，领取的生活津贴费、奖学金，不属于工资、薪金范畴，不征个人所得税。

2. 在校学生参与勤工俭学活动取得的收入

关于在校学生参与勤工俭学活动取得的收入征收个人所得税的问题，《国家税务总局关于个人所得税若干业务问题的批复》（国税函〔2002〕146 号）第四条规定，在校学生因参与勤工俭学活动（包括参与学校组织的勤工俭学活动）而取得属于个人所得税法规定的应税所得项目的所得，应依法缴纳个人所得税。

五、外籍个人符合规定的补贴免税

根据财税字〔1994〕20 号文件第二条的规定，外籍个人的下列所得，暂免征收个人所得税。

1. 住房和伙食补贴、搬迁费、洗衣费

根据财税字〔1994〕20 号文件第二条第（一）项的规定，外籍个人以非现金形式或实报实销形式取得的住房补贴、伙食补贴、搬迁费、洗衣费，暂免征收个人所得税。

（1）住房、伙食补贴和洗衣费免税的具体界定及管理。《国家税务总局关于外籍个人取得有关补贴征免个人所得税执行问题的通知》（国税发〔1997〕54 号）第一条规定，对外籍个人以非现金形式或实报实销形式取得的合理的住房补贴、伙食补贴和洗衣费免征个人所得税，应由纳税人在初次取得上述补贴或上述补贴数额、支付方式发生变化的月份的次月进行工资薪金所得纳税申报时，向主管税务机关提供上述补贴的有效凭证，由主管税务机关核准确认免税。

（2）搬迁收入免税的界定与管理。国税发〔1997〕54 号文件第二条规定，对外籍个人因到中国任职或离职，以实报实销形式取得的搬迁收入免征个人所得税，应由纳税人提供有效凭证，由主管税务机关审核认定，就其合理的部分免税。外商投资企业和外国企业在中国境内的机构、场所，以搬迁费名义每月或定期向其外籍雇员支付的费用，应计入工资薪金所得征收个人所得税。

（3）外籍个人取得港澳地区住房等补贴。香港、澳门地区与内地地理位置毗邻，交通便利，在内地企业工作的部分外籍人员选择居住在港、澳地区，每个工作日往返于内地与港澳之间。对此类外籍个人在港澳地区居住时公司给予住房、伙食、洗衣等非现金形式或实报实销形式的补贴，能否按照有关规定免予征收个人所得税问题，《财政部 国家税务总局关于外籍个人取得港澳地区住房等补贴征免个人所得税的通知》（财税〔2004〕29 号）第一条规定，受雇于我国境内企业的外籍个人（不包括香港澳门居民个人），因家庭等原因居住在香港、澳门，每个工作日往返于内地与香港、澳门等地区，由此境内企业（包括其关联企业）给予在香港或澳门住房、伙食、洗衣、搬迁等非现金形式或实报实销形式的补贴，凡能提供有效凭证的，经主管税务机关审核确认后，可以依照《财政部 国家税务总局关于个人所得税若干政策问题的通知》（财税〔1994〕20 号）第二条以及《国家税务总局关于外籍个人取得有关补贴征免个人所得税执行问题的通知》（国税发〔1997〕54 号）第一条、第二条的规定，免予征收个人所得税。

财税〔2004〕29 号文件第二条规定，第一条所述外籍个人就其在香港或澳门进行语言培训、子女教育而取得的费用补贴，凡能提供有效支出凭证等材料的，经主管税务机关审核确认为合理的部分，可以依照上述财税〔1994〕20 号文件第二条以及国税发〔1997〕54 号文件第五条的规定，免予征收个人所得税。

（4）工资、薪金中含有假设房租的处理。对于永道会计财务咨询公司北京代表处反映的其客户美国×××公司北京代表处常驻代表×××先生的工资、薪金中含有假设房租，应如何计征个人所得税的问题，《国家税务局关于外籍人员×××先生的工资、薪金含有假设房租，如何计征个人所得税问题的函》（〔1989〕国税外字第 52 号）明确：假设房租是指一些外国公司在向其他国家派驻工作人员时，考虑到不增加派驻人员的个人房租负担，由公司支付其所在派驻国的住房费用。但公司在支付该派驻人员工资时，为不使其因不需支付房租而获得利益，扣除掉该派驻人员在其本国按照一般住房水平应由个人负担的住房费用。根据我国个人所得税法及有关规定，外国公司为其驻华工作人员支付的住房费用如能提供有关证明文件，可不并入个人所得征收所得税。因此，假设房租作为个人应负担的住房费用，应作为个人所得一并征收所得税，而不宜再作扣除。

（5）外籍职员的在华住房费的扣除。在外商投资企业和外商驻华机构工作的外籍职员的住房费用，主要有两种情况：一是由企业租房或买房免费供外籍职员居住；二是企业将住房费定额发给外籍职员。按照所得税的计征原则，企业职员的住房费用应由住房者本人负担，企业为职员免费提供住房或定额发给住房费，属于增加其工资、薪金，应当计入职员个人的应纳税所得。但考虑到这些外籍职员来华工作住房费用较大，按现行个人所得税的计算规定，每月定额扣除费用标准确有实际困难等情况，为了有利于发展对外经济合作和技术交流，本着进一步放宽政策的精神，《财政部 国家税务总局关于对外籍职员的在华住房费准予扣除计算纳税的通知》(财税外字〔1988〕第 21 号,自 1988 年 1 月起执行)第一条规定,外商投资企业和外商驻华机构租房或购买房屋免费供外籍职员居住,可以不计入其职员的工资、薪金所得缴纳个人所得税。

财税外字〔1988〕第 21 号文件第二条规定,外商投资企业和外商驻华机构将住房费定额发给外籍职员,可以列为费用支出,但应计入其职员的工资、薪金所得。该职员能够提供准确的住房费用凭证单据的,可准其按实际支出额,从应纳税所得额中扣除。

外籍个人住所和伙食补贴、搬迁费、洗衣费的个人所得税免税规定如表 4-12 所示。

表 4-12 外籍个人住房和伙食补贴、搬迁费、洗衣费免税规定

补贴项目	具体界定及管理
住房补贴	1. 在初次取得补贴或补贴数额、支付方式发生变化的月份的次月进行工资薪金所得纳税申报时;
伙食补贴	2. 向主管税务机关提供补贴的有效凭证;
洗衣费	3. 由主管税务机关核准确认免税
搬迁费	1. 外籍个人因到中国任职或离职,以实报实销形式取得的搬迁收入免征个人所得税; 2. 由纳税人提供有效凭证,由主管税务机关审核认定,就其合理的部分免税; 3. 以搬迁费名义每月或定期向其外籍雇员支付的费用不免

(6)上海市的规定。《上海市税务局关于外籍人员个人所得税若干政策问题的通知》(沪税外〔1994〕74 号)第一条规定,外商投资企业支付给其职员的探亲费、搬迁费、语言训练费、子女教育费,如果数额合理,经当地税务机关审核批准,可以不计入该职员的工资、薪金所得缴纳个人所得税。

沪税外〔1994〕74 号文件第二条规定,外商投资企业和外国公司、企业驻华机构租房或购买房屋免费供外籍职员居住,可以不计入其职员个人的工资、薪金所得。将住房费定额后给外籍职员,应计入其职员个人的工资、薪金所得;如果该职员能够提供准确的住房费用凭证单据,可以按实际支出额,从应纳税所得额扣除。

沪税外〔1994〕74 号文件第四条规定,外商投资企业付给其外籍职员按单据凭证报销的洗衣费可以不计入该职员的工资薪金所得缴纳个人所得税。

沪税外〔1994〕74 号文件第五条规定,外商投资企业按日或按月发给其外籍职员的伙食补贴,应计入该职员的工资薪金所得。但凭就餐单据,实报实销的伙食补贴,可以不计入职员个人的工资薪金所得缴纳个人所得税。

2. 境内外出差补贴

根据财税字〔1994〕20 号文件第二条第(二)项的规定,外籍个人按合理标准取得的境内外出差补贴,暂免征收个人所得税。

(1)具体界定与管理。国税发〔1997〕54 号文件第三条规定,对外籍个人按合理标准取得的境内、外出差补贴免征个人所得税,应由纳税人提供出差的交通费、住宿费凭证(复印件)或企业安排出差的有关计划,由主管税务机关确认免税。

（2）上海市的规定。沪税外〔1994〕74号文件第三条规定，外籍驻华人员在中国境内临时出差，或因事临时离境到其他国家（或地区）出差按合理标准取得的出差补贴，暂免征收个人所得税。

外籍个人境内外出差补贴的个人所得税免税规定如表4-13的所示。

表4-13　　　　　　　　　　外籍个人按合理标准取得的出差补贴免税规定

补贴项目	具体界定及管理
境内外出差补贴	1. 由纳税人提供出差的交通费、住宿费凭证（复印件）或企业安排出差的有关计划； 2. 由主管税务机关确认免税

3. 探亲、语言训练和子女教育费

根据财税字〔1994〕20号文件第二条第（三）项的规定，外籍个人取得的探亲费、语言训练费、子女教育费等，经当地税务机关审核批准为合理的部分，暂免征收个人所得税。

（1）探亲费。国税发〔1997〕54号文件第四条规定，对外籍个人取得的探亲费免征个人所得税，应由纳税人提供探亲的交通支出凭证（复印件），由主管税务机关审核，对其实际用于本人探亲，且每年探亲的次数和支付的标准合理的部分给予免税。

对关于如何掌握"每年探亲的次数和支付的标准合理的部分"的问题，《国家税务总局关于外籍个人取得的探亲费免征个人所得税有关执行标准问题的通知》（国税函〔2001〕336号）规定，可以享受免征个人所得税优惠待遇的探亲费，仅限于外籍个人在我国的受雇地与其家庭所在地（包括配偶或父母居住地）之间搭乘交通工具且每年不超过2次的费用。

（2）语言培训费和子女教育费补贴。国税发〔1997〕54号文件第五条规定，对外籍个人取得的语言培训费和子女教育费补贴免征个人所得税，应由纳税人提供在中国境内接受上述教育的支出凭证和期限证明材料，由主管税务机关审核，对其在中国境内接受语言培训以及子女在中国境内接受教育取得的语言培训费和子女教育费补贴，且在合理数额内的部分免予纳税。

此外，《财政部 国家税务总局关于外籍个人取得港澳地区住房等补贴征免个人所得税的通知》（财税〔2004〕29号）进一步规定，受雇于我国境内企业的外籍个人（不包括香港澳门居民个人），因家庭等原因居住在香港、澳门，每个工作日往返于内地与香港、澳门等地区，由此境内企业（包括其关联企业）给予在香港或澳门住房、伙食、洗衣、搬迁等非现金形式或实报实销形式的补贴，凡能提供有效凭证的，经主管税务机关审核确认后，可以依照《财政部 国家税务总局关于个人所得税若干政策问题的通知》（财税字〔1994〕20号）第二条以及《国家税务总局关于外籍个人取得有关补贴征免个人所得税执行问题的通知》（国税发〔1997〕54号）第一条、第二条的规定，免予征收个人所得税。上述所述外籍个人就其在香港或澳门进行语言培训、子女教育而取得的费用补贴，凡能提供有效支出凭证等材料的，经主管税务机关审核确认为合理的部分，可以依照上述财税字〔1994〕20号文件第二条以及国税发〔1997〕54号文件第五条的规定，免予征收个人所

得税。

综上，外籍个人探亲费、语言训练费、子女教育补贴个人所得税免税规定如表 4-14 所示。

表 4-14　　　　　　　　外籍个人探亲费、语言训练费、子女教育补贴免税规定

补贴项目	具体界定及管理
探亲费	1. 由纳税人提供探亲的交通支出凭证（复印件）； 2. 由主管税务机关审核； 3. 对其实际用于本人探亲，且每年探亲的次数和支付的标准合理的部分给予免税； 4. 仅限于外籍个人在我国的受雇地与其家庭所在地（包括配偶或父母居住地）之间搭乘交通工具且每年不超过 2 次的费用
语言训练费	1. 由纳税人提供在中国境内接受训练、教育的支出凭证和期限证明材料； 2. 由主管税务机关审核；
子女教育费	3. 对其在中国境内接受语言培训以及子女在中国境内接受教育取得的语言培训费和子女教育费补贴，且在合理数额内的部分免予纳税

4. 外国派出单位发给包干款项的处理

〔1980〕财税字第 189 号文件第（五）项规定，外国来华工作人员，由外国派出单位发给包干款项，其中包括个人工资、公用经费（邮电费、办公费、广告费、业务上往来必要的交际费）、生活津贴费（住房费、差旅费），凡对上述所得能够划分清楚的，可只就工资薪金所得部分按照规定征收个人所得税。

六、外籍个人从外商投资企业取得的股息、红利所得优惠

根据财税字〔1994〕20 号文件第二条第（八）项的规定，外籍个人从外商投资企业取得的股息、红利所得，暂免征收个人所得税。

2013 年 2 月 3 日，《国务院批转发展改革委等部门关于深化收入分配制度改革若干意见的通知》（国发〔2013〕6 号）明确，取消对外籍个人从外商投资企业取得的股息、红利所得免征个人所得税等税收优惠。

七、附加减除费用标准及其适用

(一) 附加减除费用的适用范围

根据《个人所得税法实施条例》第二十八条的规定，税法第六条第三款所说的附加减除费用适用的范围，是指：

（1）在中国境内的外商投资企业和外国企业中工作的外籍人员；

（2）应聘在中国境内的企业、事业单位、社会团体、国家机关中工作的外籍专家；

（3）在中国境内有住所而在中国境外任职或者受雇取得工资、薪金所得的个人；

（4）国务院财政、税务主管部门确定的其他人员。

（二）附加减除费用标准

根据《个人所得税法实施条例》第二十九条的规定，税法第六条第三款所说的附加减除费用标准为 1 300 元。

综合案例

外籍员工在华天数和纳税义务的判定

一、案例介绍

Max 是德国人，在美国 L 集团工作。2016 年 3 月被集团公司调任到中国子公司担任市场总监，L 集团每月会支付 Max 3 000 美元（19 500 元人民币）的工资，同时中国公司会支付其每月 12 000 元人民币的工资。

已知，2016 年 3 月 1 日 Max 到达中国；3 月 30 日，Max 离境前往德国庆祝复活节；4 月 17 日，Max 再次入境；6 月 16 日，Max 前往美国参加集团 global meeting；7 月 1 日，再次返回中国。请说明 Max 在华各阶段的个人所得税纳税义务分别是怎样的。

二、案例分析

（1）中国境内居住天数与工作天数的计算。

Max 2016 年度在中国境内居住天数与工作天数如表 4-15 所示。

表 4-15 Max 2016 年度境内居住与工作天数

月份	日历天数	居住天数	工作天数	居住天数累计	工作天数累计
3	31	30	29	30	29
4	30	14	13.5	44	42.5
5	31	31	31	75	73.5
6	30	16	15.5	91	89
7	31	31	30.5	122	119.5
8	31	31	31	153	150.5
9	30	30	30	183	180.5
10	31	31	31	214	211.5
11	30	30	30	244	241.5
12	31	31	31	275	272.5

Max 2016 年在中国境内未住满 1 年，属于非居民纳税人。2016 年在境内居住满 90 日或 183 日不满 1 年，2016 年来源于中国境内的所得，不论是境内企业支付的还是境外企业支付的工资薪金所得，都应在中国申报缴纳个所得税。

（2）Max 2016 年度各月应纳个人所得税收入额的计算（见表 4-16）。

表 4-16   **Max 2016 年度各月应纳个人所得税收入额**

月份	日历天数	居住天数	工作天数	境内所得		
				境内支付	境外支付	小计
3	31	30	29	12 000	19 500	31 500
4	30	14	13.5	12 000	19 500	31 500
5	31	31	31	12 000	19 500	31 500
6	30	16	15.5	12 000	19 500	31 500
7	31	31	30.5	12 000	19 500	31 500
8	31	31	31	12 000	19 500	31 500
9	30	30	30	12 000	19 500	31 500
10	31	31	31	12 000	19 500	31 500
11	30	30	30	12 000	19 500	31 500
12	31	31	31	12 000	19 500	31 500

（3）各月应纳个人所得税的计算。

假设入境时能够预计本年将住满 90 日（或 183 日），则本年度各月应就来源于境内所得境内外支付的工资薪金按规定申报缴纳个人所得税。则应纳税额的计算如下：

3 月份应纳个人所得税为：[（31 500－4 800）×25%－1 005]×（29/31）＝（26 700×25%－1 005）×（29/31）＝5 670×（29/31）＝5 304.19（元）；

4 月份应纳个人所得税为：[（31 500－4 800）×25%－1 005]×（13.5/30）＝（26 700×25%－1 005）×（13.5/30）＝5 670×（13.5/30）＝2 551.50（元）；

5 月份应纳个人所得税为：（31 500－4 800）×25%－1 005＝26 700×25%－1 005＝5 670（元）；

6 月份应纳个人所得税为：[（31 500－4 800）×25%－1 005]×（15.5/30）＝（26 700×25%－1 005）×（15.5/30）＝5 670×（15.5/30）＝2 929.50（元）。

假设入境时不能预计本年是否将住满 90 日（或 183 日），3 月、4 月、5 月三个月应只就来源于境内所得境内支付的工资、薪金部分申报缴纳个人所得税，到 7 月初统一计算补税。

则应纳税额的计算如下

3 月份应纳个人所得税为：[（31 500－4 800）×25%－1 005]×（29/31）×（12 000/31 500）＝（26 700×25%－1 005）×（29/31）×（12 000/31 500）＝5 670×（29/31）×（12 000/31 500）＝5 304.19×（12 000/31 500）＝2 020.65（元）；

4 月份应纳个人所得税为：[（31 500－4 800）×25%－1 005]×（13.5/30）×（12 000/31 500）＝（26 700×25%－1 005）×（13.5/30）×（12 000/31 500）＝5 670×（13.5/30）×（12 000/31 500）＝2 551.50×（12 000/31 500）＝972（元）；

5 月份应纳个人所得税为：[（31 500－4 800）×25%－1 005]×（12 000/31 500）＝（26 700×25%－1 005）×（12 000/31 500）＝5 670×（12 000/31 500）＝2 160（元）；

6 月份住满 90 日后，对以前月份进行清算补税，则应纳个人所得税为：[（31 500－4 800）×25％－1 005]×（15.5/30）＝（26 700×25％－1 005）×（15.5/30）＝5 670×（15.5/30）＝2 929.50（元）。

7 月初清算补缴个人所得税：（5 304.19－2 020.65）＋（2 551.50－972）＋（5 670－2 160）＝3 283.54＋1 579.5＋3 510＝8 373.04（元）。

5

第五章
劳务报酬、稿酬、特许权使用费所得

第一节　劳务报酬所得

劳务报酬所得，是指个人从事设计、装潢、安装、制图、化验、测试、医疗、法律、会计、咨询、讲学、新闻、广播、翻译、审稿、书画、雕刻、影视、录音、录像、演出、表演、广告、展览、技术服务、介绍服务、经纪服务、代办服务以及其他劳务取得的所得。

一、征税范围

（一）工资、薪金所得与劳务报酬所得的区分

劳务报酬与工资、薪金等属于非独立个人劳动取得的报酬是有区别的，根据《国家税务总局关于印发〈征收个人所得税若干问题的规定〉的通知》（国税发〔1994〕89号）的规定，工资、薪金所得属于非独立个人劳务活动，即在机关、团体、学校、部队、企事业单位及其他组织中任职、受雇而得到的报酬；劳务报酬所得则是个人独立从事各种技艺，提供各项劳务取得的报酬。两者的主要区别在于，前者存在雇佣与被雇佣关系，后者则不存在这种关系。一般来说，劳务报酬是独立个人从事自由职业取得的所得。

《国家税务总局关于影视演职人员个人所得税问题的批复》（国税函〔1997〕385号）明确规定：凡与单位存在工资、人事方面关系的人员，其为本单位工作所取得的报酬，属于"工资、薪金所得"应税项目征税范围；而其因某一特定事项临时为外单位工作所取得报酬，不属于税法中所说的"受雇"，应是"劳务报酬所得"应税项目征税范围。

【例5-1】（案例分析题）德国某建筑公司承包了我国上海某项工程的施工任务，鉴于工程复杂，为了确保工程按质如期交付，该公司总部特地在德国境内临时聘请了两名工程专家来华从事技术指导，根据合同约定，这两位专家在华服务期间的报酬为每天3 000元人民币。支付方的财务人员将他们取得的收入按照工资、薪金所得项目扣缴了个人所得税。请分析说明上述处理是否正确。

[答案]判定在华承包工程中提供劳务的外籍人员所取得的收入，究竟是属于工资、薪金所得，还是劳务报酬所得，重要的依据之一是提供劳务的外籍人员是否为外国承包商的雇员。如果有足够的证据证明其为外国承包商的雇员，则其在华服务期间所取得的所得，应属于工资、薪金所得；反之，则属于劳务报酬所得。

由于本案例中的两位专家是由该建筑公司在德国境内临时聘请的，不属于该承包商的雇员，故他们在指导服务期间取得的所得应属于劳务报酬所得。依照上述分析，两位专家取得的收入应改按劳务报酬所得项目缴纳个人所得税。

（二）董事费收入

国税发〔1994〕89号文件第八条规定，个人由于担任董事职务所取得的董事费收入，

属于劳务报酬所得性质，按照劳务报酬所得项目征收个人所得税。根据《国家税务总局关于明确个人所得税若干政策执行问题的通知》（国税发〔2009〕121 号）的规定，这里的董事费按劳务报酬所得项目征税方法，仅适用于个人担任公司董事、监事，且不在公司任职、受雇的情形。个人在公司（包括关联公司）任职、受雇，同时兼任董事、监事的，应将董事费、监事费与个人工资收入合并，统一按工资、薪金所得项目缴纳个人所得税。

【例 5-2】（单选题）王某为一家私营有限公司的董事兼投资者，不在该私营企业任职，2015 年从该公司取得董事费收入 8 万元，将其中 2 万元通过民政部门捐赠给贫困地区；以投资者的名义向该私营企业借款 3 万元用于非生产经营，年末未偿还借款。上述事项王某应缴纳个人所得税（　　）元。

A. 11 200　　　　B. 11 400　　　　C. 16 190　　　　D. 17 440

[答案] D

[解析] 不在企业任职，取得的董事费收入按照"劳务报酬所得"项目缴纳个人所得税；私营有限公司投资者从其投资的企业借款年终不归还，又不用于生产经营的，按"利息、股息、红利所得"缴纳个人所得税。

公益救济性捐赠扣除限额＝80 000×（1－20％）×30％＝19 200（元），实际公益救济性捐赠额为 20 000 元，超过捐赠扣除限额，所以税前扣除捐赠额为扣除限额 19200 元。王某应缴纳个人所得税＝80 000×（1－20％）×（1－30％）×30％－2 000＋30 000×20％＝17 440（元）。

【例 5-3】（单选题）郑某为某上市公司独立董事（未在该公司任职），2015 年 12 月份取得董事费 8 万元，向中国教育发展基金会捐款 3 万元。2015 年 12 月份郑某应缴纳个人所得税（　　）元。

A. 8 200　　　　B. 640　　　　C. 1 280　　　　D. 1 440

[答案] A

[解析] 向中国教育发展基金会捐赠可以全额扣除。应缴纳个人所得税为：[80 000×（1－20％）－30 000]×30％－2 000＝8 200（元）。

（三）个人举办各类学习班取得的收入

《国家税务总局关于个人举办各类学习班取得的收入征收个人所得税问题的批复》（国税函〔1996〕658 号）规定：

（1）个人经政府有关部门批准并取得执照举办学习班、培训班的，其取得的办班收入属于个体工商户的生产、经营所得应税项目，应按个人所得税法规定计征个人所得税；

（2）个人无须经政府有关部门批准并取得执照举办学习班、培训班的，其取得的办班收入属于劳务报酬所得应税项目，应按税法规定计征个人所得税。其中，办班者每次收入按以下方法确定：一次收取学费的，以一期取得的收入为一次；分次收取学费的，以每月取得的收入为一次。

(四) 非有形商品推销、代理等服务收入

《财政部 国家税务总局关于个人提供非有形商品推销、代理等服务活动取得收入征收营业税和个人所得税有关问题的通知》(财税字〔1997〕103号)规定:

(1) 非本企业雇员为企业提供非有形商品推销、代理等服务活动取得的佣金、奖励和劳务费等名目的收入,无论该收入采用何种计取方法和支付方式,均应计入个人从事服务业应税劳务的营业额,按照营业税暂行条例及其实施细则和其他有关规定计算征收营业税;上述收入扣除已缴纳的营业税税款后,应计入个人的劳务报酬所得,按照《个人所得税法》及其实施条例和其他有关规定计算征收个人所得税。

(2) 雇员为本企业提供非有形商品推销、代理等服务活动取得佣金、奖励和劳务费等名目的收入,无论该收入采用何种计取方法和支付方式,均应计入该雇员的当期工资、薪金所得,按照《个人所得税法》及其实施条例和其他有关规定计算征收个人所得税。

(五) 影视演职人员所得

《国税总局关于影视演职人员个人所得税问题的批复》(国税函〔1997〕385号)规定,凡与单位存在工资、人事方面关系的人员,其为本单位工作所取得的报酬,属于"工资、薪金所得"应税项目征税范围;而其因某一特定事项临时为外单位工作所取得报酬,不属于税法中所说的"受雇",应是"劳务报酬所得"应税项目征税范围。因此,对电影制片厂导演、演职人员参加本单位的影视拍摄所取得的报酬,应按"工资、薪金所得"应税项目计征个人所得税。电影制片厂为了拍摄影视片而临时聘请非本厂导演、演职人员,对其所取得的报酬,应按"劳务报酬所得"应税项目计征个人所得税。

根据《国家税务总局关于剧本使用费征收个人所得税问题的通知》(国税发〔2002〕52号)的规定,自2002年5月1日起,对于剧本作者从电影、电视剧的制作单位取得的剧本使用费,不再区分剧本的使用方是否为其任职单位,统一按特许权使用费所得项目计征个人所得税。国税函〔1997〕385号文件中与该通知精神不符的规定,同时废止。

演职员取得报酬后按规定上交给单位和文化行政部门的管理费及收入分成,可以经主管税务机关确认后在计算应纳税所得额时扣除。

演职员取得的报酬为不含税收入的,扣缴义务人支付的税款应按以下公式计算:

应纳税所得额=(不含税收入-费用减除标准-速算扣除数)÷(1-税率)

应纳税额=应纳税所得额×适用税率-速算扣除数

(六) 保险营销员佣金收入

1. 佣金收入按劳务报酬所得征税

根据《国家税务总局关于保险企业营销员(非雇员)取得的收入计征个人所得税问题

的通知》（国税发〔1998〕13号）的精神，保险企业营销员（非雇员，下同）取得的收入应按劳务报酬所得计征个人所得税。保险企业营销员以1个月内取得的收入为一次。保险企业是营销员个人所得税的代扣代缴义务人，应按月代扣税款并于次月15日内将所扣税款缴入国库。由于保险公司计算机管理手段比较先进，财务核算较为规范，各地对保险业营销员取得佣金收入一律不得采用核定征税方式计征个人所得税，必须实行查账征收。

根据《保监会关于明确保险营销员佣金构成的通知》（保监发〔2006〕48号）的规定，保险营销员的佣金由展业成本和劳务报酬构成。《国家税务总局关于保险营销员取得佣金收入征免个人所得税问题的通知》（国税函〔2006〕454号）规定，自2006年6月1日起，按照税法规定，对佣金中的展业成本，不征收个人所得税；对劳务报酬部分，扣除实际缴纳的营业税金及附加后，依照税法有关规定计算征收个人所得税。根据目前保险营销员展业的实际情况，佣金中展业成本的比例暂定为40%。

在此之前（自2002年8月1日起至2006年5月31日止），根据《国家税务总局关于保险营销员取得收入征收个人所得税有关问题的通知》（国税发〔2002〕98号）的规定，保险业营销员每月取得佣金收入扣除实际缴纳的营业税金及附加后，可按其余额扣除不超过25%的营销费用，再按照个人所得税法规定的费用扣除标准和适用税率计算缴纳个人所得税。

2. 代理人应纳税费的委托代征和代扣代缴

《国家税务总局关于个人保险代理人税收征管有关问题的公告》（国家税务总局公告2016年第45号，以下简称45号公告，自2016年7月7日起施行）第一条规定，个人保险代理人（该公告所称的个人保险代理人，是指根据保险企业的委托，在保险企业授权范围内代为办理保险业务的自然人，不包括个体工商户）为保险企业提供保险代理服务应当缴纳的增值税和城市维护建设税、教育费附加、地方教育附加，税务机关可以根据《国家税务总局关于发布〈委托代征管理办法〉的公告》（国家税务总局公告2013年第24号）的有关规定，委托保险企业代征。

个人保险代理人为保险企业提供保险代理服务应当缴纳的个人所得税，由保险企业按照现行规定依法代扣代缴。

在2016年5月1日全面营改增之前，财税字〔1997〕103号文件规定，非本企业雇员为企业提供非有形商品推销、代理等服务活动取得的佣金、奖励和劳务费等名目的收入，无论该收入采用何种计取方法和支付方式，均应计入个人从事服务业应税劳务的营业额，按照规定计算征收营业税。非雇员从聘用的企业取得收入的，该企业即为非雇员应纳税款的扣缴义务人，应按照有关规定按期向主管税务机关申报并代扣代缴上述税款。

3. 应税所得与展业成本的确定

45号公告第二条规定，个人保险代理人以其取得的佣金、奖励和劳务费等相关收入（以下简称佣金收入，不含增值税）减去地方税费附加及展业成本，按照规定计算个人所得税。

展业成本，为佣金收入减去地方税费附加余额的40%。

【例5-4】（计算题）张三是中国人寿南京分公司的保险代理人（持有保险代理人资格

证书），主管税务机关已委托该公司代征个人保险代理人相关税费，2016年12月，张三取得保险业务代理佣金（含增值税）收入41 200元。请计算保险公司应代征（代扣代缴）多少税款。

[答案]

（1）应代征张三的增值税：41 200÷（1+3%）×3%＝1 200（元）；

（2）应代征城市维护建设税：1 200×7%＝84（元）；

（3）免征教育费附加和地方教育附加。

《财政部 国家税务总局关于扩大有关政府性基金免征范围的通知》（财税〔2016〕12号）第一条规定，将免征教育费附加、地方教育附加、水利建设基金的范围，由现行按月纳税的月销售额或营业额不超过3万元（按季度纳税的季度销售额或营业额不超过9万元）的缴纳义务人，扩大到按月纳税的月销售额或营业额不超过10万元（按季度纳税的季度销售额或营业额不超过30万元）的缴纳义务人。

由于张三当月佣金的不含增值税收入为40 000元，因而应免征教育费附加和地方教育附加。

（4）应代扣代缴个人所得税，应代扣代缴张三的个人所得税为：

（40 000－84）×（1－40%）×（1－20%）×20%＝3 831.94（元）。

（七）证券经纪人佣金收入

证券经纪人制度在我国是一个新生事物。按照《证券公司监督管理条例》和《证券经纪人管理暂行规定》（中国证券监督管理委员会公告〔2009〕2号）等规定，我国正在引入和发展证券经纪人制度，证券经纪人不是证券公司的正式员工，证券经纪人与证券公司之间是委托代理关系。

从证券公司取得佣金收入的证券经纪人与从事其他劳务活动而取得收入的纳税人相比有所不同，表现在：一是证券经纪人只能接受一家证券公司委托，不得兼做他职，其主要收入是佣金收入，且大多数证券经纪人月收入处于较低水平；二是证券经纪人收入水平与市场交易量、客户交易偏好等因素直接相关，证券经纪人收入在不同年份之间、不同月份之间有较大波动；三是证券经纪人与保险营销员一样，在展业过程中，为招揽客户及维护客户需要自行额外负担展业成本，但保险营销员的展业成本可在税前扣除，而证券经纪人未明确，造成其实际承担的税负高于保险营销员。

因而，《国家税务总局关于证券经纪人佣金收入征收个人所得税问题的公告》（国家税务总局公告2012年第45号，自2012年10月1日起执行）规定，证券经纪人从证券公司取得的佣金收入，应按照"劳务报酬所得"项目缴纳个人所得税。证券经纪人佣金收入由展业成本和劳务报酬构成，对展业成本部分不征收个人所得税。根据目前实际情况，证券经纪人展业成本的比例暂定为每次收入额的40%。证券经纪人以一个月内取得的佣金收入为一次收入，其每次收入先减去实际缴纳的营业税金及附加，再减去规定的展业成本，余额按个人所得税法规定计算缴纳个人所得税。

（八）广告市场取得的收入

《广告市场个人所得税征收管理暂行办法》（国税发〔1996〕148 号发布）规定，纳税人在广告设计、制作、发布过程中提供名义、形象而取得的所得，应按劳务报酬所得项目计算纳税。纳税人在广告设计、制作、发布过程中提供其他劳务取得的所得，视其情况分别按照税法规定的劳务报酬所得、稿酬所得、特许权使用费所得等应税项目计算纳税。扣缴人的本单位人员在广告设计、制作、发布过程中取得的由本单位支付的所得，按工资、薪金所得项目计算纳税。

（九）个人兼职收入

【例 5-5】（多选题）下列属于劳务报酬所得的有（   ）。
A. 在校学生参加勤工俭学取得的所得
B. 个人（不在公司任职、受雇）担任董事职务取得的董事费收入
C. 个人兼职取得的收入
D. 大学教授在所任职的大学讲课取得的所得
E. 个人因从事彩票代销业务取得的所得
[答案] ABC

二、应纳税所得额

《个人所得税法》第六条规定，劳务报酬所得，每次收入不超过 4 000 元的，减除费用 800 元；4 000 以上的，减除 20％的费用，其余额为应纳税所得额。

《国家税务总局关于印发〈个人所得税全员全额扣缴申报管理暂行办法〉的通知》（国税发〔2005〕205 号）规定，劳务报酬所得应纳税所得额的计算公式为：

$$应纳税所得额＝收入额－允许扣除的税费－费用扣除标准－准予扣除的捐赠额$$

（一）劳务报酬所得每次的确定

《个人所得税法实施条例》第二十一条规定，劳务报酬所得属于一次性收入的，以取得该项收入为一次；属于同一项目连续性收入的，以一个月内取得的收入为一次。

前者如代客户设计家庭住宅图纸，按照客户的要求完成设计后，取得的设计收入，为一次；后者如某评书说唱家应约在电视台演播长篇评书，每日按排一次，每次 30 分钟，连续演播四个月，在此情形下，应以其一个月内取得的演播评书获得的劳务报酬所得为一次。

国税发〔1994〕89 号文件规定，这里所述的同一项目，是指劳务报酬所得列举具体

劳务项目中的某一单项，个人兼有不同的劳务报酬所得，应当分别减除费用，计算缴纳个人所得税。

《国家税务总局关于个人所得税偷税案件查处中有关问题的补充通知》（国税函发〔1996〕602号）规定：《个人所得税法实施条例》第二十一条规定属于同一项目连续性收入的，以一个月内取得的收入为一次，考虑属地管辖与时间划定有交叉的特殊情况，统一规定以县（含县级市、区）为一地，其管辖内的一个月内的劳务服务为一次；当月跨县地域的，则应分别计算。

例如，2015年6月张三从A公司分别取得会计咨询劳务所得1 000元、审稿费用4 000元、代办服务收入2 000元，应分三次收入分别扣除800元费用按劳务报酬所得缴纳个人所得税：$(1\,000-800)\times20\%+(4\,000-800)\times20\%+(2\,000-800)\times20\%=40+640+240=920$（元）。

《广告市场个人所得税征收管理暂行办法》规定，劳务报酬所得以纳税人每参与一项广告的设计、制作、发布所取得的所得为一次；稿酬所得以在图书、报刊上发布一项广告时使用其作品而取得的所得为一次；特许权使用费所得以提供一项特许权在一项广告的设计、制作、发布过程中使用而取得的所得为一次。上述所得，采取分笔支付的，应合并为一次所得计算纳税。

（二）允许扣除的税费

1. 允许扣除税费的所得项目

根据国税发〔2005〕205号文件的规定，计算应纳税所得额时允许扣除的税费，只适用于劳务报酬所得、特许权使用费所得、财产租赁所得和财产转让所得项目。

（1）劳务报酬所得允许扣除的税费是指劳务发生过程中实际缴纳的税费；

（2）特许权使用费允许扣除的税费是指提供特许权过程中发生的中介费和相关税费；

（3）适用财产租赁所得时，允许扣除的税费是指修缮费和出租财产过程中发生的相关税费；

（4）适用财产转让所得时，允许扣除的税费是指财产原值和转让财产过程中发生的合理税费。

2. 劳务报酬所得可以先扣除税金

财税〔1997〕103号文件规定：非本企业雇员为企业提供非有形商品推销、代理等服务活动取得的佣金、奖励和劳务费等名目的收入，无论该收入采用何种计取方法和支付方式，均应计入个人从事服务业应税劳务的营业额，按照营业税暂行条例及其实施细则和其他有关规定计算征收营业税；上述收入扣除已缴纳的营业税税款后，应计入个人的劳务报酬所得，按照个人所得税法及其实施条例和其他有关规定计算征收个人所得税。

3. 劳务报酬所得不得扣除中介和相关人员报酬

《国家税务总局关于个人所得税偷税案件查处中有关问题的补充通知》（国税函发

〔1996〕602 号）规定，获取劳务报酬所得的纳税义务人从其收入中支付给中介人和相关人员的报酬，在定率扣除 20％的费用后，一律不再扣除。对中介人和相关人员取得的上述报酬，应分别计征个人所得税。这与财税字〔1994〕20 号文件的规定不同，财税字〔1994〕20 号文件规定，对个人从事技术转让、提供劳务等过程中所支付的中介费，如能提供有效、合法凭证的，允许从其所得中扣除。

4. 演职人员上交的管理费及收入分成可以扣除

根据《演出市场个人所得税征收管理暂行办法》（国税发〔1995〕171 号发布）的规定，演职员取得报酬后按规定上交给单位和文化行政部门的管理费及收入分成，可以经主管税务机关确认后在计算应纳税所得额时扣除。

【例 5-6】（计算题）2015 年 1 月，演员张某利用业余时间参加某市房地产公司开业庆典文艺演出，按照合同规定取得劳务报酬 50 000 元。请计算张某应缴纳的相关税费是多少。

[**答案**] 演员张某应纳营业税为：$50\,000 \times 3\% = 1\,500$（元），应纳城市维护建设税为：$1\,500 \times 7\% = 105$（元），应纳教育费附加为：$1\,500 \times 3\% = 45$（元），应纳地方教育费附加为：$1\,500 \times 2\% = 30$（元）。

故 2015 年 1 月张某应纳的个人所得税为：$[50\,000 - (1\,500 + 105 + 45 + 30)] \times (1 - 20\%) \times 30\% - 2\,000 = 9\,596.80$（元）。

如果上例中的该项业务发生在 2016 年 5 月 1 日营改增后，就不用缴纳营业税而改缴增值税。

三、应纳税额

（一）基本规定

《个人所得税法》第六条规定，劳务报酬所得，适用比例税率，税率为 20％。对劳务报酬所得一次收入畸高的，可以实行加成征收，具体办法由国务院规定。

《个人所得税法实施条例》第十一条规定，劳务报酬所得一次收入畸高，是指个人一次取得劳务报酬，其应纳税所得额超过 20 000 元。对应纳税所得额超过 20 000 元至 50 000 元的部分，依照税法规定计算应纳税额后再按照应纳税额加征五成；超过 50 000 元的部分，加征十成。

（二）为纳税义务人负担税款的计算

国税发〔1994〕89 号文件第十四条规定，单位或个人为纳税义务人负担个人所得税税款，应将纳税义务人取得的不含税收入换算为应纳税所得额，计算征收个人所得税。计算公式如下：

$$应纳税所得额＝(不含税收入额－费用扣除标准－速算扣除数)/(1－税率) \quad (5.1)$$

$$应纳税额＝应纳税所得额×适用税率－速算扣除数 \qquad (5.2)$$

公式（5.1）中的税率，是指不含税所得按不含税级距对应的税率；公式（5.2）中的税率，是指应纳税所得额按含税级距对应的税率。

《国家税务总局关于明确单位或个人为纳税义务人的劳务报酬所得代付税款计算公式的通知》（国税发〔1996〕161 号）进一步明确：

不含税收入额为 3 360 元（即含税收入额 4 000 元）以下的：

$$应纳税所得额＝(不含税收入额－800)÷(1－税率) \qquad (5.3)$$

不含税收入额为 3 360 元（即含税收入额 4 000 元）以上的：

$$应纳税所得额＝[(不含税收入额－速算扣除数)×(1－20\%)]÷[1－税率×(1－20\%)]$$
$$\qquad (5.4)$$

$$应纳税额＝应纳税所得额×适用税率－速算扣除数 \qquad (5.5)$$

公式（5.3）、（5.4）中的税率，是指不含税所得按不含税级距对应的税率（如表 5-1 所示）；公式（5.5）中的税率，是指应纳税所得额按含税级距对应的税率。

表 5-1   劳务报酬所得税率表一

级数	含税级距	不含税级距	税率	速算扣除数
1	不超过 20 000 元的部分	不超过 16 000 元	20%	0
2	超过 20 000 元至 50 000 元的部分	超过 16 000 元至 37 000 元的部分	30%	2 000
3	超过 50 000 元的部分	超过 37 000 元的部分	40%	7 000

注：表中的含税级距、不含税级距，均为按照税法规定减除有关费用后的所得额；含税级距用于由纳税人负担税款的劳务报酬所得；不含税级距适用于由他人（单位）代付税款的劳务报酬所得。

关于纳税人取得的不含税（或称由支付所得的单位或个人包税）的劳务报酬收入，如何换算为含税所得计算征税的问题，现行规定不够明确，如果使用国税发〔1994〕89 号文件所附"税率表三"（见表 5-1）所对应的税率和速算扣除数计算又不准确。为了妥善解决这个问题，《国家税务总局关于明确单位或个人为纳税义务人的劳务报酬所得代付税款计算公式对应税率表的通知》（国税发〔2000〕192 号）规定，不含税劳务报酬收入所对应的税率和速算扣除数如表 5-2 所示。

表 5-2   劳务报酬所得税率表二

不含税劳务报酬收入额	税率	速算扣除数
21 000 元以下的部分	20%	0
超过 21 000 元至 49 500 元的部分	30%	2 000
超过 49 500 元的部分	40%	7 000

【例 5-7】（单选题）2015 年 3 月李先生为 A 公司进行一项工程设计，按约定，公司应支付其劳务报酬 35 000 元，与其报酬相关的个人所得税由公司支付。在不考虑其他税费的情况下，该公司应代付的个人所得税为（   ）元。

  A. 6 400   B. 7 710.53   C. 8 132.23   D. 8 421.05

[答案] D

[解析] 代付个人所得税的应纳税所得额为：

[（不含税收入额－速算扣除数）×（1－20％）]÷[1－税率×（1－20％）]＝[（35 000－2 000）×（1－20％）]÷[1－30％×（1－20％）]＝34 736.84（元）;

  应代扣代缴个人所得税为：34 736.84×30％－2 000＝8 421.05（元）。

【例 5-8】（单选题）王某根据劳务合同的规定，取得税后劳务报酬 30 000 元。在不考虑其他税费的情况下，王某该项劳务报酬应缴纳个人所得税（ ）元。

  A. 3 823.5   B. 4 794.5   C. 5 032.12   D. 6 842.11

[答案] D

[解析] 应纳税所得额＝[（不含税收入额－速算扣除数）×（1－20％）]÷[1－税率×（1－20％）]＝[（30 000－2 000）×（1－20％）]÷76％＝29 473.684（元）;

  应缴纳个人所得税＝29 473.684×30％－2 000＝6 842.11（元）。

第二节　稿酬所得

  稿酬所得，是指个人因其作品以图书、报刊形式出版、发表而取得的所得。这里所说的作品，包括文学作品、书画作品、摄影作品，以及其他作品。

一、征税范围

  关于报刊、杂志、出版等单位的职员在本单位的刊物上发表作品、出版图书取得所得如何征收个人所得税的问题，《国家税务总局关于个人所得税若干业务问题的批复》（国税函〔2002〕146 号）明确：

  （1）任职、受雇于报刊、杂志等单位的记者、编辑等专业人员，因在本单位的报刊、杂志上发表作品取得的所得，属于因任职、受雇而取得的所得，应与其当月工资收入合并，按"工资、薪金所得"项目征收个人所得税。

  除上述专业人员以外，其他人员在本单位的报刊、杂志上发表作品取得的所得，应按"稿酬所得"项目征收个人所得税。

  （2）出版社的专业作者撰写、编写或翻译的作品，由本社以图书形式出版而取得的稿费收入，应按"稿酬所得"项目计算缴纳个人所得税。

  （3）作者去世后，对取得其遗作稿酬的个人，按"稿酬所得"征收个人所得税。

  稿酬所得具有特许权使用费、劳务报酬等的性质。在原个人所得税和个人收入调节税中，曾把稿酬所得列入特许权使用费所得或投稿、翻译所得。修订后的《个人所得税法》将稿酬所得单列为一个独立征税项目，不仅因为稿酬所得有着不完全等同于特许权使用费所得和一般劳务报酬所得的特点，而且，对稿酬所得单列征税，有利于单独制定征税办法，体现国家的优惠、照顾政策。

《国家税务总局关于影视演职人员个人所得税问题的批复》（国税函〔1997〕385 号）规定，电影制片厂买断已出版的作品或向作者征稿而支付给作者的报酬，属于提供著作权的使用权取得的所得，应按"特许权使用费所得"应税项目计征个人所得税；如果电影文学剧本以图书、报刊形式出版、发表而取得的所得，应按"稿酬所得"应税项目计征个人所得税。

【例 5-9】（计算题）田先生为一家报社记者，月工资 5 580 元，其中包括 70 元的托儿补助费。2015 年 4 月，田先生在所在单位的杂志上发表一篇文章，取得报酬 320 元。请计算田先生 2015 年 4 月份应缴纳个人所得税。

[答案] 根据现行税法规定，托儿补助费不属于工资、薪金所得，不予征税；田先生作为记者在本单位杂志上发表文章取得的所得，应按"工资、薪金所得"项目缴纳个人所得税。应纳个人所得税为：（5 580＋320－70－3 500）×10%－105＝128（元）。

二、收入每次的确定

（一）稿酬所得每次的确定

《个人所得税法实施条例》第二十一条规定，稿酬所得，以每次出版、发表取得的收入为一次。

国税发〔1994〕89 号文件进一步明确：

（1）个人每次以图书、报刊方式出版、发表同一作品（文字作品，书画作品，摄影作品以及其他作品），不论出版单位是预付还是分笔支付稿酬，或者加印该作品后再付稿酬，均应合并其稿酬所得按一次计征个人所得税。在两处或两处以上出版、发表或再版同一作品而取得稿酬所得，则可分别各处取得的所得或再版所得按分次所得计征个人所得税。

（2）个人的同一作品在报刊上连载，应合并其因连载而取得的所有稿酬所得为一次，按税法规定计征个人所得税。在其连载之后又出书取得稿酬所得，或先出书后连载取得稿酬所得，应视同再版稿酬分次计征个人所得税。

（3）作者去世后，对取得其遗作稿酬的个人，按稿酬所得征收个人所得税。

这里应注意的是，根据国税发〔1994〕89 号文件的规定，作者将自己的文字作品手稿原件或复印件公开拍卖（竞价）取得的所得，不能适用稿酬所得项目，而应按特许权使用费所得项目征收个人所得税。

【例 5-10】（单选题）国内某作家的一篇小说在一家晚报上连载，三个月的稿酬收入分别是 3 000 元、4 000 元和 5 000 元。该作家三个月所获得稿酬应缴纳个人所得税（　　）元。

　　A. 1 316　　　　　B. 1 344　　　　　C. 1 568　　　　　D. 1 920

[答案] B

[解析] 同一作品在报刊上连载取得收入，以连载完成后取得的所有收入合并为一次，计征个人所得税。该作家应纳个人所得税＝（3 000＋4 000＋5 000)×(1－20%)×20%×(1－

30%)=1 344（元）。

【例 5-11】（多选题）下列说法中，符合个人所得税稿酬所得相关规定的有（   ）。

A. 小说连载的，以一个月内取得的稿酬为一次

B. 编剧从电视剧制作单位取得的剧本使用费属于稿酬所得

C. 杂志社员工在本单位杂志上发表作品取得的报酬属于稿酬所得

D. 专业作者翻译的作品以图书形式出版取得的报酬属于稿酬所得

E. 出版同一作品分笔取得的稿酬应合并为一次征税

[答案] DE

（二）其他所得每次的确定

《个人所得税法实施条例》第二十一条规定，劳务报酬所得，属于一次性收入的，以取得该项收入为一次；属于同一项目连续性收入的，以一个月内取得的收入为一次；特许权使用费所得，以一项特许权的一次许可使用所取得的收入为一次；财产租赁所得，以一个月内取得的收入为一次；利息、股息、红利所得，以支付利息、股息、红利时取得的收入为一次；偶然所得，以每次取得该项收入为一次。

三、应纳税额的计算

稿酬所得以个人每次取得的收入，定额或定率减除规定费用后的余额为应纳税所得额。《个人所得税法》第六条规定，稿酬所得，每次收入不超过 4 000 元的，减除费用 800元；4 000 元以上的，减除 20%的费用，其余额为应纳税所得额。可见，稿酬所得费用扣除方法与劳务报酬所得相同。

《个人所得税法》第三条规定，稿酬所得适用比例税率，税率为 20%，并按应纳税额减征 30%。实际缴纳税额是应纳税额的 70%。计算公式为：

应纳税额＝应纳税所得额×适用税率

实际缴纳税额＝应纳税额×(1－30%)

【例 5-12】（计算题）2015 年 8 月，李某出版小说一本取得稿酬 80 000 元，从中拿出20 000 元通过国家机关捐赠给受灾地区。请计算李某 8 月份应缴纳的个人所得税是多少？

[答案] 捐赠扣除限额＝80 000×(1－20%)×30%＝19 200（元），实际发生 20 000元，应扣除 19 200 元。

稿酬所得应缴纳的个人所得税为：(80 000－19 200－80 000×20%)×20%×(1－30%)＝6 272（元）。

【例 5-13】（计算题）中国公民李某系一公司高级职员，2015 年 1—12 月收入情况如下：

(1) 每月取得工资收入 5 500 元（已扣除"三费一金"），另在 3 月底、6 月底、9 月

底、12月底分别取得季度奖金3 000元;

(2) 取得翻译收入20 000元,从中先后拿出6 000元、5 000元,通过国家机关分别捐给了农村义务教育和贫困地区;

(3) 小说在报刊上连载50次后再出版,分别取得报社支付的稿酬50 000元、出版社支付的稿酬80 000元;

(4) 在A、B两国讲学分别取得收入18 000元和35 000元,已分别按收入来源国税法缴纳了个人所得税2 000元和6 000元。

请回答下列问题,每问均需给出合计金额,不考虑个人所得税以外的其他税费:

(1) 全年工资和奖金应缴纳的个人所得税是多少?

(2) 翻译收入应缴纳的个人所得税是多少?

(3) 稿酬收入应缴纳的个人所得税是多少?

(4) A国讲学收入在我国应缴纳的个人所得税是多少?

(5) B国讲学收入在我国应缴纳的个人所得税是多少?

[答案]

(1) 全年工资和奖金应纳个人所得税的计算。

1月、2月、4月、5月、7月、8月、10月、11月共八个月合计应纳个人所得税为:[(5 500−3 500)×10%−105]×8=760(元);

3月、6月、9月、12月共四个月合计应纳个人所得税为:[(5 500+3 000−3 500)×20%−555]×4=1 780(元);

全年工资奖金合计缴纳个人所得税=760+1 780=2 540(元)。

(2) 翻译收入应纳个人所得税的计算。

应纳税所得额=20 000×(1−20%)=16 000(元);

捐赠贫困地区的扣除限额=16 000×30%=4 800(元);

向农村义务教育的捐款可以全额在税前扣除;

应纳个人所得税=(16 000−4 800−6 000)×20%=1 040(元)。

(3) 稿酬收入应纳个人所得税的计算。

取得报社的稿酬收入应纳个人所得税为:50 000×(1−20%)×20%×(1−30%)=5 600(元);

取得出版社的稿酬收入应纳个人所得税为:80 000×(1−20%)×20%×(1−30%)=8 960(元);

稿酬收入合计应纳个人所得税=5 600+8 960=14 560(元)。

(4) A国讲学收入在我国应纳个人所得税的计算。

境外已纳税额扣除限额=18 000×(1−20%)×20%=2 880(元);

由于在A国缴纳的2 000元低于2 880元,所以应该补缴个人所得税880元(2 880−2 000)。

(5) B国讲学收入在我国应纳个人所得税的计算。

境外已纳税额扣除限额=35 000×(1−20%)×30%−2 000=6 400(元);

由于在B国缴纳的6 000元低于6 400元,所以应该补缴个人所得税400元(6 400−6 000)。

[解析]本题要点是个人所得税中工资、薪金所得,劳务报酬所得和稿酬所得3个应

税项目应纳税额的计算和境外所得已纳税额处理。包括：①工资、薪金所得项目中，奖金的处理按照 2005 年 1 月 1 日后的规定，季度奖与发放当月的工资合并计算；②劳务报酬中，向农村义务教育的公益性捐赠据实扣除，向贫困地区的公益性捐赠按应纳税所得额的30％以内限额扣除；③稿酬中连载和出版可以分别扣减费用，并享受按应纳税额减征30％；④境外所得要分国计算扣除限额，在国外已纳税额低于扣除限额的差额要在我国补税。

第三节　特许权使用费所得

一、征税范围

特许权使用费所得，是指个人提供专利权、商标权、著作权、非专利技术以及其他特许权的使用权取得的所得；提供著作权的使用权取得的所得，不包括稿酬所得。

（一）专利权

专利权，即自然人、法人或者其他组织依法对发明、实用新型和外观设计在一定期限内享有的独占实施权。

对于专利权，许多国家只将提供他人使用取得的所得，列入特许权使用费，而将转让专利权所得列为资本利得税的征税对象。我国没有开征资本利得税，故将个人提供和转让专利权取得的所得，都列入特许权使用费所得征收个人所得税。

【例 5-14】（多选题）下列收入中，应按照特许权使用费所得缴纳个人所得税的有（　　）。

A. 个人取得特许权经济赔偿收入
B. 某作家的文字作品手稿复印件公开拍卖取得的收入
C. 某电视剧编剧从任职的电视剧制作中心获得的剧本使用费收入
D. 某广告设计者转让广告制作使用权取得的转让费收入
E. 出版社专业作者翻译作品后，由本社以图书形式出版而取得的收入

[答案] ABC

（二）商标权

商标权，即商标注册人或权利继受人在法定期限内对注册商标依法享有的各种权利。

（三）著作权

著作权，又称版权，是指文学、艺术和科学作品的作者及其相关主体依法对作品所享

有的人身权利和财产权利。

1. 剧本使用费收入

关于电影、电视剧剧本作者取得的剧本使用费如何征收个人所得税的问题,《国家税务总局关于剧本使用费征收个人所得税问题的通知》(国税发〔2002〕52 号)规定,自 2002 年 5 月 1 日起,对于剧本作者从电影、电视剧的制作单位取得的剧本使用费,不再区分剧本的使用方是否为其任职单位,统一按"特许权使用费所得"项目计征个人所得税。

2. 文字作品手稿原件或复印件拍卖所得

根据国税发〔1994〕89 号文件的规定,作者将自己的文字作品手稿原件或复印件公开拍卖(竞价)取得的所得,应按"特许权使用费所得"项目征收个人所得税。

《国家税务总局关于加强和规范个人取得拍卖收入征收个人所得税有关问题的通知》(国税发〔2007〕38 号)进一步明确,作者将自己的文字作品手稿原件或复印件拍卖取得的所得,应以其转让收入额减除 800 元(转让收入额 4 000 元以下)或者 20%(转让收入额 4 000 元以上)后的余额为应纳税所得额,按照"特许权使用费"所得项目适用 20%税率缴纳个人所得税。个人拍卖除文字作品原稿及复印件外的其他财产,应以其转让收入额减除财产原值和合理费用后的余额为应纳税所得额,按照"财产转让所得"项目适用 20%税率缴纳个人所得税。

3. 提供拍摄的照片取得的所得

《国家税务总局关于×××提供艺术照片取得的所得征收个人所得税问题的批复》(国税函〔1998〕482 号)明确,《青岛年鉴》编辑部编辑×××因北京谊友公关广告公司青岛分公司使用其拍摄的艺术照片制作广告宣传路牌而取得的所得 3 万元,应按照"特许权使用费所得"应税项目计算缴纳个人所得税。

(四)非专利技术

非专利技术,即专利技术以外的专用技术。这类技术多尚处于保密状态,仅为特定人知晓。

《国家税务总局关于企业员工向本企业提供非专利技术取得收入征收个人所得税问题的批复》(国税函〔2004〕952 号)规定,个人在其工资福利待遇与其工作大致相当及与企业其他员工相比没有异常的情况下,由于向本企业提供所需相关技术而取得本企业支付的按不超过一定比例(如 20%)的全部可分配利润的这部分收入,与其任职、受雇无关,而与其提供有关技术直接相关,属于非专利技术所得,应按"特许权使用费所得"项目缴纳个人所得税,税款由该企业在支付时代扣代缴。

【例 5-15】(多选题)下列收入项目中,应按"特许权使用费所得"税目征收个人所得税的有(   )。

A. 编剧从电视剧的制作单位取得的剧本使用费

B. 作者将自己的文字作品手稿原件公开拍卖的所得

C. 某杂志的编辑在该杂志上发表文章取得的所得

D. 个人取得特许权的经济赔偿收入

E. 提供著作权的使用权取得的所得

[答案] ABDE

二、应纳税额的计算

(一) 应纳税额计算公式

特许权使用费所得以个人每次取得的收入，定额或定率减除规定费用后的余额为应纳税所得额。特许权使用费所得，每次收入不超过 4 000 元的，减除费用 800 元；4 000 元以上的，减除 20% 的费用，其余额为应纳税所得额。

特许权使用费所得的费用扣除方法与劳务报酬所得相同。特许权使用费所得以一项特许权的一次许可使用所取得的收入为一次。

特许权使用费所得，适用比例税率，税率为 20%。

应纳税额＝应纳税所得额×20%

根据《国家税务总局关于印发〈个人所得税全员全额扣缴申报管理暂行办法〉的通知》(国税发〔2005〕205 号) 的规定，特许权使用费所得应纳税所得额的计算公式为：

应纳税所得额＝收入额－允许扣除的税费－费用扣除标准－准予扣除的捐赠额

(二) 税费的扣除

根据国税发〔2005〕205 号文件的规定，计算应纳税所得额时允许扣除的税费，只适用于劳务报酬所得、特许权使用费所得、财产租赁所得和财产转让所得项目。特许权使用费允许扣除的税费是指提供特许权过程中发生的中介费和相关税费。

【例 5-16】(计算题) 李某为某企业技术人员，2015 年 6 月转让一项业余开发的技术使用权取得净收入 13 000 元 (已扣除合法中介费 1 500 元)。当月出租私房给他人居住取得租金 2 000 元，交纳相关税费 110 元。请计算其当月应纳的个人所得税。

[答案] 个人从事技术转让所支付的中介费，若能提供合法凭证，允许从其所得中扣除。

技术转让收入应纳税额＝[13 000－(13 000＋1 500)×20%]×20%＝2 020 (元)；

租金收入应纳税额＝(2 000－110－800)×10%＝109 (元)；

当月应纳个人所得税＝2 020＋109＝2 129 (元)。

6

第六章
生产经营所得

第一节 个体工商户生产经营所得

2014 年 12 月 27 日，国家税务总局重新发布了《个体工商户个人所得税计税办法》（以下简称《计税办法》），自 2015 年 1 月 1 日起实施。《计税办法》第二条规定，实行查账征收的个体工商户应当按照本办法的规定，计算并申报缴纳个人所得税。

一、纳税人

《计税办法》第三条规定，本办法所称个体工商户包括：
（1）依法取得个体工商户营业执照，从事生产经营的个体工商户；
（2）经政府有关部门批准，从事办学、医疗、咨询等有偿服务活动的个人；
（3）其他从事个体生产、经营的个人。
《计税办法》第四条规定，个体工商户以业主为个人所得税纳税义务人。

二、征税范围

《个人所得税法实施条例》第八条规定，个体工商户的生产、经营所得是指：（1）个体工商户从事工业、手工业、建筑业、交通运输业、商业、饮食业、服务业、修理业以及其他行业生产、经营取得的所得；（2）个人经政府有关部门批准，取得执照，从事办学、医疗、咨询以及其他有偿服务活动取得的所得；（3）其他个人从事个体工商业生产、经营取得的所得；（4）上述个体工商户和个人取得的与生产、经营有关的各项应纳税所得。

1. 彩票代销业务所得

《国家税务总局关于个人所得税若干政策问题的批复》（国税函〔2002〕629 号）规定，个人因从事彩票代销业务而取得的所得，按照"个体工商户的生产、经营所得"项目计征个人所得税。

2. 个人独资和合伙企业投资者所得

《国务院关于个人独资企业和合伙企业征收所得税问题的通知》（国发〔2000〕16 号）规定，从 2000 年 1 月 1 日起，对个人独资企业和合伙企业停征企业所得税，只对其投资者的经营所得征收个人所得税。

3. 出租车驾驶员从事出租车运营取得的收入

《机动出租车驾驶员个人所得税征收管理暂行办法》（国税发〔1995〕50 号）第六条

规定，出租车驾驶员从事出租车运营取得的收入，适用的个人所得税项目为：

（1）出租汽车经营单位对出租车驾驶员采取单车承包或承租方式运营，出租车驾驶员从事客货运营取得的收入，按"工资、薪金所得"项目征税。

需要说明的是，这里不是按"对企事业单位的承包经营、承租经营所得"项目征税。

（2）从事个体出租车运营的出租车驾驶员取得的收入，按"个体工商户的生产、经营所得"项目缴纳个人所得税。

（3）出租车属个人所有，但挂靠出租汽车经营单位或企事业单位，驾驶员向挂靠单位缴纳管理费的，或出租汽车经营单位将出租车所有权转移给驾驶员的，出租车驾驶员从事客货运营取得的收入，比照"个体工商户的生产、经营所得"项目征税。

4. 个人从事医疗服务所得

《国家税务总局关于个人从事医疗服务活动征收个人所得税问题的通知》（国税发〔1997〕178 号）规定：

（1）个人经政府有关部门批准，取得执照，以门诊部、诊所、卫生所（室）、卫生院、医院等医疗机构形式从事疾病诊断、治疗及售药等服务活动，应当以该医疗机构取得的所得，作为个人的应纳税所得，按照"个体工商户的生产、经营所得"应税项目缴纳个人所得税。个人未经政府有关部门批准，自行连续从事医疗服务活动，不管是否有经营场所，其取得与医疗服务活动相关的所得，按照"个体工商户的生产、经营所得"应税项目缴纳个人所得税。

（2）对于由集体、合伙或个人出资的乡村卫生室（站），由医生承包经营，经营成果归医生个人所有，承包人取得的所得，比照"对企事业单位的承包经营、承租经营所得"应税项目缴纳个人所得税。乡村卫生室（站）的其他医务人员取得的所得，按照"工资、薪金所得"应税项目缴纳个人所得税。

（3）受医疗机构临时聘请坐堂门诊及售药，由该医疗机构支付报酬，或收入与该医疗机构按比例分成的人员，其取得的所得，按照"劳务报酬所得"应税项目缴纳个人所得税，以一个月内取得的所得为一次，税款由该医疗机构代扣代缴。

5. 建安工程作业人员所得

为了加强对建筑安装业个人所得税的征收管理，国家税务总局印发了《建筑安装业个人所得税征收管理暂行办法》（国税发〔1996〕127 号发布），从 1996 年 1 月 1 日起执行。

（1）建筑安装业的界定。

《建筑安装业个人所得税征收管理暂行办法》第二条规定，本办法所称建筑安装业，包括建筑、安装、修缮、装饰及其他工程作业。从事建筑安装业的工程承包人、个体户及其他个人为个人所得税的纳税义务人。其从事建筑安装业取得的所得，应依法缴纳个人所得税。

（2）应税项目的确定。

《建筑安装业个人所得税征收管理暂行办法》第三条第一款规定，承包建筑安装业各项工程作业的承包人取得的所得,应区别不同情况计征个人所得税:经营成果归承包人个人所有的所得,或按照承包合同(协议)规定,将一部分经营成果留归承包人个人的所得,按对企事业单位的承包经营、承租经营所得项目征税;以其他分配方式取得的所得,按工资、薪金所得项目征税。

《建筑安装业个人所得税征收管理暂行办法》第三条第二款规定,从事建筑安装业的个体工商户和未领取营业执照承揽建筑安装业工程作业的建筑安装队和个人,以及建筑安装企业实行个人承包后工商登记改变为个体经济性质的,其从事建筑安装业取得的收入应依照个体工商户的生产、经营所得项目计征个人所得税。

从事建筑安装业工程作业的其他人员取得的所得,分别按照工资、薪金所得项目和劳务报酬所得项目计征个人所得税。

(3)税务登记与建账核算。

从事建筑安装业的单位和个人,应依法办理税务登记。在异地从事建筑安装业的单位和个人,必须自工程开工之日前3日内,持营业执照、外出经营活动税收管理证明、城建部门批准开工的文件和工程承包合同(协议)、开户银行帐号以及主管税务机关要求提供的其他资料向主管税务机关办理有关登记手续。

对未领取营业执照承揽建筑安装业工程作业的单位和个人,主管税务机关可以根据其工程规模,责令其缴纳一定数额的纳税保证金。在规定的期限内结清税款后,退还纳税保证金;逾期未结清税款的,以纳税保证金抵缴应纳税款和滞纳金。

从事建筑安装业的单位和个人应设置会计账簿,健全财务制度,准确、完整地进行会计核算。对未设立会计账簿,或者不能准确、完整地进行会计核算的单位和个人,主管税务机关可根据其工程规模、工程承包合同(协议)价款和工程完工进度等情况,核定其应纳税所得额或应纳税额,据以征税。具体核定办法由县以上(含县级)税务机关制定。

从事建筑安装业工程作业的单位和个人应按照主管税务机关的规定,购领、填开和保管建筑安装业专用发票或许可使用的其他发票。

(4)代扣代缴与自行申报。

建筑安装业的个人所得税,由扣缴义务人代扣代缴和纳税人自行申报缴纳。承揽建筑安装业工程作业的单位和个人是个人所得税的代扣代缴义务人,应在向个人支付收入时依法代扣代缴其应纳的个人所得税。

没有扣缴义务人的和扣缴义务人未按规定代扣代缴税款的,纳税人应自行向主管税务机关申报纳税。

《建筑安装业个人所得税征收管理暂行办法》第十二条规定,本办法第三条第一款、第二款涉及的纳税人和扣缴义务人应按每月工程完工量预缴、预扣个人所得税,按年结算。一项工程跨年度作业的,应按各年所得预缴、预扣和结算个人所得税。难以划分各年所得的,可以按月预缴、预扣税款,并在工程完工后按各年度工程完工量分摊所得并结算税款。

(5)纳税地点。

2015年8月31日以前,《建筑安装业个人所得税征收管理暂行办法》第十一条(自2015年9月1日起,该条被《国家税务总局关于建筑安装业跨省异地工程作业人员个人所得税征收管理问题的公告》〔国家税务总局公告 2015 年第 52 号（以下简称 52 号公告）废止〕规定，在异地从事建筑安装业工程作业的单位，应在工程作业所在地扣缴个人所得税。但所得在单位所在地分配，并能向主管税务机关提供完整、准确的会计账簿和核算凭证的，经主管税务机关核准后，可回单位所在地扣缴个人所得税。

为规范和加强建筑安装业跨省（自治区、直辖市和计划单列市，下同）异地工程作业人员个人所得税征收管理，52 号公告规定：

①总承包企业、分承包企业派驻跨省异地工程项目的管理人员、技术人员和其他工作人员在异地工作期间的工资、薪金所得个人所得税，由总承包企业、分承包企业依法代扣代缴并向工程作业所在地税务机关申报缴纳。

总承包企业和分承包企业通过劳务派遣公司聘用劳务人员跨省异地工作期间的工资、薪金所得个人所得税，由劳务派遣公司依法代扣代缴并向工程作业所在地税务机关申报缴纳。

②跨省异地施工单位应就其所支付的工程作业人员工资、薪金所得，向工程作业所在地税务机关办理全员全额扣缴明细申报。凡实行全员全额扣缴明细申报的，工程作业所在地税务机关不得核定征收个人所得税。

③总承包企业、分承包企业和劳务派遣公司机构所在地税务机关需要掌握异地工程作业人员工资、薪金所得个人所得税缴纳情况的，工程作业所在地税务机关应及时提供。总承包企业、分承包企业和劳务派遣公司机构所在地税务机关不得对异地工程作业人员已纳税工资、薪金所得重复征税。两地税务机关应加强沟通协调，切实维护纳税人权益。

④建筑安装业省内异地施工作业人员个人所得税征收管理参照本公告执行。

（6）管理与检查。

《建筑安装业个人所得税征收管理暂行办法》第十五条规定，建筑安装业单位所在地税务机关和工程作业所在地税务机关双方可以协商有关个人所得税代扣代缴和征收的具体操作办法，都有权对建筑安装业单位和个人依法进行税收检查，并有权依法处理其违反税收规定的行为。但一方已经处理的，另一方不得重复处理。

（7）主管税务机关。

《建筑安装业个人所得税征收管理暂行办法》第十七条规定，本办法所称主管税务机关，是指建筑安装业工程作业所在地地方税务局（分局、所）。

三、应纳税所得额

（一）应纳税所得额的确定原则

1. 权责发生制

《计税办法》第五条规定，个体工商户应纳税所得额的计算，以权责发生制为原则，属于当期的收入和费用，不论款项是否收付，均作为当期的收入和费用；不属于当期的收入和费用，即使款项已经在当期收付，均不作为当期收入和费用。本办法和财政部、国家税务总局另有规定的除外。

2. 税法优先

《计税办法》第六条规定，在计算应纳税所得额时，个体工商户会计处理办法与本办法和财政部、国家税务总局相关规定不一致的，应当依照本办法和财政部、国家税务总局的相关规定计算。

借鉴企业所得税相关立法经验，《计税办法》在制度设计上确立了税法优先原则，个体工商户在计算应纳税所得额时，其会计处理与《计税办法》相关规定不一致的，应当依照《计税办法》的规定执行。

3. 区分收益性支出和资本性支出

《计税办法》第十四条规定，个体工商户发生的支出应当区分收益性支出和资本性支出。收益性支出在发生当期直接扣除；资本性支出应当分期扣除或者计入有关资产成本，不得在发生当期直接扣除。

前款所称支出，是指与取得收入直接相关的支出。

4. 不得重复扣除

除税收法律法规另有规定外，个体工商户实际发生的成本、费用、税金、损失和其他支出，不得重复扣除。

（二）应纳税所得额

《个人所得税法》第六条规定，个体工商户的生产、经营所得，以每一纳税年度的收入总额，减除成本、费用以及损失后的余额，为应纳税所得额。

《计税办法》第七条规定，个体工商户的生产、经营所得，以每一纳税年度的收入总额，减除成本、费用、税金、损失、其他支出以及允许弥补的以前年度亏损后的余额，为应纳税所得额。

这是采取会计核算办法归集或计算得出的应纳税所得额，据此计算应纳个人所得税额。其计算公式为：

$$\text{应纳税所得额} = \text{收入总额} - \text{成本} - \text{费用} - \text{税金} - \text{损失} - \text{其他支出} - \text{允许弥补的以前年度亏损}$$

需要注意的是，个体工商户生产经营所得与企业所得税应纳税所得额计算公式不同，企业所得税应纳税所得额的计算公式为：

$$\text{应纳税所得额} = \text{收入总额} - \text{不征税收入} - \text{免税收入} - \text{各项扣除} - \text{允许弥补的以前年度亏损}$$

（三）收入总额

《计税办法》第八条规定，个体工商户从事生产经营以及与生产经营有关的活动（以下简称生产经营）取得的货币形式和非货币形式的各项收入，为收入总额。包括：销售货物收入、提供劳务收入、转让财产收入、利息收入、租金收入、接受捐赠收入、其他收入。

前款所称其他收入包括个体工商户资产溢余收入、逾期一年以上的未退包装物押金收入、确实无法偿付的应付款项、已作坏账损失处理后又收回的应收款项、债务重组收入、补贴收入、违约金收入、汇兑收益等。

（四）准予扣除的项目

计算个体工商户生产经营所得时，允许扣除的项目有成本、费用、税金、损失和其他支出。

1. 成本

成本是指个体工商户在生产经营活动中发生的销售成本、销货成本、业务支出以及其他耗费。

2. 费用

费用是指个体工商户在生产经营活动中发生的销售费用、管理费用和财务费用，已经计入成本的有关费用除外。

3. 税金

税金是指个体工商户在生产经营活动中发生的除个人所得税和允许抵扣的增值税以外的各项税金及其附加。

《计税办法》第三十条规定，个体工商户代其从业人员或者他人负担的税款，不得税前扣除。

4. 损失

损失是指个体工商户在生产经营活动中发生的固定资产和存货的盘亏、毁损、报废损失，转让财产损失，坏账损失，自然灾害等不可抗力因素造成的损失以及其他损失。

个体工商户发生的损失，减除责任人赔偿和保险赔款后的余额，参照财政部、国家税务总局有关企业资产损失税前扣除的规定扣除。

个体工商户已经作为损失处理的资产，在以后纳税年度又全部收回或者部分收回时，应当计入收回当期的收入。

5. 其他支出

其他支出是指除成本、费用、税金、损失外，个体工商户在生产经营活动中发生的与生产经营活动有关的、合理的支出。

（五）不得在税前扣除的项目

《计税办法》第十五条规定，个体工商户下列支出不得扣除：

（1）个人所得税税款；

（2）税收滞纳金；

（3）罚金、罚款和被没收财物的损失；

（4）不符合扣除规定的捐赠支出；

（5）赞助支出；

（6）用于个人和家庭的支出；

（7）与取得生产经营收入无关的其他支出；

（8）国家税务总局规定不准扣除的支出。

《计税办法》第三十条规定，个体工商户代其从业人员或者他人负担的税款，不得税前扣除。

《计税办法》第二十一条规定，个体工商户业主的工资、薪金支出不得税前扣除。

（六）亏损及其弥补

1. 亏损

《计税办法》第二十条规定，本办法所称亏损，是指个体工商户依照本办法规定计算的应纳税所得额小于零的数额。

2. 亏损弥补

《计税办法》第十七条规定，个体工商户纳税年度发生的亏损，准予向以后年度结转，用以后年度的生产经营所得弥补，但结转年限最长不得超过五年。

（七）扣除项目及标准

1. 工资、薪金支出

《计税办法》第二十一条规定，个体工商户实际支付给从业人员的、合理的工资、薪金支出，准予扣除。

个体工商户业主的费用扣除标准，依照相关法律、法规和政策规定执行。个体工商户业主的工资、薪金支出不得税前扣除。

2. 个体户业主的费用扣除

自 2011 年 9 月 1 日起,《国家税务总局关于贯彻执行修改后的个人所得税法有关问题的公告》(国家税务总局公告 2011 年第 46 号)规定,个体工商户、个人独资企业和合伙企业的投资者(合伙人)2011 年 9 月 1 日(含)以后的生产经营所得,应适用税法修改后的减除费用标准和税率表,即自 2011 年 9 月 1 日起,对个体工商户业主、个人独资企业和合伙企业投资者的生产经营所得依法计征个人所得税时,个体工商户业主、个人独资企业和合伙企业投资者本人的费用扣除标准(见表 6-1)为 42 000 元/年(3 500 元/月)。

表 6-1 业主和投资者费用扣除标准

序号	时间	标准	依据
1	2006 年 1 月 1 日至 2008 年 2 月 29 日止	19 200 元/年(1 600 元/月)	财税〔2006〕44 号
2	2008 年 3 月 1 日至 20011 年 8 月 31 日止	24 000 元/年(2 000 元/月)	财税〔2008〕65 号
3	自 2011 年 9 月 1 日起	42 000 元/年(3 500 元/月)	财税〔2011〕62 号

3. 保险费和住房公积金

(1)五险一金的扣除。

《计税办法》第二十二条第一款规定,个体工商户按照国务院有关主管部门或者省级人民政府规定的范围和标准为其业主和从业人员缴纳的基本养老保险费、基本医疗保险费、失业保险费、生育保险费、工伤保险费和住房公积金,准予扣除。

(2)补充保险的扣除。

为支持个体工商户业主和从业人员建立补充养老保险和补充医疗保险,允许其对不超过办法规定标准的部分进行税前扣除。

《计税办法》第二十二条第二款规定,个体工商户为从业人员缴纳的补充养老保险费、补充医疗保险费,分别在不超过从业人员工资总额 5% 标准内的部分据实扣除;超过部分,不得扣除。

《计税办法》第二十二条第三款规定,个体工商户业主本人缴纳的补充养老保险费、补充医疗保险费,以当地(地级市)上年度社会平均工资的 3 倍为计算基数,分别在不超过该计算基数 5% 标准内的部分据实扣除;超过部分,不得扣除。

(3)商业保险的扣除。

《计税办法》第二十三条规定,除个体工商户依照国家有关规定为特殊工种从业人员支付的人身安全保险费和财政部、国家税务总局规定可以扣除的其他商业保险费外,个体工商户业主本人或者为从业人员支付的商业保险费,不得扣除。

(4)财产保险的扣除。

《计税办法》第三十三条规定,个体工商户参加财产保险,按照规定缴纳的保险费,准予扣除。

4. 三项经费

《计税办法》第二十七条规定，个体工商户向当地工会组织拨缴的工会经费、实际发生的职工福利费支出、职工教育经费支出分别在工资、薪金总额的2%、14%、2.5%的标准内据实扣除。

工资、薪金总额是指允许在当期税前扣除的工资、薪金支出数额。

职工教育经费的实际发生数额超出规定比例当期不能扣除的数额，准予在以后纳税年度结转扣除。

个体工商户业主本人向当地工会组织缴纳的工会经费、实际发生的职工福利费支出、职工教育经费支出，以当地（地级市）上年度社会平均工资的3倍为计算基数，在该条第一款规定比例内据实扣除。

自2008年1月1日起，根据《财政部 国家税务总局关于调整个体工商户个人独资企业和合伙企业个人所得税税前扣除标准有关问题的通知》（财税〔2008〕65号）的规定，个体工商户、个人独资企业和合伙企业拨缴的工会经费、发生的职工福利费、职工教育经费支出分别在工资、薪金总额2%、14%、2.5%的标准内据实扣除。需要注意的是，这里的工资、薪金总额不含个体工商户业主和个人独资企业及合伙企业投资者的费用扣除额。

5. 借款费用

《计税办法》第二十四条规定，个体工商户在生产经营活动中发生的合理的不需要资本化的借款费用，准予扣除。

个体工商户为购置、建造固定资产、无形资产和经过12个月以上的建造才能达到预定可销售状态的存货发生借款的，在有关资产购置、建造期间发生的合理的借款费用，应当作为资本性支出计入有关资产的成本，并依照本办法的规定扣除。

6. 利息支出

《计税办法》第二十五条规定，个体工商户在生产经营活动中发生的下列利息支出，准予扣除：

（1）向金融企业借款的利息支出；

（2）向非金融企业和个人借款的利息支出，不超过按照金融企业同期同类贷款利率计算的数额的部分。

7. 汇兑损失

《计税办法》第二十六条规定，个体工商户在货币交易中，以及纳税年度终了时将人民币以外的货币性资产、负债按照期末即期人民币汇率中间价折算为人民币时产生的汇兑损失，除已经计入有关资产成本部分外，准予扣除。

8. 业务招待费

《计税办法》第二十八条规定，个体工商户发生的与生产经营活动有关的业务招待费，按照实际发生额的 60％扣除，但最高不得超过当年销售（营业）收入的 5‰。

业主自申请营业执照之日起至开始生产经营之日止所发生的业务招待费，按照实际发生额的 60％计入个体工商户的开办费。

9. 广告费和业务宣传费

《计税办法》第二十九条规定，个体工商户每一纳税年度发生的与其生产经营活动直接相关的广告费和业务宣传费不超过当年销售（营业）收入 15％的部分，可以据实扣除；超过部分，准予在以后纳税年度结转扣除。

2015 年以前，自 2008 年 1 月 1 日起，根据财税〔2008〕65 号文件的规定，个体工商户、个人独资企业和合伙企业每一纳税年度发生的广告费和业务宣传费用不超过当年销售（营业）收入 15％的部分，可据实扣除；超过部分，准予在以后纳税年度结转扣除。

【例 6-1】（单选题）2015 年某个体工商户取得销售收入 40 万元，将不含税价格为 5 万元的商品用于家庭成员和亲友消费；当年取得银行利息收入 1 万元，转让股票取得转让所得 10 万元，取得基金分红 1 万元。该个体户允许扣除的广告费和业务宣传费限额为（　　）万元。

  A. 6.00   B. 6.75   C. 7.50   D. 8.25

［答案］B

［解析］个体工商户年营业收入（销售收入）＝40＋5＝45（万元），广告费和业务宣传费扣除限额＝销售收入×15％＝45×15％＝6.75（万元）。

10. 开办费

《计税办法》第三十五条规定，个体工商户自申请营业执照之日起至开始生产经营之日止所发生符合本办法规定的费用，除为取得固定资产、无形资产的支出，以及应计入资产价值的汇兑损益、利息支出外，作为开办费，个体工商户可以选择在开始生产经营的当年一次性扣除，也可自生产经营月份起在不短于 3 年期限内摊销扣除，但一经选定，不得改变。

开始生产经营之日为个体工商户取得第一笔销售（营业）收入的日期。

11. 劳动保护支出

《计税办法》第三十四条规定，个体工商户发生的合理的劳动保护支出，准予扣除。

12. 捐赠支出

公益性捐赠，是指企业通过公益性社会团体或者县级以上人民政府及其部门，用于《中华人民共和国公益事业捐赠法》规定的公益事业的捐赠。县级以上人民政府及其部门和国家机关均指县级（含县级，下同）以上人民政府及其组成部门和直属机构。

《计税办法》第三十六条规定，个体工商户通过公益性社会团体或者县级以上人民政府及其部门，用于《中华人民共和国公益事业捐赠法》规定的公益事业的捐赠，捐赠额不超过其应纳税所得额 30％的部分可以据实扣除。

财政部、国家税务总局规定可以全额在税前扣除的捐赠支出项目,按有关规定执行。个体工商户直接对受益人的捐赠不得扣除。

13. 赞助支出

《计税办法》第三十七条规定,本办法所称赞助支出,是指个体工商户发生的与生产经营活动无关的各种非广告性质支出。

14. 研发支出

为加大对个体工商户研发投入的支持力度,《计税办法》将用于研发的单台设备一次性税前扣除的价值标准由 5 万元提高到 10 万元。《计税办法》第三十八条规定,个体工商户研究开发新产品、新技术、新工艺所发生的开发费用,以及研究开发新产品、新技术而购置单台价值在 10 万元以下的测试仪器和试验性装置的购置费准予直接扣除;单台价值在 10 万元以上(含 10 万元)的测试仪器和试验性装置,按固定资产管理,不得在当期直接扣除。

15. 规费的扣除

《计税办法》第三十一条规定,个体工商户按照规定缴纳的摊位费、行政性收费、协会会费等,按实际发生数额扣除。

16. 固定资产租赁费

《计税办法》第三十二条规定,个体工商户根据生产经营活动的需要租入固定资产支付的租赁费,按照以下方法扣除:

(1)以经营租赁方式租入固定资产发生的租赁费支出,按照租赁期限均匀扣除;

(2)以融资租赁方式租入固定资产发生的租赁费支出,按照规定构成融资租入固定资产价值的部分应当提取折旧费用,分期扣除。

17. 税控收款机支出

《国家税务总局关于实行定期定额征收的个体工商户购置和使用税控收款机有关问题的通知》(国税发〔2005〕185 号)规定,对定期定额户购置税控收款机的购置费用允许在缴纳个人所得税前一次性扣除,即:将购置费用直接抵扣购机当月的个人所得税应纳税所得额,当月抵扣不完的,可以顺延,直至扣完。

根据《财政部 国家税务总局关于推广税控收款机有关税收政策的通知》(财税〔2004〕167 号)的规定,营业税纳税人购置税控收款机,经主管税务机关审核批准后,可凭购进税控收款机取得的增值税专用发票,按照发票上注明的增值税税额,抵免当期应纳营业税税额,或者按照购进税控收款机取得的普通发票上注明的价款,依下列公式计算可抵免税额:

$$可抵免税额 = [价款 \div (1 + 17\%)] \times 17\%$$

当期应纳税额不足抵免的,未抵免部分可在下期继续抵免。

18. 混用费用的扣除

《计税办法》第十六条规定，个体工商户生产经营活动中，应当分别核算生产经营费用和个人、家庭费用。对于生产经营与个人、家庭生活混用难以分清的费用，其40%视为与生产经营有关费用，准予扣除。

基于个体工商户生产经营活动与家庭财产、费用支出经常混用的实际情况，新《计税办法》对个体工商户生产经营与家庭生活混用不能分清的费用，允许按照40%的比例视为与生产经营有关费用进行税前扣除。这种处理方式既便于个体工商户享受扣除规定，也可避免原计税办法下因个别地方不允许混用费用扣除导致纳税人税负增加。

这与个人独资企业和合伙企业的处理不同。根据《财政部 国家税务总局关于印发〈关于个人独资企业和合伙企业投资者征收个人所得税的法规〉的通知》（财税〔2000〕91号）的规定，个人独资企业和合伙企业投资者及其家庭发生的生活费用不允许在税前扣除。投资者及其家庭发生的生活费用与企业生产经营费用混合在一起，并且难以划分的，全部视为投资者个人及其家庭发生的生活费用，不允许在税前扣除。

【例6-2】（多选题）下列有关某个体工商户2015年计算缴纳个人所得税的表述中，正确的有（　　）。

A. 向其从业人员实际支付的合理的工资、薪金支出，允许税前据实扣除
B. 每一纳税年度发生的与其生产经营业务直接相关的业务招待费支出，按照发生额的50%扣除
C. 每一纳税年度发生的广告费和业务宣传费不超过当年销售（营业）收入15%的部分，可据实扣除，超过部分，准予在以后纳税年度结转扣除
D. 研究开发新产品、新技术、新工艺发生的开发费用，以及研究开发新产品、新技术而购置单台价值在10万元以下的测试仪器和实验性装置的购置费，准予扣除
E. 将其所得通过中国境内的社会团体向教育和其他社会公益事业的捐赠，捐赠额不超过其利润总额12%的部分允许税前扣除

[答案] ACD

（八）资产的税务处理

1. 资产税务处理原则

《计税办法》把为个体工商户创造一个更好的与法人企业公平竞争的所得税政策环境作为第一目标，把尽量与企业所得税相关规定接轨作为政策设计的基本原则。在条款设计上采取了避免过于复杂的原则，兼顾个体工商户经营规模和会计核算特点，对个体工商户资产的税务处理和其他相关事宜不再展开作详细规定，采取了原则规定参照企业所得税法律、法规和政策规定执行的处理方式。

因而，《计税办法》第三十九条规定，个体工商户资产的税务处理，参照企业所得税相关法律、法规和政策规定执行。

2. 存货的处理

个体工商户在生产经营过程中为销售或者耗用而储备的物资为存货，包括各种原材料、辅助材料、燃料、低值易耗品、包装物、在产品、外购商品、自制半成品、产成品等。

《计税办法》第十八条规定，个体工商户使用或者销售存货，按照规定计算的存货成本，准予在计算应纳税所得额时扣除。

3. 资产净值的扣除

《计税办法》第十九条规定，个体工商户转让资产，该项资产的净值，准予在计算应纳税所得额时扣除。

【**例 6-3**】（单选题）张某为熟食加工个体户，2015 年取得生产经营收入 20 万元，生产经营成本、费用、税金等共计 18 万元（含购买一辆非经营用小汽车支出 8 万元）；另取得个人文物拍卖收入 30 万元，不能提供原值凭证，该文物经文物部门认定为海外回流文物。下列关于张某 2015 年个人所得税纳税事项的表述中，正确的是（　　）。

A. 小汽车支出可以在税前扣除

B. 生产经营所得应纳个人所得税的计税依据为 5.8 万元

C. 文物拍卖所得按文物拍卖收入额的 3% 缴纳个人所得税

D. 文物拍卖所得应并入生产经营所得一并缴纳个人所得税

[**答案**] B

[**解析**] 根据《计税办法》第十五条的规定，个体工商户与取得生产经营收入无关的其他支出不得扣除。因而张某非经营用小汽车支出 8 万元不得税前扣除。选项 A 错误。

生产经营所得应纳个人所得税的计税依据为：$20-(18-8)-0.35×12=5.8$（万元），因而，应选 B。

《国家税务总局关于加强和规范个人取得拍卖收入征收个人所得税有关问题的通知》（国税发〔2007〕38 号）第四条规定，纳税人如不能提供合法、完整、准确的财产原值凭证，不能正确计算财产原值的，按转让收入额的 3% 征收率计算缴纳个人所得税；拍卖品为经文物部门认定是海外回流文物的，按转让收入额的 2% 征收率计算缴纳个人所得税。因而，选项 C 错误。

《财政部 国家税务总局关于个人所得税若干政策问题的通知》（财税字〔1994〕20 号）规定，个体工商户和从事生产、经营的个人，取得与生产、经营活动无关的各项应税所得，应按规定分别计算征收个人所得税。因而，文物拍卖所得不并入生产经营所得，而应按"财产转让所得"项目计算缴纳个人所得税。

四、应纳税额的计算

（一）应纳税额的计算公式

《个人所得税法》第九条第三款规定，个体工商户的生产、经营所得应纳的税款，按年计算、分月预缴，由纳税义务人在次月 15 日内预缴，年度终了后三个月内汇算清缴，多退少补。因此，实际工作中，需要分别计算按月预缴税额和年终汇算清缴税额。计算公式为：

$$\begin{matrix} 本月应 \\ 预缴税额 \end{matrix} = \begin{matrix} 至本月累计 \\ 应纳税所得额 \end{matrix} \times \begin{matrix} 适用 \\ 税率 \end{matrix} - \begin{matrix} 速算 \\ 扣除数 \end{matrix} - \begin{matrix} 至上月累计 \\ 已预缴税额 \end{matrix}$$

$$全年应纳税额 = 全年应纳税所得额 \times 适用税率 - 速算扣除数$$

$$汇算清缴应补(退)税额 = 全年应纳税额 - 全年累计已预缴税额$$

（二）经营期不足一年应纳税额的计算

从保持与个人独资企业和合伙企业年度中间开业、合并、注销等情形纳税期限的确定原则一致，同时减轻纳税人负担的角度出发的《国家税务总局关于个体工商户、个人独资企业和合伙企业个人所得税问题的公告》（国家税务总局公告 2014 年第 25 号，自 2014 年 4 月 23 日发布之日起施行。2014 年度个体工商户、个人独资企业和合伙企业生产经营所得的个人所得税计算，适用该公告）明确：个体工商户、个人独资企业和合伙企业因在纳税年度中间开业、合并、注销及其他原因，导致该纳税年度的实际经营期不足 1 年的，对个体工商户业主、个人独资企业投资者和合伙企业自然人合伙人的生产经营所得计算个人所得税时，以其实际经营期为 1 个纳税年度。投资者本人的费用扣除标准，应按照其实际经营月份数，以每月 3 500 元的减除标准确定。计算公式如下：

$$应纳税所得额 = 该年度收入总额 - 成本、费用及损失 - 当年投资者本人的费用扣除额$$

$$当年投资者本人的费用扣除额 = 月减除费用(3\ 500\ 元/月) \times 当年实际经营月份数$$

$$应纳税额 = 应纳税所得额 \times 税率 - 速算扣除数$$

（三）生产经营所得如何适用新老税法

2011 年 6 月新修改的《个人所得税法》自 2011 年 9 月 1 日起开始实施，鉴于个体工商户、个人独资企业和合伙企业的生产经营所得是按年度计算，而且是在一个完整的纳税年度产生的，这就需要分段计算应纳税额。因而，《国家税务总局关于贯彻执行修改后的个人所得税法有关问题的公告》（国家税务总局公告 2011 年第 46 号）规定，个体工商户、个人独资企业和合伙企业的投资者（合伙人）2011 年 9 月 1 日（含）以后的生产经营所得，应适用税法修改后的减除费用标准和税率表。按照税收法律、法规和文件规定，先计算全年应纳税所得额，再计算全年应纳税额。其 2011 年度汇算清缴时应纳税额的计算需要分步进行：

（1）按照有关税收法律、法规和文件规定，计算全年应纳税所得额；

（2）计算前 8 个月应纳税额：

$$\begin{matrix} 前8个月 \\ 应纳税额 \end{matrix} = \left(\begin{matrix} 全年应纳税 \\ 所得额 \end{matrix} \times \begin{matrix} 税法修改前的 \\ 对应税率 \end{matrix} - \begin{matrix} 速算 \\ 扣除数 \end{matrix} \right) \times 8 \div 12$$

(3) 计算后 4 个月应纳税额:

$$\begin{matrix} 后\,4\,个月 \\ 应纳税额 \end{matrix} = \left(\begin{matrix} 全年应纳税 \\ 所得额 \end{matrix} \times \begin{matrix} 税法修改后的 \\ 对应税率 \end{matrix} - \begin{matrix} 速算 \\ 扣除数 \end{matrix} \right) \times 4 \div 12$$

(4) 全年应纳税额=前 8 个月应纳税额+后 4 个月应纳税额。

纳税人应在 2011 年度终了后的 3 个月内,按照上述方法计算 2011 年度应纳税额,进行汇算清缴。对企事业单位的承包经营、承租经营所得应纳税额的计算比照上述规定执行。

需要注意的是,上述计算方法仅适用于纳税人 2011 年的生产经营所得应纳税所得额的计算,2012 年以后则按照税法规定全年适用统一的税率。

【例 6-4】(计算题)某个体工商户从事餐饮服务,按照税法和相关规定计算出 2011 年全年应纳税所得额为 45 000 元,请计算其全年应缴纳的个人所得税额。

[答案]按照《个人所得税法》的规定,生产经营所得是指一个完整纳税年度产生的实际所得,实行按年计算应纳税额、按月或按季预缴、年终汇算清缴。由于修改后的个人所得税法自 2011 年 9 月 1 日起施行,为使个体工商户、个人独资企业和合伙企业投资者能够切实享受 2011 年后四个月的减税优惠,需要在汇算清缴时对其 2011 年度的应纳税额实行分段计算。

因此,在根据税法相关规定计算 2011 年度的应纳税所得额时,涉及个体工商户、投资者个人的费用扣除标准应区分前 8 个月和后 4 个月,分别按照修改前、后税法的规定计算。并在此基础上分段计算应纳税额,即将全年应纳税所得额分别按修改前、后税率表对应的税率算出两个全年应纳税额,再分别乘以修改前、后税率表在全年适用的时间比例,并相加得出全年的应纳税额。

本例中该个体工商户全年应纳税额计算如下:

2011 年前 8 个月应纳税额=(45 000×30%-4 250)×8÷12=6 166.67(元);

2011 年后 4 个月应纳税额=(45 000×20%-3 750)×4÷12=1 750(元);

全年应纳税额=6 166.67+1 750=7 916.67(元)。

【例 6-5】(单选题)根据《个人所得税法》的有关规定,下列表述中错误的是(   )。

A. 实行核定征收的投资者,可以享受个人所得税的优惠政策

B. 个人取得境外所得应自行申报纳税

C. 纳税人若采取邮寄方式申报纳税的,以寄出地邮戳日期为实际申报日期

D. 账册健全的个体工商户,其生产、经营所得应在次月 15 日内申报预缴,年度终了后 3 个月内汇算清缴,多退少补

[答案] A

五、征收管理

(一)设有两处或两处以上经营机构的申报

《计税办法》第四十条规定,个体工商户有两处或两处以上经营机构的,选择并固定

向其中一处经营机构所在地主管税务机关申报缴纳个人所得税。

（二）注销前结清税款

《计税办法》第四十一条规定，个体工商户终止生产经营的，应当在注销工商登记或者向政府有关部门办理注销前向主管税务机关结清有关纳税事宜。

第二节　个人独资与合伙企业投资者个人所得税

《国务院关于个人独资企业和合伙企业征收所得税问题的通知》（国发〔2000〕16号）规定，自2000年1月1日起，对个人独资企业和合伙企业停征企业所得税，其投资者的生产经营所得，比照个体工商户的生产、经营所得征收个人所得税。具体税收政策和征税办法由国家财税主管部门另行制定。

为了认真贯彻落实国发〔2000〕16号文件精神，切实做好个人独资企业和合伙企业投资者的个人所得税征管工作，根据《个人所得税法》及其实施条例，下发了《财政部国家税务总局关于印发〈关于个人独资企业和合伙企业投资者征收个人所得税的规定〉的通知》（财税〔2000〕91号），对个人独资企业和合伙企业投资者的生产经营所得征收个人所得税做出规定。

一、个人独资、合伙企业及纳税人的界定

（一）个人独资和合伙企业的界定

财税〔2000〕91号文件第二条规定，本规定所称个人独资企业和合伙企业是指：

（1）依照《中华人民共和国个人独资企业法》和《中华人民共和国合伙企业法》登记成立的个人独资企业、合伙企业；

（2）依照《中华人民共和国私营企业暂行条例》登记成立的独资、合伙性质的私营企业；

（3）依照《中华人民共和国律师法》登记成立的合伙制律师事务所；

（4）经政府有关部门依照法律、法规批准成立的负无限责任和无限连带责任的其他个人独资、个人合伙性质的机构或组织。

（二）纳税义务人

财税〔2000〕91号文件第三条规定，个人独资企业以投资者为纳税义务人，合伙企业以每一个合伙人为纳税义务人（以下简称投资者）。

自 2008 年 1 月 1 日起，根据《财政部 国家税务总局关于合伙企业合伙人所得税问题的通知》（财税〔2008〕159 号）的规定，合伙企业以每一个合伙人为纳税义务人。合伙企业合伙人是自然人的，缴纳个人所得税；合伙人是法人和其他组织的，缴纳企业所得税。

【例 6-6】（单选题）2015 年 8 月某商贸公司和张某、李某成立合伙企业。根据企业所得税和个人所得税相关规定，下列关于该合伙企业所得税征收管理的说法中错误的是（　　）。

A. 商贸公司需要就合伙所得缴纳企业所得税

B. 商贸公司可使用合伙企业的亏损抵减其盈利

C. 张某、李某需要就合伙所得缴纳个人所得税

D. 合伙企业生产经营所得采取先分后税的原则

[**答案**] B

二、查账征收应税所得的确定

合伙企业生产经营所得和其他所得〔包括合伙企业分配给所有合伙人的所得和企业当年留存的所得（利润）〕采取"先分后税"的原则。具体应纳税所得额的计算按照财税〔2000〕91 号文件以及《财政部 国家税务总局关于调整个体工商户、个人独资企业和合伙企业个人所得税税前扣除标准有关问题的通知》（财税〔2008〕65 号）和《财政部 国家税务总局关于调整个体工商户业主个人独资企业和合伙企业自然人投资者个人所得税费用扣除标准的通知》（财税〔2011〕62 号）等有关规定执行。

财税〔2000〕91 号文件第四条规定，个人独资企业和合伙企业（简称企业）每一纳税年度的收入总额减除成本、费用以及损失后的余额，作为投资者个人的生产经营所得，比照个人所得税法的"个体工商户的生产、经营所得"应税项目，适用 5%～35% 的五级超额累进税率，计算征收个人所得税。

自 2008 年 1 月 1 日起，根据财税〔2008〕159 号文件的规定，合伙企业的合伙人按照下列原则确定应纳税所得额：

（1）合伙企业的合伙人以合伙企业的生产经营所得和其他所得，按照合伙协议约定的分配比例确定应纳税所得额。

（2）合伙协议未约定或者约定不明确的，以全部生产经营所得和其他所得，按照合伙人协商决定的分配比例确定应纳税所得额。

（3）协商不成的，以全部生产经营所得和其他所得，按照合伙人实缴出资比例确定应纳税所得额。

（4）无法确定出资比例的，以全部生产经营所得和其他所得，按照合伙人数量平均计算每个合伙人的应纳税所得额。合伙协议不得约定将全部利润分配给部分合伙人。

（一）收入总额

收入总额，是指企业从事生产经营以及与生产经营有关的活动所取得的各项收入，包

括商品（产品）销售收入、营运收入、劳务服务收入、工程价款收入、财产出租或转让收入、利息收入、其他业务收入和营业外收入。

（二）扣除项目

根据财税〔2000〕91 号文件的规定，凡实行查账征税办法的，个人独资和合伙企业个人投资者生产经营所得比照《个体工商户个人所得税计税办法（试行）》（国税发〔1997〕43 号发布，自 2015 年起比照《个体工商户个人所得税计税办法》（国家税务总局令 35 号发布）的规定确定。但下列项目的扣除依照财税〔2000〕91 号文件等规定执行。

1. 投资者费用扣除

自 2011 年 9 月 1 日起，《财政部　国家税务总局关于调整个体工商户业主、个人独资企业和合伙企业自然人投资者个人所得税费用扣除标准的通知》（财税〔2011〕62 号）规定，对个体工商户业主、个人独资企业和合伙企业自然人投资者的生产经营所得依法计征个人所得税时，个体工商户业主、个人独资企业和合伙企业自然人投资者本人的费用扣除标准（如表 6-2 所示）统一确定为 42 000 元/年（3 500 元/月）。

表 6-2　　　　　　　　　　　　　　投资者的费用扣除标准

序号	时间	标准	依据
1	2006 年 1 月 1 日至 2008 年 2 月 29 日止	19 200 元/年（1 600 元/月）	财税〔2006〕44 号文件
2	2008 年 3 月 1 日至 20011 年 8 月 31 日止	24 000 元/年（2 000 元/月）	财税〔2008〕65 号文件
3	自 2011 年 9 月 1 日起	42 000 元/年（3500 元/月）	财税〔2011〕62 号文件

财税〔2000〕91 号文件第十三条还规定，投资者兴办两个或两个以上企业的，根据规定准予扣除的个人费用，由投资者选择在其中一个企业的生产经营所得中扣除。

2. 职工工资的扣除

自 2008 年 1 月 1 日起，根据财税〔2008〕65 号文件的规定，个体工商户、个人独资企业和合伙企业向其从业人员实际支付的合理的工资、薪金支出，允许在税前据实扣除。这与企业所得税法的规定相同。

企业按照国家有关规定为职工缴纳的基本养老保险费、基本医疗保险费、失业保费等，在计税时准予扣除。

3. 三项经费

根据财税〔2008〕65 号文件的规定，个体工商户、个人独资企业和合伙企业拨缴的工会经费、发生的职工福利费、职工教育经费支出分别在工资、薪金总额 2%、14%、2.5% 的标准内据实扣除。这与企业所得税的处理相同。

4. 广告费和业务宣传费

根据财税〔2008〕65 号文件的规定，个体工商户、个人独资企业和合伙企业每一纳税年度发生的广告费和业务宣传费用不超过当年销售（营业）收入15％的部分，可据实扣除；超过部分，准予在以后纳税年度结转扣除。

5. 业务招待费

根据财税〔2008〕65号文件的规定，个体工商户、个人独资企业和合伙企业每一纳税年度发生的与其生产经营业务直接相关的业务招待费支出，按照发生额的60％扣除，但最高不得超过当年销售（营业）收入的5‰。这与企业所得税法中业务招待费的处理相一致。

6. 个人生活费用的扣除

自2015年起，根据《计税办法》第十六条的规定，个体工商户生产经营活动中，应当分别核算生产经营费用和个人、家庭费用。对于生产经营与个人、家庭生活混用难以分清的费用，其40％视为与生产经营有关费用，准予扣除。

7. 共用固定资产折旧的扣除

财税〔2000〕91号文件规定，企业生产经营和投资者及其家庭生活共用的固定资产，难以划分的，由主管税务机关根据企业的生产经营类型、规模等具体情况，核定准予在税前扣除的折旧费用的数额或比例。

8. 准备金的扣除

财税〔2000〕91号文件规定，企业计提的各种准备金不得扣除。

【**例6-7**】（单选题）下列表述中，符合个人独资企业和合伙企业纳税规定的是（　　）。

A. 个人独资企业的投资者以全部生产经营所得和对外投资分回的利润作为企业的应纳税所得额

B. 个人以独资企业和合伙企业的形式开办两个或两个以上的企业，应分别按每个企业的应纳税所得额计算缴纳各自的所得税税额

C. 个人独资企业的投资者以企业资金为本人、家庭成员支付与企业生产经营无关的消费性支出，依照"利息、股息、红利所得"项目征收个人所得税

D. 实行查账征税方式的个人独资企业和合伙企业改为核定征收以后，在原征税方式下认定的年度经营亏损未弥补完的部分，不得再继续弥补

［答案］D

（三）特殊事项的处理

1. 亏损的弥补

财税〔2000〕91号文件第十四条规定，企业的年度亏损，允许用本企业下一年度的生产、经营所得弥补，下一年度所得不足弥补的，允许逐年延续弥补，但最长不得超过

5年。

投资者兴办两个或两个以上企业的。企业的年度经营亏损不能跨企业弥补。需要说明的是，税法所指的亏损的概念，不是企业财务报表中反映的亏损额，而是企业财务报表中的亏损额经按税法规定调整后的金额。

此外，根据财税〔2008〕159号文件的规定，合伙企业的合伙人是法人和其他组织的，合伙人在计算其缴纳企业所得税时，不得用合伙企业的亏损抵减其盈利。

《国家税务总局关于〈个人独资企业和合伙企业投资者征收个人所得税的规定〉执行口径的通知》（国税函〔2001〕84号）规定，实行查账征税方式的个人独资企业和合伙企业改为核定征税方式后，在查账征税方式下认定的年度经营亏损未弥补完的部分，不得再继续弥补。

2. 关联交易的处理

财税〔2000〕91号文件第十一条进一步规定，企业与其关联企业之间的业务往来，应当按照独立企业之间的业务往来收取或者支付价款、费用。不按照独立企业之间的业务往来收取或者支付价款、费用，而减少其应纳税所得额的，主管税务机关有权进行合理调整。

这里所称关联企业，其认定条件及税务机关调整其价款、费用的方法，按照《中华人民共和国税收征收管理法》及其实施细则的有关规定执行。

3. 个人兴办多个企业的处理

财税〔2000〕91号文件第十二条规定，投资者兴办两个或两个以上个人独资企业和合伙企业的（包括参与兴办，下同），年度终了时，应汇总从所有企业取得的应纳税所得额，据此确定适用税率并计算缴纳应纳税款。

投资者兴办两个或两个以上企业的，根据税法规定准予扣除的个人费用，由投资者选择在其中一个企业的生产经营所得中扣除。

《国家税务总局关于〈关于个人独资企业和合伙企业投资者征收个人所得税的规定〉执行口径的通知》（国税函〔2001〕84号）进一步明确规定，投资者兴办两个或两个以上企业，并且企业性质全部是独资的，年度终了后汇算清缴时，应纳税款的计算按以下方法进行：汇总其投资兴办的所有企业的经营所得作为应纳税所得额，以此确定适用税率，计算出全年经营所得的应纳税额，再根据每个企业的经营所得占所有企业经营所得的比例，分别计算出每个企业的应纳税额和应补缴税额。计算公式如下：

$$应纳税所得额 = \sum 各个企业的经营所得$$

$$应纳税额 = 应纳税所得额 \times 税率 - 速算扣除数$$

$$本企业应纳税额 = 应纳税额 \times 本企业的经营所得 \div \sum 各个企业的经营所得$$

$$本企业应补缴的税额 = 本企业应纳税额 - 本企业预缴的税额$$

4. 境外已缴税款的扣除

《个人所得税法》第七条规定，纳税义务人从中国境外取得的所得，准予其在应纳税额中扣除已在境外缴纳的个人所得税税额。但扣除额不得超过该纳税义务人境外所得依照本法规定计算的应纳税额。

财税〔2000〕91号文件第十五条规定，投资者来源于中国境外的生产经营所得，已在境外缴纳所得税的，可以按照个人所得税法的有关规定计算扣除已在境外缴纳的所得税。

5. 对外投资分回利息、股息、红利的处理

国税函〔2001〕84号文件规定，个人独资企业和合伙企业对外投资分回的利息或者股息、红利，不并入企业的收入，而应单独作为投资者个人取得的利息、股息、红利所得，按"利息、股息、红利所得"应税项目计算缴纳个人所得税。以合伙企业名义对外投资分回利息或者股息、红利的，应按财税〔2000〕91号文件第五条规定（现为财税〔2008〕159号文件）的精神确定各个投资者的利息、股息、红利所得，分别按"利息、股息、红利所得"应税项目计算缴纳个人所得税。

此外，《国家税务总局关于切实加强高收入者个人所得税征管的通知》（国税发〔2011〕50号）规定，对个人独资企业和合伙企业从事股权（票）、期货、基金、债券、外汇、贵重金属、资源开采权及其他投资品交易取得的所得，应全部纳入生产经营所得，依法征收个人所得税。

6. 残疾人员兴办或参与兴办企业的税收优惠问题

国税函〔2001〕84号文件规定，残疾人员投资兴办或参与投资兴办个人独资企业和合伙企业的，残疾人员取得的生产经营所得，符合各省、自治区、直辖市人民政府规定的减征个人所得税条件的，经本人申请、主管税务机关审核批准，可按各省、自治区、直辖市人民政府规定减征的范围和幅度，减征个人所得税。

三、核定征收应纳税额的计算

（一）核定征收个人所得税的条件

财税〔2000〕91号文件第七条规定，有下列情形之一的，主管税务机关应采取核定征收方式征收个人所得税：

（1）企业依照国家有关规定应当设置但未设置账簿的；

（2）企业虽设置账簿，但账目混乱或者成本资料、收入凭证、费用凭证残缺不全，难以查账的；

（3）纳税人发生纳税义务，未按照规定的期限办理纳税申报，经税务机关责令限期申报，逾期仍不申报的。

这里所说核定征收方式，包括定额征收、核定应税所得率征收以及其他合理的征收方式。

【例 6-8】（多选题）下列纳税人中，税务机关有权核定其应纳税额的有（　　）。

A. 虽设置账簿，但账目混乱，难以查账的纳税人

B. 虽设置账簿，但会计报表编制格式有问题的纳税人

C. 依照法律、行政法规的规定可以不设置账簿的纳税人

D. 依照法律、行政法规的规定应当设置但未设置账簿的纳税人

[答案] ACD

（二）应纳所得税额与应税所得率的确定

1. 应纳所得税额的计算

财税〔2000〕91 号文件第九条规定，实行核定应税所得率征收方式的，应纳所得税额的计算公式如下：

$$应纳所得税额＝应纳税所得额×适用税率$$

$$应纳税所得额＝收入总额×应税所得率$$

或　　　$$应纳税所得额＝成本费用支出额÷（1－应税所得率）×应税所得率$$

2. 应税所得率的确定

应税所得率应按表 6-3 规定的标准执行：

表 6-3　　　　　　　　　　　　　　　　应税所得率表

行　　业	应税所得率（%）
工业、交通运输业、商业	5～20
建筑业、房地产开发业	7～20
饮食服务业	7～25
娱乐业	20～40
其他行业	10～30

企业经营多业的，无论其经营项目是否单独核算，均应根据其主营项目确定其适用的应税所得率。这里的"主营项目"，根据苏地税发（2001）15 号文件规定，是指在企业所有经营项目中，营业收入占全部收入比重最大的项目。少数企业各项目间营业收入十分接近，难以确定主营项目的，可由主管税务机关在收入较大的项目中确定一项为主营项目。

根据《国家税务总局关于强化律师事务所等中介机构投资者个人所得税查账征收的通知》（国税发〔2002〕123 号）的规定，任何地区均不得对律师事务所实行全行业核定征税办法。

根据财税〔2000〕91 号第十条的规定，实行核定征税的投资者，不能享受个人所得税的优惠政策。这里的投资者不能享受个人所得税的优惠政策范围，不包括个人所得税法中的优惠政策。

（三）不适用核定征收的行业

《国家税务总局关于切实加强高收入者个人所得税征管的通知》（国税发〔2011〕50号）进一步明确：重点加强规模较大的个人独资、合伙企业和个体工商户的生产经营所得的查账征收管理；难以实行查账征收的，依法严格实行核定征收。对律师事务所、会计师事务所、税务师事务所、资产评估和房地产估价等鉴证类中介机构，不得实行核定征收个人所得税。

四、律师事务所从业人员个人所得税

为了规范和加强律师事务所从业人员个人所得税的征收管理，《国家税务总局关于律师事务所从业人员取得收入征收个人所得税有关业务问题的通知》（国税发〔2000〕149号）明确了相关个人所得税问题，自 2000 年 1 月 1 日起执行。但是，随着律师行业的发展和收入分配形式的变化以及税务部门的征收方式逐步由核定征收改为查账征收，又出现了一些新的情况和问题。为此，《国家税务总局关于律师事务所从业人员有关个人所得税问题的公告》（国家税务总局公告 2012 年第 53 号，以下简称 53 号公告）对律师事务所从业人员有关个人所得税问题进行了进一步规范，自 2013 年 1 月 1 日起执行。

（一）出资律师的税务处理

1. 应纳税所得额的确定

根据国税发〔2000〕149 号文件的规定，自 2000 年 1 月 1 日起，律师个人出资兴办的独资和合伙性质的律师事务所的年度经营所得，停止征收企业所得税，作为出资律师的个人经营所得，按照有关规定，比照"个体工商户的生产、经营所得"应税项目征收个人所得税。在计算其经营所得时，出资律师本人的工资、薪金不得扣除。合伙制律师事务所应将年度经营所得全额作为基数，按出资比例或者事先约定的比例计算各合伙人应分配的所得，据以征收个人所得税。

2. 取消"对律师事务所征收方式的核准"及后续管理

《国务院关于第一批取消 62 项中央指定地方实施行政审批事项的决定》（国发〔2015〕57 号）公布取消 62 项中央指定地方实施的行政审批事项。其中，涉及取消 29 项中央指定地方税务机关实施的税务行政审批事项。

《国家税务总局关于强化律师事务所等中介机构投资者个人所得税查账征收的通知》（国税发〔2002〕123 号）第三条设置的"对按照《税收征收管理法》第三十五条的规定确实无法实行查账征收的律师事务所，经地市级地方税务局批准，应根据《财政部 国家税务总局关于印发〈关于个人独资企业和合伙企业投资者征收个人所得税的规定〉的通知》（财税〔2000〕91 号）中确定的应税所得率来核定其应纳税额"的个人所得税行政审批事项，被国发〔2015〕57 号文件取消。

为明确取消审批事项后续管理要求，《国家税务总局关于 3 项个人所得税事项取消审批实施后续管理的公告》（国家税务总局公告 2016 年第 5 号）第三条明确：《国家税务总局关于强化律师事务所等中介机构投资者个人所得税查账征收的通知》（国税发〔2002〕123 号）第三条废止后，统一按照《中华人民共和国税收征收管理法》及其实施细则、《财政部 国家税务总局关于印发〈关于个人独资企业和合伙企业投资者征收个人所得税的规定〉的通知》（财税〔2000〕91 号）等相关规定实施后续管理。

3. 合伙律师的费用扣除

鉴于律师在办案过程和参加一些公益事业等活动中发生的一些费用难以取得票据和费用难以足额弥补等实际情况，同时考虑到律师之间收入的差距，在深入调研基础上，53 号公告明确，自 2013 年 1 月 1 日至 2015 年 12 月 31 日，对实行查账征收的律师事务所，合伙人律师在计算应纳税所得额时，应凭合法有效凭据按照个人所得税法和有关规定扣除费用；对确实不能提供合法有效凭据而实际发生与业务有关的费用，经当事人签名确认后，可再按下列标准扣除费用：个人年营业收入不超过 50 万元的部分，按 8% 扣除；个人年营业收入超过 50 万元至 100 万元的部分，按 6% 扣除；个人年营业收入超过 100 万元的部分，按 5% 扣除。不执行查账征收的，不适用前款规定。

由于全国律师协会对律师每年参加业务培训有强制要求，有行业特殊性，又与律师的本职工作直接相关，因而，53 号公告还规定，自 2013 年 1 月 1 日起，律师个人承担的按照律师协会规定参加的业务培训费用，可据实扣除。该规定的适用对象是所有律师。律师自行参加的培训以及与律师业务无关的培训产生的费用不适用该规定。

律师事务所和律师个人发生的其他费用和列支标准，按照《国家税务总局关于印发〈个体工商户个人所得税计税办法（试行）〉的通知》（国税发〔1997〕43 号，自 2015 年 1 月 1 日废止）、《个体工商户个人所得税计税办法》（自 2015 年 1 月 1 日起执行）等文件的规定执行。

（二）雇员律师的税务处理

1. 应税项目的确定

国税发〔2000〕149 号文件规定，律师事务所支付给雇员（包括律师及行政辅助人员，但不包括独资和合伙性质的律师事务所的投资者，下同）的所得，按"工资、薪金所得"应税项目征收个人所得税。

2. 分成收入的处理

作为律师事务所雇员的律师与律师事务所按规定的比例对收入分成，律师事务所不负担律师办理案件支出的费用(如交通费、资料费、通讯费及聘请人员等费用),律师当月的分成收入按规定扣除办理案件支出的费用后,余额与律师事务所发给的工资合并,按"工资、薪金所得"应税项目计征个人所得税。

3. 办案费用扣除标准

在 2013 年以前,根据国税发〔2000〕149 号文件第五条第二款的规定,律师从其分成收入中扣除办理案件支出费用的标准,由各省级地方税务局根据当地律师办理案件费用支出的一般情况、律师与律师事务所之间的收入分成比例及其他相关参考因素,在律师当月分成收入的 30% 比例内确定。此外,《国家税务总局关于强化律师事务所等中介机构投资者个人所得税查账征收的通知》(国税发〔2002〕123 号)进一步规定,对作为律师事务所雇员的律师,其办案费用或其他个人费用在律师事务所报销的,在计算其收入时不得再扣除国税发〔2000〕149 号文件规定的其收入 30% 以内的办理案件支出费用。自 2013 年 1月 1 日至 2015 年 12 月 31 日,53 号公告规定,国税发〔2000〕149 号文件第五条第二款规定的作为律师事务所雇员的律师从其分成收入中扣除办理案件支出费用的标准,由现行在律师当月分成收入的 30% 比例内确定,调整为 35% 比例内确定。实行上述收入分成办法的律师办案费用不得在律师事务所重复列支。需要说明的是,该规定的适用对象是实行收入分成办法的雇员律师,而不包括出资律师。

4. 兼职律师收入的处理

兼职律师(指取得律师资格和律师执业证书,不脱离本职工作从事律师职业的人员)从律师事务所取得工资、薪金性质的所得,律师事务所在代扣代缴其个人所得税时,不再减除个人所得税法规定的费用扣除标准,以收入全额(取得分成收入的为扣除办理案件支出费用后的余额)直接确定适用税率,计算扣缴个人所得税。兼职律师应于次月 15 日内自行向主管税务机关申报两处或两处以上取得的工资、薪金所得,合并计算缴纳个人所得税。根据《江苏省地方税务局转发〈国家税务总局关于律师事务所从业人员取得收入征收个人所得税有关业务问题的通知〉的通知》(苏地税发〔2000〕119 号)的规定,这里的"兼职律师从律师事务所取得的工资、薪金性质的所得",是指该兼职律师受单位派遣,在雇佣单位取得的工资、薪金所得。

5. 其他人员收入的处理

律师以个人名义再聘请其他人员为其工作而支付的报酬,应由该律师按"劳务报酬所得"应税项目负责代扣代缴个人所得税。为了便于操作,税款可由其任职的律师事务所代为缴入国库。

6. 从当事人处取得法律顾问费的处理

在 2013 年以前,国税发〔2000〕149 号文件第八条规定,律师从接受法律事务服务的当事人处取得的法律顾问费或其他酬金,均按"劳务报酬所得"应税项目征收个人所得税,税款由支付报酬的单位或个人代扣代缴。从 2013 年 1 月 1 日起,53 号公告废止了国税发〔2000〕149 号文件第八条的规定同时明确,律师从接受法律事务服务的当事人处取得法律顾问费或其他酬金等收入，应并入其从律师事务所取得的其他收入，按照规定计算缴纳个人所得税。

（三）非雇员律师的税务处理

对律师事务所的非雇员律师，从律师事务所取得的收入，应由律师事务所按照"劳务报酬所得"应税项目代扣代缴个人所得税。关于这一点，苏地税发〔2000〕119号文件也做出了明确规定。

【例6-9】（多选题）下列关于特殊行业的个人所得税的表述中，正确的有（　　）。

A. 纳税人在广告设计、制作、发布过程中提供名义、形象而取得的所得，按"劳务报酬所得"项目计征个人所得税

B. 演员参加非任职单位组织的演出取得的报酬，按"劳务报酬所得"项目计征个人所得税

C. 兼职律师从事务所取得的工资，不扣除个人所得税法中规定的费用扣除标准，以分成收入扣除办案费用后的余额确定税率计算个人所得税

D. 律师从接受法律服务的当事人处取得的法律顾问费，按"劳务报酬所得"项目计征个人所得税

E. 个人从事医疗服务，享受免征个人所得税的优惠

[答案] ABC

【例6-10】（案例分析题）某税务师事务所在受托对正直律师事务所进行纳税审核中，发现如下问题：

该律师事务所由甲、乙两名律师合伙出资兴办，另聘请赵、钱、孙、李四名律师为从业人员，其中，李律师为某高校法学教授，在该所做兼职律师，其余三名为该所的专职律师。

2015年，该事务所与律师约定，专职律师工资4 000元/月，兼职律师工资3 500元/月，对律师办案取得的收入和事务所按4∶6分成，事务所不再负担其办理案件过程中发生的费用。该省规定的律师办案费用按当月分成收入的30％扣除。

12月份，赵律师取得分成收入22 000元，其中3 000元交通费、资料费等办案费用以发票在事务所报销；钱律师取得分成收入15 000元；李律师取得分成收入18 000元。该所会计在发放上述款项时，按如下方法计算代扣代缴了个人所得税：

赵律师：$(4\,000-3\,500)\times 3\% +[(22\,000-3\,000)\times(1-30\%)-3\,500]\times 25\% -1\,005=1\,460$（元）；

钱律师：$(4\,000-3\,500)\times 3\% +[15\,000\times(1-30\%)-3\,500]\times 20\% -555=860$（元）；

李律师：$(3\,500-3\,500)\times 3\% +[18\,000\times(1-30\%)-3\,500]\times 25\% -1\,005=1\,270$（元）。

请分析上述处理是否正确。

[答案] 国税发〔2002〕123号文件规定，雇员律师与律师事务所按比例对收入分成，

事务所不负担律师办理案件支出的费用，律师当月的分成收入扣除省级税务机关规定的办理案件支出费用后，余额与当月工资合并，按"工资、薪金所得"应税项目计征个人所得税。

本例中，赵律师与钱律师作为事务所的雇员，取得的分成收入扣除30％费用，余额应与当月的工资合并后减除费用扣除标准，得到当月的应纳税所得额，计算个人所得税。因而，单位将当月工资和分成收入作为两次收入扣除两次费用，是错误的。并且，根据国税发〔2002〕123号文件的规定，雇员律师，其办案费用或其他个人费用在律师事务所报销的，在计算其收入时不得再扣除国税发〔2000〕149号文件规定的其收入30％以内的办理案件支出费用。因而，单位在计算赵律师应纳个人所得税时，多扣除了收入30％的固定比例的办案费支出。正确的计算为：

赵律师：$(4\,000+22\,000-3\,000-3\,500)\times25\%-1\,005=3\,870$（元）；

钱律师：$[4\,000+15\,000\times(1-30\%)-3\,500]\times25\%-1\,005=1\,745$（元）。

国税发〔2002〕123号文件规定，兼职律师从事务所取得工资、薪金性质的所得，事务所在代扣代缴其个人所得税时，不再减除税法规定的费用扣除标准，以收入全额（取得分成收入的为扣除办理案件支出费用后的余额）直接确定适用税率，计算扣缴个人所得税。本例中，在代扣代缴李律师个人所得税时，会计扣除税法规定费用扣除标准是错误的。正确的为：$[3\,500+18\,000\times(1-30\%)]\times25\%-1\,005=3\,020$（元）。

另外，兼职的李律师还应于次月15日内自行向主管税务机关申报两处或两处以上取得的工资、薪金所得，合并计算缴纳个人所得税。

【例6-11】（计算题）律师张某2012年10月取得收入情况如下：

（1）从任职的律师事务所取得应税工资7 000元，通信和交通补贴1 000元，办理业务分成收入23 000元，在分成收入案件办理过程中，张某以个人名义聘请了一位兼职律师刘某协助，支付刘某报酬5 000元。

（2）张某10月份为一家公司做法律咨询，取得该公司一次性劳务报酬30 000元，直接捐给一家养老院10 000元。

（3）张某每周在当地报纸上回复读者的咨询信件，10月份取得报社支付稿酬4 000元。

（注：分成收入扣除办案费用比例为30％。）

请根据上述资料，回答下列问题：

（1）10月份张某的工资、薪金所得应缴纳个人所得税（　　）元。

A. 345　　　　　B. 3 815　　　　　C. 4 145　　　　　D. 5 620

（2）刘某协助张某完成案件取得的报酬应缴纳个人所得税（　　）元。

A. 0　　　　　B. 500　　　　　C. 800　　　　　D. 1 000

（3）10月份张某法律咨询劳务报酬所得应缴纳个人所得税（　　）元。

A. 2 880　　　　　B. 3 200　　　　　C. 4 800　　　　　D. 5 200

（4）10月份张某取得报社的稿酬所得应缴纳个人所得税（　　）元。

A. 302　　　　　B. 360　　　　　C. 448　　　　　D. 640

[答案]（1）10月份张某工资、薪金应纳个人所得税：$[7\,000+1\,000+(23\,000-23\,000\times30\%)-3\,500]\times25\%-1\,005=4\,145$（元）。应选C。

若该业务发生在 2013 年 1 月 1 日以后，根据 53 号公告的规定，律师从接受法律事务服务的当事人处取得法律顾问费或其他酬金等收入，应并入其从律师事务所取得的其他收入，按照规定计算缴纳个人所得税。即张某做法律咨询取得的报酬 30 000 元，应并入当月工资计算缴纳个人所得税：[7 000＋1 000＋23 000×（1－30％）＋30 000]×30％－2 755＝13 475(元)。

（2）刘某取得的劳务报酬所得应纳个人所得税为：5 000×（1－20％）×20％＝800（元）。应选 C。

（3）张某法律咨询劳务报酬所得，向受赠人的直接捐赠不得在税前扣除，其应纳个人所得税为：30 000×（1－20％）×30％－2 000＝5 200 （元）。应选 D。

若该业务发生在 2013 年 1 月 1 日以后，根据 53 号公告的规定，律师从接受法律事务服务的当事人处取得法律顾问费或其他酬金等收入，应并入其从律师事务所取得的其他收入，按照规定计算缴纳个人所得税。

（4）张某取得的稿酬所得应纳个人所得税为：（4 000－800)×20％×（1－30％）＝448（元）。应选 C。

五、清算所得

（一）个人独资企业的解散与清算

1. 应解散的情形

根据《中华人民共和国个人独资企业法》（以下简称《个人独资企业法》）第二十六条的规定，个人独资企业有下列情形之一时，应当解散：

（1）投资人决定解散；
（2）投资人死亡或者被宣告死亡，无继承人或者继承人决定放弃继承；
（3）被依法吊销营业执照；
（4）法律、行政法规规定的其他情形。

2. 清算

个人独资企业解散，由投资人自行清算或者由债权人申请人民法院指定清算人进行清算。投资人自行清算的，应当在清算前 15 日内书面通知债权人，无法通知的，应当予以公告。债权人应当在接到通知之日起 30 日内，未接到通知的应当在公告之日起 60 日内，向投资人申报其债权。

3. 财产清偿

个人独资企业解散后，原投资人对个人独资企业存续期间的债务仍应承担偿还责任，但债权人在五年内未向债务人提出偿债请求的，该责任消灭。

根据《个人独资企业法》第二十九条的规定，个人独资企业解散的，财产应当按照下列顺序清偿：

（1）所欠职工工资和社会保险费用；

（2）所欠税款；

（3）其他债务。

清算期间，个人独资企业不得开展与清算目的无关的经营活动。在按前述第二十九条规定清偿债务前，投资人不得转移、隐匿财产。

个人独资企业财产不足以清偿债务的，投资人应当以其个人的其他财产予以清偿。

个人独资企业清算结束后，投资人或者人民法院指定的清算人应当编制清算报告，并于15日内到登记机关办理注销登记。

（二）合伙企业的解散与清算

1. 应解散的情形

根据《中华人民共和国合伙企业法》（以下简称《合伙企业法》）第八十五条的规定，合伙企业有下列情形之一的，应当解散：

（1）合伙期限届满，合伙人决定不再经营；

（2）合伙协议约定的解散事由出现；

（3）全体合伙人决定解散；

（4）合伙人已不具备法定人数满30天；

（5）合伙协议约定的合伙目的已经实现或者无法实现；

（6）依法被吊销营业执照、责令关闭或者被撤销；

（7）法律、行政法规规定的其他原因。

2. 清算

合伙企业解散的，应当进行清算。解散而未清算的合伙企业，在清算范围内视为存续。合伙企业解散，应当由清算人进行清算。清算人由全体合伙人担任；经全体合伙人过半数同意，可以自合伙企业解散事由出现后15日内指定一个或者数个合伙人，或者委托第三人，担任清算人。自合伙企业解散事由出现之日起15日内未确定清算人的，合伙人或者其他利害关系人可以申请人民法院指定清算人。

清算人在清算期间执行下列事务：

（1）清理合伙企业财产，分别编制资产负债表和财产清单；

（2）处理与清算有关的合伙企业未了结事务；

（3）清缴所欠税款；

（4）清理债权、债务；

（5）处理合伙企业清偿债务后的剩余财产；

（6）代表合伙企业参加诉讼或者仲裁活动。

清算人自被确定之日起 10 日内将合伙企业解散事项通知债权人，并于 60 日内在报纸上公告。债权人应当自接到通知书之日起 30 日内，未接到通知书的自公告之日起 45 日内，向清算人申报债权。债权人申报债权，应当说明债权的有关事项，并提供证明材料。清算人应当对债权进行登记。清算期间，合伙企业存续，但不得开展与清算无关的经营活动。

3. 财产清偿

在清算过程中，合伙企业财产应当按如下顺序清偿债务：

（1）支付清算费用；

（2）偿付合伙企业所欠的职工工资、社会保险费用、法定补偿金；

（3）缴纳合伙企业所欠税款；

（4）偿付合伙企业的债务。

清偿完毕后，如果有剩余财产，依照《合伙企业法》第三十三条第一款的规定（即合伙企业的利润分配、亏损分担，按照合伙协议的约定办理；合伙协议未约定或者约定不明确的，由合伙人协商决定；协商不成的，由合伙人按照实缴出资比例分配、分担；无法确定出资比例的，由合伙人平均分配、分担）在合伙人之间进行分配。

合伙企业清算时，其全部财产不足清偿债务的，由全体合伙人承担无限连带清偿责任。

清算结束，清算人应当编制清算报告，经全体合伙人签名、盖章后，在 15 日内向企业登记机关报送清算报告，申请办理合伙企业注销登记。

合伙企业注销后，原普通合伙人对合伙企业存续期间的债务仍应承担无限连带责任。

《合伙企业法》第九十二条规定，合伙企业不能清偿到期债务的，债权人可以依法向人民法院提出破产清算申请，也可以要求普通合伙人清偿。合伙企业依法被宣告破产的，普通合伙人对合伙企业债务仍应承担无限连带责任。

《中华人民共和国企业破产法》第一百三十五条规定："其他法律规定企业法人以外的组织的清算，属于破产清算的，参照适用本法规定的程序。"合伙企业的破产清算属于本条规定的范围。

（三）清算的个人所得税处理

财税〔2000〕91 号文件第十六条规定，企业进行清算时，投资者应当在注销工商登记之前，向主管税务机关结清有关税务事宜。企业的清算所得应当视为年度生产经营所得，由投资者依法缴纳个人所得税。

这里所称清算所得，是指企业清算时的全部资产或者财产的公允价值扣除各项清算费用、损失、负债、以前年度留存的利润后，超过实缴资本的部分。

六、征收管理

（一）申报期限

个人独资企业和合伙企业个人投资者应纳的个人所得税税款，按年计算，分月或者分季预缴，由投资者在每月或者每季度终了后 15 日内预缴，年度终了后 3 个月内汇算清缴，多退少补。企业在年度中间合并、分立、终止时，投资者应当在停止生产经营之日起 60 日内，向主管税务机关办理当期个人所得税汇算清缴。企业在纳税年度的中间开业，或者由于合并、关闭等原因，使该纳税年度的实际经营期不足 12 个月的，应当以其实际经营期为一个纳税年度。

（二）纳税地点

投资者应向企业实际经营管理所在地主管税务机关申报缴纳个人所得税。投资者从合伙企业取得的生产经营所得，由合伙企业向企业实际经营管理所在地主管税务机关申报缴纳投资者应纳的个人所得税，并将个人所得税申报表抄送投资者。

投资者兴办两个或两个以上企业的，应分别向企业实际经营管理所在地主管税务机关预缴税款。年度终了后办理汇算清缴时，区别不同情况分别处理：

（1）投资者兴办的企业全部是个人独资性质的，分别向各企业的实际经营管理所在地主管税务机关办理年度纳税申报，并依所有企业的经营所得总额确定适用税率，以本企业的经营所得为基础，计算应缴税款，办理汇算清缴。

（2）《国家税务总局关于取消合伙企业投资者变更个人所得税汇算清缴地点审批后加强后续管理问题的通知》（国税发〔2004〕81 号）规定，投资者兴办的企业中含有合伙性质的，投资者应向经常居住地主管税务机关申报纳税，办理汇算清缴，但经常居住地与其兴办企业的经营管理所在地不一致的，应选定其参与兴办的某一合伙企业的经营管理所在地为办理年度汇算清缴所在地，并在 5 年内不得变更。5 年后需要变更的，须经原主管税务机关批准（现已取消审批管理）。

根据《中华人民共和国行政许可法》和国务院关于行政审批制度改革工作的要求，国家税务总局决定取消对合伙企业投资者变更个人所得税汇算清缴地点的审批，国税发〔2004〕81 号文件规定，投资者变更个人所得税汇算清缴地点的条件为：①在上一次选择汇算清缴地点满 5 年；②上一次选择汇算清缴地点未满 5 年，但汇算清缴地所办企业终止经营或者投资者终止投资；③投资者在汇算清缴地点变更前 5 日内，已向原主管税务机关说明汇算清缴地点变更原因、新的汇算清缴地点等变更情况。

同时，税务机关应做好以下几方面工作：①原主管税务机关应核实纳税人变更汇算清缴地点的理由是否符合规定条件，新汇算清缴地点是否为其经常居住地，该地是否属于其所兴办企业的经营管理所在地。如纳税人在上述地点之外选择汇算清缴地点的，应要求纳税人进行调整。②原主管税务机关应向投资者新的汇算清缴地点的主管税务机关通报变更情况，新老主管税务机关应做好有关衔接工作。③新的主管税务机关应从以下几方面加强管理：第一，核实投资者在汇算清缴地点变更前5日内，是否向原主管税务机关说明汇算清缴地点变更情况，新的汇算清缴地点是否为投资者经常居住地，该地是否属于其所兴办企业的经营管理所在地。不符合有关条件的，应要求纳税人进行调整。第二，加强对投资者个人所得税检查，重点核实其是否按规定计算并申报纳税，是否存在因变更汇算清缴地点少缴或不缴税款问题。第三，对提供虚假说明资料，借变更汇算清缴地点偷逃个人所得税的，应按《中华人民共和国税收征收管理法》及其有关规定处理。

投资者兴办两个或两个以上企业的，向企业实际经营管理所在地主管税务机关办理年度纳税申报时，应附注从其他企业取得的年度应纳税所得额；其中含有合伙企业的，应报送汇总从所有企业取得的所得情况的《个人所得税生产经营所得纳税申报表（C表）》，同时附送所有企业的年度会计决算报表和当年度已缴个人所得税纳税凭证。

【例6-12】（案例分析题）甲市A厂是张先生于2012年兴办的个人独资企业，2013年12月张先生又在乙市与李先生合伙举办B合伙企业，双方出资比例为1∶1，2015年1月8日，张先生委托税务师事务所代其办理个人所得税纳税申报。税务师通过检查相关资料，获得如下信息（不考虑合伙人李先生的工资及费用扣除）：

(1) 张先生经常居住地在丙市；

(2) A厂2012年亏损50 000元，2013年盈利10 000元；

(3) 张先生2014年从A厂取得工资收入45 000元，从B合伙企业取得工资收入42 000元，汇算清缴时张先生选择个人费用在B合伙企业的生产经营所得中扣除；

(4) A厂本年度利润总额为80 000元，已在甲市预缴了个人所得税13 000元；B合伙企业本年实现利润180 000元，已在乙市预缴个人所得税22 000元。

假定，不考虑合伙人李先生的工资及费用扣除，除上述资料外，没有其他纳税调整项目。请回答如下问题：

(1) 张先生应在哪里办理年度纳税申报？

(2) 办理年度纳税申报时，张先生还应补缴多少个人所得税？

(3) 若B企业为张先生举办的个人独资企业，2014年实现利润总额（与应纳税所得额相同）120 000元，其他条件不变。则A、B企业年终汇算清缴时各应补缴多少个人所得税？

[答案]

(1) 现行税法规定，投资者兴办两个或两个以上企业（个人独资与合伙企业）的，应分别向企业实际经营管理所在地主管税务机关预缴税款。年度终了后办理汇算清缴时，区别不同情况分别处理：

①投资者兴办的企业全部是个人独资性质的，分别向各企业的实际经营管理所在地主管税务机关办理年度纳税申报，并依所有企业的经营所得总额确定适用税率，以本企业的经营所得为基础，计算应缴税款，办理汇算清缴；

②国税发〔2004〕81号文件规定，投资者兴办的企业中含有合伙性质的，投资者应向经常居住地主管税务机关申报纳税，办理汇算清缴，但经常居住地与其兴办企业的经营

管理所在地不一致的，应选定其参与兴办的某一合伙企业的经营管理所在地为办理年度汇算清缴地，并在 5 年内不得变更。

本例中，由于张先生的经常居住地在丙市，既不在个人独资企业所在地甲市，也不在合伙企业所在地乙市，因此按上述规定，应在合伙企业所在地乙市办理汇算清缴纳税申报。

(2) 税法规定，投资者的工资不得在税前扣除。但可以按规定扣除投资者费用。财税〔2000〕91 号文件第十二条规定，投资者兴办两个或两个以上个人独资企业和合伙企业的（包括参与兴办，下同），年度终了时，应汇总从所有企业取得的应纳税所得额，据此确定适用税率并计算缴纳应纳税款。投资者兴办两个或两个以上企业的，根据税法规定准予扣除的个人费用，由投资者选择在其中一个企业的生产经营所得中扣除。

本例中，张先生的个人费用已选择在 B 合伙企业扣除。则 A 厂 2014 年度的应纳税所得额为：$80\,000+45\,000=125\,000$（元）。

由于 A 厂 2012 年亏损 50 000 元，按规定可以用以后 5 年的所得弥补，但不得跨企业弥补亏损。弥补亏损后 A 厂的应纳税所得额为：$125\,000-(50\,000-10\,000)=85\,000$（元）。

张先生在 B 合伙企业实现的应纳税所得额为：$(180\,000+42\,000-3\,500\times12)\times50\%=90\,000$（元）。

张先生本年应纳税所得额合计：$85\,000+90\,000=175\,000$（元）。

张先生本年应纳税额为：$175\,000\times35\%-14\,750=46\,500$（元）。

已预缴个人所得税：$13\,000+22\,000\times50\%=24\,000$（元）。

应补缴个人所得税：$46\,500-24\,000=22\,500$（元）。

(3) 税法规定，投资者兴办的企业全部是个人独资性质的，分别向各企业的实际经营管理所在地主管税务机关办理年度纳税申报，并依所有企业的经营所得总额确定适用税率，以本企业的经营所得为基础，计算应缴税款，办理汇算清缴。

因此，如果张先生举办的 A、B 企业均为个人独资企业，则应分别向甲、乙两市主管税务机关办理纳税申报、进行年度汇算清缴。

张先生合计应纳税额＝各企业经营所得之和×适用税率－速算扣除数＝$(85\,000+120\,000)\times35\%-14\,750=57\,000$（元）。

A 企业应纳税额＝应纳税额总额×（本企业经营所得÷各企业经营所得之和）＝$57\,000\times(85\,000\div205\,000)=23\,634.15$（元）。

A 企业应补缴税额＝$23\,634.15-13\,000=10\,634.15$（元）。

B 企业应纳税额＝应纳税额总额×（本企业经营所得÷各企业经营所得之和）＝$57\,000\times(120\,000\div205\,000)=33\,365.85$（元）。

B 企业应补缴税额＝$33\,365.85-22\,000=11\,365.85$（元）。

第三节　对企事业单位的承包、承租经营所得

对企事业单位的承包经营、承租经营所得，是指个人承包经营、承租经营以及转包、

转租取得的所得，包括个人按月或者按次取得的工资、薪金性质的所得。

一、征税范围

（一）征税范围的规定

确定承包、承租经营所得的主要依据是企业经营成果是否归承包、承租人所有。承包、承租人按合同（协议）规定向发包、出租方交纳一定费用后，企业经营成果归其所有的，承包、承租人取得的所得，按对企事业单位的承包、承租经营所得项目征税；承包、承租人对企业的经营成果不拥有所有权，仅是按合同（协议）规定取得一定所得的，其所得按工资、薪金所得项目征税，不能按承包、承租经营所得项目征税。

根据《国家税务总局关于个人对企事业单位实行承包经营、承租经营取得所得征税问题的通知》（国税发〔1994〕179号）的规定，在界定承包、承租经营所得时，应注意如下三点。

（1）企业实行个人承包、承租经营后，如果工商登记仍为企业的，不管其分配方式如何，均应先按照企业所得税的有关规定缴纳企业所得税。承包经营、承租经营者按照承包、承租经营合同（协议）规定取得的所得，依照个人所得税法的有关规定缴纳个人所得税，具体为：

①承包、承租人对企业经营成果不拥有所有权，仅是按合同（协议）规定取得一定所得的，其所得按工资、薪金所得项目征税。

②承包、承租人按合同（协议）的规定只向发包、出租方交纳一定费用后，企业经营成果归其所有的，承包、承租人取得的所得，按对企事业单位的承包经营、承租经营所得项目，适用5%～35%的五级超额累进税率征税。

（2）企业实行个人承包、承租经营后，如工商登记改变为个体工商户的，应依照个体工商户的生产、经营所得项目计征个人所得税，不再征收企业所得税。

（3）企业实行承包经营、承租经营后，不能提供完整、准确的纳税资料，不能正确计算应纳税所得额的，由主管税务机关核定其应纳税所得额，并依据《中华人民共和国税收征收管理法》的有关规定，自行确定征收方式。

【例6-13】（多选题）下列关于个人对企业事业单位承包、承租经营所得税务处理中，正确的有（　　）。

A. 工商登记改变为个体工商户的，按承包、承租经营所得征收个人所得税

B. 工商登记改变为个体工商户的，按个体工商户生产经营所得征收个人所得税

C. 工商登记为企业的，承包人对经营成果不拥有所有权，仅取得规定的所得，按承包、承租所得征税

D. 工商登记为企业的，经营成果归承包人所有，按个体工商户生产经营所得项目征收个人所得税

E. 工商登记为企业的，承包人对经营成果不拥有所有权，仅取得规定的所得，按工

资、薪金所得征收个人所得税

[**答案**] BE

（二）商业企业在职职工对企业下属部门承包经营所得

商业企业在职职工对企业下属部门实行自筹资金、自主经营、独立核算、自负盈亏的承包、承租经营方式，虽不是对整个企业的承包、承租经营，但其承包和经营的方式基本与国税发〔1994〕179号文件规定的承包经营、承租经营相同。为公平税负，合理负担，《国家税务总局关于个人承包、承租经营所得征收个人所得税问题的批复》（国税函〔2000〕395号）明确：上述商业企业的在职职工从事承包、承租经营取得的所得，应比照"对企事业单位的承包经营、承租经营所得"项目征收个人所得税。

【**例 6-14**】（多选题）个人所得税纳税人对企事业单位进行承包、承租经营，取得的所得包括（　　）。

A. 个人承包、承租经营所得

B. 个人经政府有关部门批准，取得执照，从事咨询服务取得的所得

C. 个人承包企业后按次取得的工资性质的所得

D. 外商投资企业采取发包、出租经营且经营人为个人的，经营人从外商投资企业分得的收益

E. 个人转包、转租取得的所得

[**答案**] ACDE

二、应纳税额的计算

《个人所得税法》第六条规定，对企事业单位的承包经营、承租经营所得，以每一纳税年度的收入总额，减除必要费用后的余额，为应纳税所得额。

根据《个人所得税法实施条例》第十八条的规定，这里所说的每一纳税年度的收入总额，是指纳税义务人按照承包经营、承租经营合同规定分得的经营利润和工资、薪金性质的所得；减除必要费用，是指按月减除3 500元（2008年3月1日至2011年8月31日，按月减除2 000元；2006年1月1日至2008年2月29日，按月减除1 600元）。

（一）应纳税额的计算方法

对企事业单位承包、承租经营所得适用五级超额累进税率，以其应纳税所得额按适用税率计算应纳税额。计算公式为：

应纳税额＝应纳税所得额×适用税率－速算扣除数

应纳税所得额＝个人承包、承租经营收入总额－每月3 500元×月份数

对企事业单位的承包经营、承租经营所得应纳的税款，按年计算，由纳税义务人在年度终了后 30 日内缴入国库，并向税务机关报送纳税申报表。纳税义务人在一年内分次取得承包经营、承租经营所得的，应当在取得每次所得后的 15 日内（2011 年 8 月 31 日以前为 7 日内）预缴，年度终了后三个月内汇算清缴，多退少补。

这里所说的由纳税义务人在年度终了后 30 日内将应纳的税款缴入国库，是指在年终一次性取得承包经营、承租经营所得的纳税义务人，自取得收入之日起 30 日内将应纳的税款缴入国库。

（二）承包、承租期不足一年的处理

通常，实行承包、承租经营的纳税义务人，应以每一纳税年度取得的承包、承租经营所得计算纳税。但在一个纳税年度内，承包、承租经营不足 12 个月的，根据《国家税务总局关于印发〈征收个人所得税若干问题的规定〉的通知》（国税发〔1994〕89 号）的规定，应以其实际承包、承租经营的月份数为一个纳税年度计算纳税。计算公式为：

$$\frac{应纳税}{所得额} = \frac{该年度承包、承租}{经营收入额} - 3\,500 \times \frac{该年度实际承包、}{承租经营月份数}$$

$$应纳税额 = 应纳税所得额 \times 适用税率 - 速算扣除数$$

在计算承包、承租经营所得的应纳税所得额时，应注意承包、承租经营期限不满一年的纳税人，有无多扣费用的情况。

三、企业发包（出租）经营的税务处理

根据《国家税务总局关于外商投资企业发包经营、出租经营有关税收处理问题的通知》（国税发〔1995〕45 号，已全文废止）精神，企业发包（出租）经营的税务处理为：

第一，外商投资企业聘任本企业雇员实行目标责任承包，或者外聘管理服务公司负责本企业全部或部分经营管理，但仍以外商投资企业的名义对外从事各项商务活动，并以定额或按经营效益、管理效益确定数额支付上述受聘个人劳务报酬或公司服务费的，应以外商投资企业为纳税主体，依照有关税法规定计算缴纳流转税和企业所得税并享受适用的税收优惠。外商投资企业支付给上述受聘个人的劳务费或公司的服务费，在计算该外商投资企业所得税时，允许作为费用列支。

上述个人和公司收取的劳务费或服务费，按以下原则计算纳税：

（1）本企业雇员收取的劳务费，应并入个人工资、薪金所得，计算缴纳个人所得税，税款由外商投资企业代扣代缴。

（2）管理服务公司收取的服务费，应作为该公司服务业收入，按照规定缴纳营业税和企业所得税。

第二，外商投资企业全部或部分由本企业股东、其他企业、本企业雇员或其他个人（以下简称经营人）负责经营，但外商投资企业未改变其法人地位、名称和经营范围等工

商登记内容,经营中仍以外商投资企业的名义,对外从事各项商务活动,经营人按合同规定数额或收益的一定比例返还外商投资企业,独立承担经营风险并享受返还后的剩余收益的,不论其合同规定为承包经营还是承租经营,均按以下原则计算纳税:

(1)流转税。外商投资企业由经营人负责经营部分的生产、经营收入,仍应以外商投资企业为纳税主体,计算缴纳流转税。

(2)所得税。经营人为个人的,以外商投资企业和经营人分别作为纳税主体,按照双方实际分享的收益,分别计算缴纳企业所得税和个人所得税。经营人取得的所得,作为个人对企事业单位承包经营、承租经营所得,向上述外商投资企业的主管税务机关计算缴纳个人所得税。

第三,外商投资企业出租全部或部分财产(工厂、车间、房屋、场地、柜台、设备等)给其它企业或个人(以下简称承租人)生产、经营,承租人单独办理工商登记,领有营业执照,并以承租人的名义对外从事各项商务活动,仅以定额或定额加一定比例提成方式,向外商投资企业支付租金的,按以下原则计算纳税:

(1)承租部分的生产、经营收入,应以承租人为纳税主体,依照其适用的税收法规计算缴纳流转税和所得税,并适用有关税收优惠政策。承租人支付给外商投资企业的租金,可以在承租人计算缴纳所得税前作为费用列支。

(2)外商投资企业取得的租金,应作为企业租赁收入,计算缴纳流转税和所得税。

(3)外商投资企业将全部财产出租给承租人进行生产、经营的,其取得的收入,均为租赁收入,不属于生产性业务收入,不得享受外商投资企业和外国企业所得税法规定适用于生产性外商投资企业的优惠待遇;外商投资企业将部分财产出租给承租人生产、经营,其税收优惠待遇应按照国税发〔1994〕209号文件的规定处理。

【例6-15】(多选题)下列各项中,是某个人2015年对企事业单位的承包、承租经营所得的税务处理办法,其中正确的有( )。

A. 对企事业单位的承包、承租经营所得,计算个人所得税时可扣除的必要费用为每月3 500元

B. 承包人对被承包企业经营成果拥有所有权的,在计算个人所得税时,承包者上缴的承包费用可作为费用扣除

C. 纳税人的承包期在一个纳税年度内,经营期不足12个月的,应将收入换算为12个月计算缴纳个人所得税

D. 承包人对被承包企业经营成果不拥有所有权,仅是按合同规定取得一定所得,其所得按"工资、薪金所得"项目征税

E. 个人承租外商投资企业从外商投资企业分享的收益,应按对企事业单位的承包、承租经营所得项目征税

[答案] ABDE

【例6-16】(案例分析题)王某自2014年1月1日承包了某市区的一家集体所有制招待所,承包期限两年,根据协议在承包期间不变更招待所原有的经济性质,相应税费在承包期内由王某负责缴纳,每年上交承包费200 000元,年终经营成果归王某所有。2015年1月底,王某向主管税务机关上报招待所有关纳税资料,账面记录显示:2014年营业收入2 000 000

元，营业成本 1 200 000 元，营业税、城建税和教育费附加合计缴纳 110 000 元，期间费用合计 700 000 元，计算结果为 2014 年发生亏损 10 000 元，经税务师审核，发现如下问题：

（1）上报的全年营业收入中，少记了营业收入 300 000 元和出租场地取得的租金收入 100 000 元；

（2）在费用中共计开支工资费用 300 000 元（其中王某每月工资 2 500 元），当年实际支付职工工会经费 7 000 元，职工福利费 50 000 元，职工教育经费 7 000 元。审核时发现该招待所在支付王某和员工工资时均没有履行扣缴个人所得税的义务，员工们也没有对工资申报纳税。

（3）当年发生的业务招待费 60 000 元、广告费和业务宣传费 250 000 元，均全部在期间费用中列支；

（4）2014 年 3 月份为其管理部门购入电脑 6 台，成本 60 000 元，当月安装投入使用，企业将其成本一次性列入管理费用；

（5）2014 年 12 月份发生火灾，损失一批库存原材料，其账面金额为 100 000 元（不含增值税），同时被消防部门罚款 10 000 元，取得保险公司给予的赔偿款 80 000 元。以上事项未在账面上反映；

（6）2014 年 10 月 18 日，王某将当年 1 月 8 日购入的某上市公司股票卖出，取得所得 10 万元。期间，于 2014 年 9 月取得股息 50 000 元。

可能用到的税率：增值税 17%、营业税 5%、城建税 7%、教育费附加 3%、企业所得税 25%。该企业固定资产残值率为 5%，电子产品折旧年限为 5 年。

请根据上述资料，依据企业所得税法和个人所得税法的相关规定，回答下列相关问题。

（1）在计算招待所的企业所得税时，允许在税前扣除的工资费用与"三项经费"合计（　　）元。

A. 319 950　　　　B. 355 000　　　　C. 324 300　　　　D. 352 500

（2）税务机关对招待所未代扣代缴员工工资个人所得税的做法，正确的处理方法有（　　）。

A. 税务机关向员工追缴个人所得税税款

B. 税务机关向招待所追缴个人所得税税款

C. 招待所代为负担员工的个人所得税税款

D. 对招待所处以应扣未扣税款 50% 以上 3 倍以下罚款

（3）在计算企业所得税时，可以在税前扣除的业务招待费、广告费和业务宣传费以及火灾损失合计（　　）元。

A. 299 000　　　　B. 347 000　　　　C. 292 000　　　　D. 282 000

（4）2014 年招待所缴纳企业所得税（　　）元。

A. 115 565.9　　　B. 121 612.5　　　C. 109 288.3　　　D. 109 862.5

（5）2014 年王某承包经营所得的个人所得税应纳税所得额为（　　）元。

A. 60 050　　　　B. 36 350　　　　C. 50 587.5　　　　D. 59 550

（6）2014 年王某共应缴纳个人所得税（　　）元。

A. 20 942.4　　　B. 13 972.5　　　C. 11 367.5　　　D. 12 406.2

［答案］ (1) B, (2) AD, (3) A, (4) D, (5) C, (6) C。

［解析］ (1) 根据企业所得税相关规定，企业发生的合理的工资薪金支出准予扣除；企业发生的职工福利费支出，不超过工资薪金总额14%的部分，准予扣除；企业拨缴的工会经费，不超过工资薪金总额2%的部分，准予扣除；除国务院财政、税务主管部门另有规定外，企业发生的职工教育经费支出，不超过工资薪金总额2.5%的部分，准予扣除；超过部分，准予在以后纳税年度结转扣除。因而，本案例中合理的工资薪金支出允许按实际发生数扣除300 000元；职工福利费扣除限额为：300 000×14%＝42 000（元），实际发生50 000元，允许扣除42 000元，需调增8 000元；工会经费扣除限额为：300 000×2%＝6 000（元），实际发生7 000元，需要调增1 000元；职工教育经费扣除限额为：300 000×2.5%＝7 500（元），实际支付7 000元，允许据实扣除。允许在税前扣除的工资费用与"三项经费"合计为：300 000＋42 000＋6 000＋7 000＝355 000（元），纳税调增应纳税所得额为：8 000＋1 000＝9 000（元）。因而，本题答案应为B。

(2) 根据《税收征收管理法》第六十九条的规定，扣缴义务人应扣未扣、应收而不收税款的，由税务机关向纳税人追缴税款，对扣缴义务人处应扣未扣、应收未收税款百分之五十以上三倍以下的罚款。因而，本题答案应为AD。

(3) 实际发生业务招待费60 000元，发生额的60%为36 000元；销售（营业）收入为：2 000 000＋300 000＋100 000＝2 400 000（元），扣除限额为：2 400 000×0.5%＝12 000（元），所以只允许扣除12 000元，需调增48 000元（60 000－12 000）。

广告费和业务宣传费扣除限额为：2 400 000×15%＝360 000（元），实际发生250 000元，因而可按发生额据实扣除250 000元。

发生火灾损失的原材料，按账面成本和转出的进项税额扣除获得的保险赔偿后的余额在税前扣除，因而准予扣除的损失金额为：100 000＋100 000×17%－80 000＝37 000（元）。

被消防部门罚款10 000元，属于行政罚款，不得税前扣除。

综上，在税前扣除的业务招待费、广告费和业务宣传费以及火灾损失合计为：12 000＋250 000＋37 000＝299 000（元）。

(4) 2014年3月份为其管理部门购入电脑60 000元，属于资本性支出，不得当期直接扣除，应作为企业的固定资产，按期计提折旧在税前扣除。

当年可扣除的折旧金额为：60 000×(1－5%)÷(5×12)×9＝8 550（元），管理费用应调增应纳税所得额为：60 000－8 550＝51 450（元）。

招待所企业所得税应纳税所得额为：－10 000＋300 000＋100 000－(300 000＋100 000)×5%×(1＋7%＋3%)＋9 000＋51 450＋48 000－37 000＝439 450（元）。

应纳企业所得税为：439 450×25%＝109 862.5（元）。

(5) 2014年招待所税后利润为：2 000 000＋400 000－400 000×5%×(1＋7%＋3%)－1 200 000－110 000－(700 000－51 450)－37 000－10 000－109 862.5＝262 587.5（元）。

根据承包协议，王某取得的承包收入为：262 587.5－200 000＝62 587.5（元）；王某从招待所取得的工资应与承包所得合并计征个人所得税，并可以扣除规定的投资者费用。

王某当年承包经营所得应纳税所得额为：62 587.5＋2 500×12－3 500×12＝50 587.5（元）。

（6）王某持有某上市公司的股票2014年取得股息50 000元，不与承包经营所得合并，单独按"利息、股息、红利所得"项目计征个人所得税。此外，《财政部 国家税务总局 证监会关于实施上市公司股息红利差别化个人所得税政策有关问题的通知》（财税〔2012〕85号）规定：自2013年1月1日起，个人从公开发行和转让市场取得的上市公司股票，持股期限在1个月以内（含1个月）的，其股息红利所得全额计入应纳税所得额，实际税负为20％；持股期限在1个月以上至1年（含1年）的，暂减按50％计入应纳税所得额，实际税负为10％；持股期限超过1年的，暂减按25％计入应纳税所得额，实际税负为5％。

根据《关于上市公司股息红利差别化个人所得税政策有关问题的通知》（财税〔2015〕101号）的规定，自2015年9月8日起，个人从公开发行和转让市场取得的上市公司股票，持股期限超过1年的，股息红利所得暂免征收个人所得税。上述所得统一适用20％的税率计征个人所得税。

因而，股息所得应纳个人所得税为：50 000×50％×20％＝5 000（元）。

王某当年承包经营所得应纳税额为：50 587.5×20％－3 750＝6 367.5（元）。

2014年王某共计应缴纳个人所得税为：6 367.5＋5 000＝11 367.5（元）。

综合案例

个体经营饭店的个人所得税缴纳与纳税申报

一、案例介绍

2013年1月，李四在江苏某市某区开办了一家个体经营饭店：好再来饭店，2015年1月10日，注册税务师小周接受李四委托代理申报其2014年度个人所得税。该饭店"应税所得表"反映2014年度营业收入860 000元，营业税金及附加44 000元，营业成本400 000元，营业费用170 000元，营业外收支为30 000元，本年应税所得216 000元，全年已预缴个人所得税60 850元。小周进一步审核相关账册资料，发现如下几个问题：

（1）"营业成本"账户列支老板本人工资33 600元，10名雇员工资180 000元；

（2）为扩大经营规模，本年1月1日租用隔壁的两间房屋，租期为3年，一次性支付租金60 000元，在"营业费用"中列支；

（3）"营业费用"中列支业务招待费50 000元；

（4）11月20日，购买小货车1辆，包括各种办证费用共计60 000元，在"营业成本"中列支。预计净残值率为5％，使用年限为5年；

（5）"营业外收支"科目贷方记载李四对外投资分得的股息20 000元，借方记载通过当地民政部门进行公益、救济性捐赠50 000元；

（6）以前年度没有未弥补完的税法规定允许弥补的亏损。

要求：

（1）请根据上述资料，指出存在的问题，并计算该饭店2014年度应缴的个人所得税。

（2）该个体户于 2015 年 2 月 15 日办理汇缴申报，请帮其填写纳税申报表。

二、案例分析

（1）存在的问题有：

①个体户业主的工资不得在税前扣除，支付给员工的合理的工资准予据实扣除。老板本人工资应调增应纳税所得 33 600 元。但可以在税前扣除税法规定的投资者费用 3 500 元/月，当年共计可扣除 42 000 元，应调减应纳税所得额。

②支付的租金应在 3 年内平均摊销扣除，本年可扣除 20 000 元，多扣除 40 000 元。

③业务招待费调整：发生额的 60％ 为 50 000×60％＝30 000（元），营业收入的 0.5％ 为：860 000×0.5％＝4 300（元），可扣除 4 300 元，多扣除 50 000－4 300＝45 700（元）。

④购入的货车应作为固定资产管理，分月计提折旧在税前扣除，可扣除折旧为：60 000×（1－5％）÷5÷12＝950（元）。属于会计差错，应进行差错更正：60 000－950＝59 050（元）。

⑤对外投资分得的股息，应按"利息、股息、红利所得"项目单独计算纳税，不并入当期个体户生产经营所得。应纳税调整减少应纳税所得额

个人发生的公益性捐赠支出在全年应纳税所得额 30％ 以内的部分可以据实扣除，超过部分不得扣除。

（2）应纳个人所得税的计算。

应纳税所得额＝216 000＋33 600－42 000＋40 000＋45 700＋59 050＋（50 000－20 000）＝382 350（元）；

公益性捐赠税前扣除限额＝382 350×30％＝114 705（元），因而可以据实扣除公益性捐赠支出 50 000 元。

分回股息应纳税额＝20 000×20％＝4 000（元）。

生产经营所得应纳个人所得税额＝（382 350－50 000）×35％－14 750＝101 572.50（元）。

应补个体工商户生产经营所得个人所得税额＝101 572.50－60 850＝40 722.50（元）。

（3）申报表的填制（见表 6-4）：

表 6-4　　个人所得税生产经营所得纳税申报表（B 表）

税款所属期：2014 年 1 月 1 日至 2014 年 12 月 31 日　　　　　　　　金额单位：人民币元（列至角分）

投资者信息	姓　名	李四	身份证件类型		身份证件号码	
	国籍（地区）	中国			纳税人识别号	
被投资单位信息	名　称	好再来饭店			纳税人识别号	
	类　型	□个体工商户 □承包、承租经营单位 □个人独资企业 □合伙企业				

行次	项目	金额
1	一、收入总额	860 000.00
2	其中：国债利息收入	
3	二、成本费用（4＋5＋6＋7＋8＋9＋10）	584 950.00
4	（一）营业成本	340 950.00
5	（二）营业费用	170 000.00

续表

6	（三）管理费用	
7	（四）财务费用	
8	（五）税金	44 000.00
9	（六）损失	
10	（七）其他支出	30 000.00
11	三、利润总额（1－2－3）	275 050.00
12	四、纳税调整增加额（13＋27）	119 300.00
13	（一）超过规定标准的扣除项目金额（14＋15＋16＋17＋18＋19＋20＋21＋22＋23＋24＋25＋26）	85 700.00
14	（1）职工福利费	
15	（2）职工教育经费	
16	（3）工会经费	
17	（4）利息支出	
18	（5）业务招待费	45 700.00
19	（6）广告费和业务宣传费	
20	（7）教育和公益事业捐赠	
21	（8）住房公积金	
22	（9）社会保险费	
23	（10）折旧费用	
24	（11）无形资产摊销	
25	（12）资产损失	
26	（13）其他	40 000.00
27	（二）不允许扣除的项目金额（28＋29＋30＋31＋32＋33＋34＋35＋36）	33 600.00
28	（1）个人所得税税款	
29	（2）税收滞纳金	
30	（3）罚金、罚款和被没收财物的损失	
31	（4）不符合扣除规定的捐赠支出	
32	（5）赞助支出	
33	（6）用于个人和家庭的支出	
34	（7）与取得生产经营收入无关的其他支出	
35	（8）投资者工资薪金支出	33 600.00
36	（9）国家税务总局规定不准扣除的支出	
37	五、纳税调整减少额	20 000.00
38	六、纳税调整后所得（11＋12－37）	374 350.00
39	七、弥补以前年度亏损	
40	八、合伙企业合伙人分配比例（％）	
41	九、允许扣除的其他费用	
42	十、投资者减除费用	42 000.00
43	十一、应纳税所得额（38－39－41－42）或〔（38－39）×40－41－42〕	332 350.00
44	十二、税率（％）	35％
45	十三、速算扣除数	14 750.00

续表

46	十四、应纳税额（43×44-45）	101 572.50
47	十五、减免税额（附报《个人所得税减免税事项报告表》）	0.00
48	十六、实际应纳税额（46-47）	101 572.50
49	十七、已预缴税额	60 850.00
50	十八、应补（退）税额（48-49）	40 722.5
附列资料	年平均职工人数（人）	10
	工资总额（元）	180 000.00
	投资者人数（人）	1

谨声明：此表是根据《中华人民共和国个人所得税法》及有关法律法规规定填写的，是真实的、完整的、可靠的。

纳税人签字：李四　　　2015 年 2 月 18 日

感谢您对税收工作的支持！

代理申报机构（负责人）签章： 经办人： 经办人执业证件号码： 　　代理申报日期：　　年　月　日	主管税务机关印章： 受理人： 　　受理日期：　　年　月　日

国家税务总局监制

第七章
资本与财产性所得

第一节 利息、股息、红利所得

一、征税范围的界定

（一）利息、股息、红利所得

利息、股息、红利所得，是指个人拥有债权、股权而取得的利息、股息、红利所得。利息是个人拥有债权而取得的所得，包括存款利息、贷款利息、借款和各种债券利息以及其他形式取得的利息。股息、红利是指公司、企业按照个人拥有的股份分配的息金、红利。

（二）量化资产参与企业分配取得的所得

根据国家有关规定，集体所有制在改制为股份合作制企业时可以将有关资产量化给职工个人。为了支持企业改组改制的顺利进行，对于企业在这一改革过程中个人取得量化资产有关个人所得税问题，《国家税务总局关于企业改组改制过程中个人取得的量化资产征收个人所得税问题的通知》（国税发〔2000〕60号）规定：

（1）对职工个人以股份形式取得的仅作为分红依据，不拥有所有权的企业量化资产，不征收个人所得税。

（2）对职工个人以股份形式取得的拥有所有权的企业量化资产，暂缓征收个人所得税；待个人将股份转让时，就其转让收入额，减除个人取得该股份时实际支付的费用支出和合理转让费用后的余额，按"财产转让所得"项目计征个人所得税。

（3）对职工个人以股份形式取得的企业量化资产参与企业分配而获得的股息、红利，应按"利息、股息、红利"项目征收个人所得税。

【例 7-1】（多选题）某集体企业职工王某，在企业改制为股份制企业过程中以 23 000 元的成本取得了价值 30 000 元拥有所有权的量化股份。3 个月后，获得了企业分配的股息 3 000 元。此后，王某以 40 000 元的价格将股份转让。假如不考虑转让过程中的税费，以下有关王某个人所得税计征的表述中，正确的有（　　）。

A. 王某取得量化股份时暂缓计征个人所得税

B. 对王某取得的 3 000 元股息，应按"利息、股息、红利所得"计征个人所得税

C. 对王某转让量化股份取得的收入应以 17 000 元为计税依据，按"财产转让所得"计征个人所得税

D. 对王某取得的量化股份价值与支付成本的差额 7 000 元，应在取得当月与当月工资薪金合并，按"工资、薪金所得"计征个人所得税

[**答案**] ABC

（三）企业转制中个人股增值所得

《国家税务总局关于原城市信用社在转制为城市合作银行过程中个人股增值所得应纳个人所得税的批复》（国税函发〔1998〕289 号）规定，在城市信用社改制为城市合作银行过程中，个人以现金或股份及其他形式取得的资产评估增值数额，应当按"利息、股息、红利所得"项目计征个人所得税，税款由城市合作银行负责代扣代缴。

（四）未用于经营的年终未还投资者借款的处理

《财政部 国家税务总局关于规范个人投资者个人所得税征收管理的通知》（财税〔2003〕158 号）第二条规定，纳税年度内个人投资者从其投资企业（个人独资企业、合伙企业除外）借款，在该纳税年度终了后既不归还，又未用于企业生产经营的，其未归还的借款可视为企业对个人投资者的红利分配，依照"利息、股息、红利所得"项目计征个人所得税。

【例 7-2】（案例分析题）博皓公司系由宁波博皓投资控股有限公司、苏某、倪某、洪某共同投资成立的有限责任公司。截止到 2012 年初，博皓公司借款给其股东苏某 300 万元、洪某 265 万元、倪某 305 万元，以上共计借款 870 万元，在 2014 年 5 月归还，该借款未用于博皓公司的生产经营。2014 年 2 月 28 日，宁波市地方税务局稽查局对博皓公司涉嫌税务违法行为立案稽查，于 2015 年 2 月 20 日对博皓公司做出税务处理决定，其中认定博皓公司少代扣代缴上述股东借款 174 万元个人所得税，责令博皓公司补扣、补缴。

稽查人员认为：博皓公司借款给投资者，未用于企业的生产经营的事实清楚。三名投资者的借款虽然有归还的事实，但显已超出该纳税年度，符合财税〔2003〕158 号文件对个人投资者征收个人所得税的相关规定，博皓公司应履行代扣、代缴义务。税务处理决定认定事实清楚，处理程序合法，责令博皓公司补扣补缴 174 万元个人所得税的处理决定正确、适当。

博皓公司认为：宁波市地方税务局稽查局错误地理解了财税〔2003〕158 号文件，投资者借款归还后，借款人已属不得者，在借款人还款后仍然按借款数额征收借款者个人所得税显然是错误的。财税〔2003〕158 号文件并没有规定纳税年度终了后多少时间内还款，稽查时已确认三个投资者还清了所有借款，该借款不能视作企业对投资者的红利分配。

请分析说明上述处理是否适当。

［答案］财税〔2003〕158 号文件规定，纳税年度内个人投资者从其投资企业（个人独资企业、合伙企业除外）借款，在该纳税年度终了后既不归还，又未用于企业生产经营的，其未归还的借款可视为企业对个人投资者的红利分配，依照"利息、股息、红利所得"项目计征个人所得税。

上述借款年度终了后既不归还，又未用于企业生产经营的，到以后年度税务检查时即使归还,按照黄山市博皓投资咨询有限公司股东借款征收个人所得税司法判例,也应按规定计征个人所得税。

不过,《河北省地方税务局关于秦皇岛市局个人投资者借款征收个人所得税问题请示的批复》(冀地税函〔2013〕68号)规定:(1)个人投资者归还从其投资企业取得的一年以上借款,已经按照"利息、股息、红利"征收的个人所得税,应予以退还或在以后应纳个人所得税中抵扣。(2)个人投资者从其投资企业有多笔借款,在归还借款时,根据协议(合同)约定来确定归还的具体是哪笔借款,无协议(合同)的,按实际情况确定。

(五)个体工商户取得的联营利润

根据《财政部 国家税务总局关于个人所得税若干政策问题的通知》(财税字〔1994〕20号)的规定,个体工商户与企业联营而分得的利润,按利息、股息、红利所得项目征收个人所得税。个体工商户和从事生产、经营的个人,取得与生产、经营活动无关的各项应税所得,应按规定分别计算征收个人所得税。

此外,《江苏省地方税务局关于个人独资企业和合伙企业投资者的个人所得税若干政策问题的通知》(苏地税发〔2001〕15号)规定,企业对外投资分回的利息或股息、红利,不并入企业的收入,而应单独作为投资者个人取得的利息、股息、红利所得,按"利息、股息、红利所得"项目计算缴纳个人所得税。以合伙企业名义对外投资分回利息或股息、红利,应按《关于个人独资企业和合伙企业投资者征收个人所得税的规定》(财税〔2000〕91号)第五条精神确定各投资者的利息、股息、红利所得,分别按"利息、股息、红利所得"应税项目计算缴纳个人所得税。

(六)购买理财产品收益是否缴纳个人所得税

《个人所得税法》第二条规定,"个人取得的利息所得,应纳个人所得税"。该法第五条规定,"国债和国家发行的金融债券利息免纳个人所得税,经国务院财政部门批准免税的所得免纳个人所得税"。因此,除税收法律规定或者经国务院财政部门批准免税的所得之外,个人取得的利息所得,均应缴纳个人所得税。

个人从银行购买理财产品等取得的收益是否缴纳个人所得税,目前存在争议。青岛等地对此也进行了明确。《青岛市地方税务局关于印发〈2012年度所得税问题解答〉的通知》(青地税二函〔2013〕1号)中有如下内容:"问:个人从银行购买理财产品的收益是否征收个人所得税?答:通过银行销售的理财产品品种很多,有银行自行开发的理财产品,有银行代信托公司或保险公司代销的产品,还有委托贷款。经请示总局,对个人取得的上述收益现暂不征收个人所得税"。

根据上述规定,个人因委托贷款业务取得的利息所得负有个人所得税纳税义务。对于与青岛市没有隶属关系的其他地方,不能直接依据青岛市地税局文件做出具体行政行为。遇到此类情况时,建议咨询当地方税务局。

二、应纳税所得额

《个人所得税法》规定，利息、股息、红利所得，以每次收入额为应纳税所得额。即利息、股息、红利所得以个人每次取得的收入额为应纳税所得额，不得从收入额中扣除任何费用。其中，每次收入是指支付单位或个人每次支付利息、股息、红利时，个人所取得的收入。

（一）派发红股和转增资本

《国家税务总局关于进一步加强高收入者个人所得税征收管理的通知》（国税发〔2010〕54号）要求，加强企业转增注册资本和股本管理，对以未分配利润、盈余公积和除股票溢价发行外的其他资本公积转增注册资本和股本的，要按照"利息、股息、红利所得"项目，依据现行政策规定计征个人所得税。

1. 派发红股

《国家税务总局关于印发〈征收个人所得税若干问题的规定〉的通知》（国税发〔1994〕89号）规定，股份制企业在分配股息、红利时，以股票形式向股东个人支付应得的股息、红利，应以派发红股的股票票面金额为收入额，按利息、股息、红利项目计征个人所得税。

2. 转增股本

《国家税务总局关于股份制企业转增股本和派发红股征免个人所得税的通知》（国税发〔1997〕198号）规定，股份制企业用资本公积金转增股本不属于股息、红利性质的分配，对个人取得的转增股本数额，不作为个人所得，不征收个人所得税。股份制企业用盈余公积金派发红股属于股息、红利性质的分配，对个人取得的红股数额，应作为个人所得征税。派发红股的股份制企业作为支付所得的单位应按照税法规定履行扣缴义务。

3. 不征税资本公积的界定

国税发〔1997〕198号文件所称"资本公积金"，根据《国家税务总局关于原城市信用社在转制为城市合作银行过程中个人股增值所得应纳个人所得税的批复》（国税函〔1998〕289号）的规定，是指股份制企业股票溢价发行收入所形成的资本公积金。将此（即用股票溢价发行收入形成的资本公积）转增股本由个人取得的数额，不作为应税所得征收个人所得税。而与此不相符合的其他资本公积金分配个人所得部分，应当依法征收个人所得税。

此外，国税函发〔1998〕289号文件还明确，在城市信用社改制为城市合作银行过程中，个人以现金或股份及其他形式取得的资产评估增值数额，应当按"利息、股息、红利所得"项目计征个人所得税，税款由城市合作银行负责代扣代缴。

4. 盈余公积转增资本

《国家税务总局关于盈余公积金转增注册资本征收个人所得税问题的批复》（国税函发〔1998〕333号）规定，公司将从税后利润中提取的法定公积金和任意公积金转增注册资本，实际上是公司将盈余公积金向股东分配了股息、红利，股东再以分得的股息、红利增加注册资本。因此，依据国税发〔1997〕198号文件精神，对属于个人股东分得再投入公司（转增注册资本）的部分应按照"利息、股息、红利所得"项目征收个人所得税，税款由股份有限公司在有关部门批准增资、公司股东会决议通过后代扣代缴。

5. 股份制企业的界定

《股份制企业试点办法》（体改生〔1992〕30号）第三条规定，股份制企业是全部注册资本由全体股东共同出资，并以股份形式构成的企业。股东依在股份制企业中所拥有的股份参加管理、享受权益、承担风险，股份可在规定条件下或范围内转让，但不得退股。我国股份制企业主要有股份有限公司和有限责任公司两种组织形式。

股份有限公司是指全部注册资本由等额股份构成并通过发行股票（或股权证）筹集资本的企业法人。其基本特征是：公司的资本总额平分为金额相等的股份，股东以其所认购股份对公司承担有限责任，公司以其全部资产对公司债务承担责任；经批准，公司可以向社会公开发行股票，股票可以交易或转让；股东数不得少于规定的数目，但没有上限；每一股有一表决权，股东以其持有的股份，享受权利，承担义务。

有限责任公司是指由50个以下股东出资设立，每个股东以其所认缴的出资额对公司承担有限责任，公司以其全部资产对其债务承担责任的企业法人。其基本特征是：公司的全部资产不分为等额股份；公司向股东签发出资证明书，不发行股票；公司股份的转让有严格限制；限制股东人数，并不得超过一定限额；股东以其出资比例，享受权利，承担义务。

6. 资本公积的会计处理

《小企业会计准则》第五十四条规定，实收资本，是指投资者按照合同协议约定或相关规定投入到小企业、构成小企业注册资本的部分。小企业收到投资者以现金或非货币性资产投入的资本，应当按照其在本企业注册资本中所占的份额计入实收资本，超出的部分，应当计入资本公积。

该准则第五十五条规定，资本公积，是指小企业收到的投资者出资额超过其在注册资本或股本中所占份额的部分。小企业用资本公积转增资本，应当冲减资本公积。小企业的资本公积不得用于弥补亏损。

根据《企业会计制度》第八十二条的规定，资本公积包括资本（或股本）溢价、接受捐赠资产、拨款转入、外币资本折算差额等。其中资本（或股本）溢价，是指企业投资者投入的资金超过其在注册资本中所占份额的部分。

（二）收购股权后原盈余积累转增股本

关于个人投资者收购企业全部股权后，将企业原账面金额中的"资本公积、盈余公积、未分配利润"等盈余积累转增股本的个人所得税问题，《国家税务总局关于个人投资者收购企业股权后将原盈余积累转增股本个人所得税问题的公告》（国家税务总局公告2013年第23号）做出如下规定：

（1）一名或多名个人投资者以股权收购方式取得被收购企业100%股权，股权收购前，被收购企业原账面金额中的"资本公积、盈余公积、未分配利润"等盈余积累未转增股本，而在股权交易时将其一并计入股权转让价格并履行了所得税纳税义务。股权收购后，企业将原账面金额中的盈余积累向个人投资者（新股东，下同）转增股本，有关个人所得税问题区分以下情形处理。

①新股东以不低于净资产价格收购股权的，企业原盈余积累已全部计入股权交易价格，新股东取得盈余积累转增股本的部分，不征收个人所得税。

②新股东以低于净资产价格收购股权的，企业原盈余积累中，对于股权收购价格减去原股本的差额部分已经计入股权交易价格，新股东取得盈余积累转增股本的部分，不征收个人所得税；对于股权收购价格低于原所有者权益的差额部分未计入股权交易价格，新股东取得盈余积累转增股本的部分，应按照"利息、股息、红利所得"项目征收个人所得税。

新股东以低于净资产价格收购企业股权后转增股本，应按照下列顺序进行，即：先转增应税的盈余积累部分，然后再转增免税的盈余积累部分。

（2）新股东将所持股权转让时，其财产原值为其收购企业股权实际支付的对价及相关税费。

（3）企业发生股权交易及转增股本等事项后，应在次月15日内，将股东及其股权变化情况、股权交易前原账面记载的盈余积累数额、转增股本数额及扣缴税款情况报告主管税务机关。

【例7-3】（案例分析题）2014年10月31日，甲企业账面资产总额8 000万元，负债3 000万元，所有者权益5 000万元，其中，实收资本（股本）1 000万元，资本公积、盈余公积、未分配利润等盈余积累合计4 000万元。2014年11月1日，自然人投资者（新股东）ABC向甲企业原股东张三购买该企业100%股权，股权收购价4 500万元。新股东收购企业后于2015年10月1日，甲企业将资本公积、盈余公积、未分配利润等盈余积累4 000万元（假设此时股本以外的其他所有者权益余额为4 800万元）向新股东转增实收资本。2015年12月1日，股东ABC将持有的甲企业股权以6 000万元全部转让给中国公民李四，请分析计算在上述交易过程中应缴纳的个人所得税是多少。

[答案]（1）原股东张三应纳个人所得税：

张三以4 500万元低于账面净资产价格转让股权经主管税务机关认定具有正当理由，其所得3 500万元（4 500－1 000），应按财产转让所得缴纳个人所得税：3 500×20%＝700（万元）。

（2）股东 ABC 应纳个人所得税：

2014 年 11 月 1 日，在新股东 ABC 4 500 万元股权收购价格中，除了实收资本 1 000 万元外，实际上相当于以 3 500 万元购买了 4 000 万元的盈余积累，即 4 000 万元盈余积累中，有 3 500 万元计入了股权交易价格，剩余 500 万元未计入股权交易价格。

2015 年 10 月 1 日，甲企业转增实收资本时，其中所转增的 3 500 万元不征收个人所得税，所转增的 500 万元应按"利息、股息、红利所得"项目缴纳个人所得税：$500 \times 20\% = 100$（万元）。

2015 年 12 月 1 日，股东 ABC 将持有的甲企业股权以 6 000 万元转让给李四时，其财产原值除其收购企业股权实际支付的对价及相关税费 4 500 万元外，根据《股权转让所得个人所得税管理办法（试行）》第十五条的规定，被投资企业以资本公积、盈余公积、未分配利润转增股本，个人股东已依法缴纳个人所得税的，以转增额和相关税费之和确认其新转增股本的股权原值，本例中为 500 万元。

其股权转让所得应按"财产转让所得项目"计缴个人所得税：$(6\ 000 - 4\ 500 - 500) \times 20\% = 200$（万元）。

（三）储蓄存款利息

储蓄存款在 1999 年 10 月 31 日前孳生的利息所得，不征收个人所得税；在 1999 年 11 月 1 日至 2007 年 8 月 14 日孳生的利息所得，按照 20％的比例税率征收个人所得税；2007 年 8 月 15 日至 2008 年 10 月 8 日孳生的利息所得，按照 5％的比例税率征收个人所得税。自 2008 年 10 月 9 日起对储蓄存款利息所得暂免征收个人所得税。也就是说，储蓄存款利息所得应按政策调整前和调整后分时段计算，并按照不同的税率计征个人所得税。例如，某储户在 2005 年 1 月 1 日存入 3 年期存款，应该在 2007 年 12 月 31 日到期。该项存款 2005 年 1 月 1 日至 2007 年 8 月 14 日孳生的利息所得，按照 20％的税率计征个人所得税，而 2007 年 8 月 15 日至 2007 年 12 月 31 日孳生的利息所得，按照 5％的税率计征个人所得税。

【例 7-4】（多选题）下列利息收入中，不应缴纳个人所得税的有（　　）。

A. 2007 年 10 月取得的储蓄存款利息

B. 国债利息

C. 国家发行的金融债券利息

D. 个人按规定缴付住房公积金而存入银行账户取得的利息

E. 2008 年 10 月 9 日起，取得的境外储蓄存款利息所得

[答案] BCD

三、应纳税额的计算

利息、股息、红利所得适用 20％的比例税率。其应纳税额的计算公式为：

应纳税额＝应纳税所得额（每次收入额）×适用税率（20％）

四、上市公司股息红利差别化政策

（一）2013 年起实施的上市公司股息红利差别化政策

1. 上市公司股息红利实施差别化个人所得税政策

为发挥税收政策的导向作用，鼓励长期投资，抑制短期炒作，促进我国资本市场长期稳定健康发展。经国务院批准，《财政部 国家税务总局 证监会关于实施上市公司股息红利差别化个人所得税政策有关问题的通知》（财税〔2012〕85 号）规定，自 2013 年 1 月 1 日起，上市公司股息红利实施差别化个人所得税政策，主要内容为：个人从公开发行和转让市场取得的上市公司股票，持股期限在 1 个月以内（含 1 个月）的，其股息红利所得全额计入应纳税所得额，实际税负为 20％；持股期限在 1 个月以上至 1 年（含 1 年）的，暂减按 50％计入应纳税所得额，实际税负为 10％；持股期限超过 1 年的，暂减按 25％计入应纳税所得额，实际税负为 5％。上述所得统一适用 20％的税率计征个人所得税。这里所称上市公司是指在上海证券交易所、深圳证券交易所挂牌交易的上市公司。

需要注意的是，上市公司派发股息红利，股权登记日在 2013 年 1 月 1 日之后的，股息红利所得按照该通知的规定执行。财税〔2012〕85 号文件实施之日个人投资者证券账户已持有的上市公司股票，其持股时间自取得之日起计算。

2. 2015 年 9 月 8 日起持股 1 年以上股息红利免税

《财政部 国家税务总局 证监会关于上市公司股息红利差别化个人所得税政策有关问题的通知》（财税〔2015〕101 号，自 2015 年 9 月 8 日起执行）第一条规定，个人从公开发行和转让市场取得的上市公司股票，持股期限超过 1 年的，股息红利所得暂免征收个人所得税。

个人从公开发行和转让市场取得的上市公司股票，持股期限在 1 个月以内（含 1 个月）的，其股息红利所得全额计入应纳税所得额；持股期限在 1 个月以上至 1 年（含 1 年）的，暂减按 50％计入应纳税所得额；上述所得统一适用 20％的税率计征个人所得税。

需要注意的是，上市公司派发股息红利，股权登记日在 2015 年 9 月 8 日之后的，股息红利所得按照该通知的规定执行。该通知实施之日个人投资者证券账户已持有的上市公司股票，其持股时间自取得之日起计算。

3. 持股期限的确定

持股期限是指个人从公开发行和转让市场取得上市公司股票之日至转让交割该股票之日前一日的持续时间。个人转让股票时，按照先进先出法计算持股期限，即证券账户中先取得的股票视为先转让。持股期限按自然年（月）计算，持股一年是指从上一年某月某日至本年同月同日的前一日连续持股；持股一个月是指从上月某日至本月同月同日的前一日连续持股。持有股份数量以每日日终结算后个人投资者证券账户的持有记录为准。举例说明如下。

（1）小李于 2015 年 1 月 8 日买入某公司 A 股，如果于 2015 年 2 月 8 日卖出，则持有该股票的期限为 1 个月；如果于 2015 年 2 月 8 日以后卖出，则持有该股票的期限为 1 个月以上；如果于 2016 年 1 月 8 日卖出，则持有该股票的期限为 1 年；如果于 2016 年 1 月 8 日以后卖出，则持有该股票的期限为 1 年以上。

（2）小王于 2015 年 1 月 28 日—31 日期间买入某公司 A 股，如果于 2015 年 2 月 28 日卖出，则持有该股票的期限为 1 个月；如果于 2015 年 2 月 28 日以后卖出，则持有该股票的期限为 1 个月以上；如果于 2016 年 2 月 28 日卖出，则持有该股票的期限为 1 年；如果于 2016 年 2 月 28 日以后卖出，则持有该股票的期限为 1 年以上。

（3）小张于 2014 年 5 月 15 日买入某上市公司股票 8 000 股，2015 年 4 月 3 日又买入 2 000 股，2015 年 6 月 6 日又买入 5 000 股，共持有该公司股票 15 000 股，2015 年 6 月 11 日卖出其中的 13 000 股。按照先进先出的原则，视为依次卖出 2014 年 5 月 15 日买入的 8 000 股、2015 年 4 月 3 日买入的 2 000 股和 2015 年 6 月 6 日买入的 3 000 股，其中 8 000 股的持股期限超过 1 年，2 000 股的持股期限超过 1 个月不足 1 年，3 000 股的持股期限不足 1 个月。

根据财税〔2012〕85 号文件的规定，凡股权登记日在 2013 年 1 月 1 日之后的，个人投资者取得的股息红利所得应按差别化税收政策执行。对 2013 年 1 月 1 日之前个人投资者证券账户已持有的上市公司股票，其持股时间自取得之日起计算。对个人持有的上市公司限售股，解禁后取得的股息红利，按照本通知规定计算纳税，持股时间自解禁日起计算；解禁前取得的股息红利继续暂减按 50% 计入应纳税所得额，适用 20% 的税率计征个人所得税。前款所称限售股，是指《财政部 国家税务总局 证监会关于个人转让上市公司限售股所得征收个人所得税有关问题的通知》（财税〔2009〕167 号）和《财政部 国家税务总局 证监会关于个人转让上市公司限售股所得征收个人所得税有关问题的补充通知》（财税〔2010〕70 号）规定的限售股。

4. 应纳税额的计算与代扣代缴

根据《个人所得税法》及相关规定，个人所得税应纳税额为应纳税所得额乘以适用税率。股息红利的应纳税所得额为投资者实际取得的股息红利所得。应纳税所得额以个人投资者证券账户为单位计算，持股数量以每日日终结算后个人投资者证券账户的持有记录为准，证券账户取得或转让的股份数为每日日终结算后的净增（减）股份数。例如，某投资者取得的股息红利所得为 100 元，如果全额计入应纳税所得额，则其应纳税所得额为 100 元；如果减按 50% 计入应纳税所得额，则其应纳税所得额为 50 元；如果减按 25% 计入应纳税所得额，则其应纳税所得额为 25 元。上述应纳税所得额乘以股息红利的法定税率 20% 就是应纳税额。

上市公司为股息红利个人所得税的法定扣缴义务人。自 2015 年 9 月 8 日起，财税〔2015〕101 号文件第二条规定，上市公司派发股息红利时，对个人持股 1 年以内（含 1 年）的，上市公司暂不扣缴个人所得税；待个人转让股票时，证券登记结算公司根据其持股期限计算应纳税额，由证券公司等股份托管机构从个人资金账户中扣收并划付证券登记结算公司，证券登记结算公司应于次月 5 个工作日内划付上市公司，上市公司在收到税款当月的法定申报期内向主管税务机关申报缴纳。

财税〔2015〕101 号文件第三条规定，上市公司股息红利差别化个人所得税政策其他有关操作事项，按照《财政部 国家税务总局 证监会关于实施上市公司股息红利差别化个人所得税政策有关问题的通知》（财税〔2012〕85 号）的相关规定执行。

自 2013 年 1 月 1 至 2015 年 9 月 8 日，根据财税〔2012〕85 号文件的规定，上市公司派发股息红利时，对截止股权登记日个人已持股超过 1 年的，其股息红利所得，按 25% 计入应纳税所得额，按 20% 的税率计征个人所得税。对截至股权登记日个人持股 1 年以内（含 1 年）且尚未转让的，税款分两步代扣代缴：

第一步，上市公司派发股息红利时，统一暂按 25% 计入应纳税所得额，计算并代扣税款。

第二步，个人转让股票时，证券登记结算公司根据其持股期限计算实际应纳税额，超过已扣缴税款的部分，由证券公司等股份托管机构从个人资金账户中扣收并划付证券登记结算公司，证券登记结算公司应于次月 5 个工作日内划付上市公司，上市公司在收到税款当月的法定申报期内向主管税务机关申报缴纳。

个人应在资金账户留足资金，依法履行纳税义务。证券公司等股份托管机构应依法划扣税款，对个人资金账户暂无资金或资金不足的，证券公司等股份托管机构应当及时通知个人补足资金，并划扣税款。

5. 取得股票与转让股票的界定

财税〔2012〕85 号文件所称个人从公开发行和转让市场取得的上市公司股票包括：

（1）通过证券交易所集中交易系统或大宗交易系统取得的股票；

（2）通过协议转让取得的股票；

（3）因司法扣划取得的股票；

（4）因依法继承或家庭财产分割取得的股票；

（5）通过收购取得的股票；

（6）权证行权取得的股票；

（7）使用可转换公司债券转换的股票；

（8）取得发行的股票、配股、股份股利及公积金转增股本；

（9）持有从代办股份转让系统转到主板市场（或中小板、创业板市场）的股票；

（10）上市公司合并，个人持有的被合并公司股票转换的合并后公司股票；

（11）上市公司分立，个人持有的被分立公司股票转换的分立后公司股票；

（12）其他从公开发行和转让市场取得的股票。

这里所称转让股票包括下列情形：

（1）通过证券交易所集中交易系统或大宗交易系统转让股票；

（2）协议转让股票；

（3）持有的股票被司法扣划；

（4）因依法继承、捐赠或家庭财产分割让渡股票所有权；

（5）用股票接受要约收购；

（6）行使现金选择权将股票转让给提供现金选择权的第三方；

（7）用股票认购或申购交易型开放式指数基金（ETF）份额；

（8）其他具有转让实质的情形。

需要说明的是，根据财税〔2012〕85 号文件的规定，证券投资基金从上市公司取得的股息红利所得，按照该通知规定计征个人所得税。

（二）2013 年以前上市公司股息红利减征 50%

为促进资本市场发展，经国务院批准，《财政部 国家税务总局关于股息红利个人所得税有关政策的通知》（财税〔2005〕102 号，2013 年 1 月 1 日停止执行）规定，自 2005 年 6 月 13 日起，对个人投资者从上市公司取得的股息红利所得，暂减按 50% 计入个人应纳税所得额，依照现行税法规定计征个人所得税。

对证券投资基金从上市公司分配取得的股息红利所得，《财政部 国家税务总局关于股息红利有关个人所得税政策的补充通知》（财税〔2005〕107 号，2013 年 1 月 1 日停止执行）明确，按照财税〔2005〕102 号文件的规定，扣缴义务人在代扣代缴个人所得税时，减按 50% 计算应纳税所得额。这里的上市公司是指在上海证券交易所、深圳证券交易所挂牌交易的上市公司。

为支持和积极培育机构投资者，充分利用开放式基金手段，进一步拓宽社会投资渠道，促进证券市场的健康、稳定发展，经国务院批准，对中国证监会批准设立的开放式证券投资基金（以下简称基金）的税收问题，《财政部 国家税务总局关于开放式证券投资基金有关税收问题的通知》（财税〔2002〕128 号）做出规定：对个人投资者申购和赎回基金单位取得的差价收入，在对个人买卖股票的差价收入未恢复征收个人所得税以前，暂不征收个人所得税；对投资者（包括个人和机构投资者）从基金分配中取得的收入，暂不征收个人所得税和企业所得税。对投资者申购和赎回基金单位，暂不征收印花税。

五、股份转让系统挂牌公司股息红利差别化政策

《财政部 国家税务总局 证监会关于实施全国中小企业股份转让系统挂牌公司股息红利差别化个人所得税政策有关问题的通知》（财税〔2014〕48 号，自 2014 年 7 月 1 日起至 2019 年 6 月 30 日止执行。挂牌公司、两网公司、退市公司派发股息红利，股权登记日在 2014 年 7 月 1 日至 2019 年 6 月 30 日的，股息红利所得按照该通知的规定执行。证券投资基金从挂牌公司取得的股息红利所得，按照该通知规定计征个人所得税）和财税〔2015〕101 号文件就实施全国中小企业股份转让系统挂牌公司股息红利差别化个人所得税政策有关问题明确如下：

（一）股份转让系统挂牌公司股息红利差别化政策

个人持有全国中小企业股份转让系统（简称全国股份转让系统）挂牌公司的股票，持

股期限在 1 个月以内（含 1 个月）的，其股息红利所得全额计入应纳税所得额；持股期限在 1 个月以上至 1 年（含 1 年）的，暂减按 50％ 计入应纳税所得额；持股期限超过 1 年的，自 2014 年 7 月 1 日起至 2015 年 9 月 8 日止暂减按 25％ 计入应纳税所得额；自 2015 年 9 月 8 日起，持股期限超过 1 年的，股息红利所得暂免征收个人所得税。上述所得统一适用 20％ 的税率计征个人所得税。

前款所称挂牌公司是指股票在全国股份转让系统挂牌公开转让的非上市公众公司；持股期限是指个人取得挂牌公司股票之日至转让交割该股票之日前一日的持有时间。

这里所称年（月）是指自然年（月），即持股一年是指从上一年某月某日至本年同月同日的前一日连续持股，持股一个月是指从上月某日至本月同日的前一日连续持股。

（二）应纳税所得额的确定与税款扣缴

自 2015 年 9 月 8 日起，根据财税〔2015〕101 号文件的规定，挂牌公司派发股息红利时，对截至股权登记日个人持股 1 年以内（含 1 年）的，上市公司暂不扣缴个人所得税；待个人转让股票时，证券登记结算公司根据其持股期限计算应纳税额，由证券公司等股份托管机构从个人资金账户中扣收并划付证券登记结算公司，证券登记结算公司应于次月 5 个工作日内划付挂牌公司，挂牌公司在收到税款当月的法定申报期内向主管税务机关申报缴纳。

财税〔2015〕101 号文件第四条规定，全国中小企业股份转让系统挂牌公司股息红利差别化个人所得税政策，按照该通知规定执行。其他有关操作事项，按照《财政部 国家税务总局 证监会关于实施全国中小企业股份转让系统挂牌公司股息红利差别化个人所得税政策有关问题的通知》（财税〔2014〕48 号）的相关规定执行。

自 2014 年 7 月 1 日至 2015 年 9 月 8 日，挂牌公司派发股息红利时，对截至股权登记日个人已持股超过 1 年的，其股息红利所得，按 25％ 计入应纳税所得额，直接由挂牌公司计算并代扣代缴税款。对截至股权登记日个人持股 1 年以内（含 1 年）且尚未转让的，税款分两步代扣代缴：

第一步，挂牌公司派发股息红利时，统一暂按 25％ 计入应纳税所得额，计算并代扣税款。

第二步，个人转让股票时，证券登记结算公司根据其持股期限计算实际应纳税额，超过已扣缴税款的部分，由证券公司等股票托管机构从个人资金账户中扣收并划付证券登记结算公司，证券登记结算公司应于次月 5 个工作日内划付挂牌公司，挂牌公司在收到税款当月的法定申报期内向主管税务机关申报缴纳。

个人应在资金账户留足资金，依法履行纳税义务。证券公司等股票托管机构应依法划扣税款，对个人资金账户暂无资金或资金不足的，证券公司等股票托管机构应当及时通知个人补足资金，并划扣税款。

个人转让股票时，按照先进先出的原则计算持股期限，即证券账户中先取得的股票视为先转让。

应纳税所得额以个人投资者证券账户为单位计算,持股数量以每日日终结算后个人投资者证券账户的持有记录为准,证券账户取得或转让的股票数为每日日终结算后的净增(减)股票数。

(三)个人持有股份转让系统挂牌公司股票的界定

财税〔2014〕48号文件所称个人持有全国股份转让系统挂牌公司的股票包括:

(1)在全国股份转让系统挂牌前取得的股票;

(2)通过全国股份转让系统转让取得的股票;

(3)因司法扣划取得的股票;

(4)因依法继承或家庭财产分割取得的股票;

(5)通过收购取得的股票;

(6)权证行权取得的股票;

(7)使用附认股权、可转换成股份条款的公司债券认购或者转换的股票;

(8)取得发行的股票、配股、股票股利及公积金转增股本;

(9)挂牌公司合并,个人持有的被合并公司股票转换的合并后公司股票;

(10)挂牌公司分立,个人持有的被分立公司股票转换的分立后公司股票;

(11)其他从全国股份转让系统取得的股票。

(四)转让股票的认定

财税〔2014〕48号文件所称转让股票包括下列情形:

(1)通过全国股份转让系统转让股票;

(2)持有的股票被司法扣划;

(3)因依法继承、捐赠或家庭财产分割让渡股票所有权;

(4)用股票接受要约收购;

(5)行使现金选择权将股票转让给提供现金选择权的第三方;

(6)用股票认购或申购交易型开放式指数基金(ETF)份额;

(7)其他具有转让实质的情形。

(五)相关事项的处理

个人和证券投资基金从全国股份转让系统挂牌的原 STAQ、NET 系统挂牌公司(简称两网公司)取得的股息红利所得,按照规定计征个人所得税;从全国股份转让系统挂牌的退市公司取得的股息红利所得,按照财税〔2012〕85号文件的有关规定计征个人所得税。

财税〔2014〕48号文件实施之日个人投资者证券账户已持有的挂牌公司、两网公司、退市公司股票,其持股时间自取得之日起计算。

六、盈余积累转增股本分期纳税

《财政部 国家税务总局关于将国家自主创新示范区有关税收试点政策推广到全国范围实施的通知》（财税〔2015〕116号）第三条规定，自2016年1月1日起，全国范围内的中小高新技术企业以未分配利润、盈余公积、资本公积向个人股东转增股本时，个人股东一次缴纳个人所得税确有困难的，可根据实际情况自行制订分期缴税计划，在不超过5个公历年度内（含）分期缴纳，并将有关资料报主管税务机关备案。

上市中小高新技术企业或在全国中小企业股份转让系统挂牌的中小高新技术企业向个人股东转增股本，股东应纳的个人所得税，继续按照现行有关股息红利差别化个人所得税政策执行，不适用该通知规定的分期纳税政策。

（一）应税项目的确定

个人股东获得转增的股本，应按照"利息、股息、红利所得"项目，适用20％税率征收个人所得税（如表7-1所示）。

表 7-1   转增股本的个人所得税规定

是否高企	上市情况	是否中小高新技术企业	持股期限	自2013年1月1日起	自2015年9月8日起	征税办法
高新技术企业	上市公司		超过1年	暂减按25％	暂免	按"利息、股息、红利所得"适用20％税率
			1月到1年	暂减按50％计入应纳税所得额		
	挂牌公司		不超过1月	全额计入应纳税所得额		
	其他高新技术企业	中小高新技术企业	自2016年起缴个税困难的可在5个公历年度内分期缴纳			
		非中小高新技术企业	不可分期缴纳			
非高新技术企业	上市公司		超过1年	暂减按25％	暂免	按"利息、股息、红利所得"适用20％税率
			1月到1年	暂减按50％计入应纳税所得额		
	挂牌公司		不超过1月	全额计入应纳税所得额		
	其他公司		不可分期缴纳			

（二）转让股权取得现金优先缴税

股东转让股权并取得现金收入的，该现金收入应优先用于缴纳尚未缴清的税款。

（三）不予追征的适用

在股东转让该部分股权之前，企业依法宣告破产，股东进行相关权益处置后没有取得收益或收益小于初始投资额的，主管税务机关对其尚未缴纳的个人所得税可不予追征。

（四）中小高新技术企业的界定

该通知所称中小高新技术企业，是指注册在中国境内实行查账征收的、经认定取得高新技术企业资格，且年销售额和资产总额均不超过 2 亿元、从业人数不超过 500 人的企业。

（五）备案管理

《国家税务总局关于股权奖励和转增股本个人所得税征管问题的公告》（国家税务总局公告 2015 年第 80 号）明确，企业转增股本涉及的股东需要分期缴纳个人所得税的，应自行制定分期缴税计划，由企业于发生转增股本的次月 15 日内，向主管税务机关办理分期缴税备案手续。

办理转增股本分期缴税，企业应向主管税务机关报送高新技术企业认定证书、股东大会或董事会决议、《个人所得税分期缴纳备案表（转增股本）》、上年度及转增股本当月企业财务报表、转增股本有关情况说明等。

高新技术企业认定证书、股东大会或董事会决议的原件，主管税务机关进行形式审核后退还企业，复印件及其他有关资料税务机关留存。

纳税人分期缴税期间需要变更原分期缴税计划的，应重新制定分期缴税计划，由企业向主管税务机关重新报送《个人所得税分期缴纳备案表》。

（六）代扣代缴

企业在填写《扣缴个人所得税报告表》时，应将纳税人转增股本情况单独填列，并在"备注"栏中注明"转增股本"字样。

纳税人在分期缴税期间取得分红或转让股权的，企业应及时代扣转增股本尚未缴清的个人所得税，并于次月 15 日内向主管税务机关申报纳税。

第二节　财产租赁所得

财产租赁所得，是指个人出租建筑物、土地使用权、机器设备、车船以及其他财产取得的所得。个人取得的财产转租收入，也应按财产租赁所得项目征税。

一、纳税人的确定

在实际税收征管过程中，有时会出现财产租赁所得的纳税人不明确的情况。对此，

《国家税务总局关于印发〈征收个人所得税若干问题的规定〉的通知》（国税发〔1994〕89号）明确，确认财产租赁所得的纳税义务人，应以产权凭证为依据。无产权凭证的，由主管税务机关根据实际情况确定纳税义务人。

产权所有人死亡，在未办理产权继承手续期间，该财产出租而有租金收入的，以领取租金的个人为纳税义务人。

二、应纳税所得额

对财产租赁所得一般以个人每次取得的收入，定额或定率减除规定费用后的余额为应纳税所得额。因而，《个人所得税法》第六条规定，财产租赁所得，每次收入不超过 4 000 元的，减除费用 800 元；4 000 元以上的，减除 20％ 的费用，其余额为应纳税所得额。财产租赁所得，以一个月内取得的收入为一次。

根据《国家税务总局关于印发〈个人所得税全员全额扣缴申报管理暂行办法〉的通知》（国税发〔2005〕205 号）的规定，财产租赁所得应纳税所得额的计算公式为：

应纳税所得额＝收入额－允许扣除的税费－费用扣除标准－准予扣除的捐赠额

（一）税费和修缮费的扣除

在确定财产租赁的应纳税所得额时，纳税人在出租财产过程中缴纳的税金和教育费附加，可持完税（缴款）凭证，从其财产租赁收入中扣除。

国税发〔1994〕89 号文件规定，纳税义务人在出租财产过程中缴纳的税金和国家能源交通重点建设基金、国家预算调节基金、教育费附加，可持完税（缴款）凭证，从其财产租赁收入中扣除。

纳税义务人出租财产取得财产租赁收入，在计算征税时，除可依法减除规定费用和有关税、费外，还准予扣除能够提供有效、准确凭证，证明由纳税义务人负担的该出租财产实际开支的修缮费用。允许扣除的修缮费用，以每次 800 元为限，一次扣除不完的，准予在下一次继续扣除，直至扣完为止。

（二）税前扣除税、费的次序

个人取得财产租赁所得计算缴纳个人所得税时税前扣除有关税、费的次序，《国家税务总局关于个人所得税若干业务问题的批复》〔国税函〔2002〕146 号，该条被《国家税务总局关于公布全文失效废止部分条款失效废止的税收规范性文件目录的公告》（国家税务总局公告 2011 年第 2 号）宣布失效〕明确规定，个人出租财产取得的财产租赁收入，在计算缴纳个人所得税时，应依次扣除以下费用：

（1）财产租赁过程中缴纳的税费；

（2）由纳税人负担的该出租财产实际开支的修缮费用；

（3）税法规定的费用扣除标准。

（三）应纳税所得额的计算

1. 每次（月）收入不超过 4 000 元的

$$\begin{matrix}应纳税\\所得额\end{matrix}=收入额-\begin{matrix}准予扣除\\项目\end{matrix}-\begin{matrix}修缮费用\\（800元/月为限）\end{matrix}-\begin{matrix}准予扣除的\\捐赠额\end{matrix}-800$$

2. 每次（月）收入超过 4 000 元的

$$\begin{matrix}应纳税\\所得额\end{matrix}=\left[收入额-\begin{matrix}准予扣除\\项目\end{matrix}-\begin{matrix}修缮费用\\（800元/月为限）\end{matrix}-\begin{matrix}准予扣除的\\捐赠额\end{matrix}\right]\times(1-20\%)$$

笔者认为，这里所说的"每次（月）收入不超过 4 000 元"，是指"收入额－准予扣除项目－修缮费用－准予扣除的捐赠额"的余额，即个人的税前收入净额不超过 4 000 元的，扣除费用 800 元。税前收入净额超过 4 000 元的，扣除费用 20%。

（四）营改增后出租房屋计税依据的确定

根据《财政部 国家税务总局关于营改增后契税 房产税 土地增值税 个人所得税计税依据问题的通知》（财税〔2016〕43 号，自 2016 年 5 月 1 日起执行）第四条的规定，个人出租房屋的个人所得税应税收入不含增值税，计算房屋出租所得可扣除的税费不包括本次出租缴纳的增值税。个人转租房屋的，其向房屋出租方支付的租金及增值税额，在计算转租所得时予以扣除。

根据财税〔2016〕43 号文件第五条的规定，免征增值税的，确定计税依据时，成交价格、租金收入、转让房地产取得的收入不扣减增值税额。

根据财税〔2016〕43 号第六条的规定，在计征个人所得税时，税务机关核定的计税价格或收入不含增值税。

三、应纳税额的计算

财产租赁所得适用 20% 的比例税率。但对个人按市场价格出租的居民住房取得的所得，自 2001 年 1 月 1 日起暂减按 10% 的税率征收个人所得税。其应纳税额的计算公式为：

应纳税额＝应纳税所得额×适用税率

四、特殊事项的处理

(一)转租所得

1. 转租房屋收入

关于对个人取得转租房屋收入如何征收个人所得税的问题,《国家税务总局关于个人转租房屋取得收入征收个人所得税问题的通知》(国税函〔2009〕639 号)规定,个人将承租房屋转租取得的租金收入,属于个人所得税应税所得,应按"财产租赁所得"项目计算缴纳个人所得税。取得转租收入的个人向房屋出租方支付的租金,凭房屋租赁合同和合法支付凭据允许在计算个人所得税时,从该项转租收入中扣除。

有关转租房屋等财产租赁所得缴纳个人所得税时税前扣除税费的次序为:

(1) 财产租赁过程中缴纳的税费;

(2) 向出租方支付的租金;

(3) 由纳税人负担的租赁财产实际开支的修缮费用;

(4) 税法规定的费用扣除标准。

2. 转租浅海滩涂使用权收入

《国家税务总局关于转租浅海滩涂使用权收入征收个人所得税问题的批复》(国税函〔2002〕1158 号)明确,个人转租滩涂使用权取得的收入,应按照"财产租赁所得"应税项目征收个人所得税,其每年实际上交原出租方的承包费可以在税前扣除;同时,个人一并转让原海滩的设施和剩余文蛤的所得应按照"财产转让所得"应税项目征收个人所得税。

(二)个人出租住房所得

自 2008 年 3 月 1 日起,《财政部 国家税务总局关于廉租住房、经济适用住房和住房租赁有关税收政策的通知》(财税〔2008〕24 号)规定:

(1) 对个人出租住房取得的所得减按 10% 的税率征收个人所得税;

(2) 对个人出租、承租住房签订的租赁合同,免征印花税;

(3) 对个人出租住房,按 4% 的税率征收房产税,免征城镇土地使用税;

(4) 对企事业单位、社会团体以及其他组织按市场价格向个人出租用于居住的住房,减按 4% 的税率征收房产税。

在 2008 年 3 月 1 日以前,财政部、国家税务总局曾对住房租赁市场有关税收政策问题下发了《关于调整住房租赁市场税收政策的通知》(财税〔2000〕125 号,自 2001 年 1 月 1 日起至 2008 年 2 月 28 日止执行),该通知规定:①对个人出租房屋取得的所得暂减按 10% 的税率征收个人所得税;②对个人按市场价格出租的居民住房,房产税暂减按 4%

的税率征收。

（三）个人投资设备所得

个人和医院签订协议明确，由个人出资购买医疗仪器或设备交医院使用，取得的收入扣除有关费用后，剩余部分双方按一定比例分成；医疗仪器或设备使用达到一定年限后，产权归医院所有，但收入继续分成。

根据《国家税务总局关于个人投资设备取得所得征收个人所得税问题的批复》（国税函〔2000〕540号）的规定，个人的上述行为，实际上是一种具有投资特征的融资租赁行为。对上述个人取得的分成所得，应按照"财产租赁所得"项目征收个人所得税，具体计征办法为：自合同生效之日起至财产产权发生转移之日止，个人取得的分成所得可在上述年限内按月平均扣除设备投资后，就其余额按税法规定计征个人所得税（即允许再扣除税法规定的税费）；产权转移后，个人取得的全部分成收入应按税法规定计征个人所得税。税款由医院在向个人支付所得时代扣代缴。

（四）酒店产权式经营业主所得

《国家税务总局关于酒店产权式经营业主税收问题的批复》（国税函〔2006〕478号）规定，酒店产权式经营业主（以下简称业主）在约定的时间内提供房产使用权与酒店进行合作经营，如房产产权并未归属新的经济实体，业主按照约定取得的固定收入和分红收入均应视为租金收入，根据有关税收法律、行政法规的规定，应按照"财产租赁所得"项目征收个人所得税。

（五）售后回租购买者所得

房地产开发企业与商店购买者个人签订协议规定，房地产开发企业按优惠价格出售其开发的商店给购买者个人，但购买者个人在一定期限内必须将购买的商店无偿提供给房地产开发企业对外出租使用。其实质是购买者个人以所购商店交由房地产开发企业出租而取得的房屋租赁收入支付了部分购房价款。

根据《国家税务总局关于个人与房地产开发企业签订有条件优惠价格协议购买商店征收个人所得税问题的批复》（国税函〔2008〕576号）的规定，对上述情形的购买者个人少支出的购房价款，应视同个人财产租赁所得，按照"财产租赁所得"项目征收个人所得税。每次财产租赁所得的收入额，按照少支出的购房价款和协议规定的租赁月份数平均计算确定。

第三节　财产转让所得

财产转让所得，是指个人转让有价证券、股权、建筑物、土地使用权、机器设备、车船以及其他财产取得的所得。

一、应纳税所得额的确定

财产转让所得，以一次转让财产的收入额减除财产原值和合理费用后的余额，计算纳税。应注意的是，计算个人所得税财产转让所得时，减除的是财产原值，而不是财产余额，也不是财产净值。

财产转产所得应纳税所得额的计算公式为：

应纳税所得额＝每次收入额－财产原值－合理费用－允许扣除的捐赠支出

（一）收入的确定

转让财产的收入包括现金、实物、有价证券和其他形式的经济利益。

根据《国家税务总局关于个人股权转让过程中取得违约金收入征收个人所得税问题的批复》（国税函〔2006〕866号）的规定，股权成功转让后，转让方个人因受让方个人未按规定期限支付价款而取得的违约金收入，属于因财产转让而产生的收入。转让方个人取得的该违约金应并入财产转让收入，按照"财产转让所得"项目计算缴纳个人所得税，税款由取得所得的转让方个人向主管税务机关自行申报缴纳。

（二）财产原值和合理费用的确定

1. 财产原值

计算财产转让所得扣除的财产原则，根据《个人所得税法实施条例》第十九条的规定，具体是指：

（1）有价证券的原值为买入价以及买入时按照规定交纳的有关费用；

（2）建筑物的原值为建造费或者购进价格以及其他有关费用；

（3）土地使用权的原值为取得土地使用权所支付的金额、开发土地的费用以及其他有关费用；

（4）机器设备、车船的原值为购进价格、运输费、安装费以及其他有关费用；

（5）其他财产，参照以上方法确定。

纳税义务人未提供完整、准确的财产原值凭证，不能正确计算财产原值的，由主管税务机关核定其财产原值。

2. 合理费用

财产转让所得中允许减除的合理费用，是指卖出财产时按照规定支付的有关费用。

（三）营改增后计税依据的确定

根据财税〔2016〕43 号文件第四条的规定，个人转让房屋的个人所得税应税收入不含增值税，其取得房屋时所支付价款中包含的增值税计入财产原值，计算转让所得时可扣除的税费不包括本次转让缴纳的增值税。

免征增值税的，确定计税依据时，成交价格、租金收入、转让房地产取得的收入不扣减增值税额。在计征个人所得税时，税务机关核定的计税价格或收入不含增值税。

【例 7-5】（计算题）2016 年 12 月，张三将其名下的一处房产卖给王五，取得含增值税收入 210 万元。此前张三买入该房产的价款为 100 万元，当时缴纳税费 2 万元。此次转让房产共计缴纳相关税费 13 万元，其中增值税 10 万元。

两年后，王五将该房产再次转让，取得收入 300 万元（免征增值税），在取得该房产时缴纳契税等税费 3 万元。请分别计算张三和王五转让房产应缴纳的个人所得税。

[答案]

(1) 张三转让房产应缴纳个人所得税的计算。

张三转让房产收入为：210－10＝200(万元)；

其转让房产的财产原值为：100＋2＝102(万元)；

可以扣除的与转让房产相关的税费为：13－10＝3(万元)；

张三应纳个人所得税为：[(210－10) －(100＋2)－(13－10)]×20％＝19(万元)。

(2) 王五再次转让房产应纳个人所得税的计算。

王五应纳个人所得税为：[300 －(210＋3)]×20％＝17.4(万元)。

（四）转让改组改制中取得的量化资产所得

关于集体所有制在改制为股份合作制企业过程中，个人取得量化资产有关个人所得税问题，《国家税务总局关于企业改组改制过程中个人取得的量化资产征收个人所得税问题的通知》（国税发〔2000〕60 号）明确：

(1) 对职工个人以股份形式取得的仅作为分红依据，不拥有所有权的企业量化资产，不征收个人所得税。

(2) 对职工个人以股份形式取得的拥有所有权的企业量化资产，暂缓征收个人所得税；待个人将股份转让时，就其转让收入额，减除个人取得该股份时实际支付的费用支出和合理转让费用后的余额，按"财产转让所得"项目计征个人所得税。

二、转让限售股所得

《财政部 国家税务总局 证监会关于个人转让上市公司限售股所得征收个人所得税有关问题的通知》（财税〔2009〕167 号）、《财政部 国家税务总局 证监会关于个人转让上市公司限售股所得征收个人所得税有关问题的补充通知》（财税〔2010〕70 号）等文件规定，自 2010 年 1 月 1 日起，对个人转让限售股取得的所得，按照"财产转让所得"，适用 20％的比例税率征收个人所得税。同时，对个人在上海证券交易所、深圳证券交易所转让从上市公司公开发行和转让市场取得的上市公司股票所得，继续免征个人所得税。

（一）对限售股转让所得征税的背景

（1）1994 年出台股票转让所得免税政策时，原有的非流通股不能上市流通，实际上只有从上市公司公开发行和转让市场取得的流通股才能享受免税政策。2005 年股权分置改革后，股票市场不再有非流通股和流通股的划分，只有限售流通股与非限售流通股之别，限售流通股解除限售后都将进入流通。这些限售股都不是从上市公司公开发行和转让市场上取得的，成本较低，数量较大，解禁后在二级市场转让，获益很高，却与个人投资者从上市公司公开发行和转让市场购买的上市公司股票转让所得一样享受个人所得税免税待遇，加剧了收入分配不公的矛盾，社会反应比较强烈。

（2）根据现行税收政策规定，个人转让非上市公司股份所得、企业转让限售股所得都征收所得税，个人转让限售股与个人转让非上市公司股份以及企业转让限售股政策存在不平衡问题。

因此，为进一步完善股权分置改革后的相关制度，更好地发挥税收对高收入者的调节作用，促进资本市场长期健康发展，增加税收收入，堵塞税收漏洞，进一步完善现行股票转让所得个人所得税政策，平衡个人转让限售股与个人转让非上市公司股份以及企业转让限售股之间的税收政策，国务院决定，自 2010 年 1 月 1 日起，对个人转让上市公司限售股取得的所得征收个人所得税。即 2010 年 1 月 1 日（含）以后，只要是个人转让上市公司限售股，都要按规定计算所得并依照 20％税率缴纳个人所得税。

（二）征税范围

个人转让限售股或发生具有转让限售股实质的其他交易，取得现金、实物、有价证券和其他形式的经济利益均应缴纳个人所得税。限售股在解禁前被多次转让的，转让方对每一次转让所得均应按规定缴纳个人所得税。对具有下列情形的，应按规定征收个人所得税：

（1）个人通过证券交易所集中交易系统或大宗交易系统转让限售股；

（2）个人用限售股认购或申购交易型开放式指数基金（ETF）份额；

（3）个人用限售股接受要约收购；

（4）个人行使现金选择权将限售股转让给提供现金选择权的第三方；

（5）个人协议转让限售股；

（6）个人持有的限售股被司法扣划；

（7）个人因依法继承或家庭财产分割让渡限售股所有权；

（8）个人用限售股偿还上市公司股权分置改革中由大股东代其向流通股股东支付的对价；

（9）其他具有转让实质的情形。

需要说明的是，自 1994 年新个人所得税制实施以来，考虑到我国证券市场发育还不成熟，为了配合企业改制，促进股票市场稳定健康发展，我国对个人转让境内上市公司非限售股票所得一直暂免征收个人所得税。

（三）应纳税所得额的计算

1. 应纳税所得额的计算公式

根据《个人所得税法》的有关规定，对个人转让限售股取得的所得，应按"财产转让所得"项目征税。按照一般财产转让所得的征税办法，应以转让收入减去财产原值和合理税费后的余额为应纳税所得额，依法计征个人所得税。即个人转让限售股，应以每次限售股转让收入，减除股票原值和合理税费后的余额，为应纳税所得额。具体计算公式如下：

$$应纳税所得额＝限售股转让收入－（限售股原值＋合理税费）$$
$$应纳税额＝应纳税所得额\times20\%$$

限售股转让收入，是指转让限售股股票实际取得的收入。限售股原值，是指限售股买入时的买入价及按照规定缴纳的有关费用。合理税费，是指转让限售股过程中发生的印花税、佣金、过户费等与交易相关的税费。

如果纳税人未能提供完整、真实的限售股原值凭证，不能准确计算限售股原值，主管税务机关一律按限售股转让收入的 15% 核定限售股原值及合理税费。

2. 扣缴税款转让收入的确定

个人发生如下四种情形时，对其限售股转让所得应纳个人所得税，采取证券机构预扣预缴、纳税人自行申报清算和证券机构直接扣缴相结合的方式征收。

（1）个人通过证券交易所集中交易系统或大宗交易系统转让限售股；

（2）个人用限售股认购或申购交易型开放式指数基金（ETF）份额；

（3）个人用限售股接受要约收购；

（4）个人行使现金选择权将限售股转让给提供现金选择权的第三方。

在上述四种情形下，由证券机构按规定扣缴税款，纳税人申报清算时，实际转让收入按照下列原则计算：

（1）个人通过证券交易所集中交易系统或大宗交易系统转让限售股的转让收入，以转让当日该股份实际转让价格计算，证券公司在扣缴税款时，佣金支出统一按照证券主管部门规定的行业最高佣金费率计算；

（2）通过认购 ETF 份额方式转让限售股的，以股份过户日的前一交易日该股份收盘价计算转让收入，通过申购 ETF 份额方式转让限售股的，以申购日的前一交易日该股份收盘价计算转让收入；

（3）个人用限售股接受要约收购的转让收入以要约收购的价格计算；

（4）个人行使现金选择权将限售股转让给提供现金选择权的第三方的转让收入以实际行权价格计算。

3. 自行申报纳税收入的确定

纳税人发生如下四种情形时，采取纳税人向主管税务机关自行申报纳税的方式缴纳个人所得税：

（1）个人协议转让限售股；

（2）个人持有的限售股被司法扣划；

（3）个人因依法继承或家庭财产分割让渡限售股所有权；

（4）个人用限售股偿还上市公司股权分置改革中由大股东代其向流通股股东支付的对价。

在上述四种情况下，纳税人自行申报纳税时，其转让收入按照下列原则计算：

（1）个人协议转让限售股的转让收入按照实际转让收入计算，转让价格明显偏低且无正当理由的，主管税务机关可以依据协议签订日的前一交易日该股收盘价或其他合理方式核定其转让收入；

（2）个人持有的限售股被司法扣划的转让收入以司法执行日的前一交易日该股收盘价计算；

（3）个人因依法继承或家庭财产分割让渡限售股所有权和个人用限售股偿还上市公司股权分置改革中由大股东代其向流通股股东支付的对价的，转让收入以转让方取得该股时支付的成本计算。

【例 7-6】（多选题）纳税人转让限售股需要自行申报纳税的情形有（　　）。

A. 个人协议转让限售股

B. 个人用限售股接受要约收购

C. 个人持有的限售股被司法扣划

D. 个人因依法继承或家庭财产分割让渡限售股所有权

E. 个人行使现金选择权将限售股转让给提供现金选择权的第三方

[**答案**] ACD

4. 成本费用的确定

个人转让因协议受让、司法扣划等情形取得未解禁限售股的，成本按照主管税务机关认可的协议受让价格、司法扣划价格核定，无法提供相关资料的，按照财税〔2009〕167号文件第五条第（一）项规定执行，即按限售股转让收入的15%核定限售股原值及合理税费；个人转让因依法继承或家庭财产依法分割取得的限售股的，按规定缴纳个人所得税时，成本按照该限售股前一持有人取得该股时实际成本及税费计算。

在证券机构技术和制度准备完成后形成的限售股，自股票上市首日至解禁日期间发生送、转、缩股的，证券登记结算公司应依据送、转、缩股比例对限售股成本原值进行调整；而对于其他权益分派的情形（如现金分红、配股等），不对限售股的成本原值进行调整。

因个人持有限售股中存在部分限售股成本原值不明确，导致无法准确计算全部限售股成本原值的，证券登记结算公司一律以实际转让收入的15%作为限售股成本原值和合理税费。

5. 税目税率的确定

《个人所得税法实施条例》规定，财产转让所得是指个人转让有价证券、股权、建筑物、车船以及其他财产取得的所得。限售股属于有价证券，是财产转让所得的一种形式，同时，《个人所得税法》规定，财产转让所得适用20％的比例税率。因此，财税〔2009〕167号文件规定，个人转让限售股取得的所得，按照"财产转让所得"项目适用20％的比例税率征收个人所得税。

（四）征收管理

1. 纳税人、扣缴义务人和主管税务机关的确定

根据财税〔2009〕167号文件的规定，限售股转让所得个人所得税，以限售股持有者为纳税义务人，以个人股东开户的证券机构为扣缴义务人。限售股个人所得税由证券机构所在地主管税务机关负责征收管理。

上述规定主要是从便于征管操作和源泉控管的角度考虑的，限售股股东可能遍布全国各地，但一般情况下，个人会选择距离自己常住地或工作地最近的证券机构设立证券账户，因此，财税〔2009〕167号文件规定，按照属地原则，以限售股股东开户的证券机构（证券公司营业部）为扣缴义务人，由证券机构所在地主管税务机关负责征收管理。对扣缴义务人按照所扣缴的税款，税务机关应按照规定支付手续费。

例如，紫金矿业（股票代码：601899）于2008年4月25日上市，上市首日收盘价为13.92元；2010年1月6日紫金矿业的收盘价为9.68元。

（1）中登公司根据上市首日收盘价和核定的15％原值及税费，计算出每股应扣缴个人所得税为：$13.92×(1-15％)×20％=2.37$（元），其核定的成本为：$13.92×15％=2.1$（元）；

（2）假设紫金矿业某限售股股东于1月6日以收盘价的价格减持了股份，其实际成交价格低于计算应扣缴税款的上市首日收盘价，应该说多扣缴了纳税人的税款，纳税人应申请清算。

（3）清算过程中，按照收入与成本配比的原则，纳税人提供了实际转让收入9.68元和实际的股票原值及相关税费，则每股实际应缴税款按9.68元减去实际原值及税费计算；如果纳税人无法提供实际成本资料，按照收入与成本配比的原则，实际每股应纳税额应为：$9.68×(1-15％)×20％=1.64$（元），其核定成本以实际转让收入为计算依据，即$9.68×15％=1.45$（元）。收入与成本配比的原则要求，收入的计算依据与成本原值的计算依据必须一致，而不允许转让收入按较低的实际成交价格计算，原值按较高的首日收盘价计算的2.1元扣除。

（4）按照上述计算，假设成本均为核定成本，则应对该纳税人每股退税：$2.37-1.64=0.73$（元）。

纳税人申请清算时，应填报《限售股转让所得个人所得税清算申报表》，并持加盖证券机构印章的交易记录和相关完整、真实凭证，向主管税务机关提出清算申报并办理清算事宜。主管税务机关审核确认后，按照重新计算的应纳税额，办理退（补）税手续。纳税人在规定期限内未到主管税务机关办理清算事宜的，税务机关不再办理清算事宜，已预扣预缴的税款从纳税保证金账户全额缴入国库。

2. 证券机构技术和制度准备完成后应缴税款计算和扣缴

财税〔2009〕167 号文件规定，对证券机构技术和制度准备完成后新上市公司的限售股，通过改造登记结算公司和证券公司软件的方式分库管理，按照证券机构事先植入结算系统的限售股成本原值和发生的合理税费，以实际转让收入减去原值和合理税费后的余额，适用 20% 税率，由证券机构计算直接扣缴个人所得税额。

证券机构技术和制度准备完成后，证券机构扣缴税款的计算依据是实际的转让收入和实际成本，此时扣缴税款是纳税人实际的应缴税款，不存在清算问题。

《财政部 国家税务总局关于证券机构技术和制度准备完成后个人转让上市公司限售股有关个人所得税问题的通知》（财税〔2011〕108 号）进一步规定：

（1）自 2012 年 3 月 1 日起，网上发行资金申购日在 2012 年 3 月 1 日（含）之后的首次公开发行上市公司（以下简称新上市公司）按照证券登记结算公司业务规定做好各项资料准备工作，在向证券登记结算公司申请办理股份初始登记时一并申报由个人限售股股东提供的有关限售股成本原值详细资料，以及会计师事务所或税务师事务所对该资料出具的鉴证报告。限售股成本原值，是指限售股买入时的买入价及按照规定缴纳的有关税费。

（2）新上市公司提供的成本原值资料和鉴证报告中应包括但不限于以下内容：证券持有人名称、有效身份证照号码、证券账户号码、新上市公司全称、持有新上市公司限售股数量、持有新上市公司限售股每股成本原值等。

新上市公司每位持有限售股的个人股东应仅申报一个成本原值。个人取得的限售股有不同成本的，应对所持限售股以每次取得股份数量为权重进行成本加权平均以计算出每股的成本原值，即：

$$\genfrac{}{}{0pt}{}{\text{分次取得限售股的}}{\text{加权平均成本}} = \left(\genfrac{}{}{0pt}{}{\text{第一次取得限售股的}}{\text{每股成本原值}} \times \genfrac{}{}{0pt}{}{\text{第一次取得限售股的}}{\text{股份数量}} + \cdots\cdots + \genfrac{}{}{0pt}{}{\text{第 } n \text{ 次取得限售股的}}{\text{每股成本原值}} \times \genfrac{}{}{0pt}{}{\text{第 } n \text{ 次取得限售股的}}{\text{股份数量}} \right) \div \genfrac{}{}{0pt}{}{\text{累计取得限售股的}}{\text{股份数量}}$$

（3）证券登记结算公司收到新上市公司提供的相关资料后，应及时将有关成本原值数据植入证券结算系统。个人转让新上市公司限售股的，证券登记结算公司根据实际转让收入和植入证券结算系统的标的限售股成本原值，以实际转让收入减去成本原值和合理税费后的余额，适用 20% 税率，直接计算需扣缴的个人所得税额。

合理税费是指转让限售股过程中发生的印花税、佣金、过户费等与交易相关的税费。

（4）新上市公司在申请办理股份初始登记时，确实无法提供有关成本原值资料和鉴证报告的，证券登记结算公司在完成股份初始登记后，将不再接受新上市公司申报有关成本原值资料和鉴证报告，并按规定以实际转让收入的 15% 核定限售股成本原值和合理税费。

（5）个人在证券登记结算公司以非交易过户方式办理应纳税未解禁限售股过户登记的，受让方所取得限售股的成本原值按照转让方完税凭证、《限售股转让所得个人所得税清算申报表》等材料确定的转让价格进行确定；如转让方证券账户为机构账户，在受让方再次转让该限售股时，以受让方实际转让收入的 15% 核定其转让限售股的成本原值和合理税费。

（6）对采取自行纳税申报方式的纳税人，其个人转让限售股不需要纳税或应纳税额为零的，纳税人应持经主管税务机关审核确认并加盖受理印章的"限售股转让所得个人所得税清算申报表"原件，到证券登记结算公司办理限售股过户手续。未提供原件的，证券登记结算公司不予办理过户手续。

（7）对于个人持有的新上市公司未解禁限售股被司法扣划至其他个人证券账户，如国家有权机关要求强制执行但未能提供完税凭证等材料，证券登记结算公司在履行告知义务后予以协助执行，并在受让方转让该限售股时，以其实际转让收入的15％核定其转让限售股的成本原值和合理税费。

（8）证券公司应将每月所扣个人所得税款，于次月15日内缴入国库，并向当地主管税务机关报送"限售股转让所得扣缴个人所得税报告表"及税务机关要求报送的其他资料。对个人转让新上市公司限售股，按财税〔2010〕70号文件的规定，需纳税人自行申报纳税的，继续按照原规定以及上述第（6）、（7）的相关规定执行。

【例7-7】（单选题）钱某在某上市公司任职，任职期间该公司授予钱某限售股3万股，该批限售股已于2015年年初解禁，钱某在8月份之前陆续买进该公司股票2万股，股票平均买价为5.4元/股，但限售股授予价格不明确。2015年8月钱某以8元/股的价格卖出公司股票4万股。在不考虑股票买卖过程中其他相关税费的情况下，钱某转让4万股股票应缴纳个人所得税（   ）元。

    A. 27 200   B. 32 400   C. 37 600   D. 40 800

[答案] D

[解析] 纳税人同时持有限售股及该股流通股的，其股票转让所得，按照限售股优先原则，即：转让股票视同为先转让限售股，按规定计算缴纳个人所得税。

剩余1万股属于个人转让境内上市公司的流通股股票，暂免征收个人所得税。

应纳个人所得税为：$30\,000×8×(1-15\%)×20\%=40\,800$（元）。

（五）企业转让限售股所得税处理

关于企业转让上市公司限售股有关所得税处理问题，《国家税务总局关于企业转让上市公司限售股有关所得税问题的公告》（国家税务总局公告2011年第39号）做出如下规定，自2011年7月1日起执行。该公告生效后尚未处理的纳税事项，按照公告规定处理；已经处理的纳税事项，不再调整。

1. 纳税义务人的界定

根据《企业所得税法》第一条及《企业所得税法实施条例》第三条的规定，转让限售股取得收入的企业（包括事业单位、社会团体、民办非企业单位等），为企业所得税的纳税义务人。

2. 企业转让代个人持有的限售股所得征税问题

因股权分置改革造成原由个人出资而由企业代持有的限售股，企业在转让时按以下规定处理：

（1）企业转让上述限售股取得的收入，应作为企业应税收入计算纳税。

上述限售股转让收入扣除限售股原值和合理税费后的余额为该限售股转让所得。企业未能提供完整、真实的限售股原值凭证，不能准确计算该限售股原值的，主管税务机关一律按该限售股转让收入的 15%，核定为该限售股原值和合理税费。依照规定完成纳税义务后的限售股转让收入余额转付给实际所有人时不再纳税。

（2）依法院判决、裁定等原因，通过证券登记结算公司，企业将其代持的个人限售股直接变更到实际所有人名下的，不视同转让限售股。

3. 企业在限售股解禁前转让限售股所得征税问题

企业在限售股解禁前将其持有的限售股转让给其他企业或个人（以下简称受让方），其企业所得税问题按以下规定处理：

（1）企业应按减持在证券登记结算机构登记的限售股取得的全部收入，计入企业当年度应税收入计算纳税。

（2）企业持有的限售股在解禁前已签订协议转让给受让方，但未变更股权登记、仍由企业持有的，企业实际减持该限售股取得的收入，依照上述第（1）项规定（即企业应按减持在证券登记结算机构登记的限售股取得的全部收入，计入企业当年度应税收入计算纳税）纳税后，其余额转付给受让方的，受让方不再纳税。

三、非货币性资产投资

（一）非货币性资产投资概述

1. 个人所得税非货币性资产界定

根据《财政部 国家税务总局关于个人非货币性资产投资有关个人所得税政策的通知》（财税〔2015〕41 号）第五条第一款的规定，非货币性资产，是指现金、银行存款等货币性资产以外的资产，包括股权、不动产、技术发明成果以及其他形式的非货币性资产。

2. 非货币性资产投资

非货币性资产投资，就是以非货币性资产出资设立新的企业，或者以非货币性资产出资参与企业增资扩股、定向增发股票、重组改制以及其他类似的投资（包括股权换股权）。根据《财政部 国家税务总局关于个人非货币性资产投资有关个人所得税政策的通知》（财税〔2015〕41 号）第五条第二款的规定，非货币性资产投资包括以非货币性资产出资设立新的企业，以及以非货币性资产出资参与企业增资扩股、定向增发股票、股权置换、重组改制等投资行为。

个人以非货币性资产投资，取得被投资企业的股权价值高于该资产原值的部分，根据个人所得税法规定,属于个人财产转让所得,应缴纳个人所得税。但是由于非货币性资产投资交易过程中没有或仅有少量现金流,且大多交易金额较大,纳税人可能缺乏足够资金纳税,导致征纳双方争议较大,税务机关执法也面临两难境地。为了解决上述问题,《国务院关于印发中国(上海)自由贸易试验区总体方案的通知》(国发〔2013〕38号)批准上海自区先行试点非货币性资产投资分期缴纳个人所得税政策,探索解决之路。

为进一步鼓励和引导民间投资,促进大众创业、万众创新,缓解纳税人缺乏足够资金纳税的困难,国务院决定自2015年4月1日起,将上海自贸区试点的非货币性资产投资分期缴纳个人所得税政策推广至全国范围内实施。随即,财政部、国家税务总局联合下发了财税〔2015〕41号文件,国家税务总局发布了《国家税务总局关于个人非货币性资产投资有关个人所得税征管问题的公告》(国家税务总局公告2015年第20号,以下简称20号公告)等配套文件,对相关问题进行明确、细化,该公告自2015年4月1日起执行。

(二)应税项目的确定

非货币性资产投资,实质为个人"转让非货币性资产"和"对外投资"两笔经济业务同时发生。个人通过转移非货币性资产权属,投资换得被投资企业的股权(或股票,以下统称股权),实现了对非货币性资产的转让性处置。我国公司法规定,以非货币性资产投资应对资产评估作价,对资产评估价值高出个人初始取得该资产时实际发生的支出(即资产原值)的部分,个人虽然没有现金流入,但取得了另一家企业的股权,符合《个人所得税法》关于"个人所得的形式包括现金、实物、有价证券和其他形式的经济利益"的规定,应按"财产转让所得"项目缴纳个人所得税。反之,如果评估后的公允价值没有超过原值,个人则没有所得,也就不需要缴纳个人所得税。

因而,财税〔2015〕41号文件第一条规定,个人以非货币性资产投资,属于个人转让非货币性资产和投资同时发生。对个人转让非货币性资产的所得,应按照"财产转让所得"项目,依法计算缴纳个人所得税。

(三)应纳税所得额

财税〔2015〕41号文件第一条第一款规定,个人以非货币性资产投资,应按评估后的公允价值确认非货币性资产转让收入。非货币性资产转让收入减除该资产原值及合理税费后的余额为应纳税所得额。20号公告第四条进一步明确,纳税人非货币性资产投资应纳税所得额为非货币性资产转让收入减除该资产原值及合理税费后的余额。

用公式表示为:

$$\begin{array}{c}应纳税\\所得额\end{array} = \begin{array}{c}非货币性资\\产转让收入\end{array} - \begin{array}{c}资产\\原值\end{array} - \begin{array}{c}转让时按规定支付的\\合理税费\end{array} \quad 应纳税额 = \begin{array}{c}应纳税\\所得额\end{array} \times 20\%$$

1. 转让收入的确认

财税〔2015〕41号文件第一条第二款规定,个人以非货币性资产投资,应于非货币性资产转让、取得被投资企业股权时，确认非货币性资产转让收入的实现。

2. 资产原值

20号公告第五条规定，非货币性资产原值为纳税人取得该项资产时实际发生的支出。即非货币性资产原值以历史成本进行确认。

纳税人无法提供完整、准确的非货币性资产原值凭证，不能正确计算非货币性资产原值的，主管税务机关可依法核定其非货币性资产原值。

20号公告第七条规定，纳税人以股权投资的，该股权原值确认等相关问题依照《股权转让所得个人所得税管理办法（试行）》（国家税务总局公告2014年第67号）有关规定执行。

3. 合理费用

20号公告第六条规定，合理税费是指纳税人在非货币性资产投资过程中发生的与资产转移相关的税金及合理费用。即允许扣除的税费必须与非货币性资产投资相关，且具有合理性。

【例7-8】（计算题）中国公民王先生、李先生2012年初各出资300万元成立A公司。为促进企业发展壮大，2015年1月1日，王、李两位股东与B公司达成重组协议，B公司以发行股份并支付现金补价方式购买王先生、李先生持有的A公司股权。其中，向王先生和李先生分别发行价值2700万元和3000万元的股份，并分别支付600万元和300万元的现金，在此过程中两人各自发生评估费、中介费等相关税费100万元。请计算应纳的个人所得税。

[答案] 根据财税〔2015〕41号文件和20号公告的相关规定，王先生应缴纳财产转让所得个人所得税为：（2700＋600－300－100）×20％＝580（万元）；李先生应缴纳财产转让所得个人所得税为：（3000＋300－300－100）×20％＝580（万元）。

（四）纳税人与纳税地点

1. 纳税人

20号公告第一条规定，非货币性资产投资个人所得税以发生非货币性资产投资行为并取得被投资企业股权的个人为纳税人。

2. 纳税地点

20号公告第三条规定，纳税人以不动产投资的，以不动产所在地地税机关为主管税务机关；纳税人以其持有的企业股权对外投资的，以该企业所在地地税机关为主管税务机关；纳税人以其他非货币资产投资的，以被投资企业所在地地税机关为主管税务机关。

(五)非货币性资产投资分期缴税

1. 非货币性资产投资分期缴税规定

财税〔2015〕41号文件第三条规定,个人应在发生上述(非货币性资产投资)应税行为的次月15日内向主管税务机关申报纳税。纳税人一次性缴税有困难的,可合理确定分期缴纳计划并报主管税务机关备案后,自发生上述应税行为之日起不超过5个公历年度内(含)分期缴纳个人所得税。

这样处理,也与企业以非货币性资产对外投资的所得税处理原则一致。

例如,张女士2015年12月进行了一次非货币性资产投资,那么她可以根据自身情况制定分期缴税计划,在2015年至2019年(而不是2015年12月到2020年12月)这5个公历年度内分期缴税,并于2019年12月31日前缴清税款。

2. 现金收入优先缴税

(1)现金补价优先缴税。

根据财税〔2015〕41号文件第四条第一款的规定,个人以非货币性资产投资交易过程中取得现金补价的,现金部分应优先用于缴税;现金不足以缴纳的部分,可分期缴纳。

也就是说,个人以非货币性资产投资取得现金补价,现金部分足以缴税的,税款应一次结清;现金不足以全部缴清税款的,不足部分可以分期缴纳。上述现金补价,是指个人在以非货币性资产投资过程中,除了取得被投资企业的股权外,还可能取得一定数量的现金,对这部分现金称为现金补价。

假设在例7-8的情形下,王先生、李先生因非货币性资产投资,分别应缴纳个人所得税580万元。王先生取得现金补价600万元,李先生取得现金补价300万元。

王先生在此次交易过程中取得的600万元现金补价,足以缴税,税款应一次性结清,不可分期缴纳。

李先生在此次交易过程中取得的300万元现金补价,应优先用于缴税。剩余的280万元,可分期缴纳。

(2)分期缴税期间转让股权的现金收入优先缴税。

财税〔2015〕41号文件第四条第二款规定,个人在分期缴税期间转让其持有的上述全部或部分股权,并取得现金收入的,该现金收入应优先用于缴纳尚未缴清的税款。

也就是说,个人在分期缴税期间转让其以非货币性资产投资取得的全部或部分股权并取得现金收入的,该现金收入应优先用于缴纳尚未缴清的税款。对部分转让股权且取得的现金不足以一次结清税款的,剩余部分可以继续分期缴纳。

假设李先生在例7-8的情形下在办理280万元分期缴税手续后的第3年,仍有200万元税款尚未缴纳。此时他转让了部分以非货币性资产投资换取的股权,如果取得的税后转让收入超过200万元,那么他应一次结清税款;如果取得的税后转让收入不超过200万元,假设为160万元,那么,剩余的40万元可以继续分期缴纳。

3. 分期缴税计划的制定、变更与备案

20号公告第八条规定，纳税人非货币性资产投资需要分期缴纳个人所得税的，应于取得被投资企业股权之日的次月15日内，自行制定缴税计划并向主管税务机关报送《非货币性资产投资分期缴纳个人所得税备案表》、纳税人身份证明、投资协议、非货币性资产评估价格证明材料、能够证明非货币性资产原值及合理税费的相关资料。

2015年4月1日之前发生的非货币性资产投资，期限未超过5年，尚未进行税收处理且需要分期缴纳个人所得税的，纳税人应于20号公告下发之日起30日内（2015年5月8日前）向主管税务机关办理分期缴税备案手续。

假设李先生在例7-8的情形下，2014年8月进行了一次非货币性资产投资，因资金紧张，截至2015年3月31日尚未缴税，那么他也可在2015年至2018年这4个公历年度内分期缴税，并于2018年12月31日（而不是2019年8月）前缴清税款。

20号公告第九条进一步规定，纳税人分期缴税期间提出变更原分期缴税计划的，应重新制定分期缴税计划并向主管税务机关重新报送《非货币性资产投资分期缴纳个人所得税备案表》。

（六）纳税申报

1. 自行申报

20号公告第二条规定，非货币性资产投资个人所得税由纳税人向主管税务机关自行申报缴纳。

2. 申报纳税

20号公告第十条规定，纳税人按分期缴税计划向主管税务机关办理纳税申报时，应提供已在主管税务机关备案的《非货币性资产投资分期缴纳个人所得税备案表》和本期之前各期已缴纳个人所得税的完税凭证。

20号公告第十一条规定，纳税人在分期缴税期间转让股权的，应于转让股权之日的次月15日内向主管税务机关申报纳税。

3. 被投资企业的报告义务

20号公告第十二条规定，被投资企业应将纳税人以非货币性资产投入本企业取得股权和分期缴税期间纳税人股权变动情况，分别于相关事项发生后15日内向主管税务机关报告，并协助税务机关执行公务。

（七）政策衔接

财税〔2015〕41号文件第六条规定，本通知规定的分期缴税政策自2015年4月1

日起施行。对 2015 年 4 月 1 日之前发生的个人非货币性资产投资,尚未进行税收处理且自发生上述应税行为之日起期限未超过 5 年的,可在剩余的期限内分期缴纳其应纳税款。

(八) 2011 年以前非货币性资产投资暂不征税

考虑到个人所得税的特点和当时个人所得税征收管理的实际情况,《国家税务总局关于非货币性资产评估增值暂不征收个人所得税的批复》(国税函〔2005〕319 号,已全文废止)明确:对个人将非货币性资产进行评估后投资于企业,其评估增值取得的所得在投资取得企业股权时,暂不征收个人所得税。在投资收回、转让或清算股权时如有所得,再按规定征收个人所得税,其"财产原值"为资产评估前的价值。

根据《国家税务总局关于公布全文失效废止部分条款失效废止的税收规范性文件目录的公告》(国家税务总局公告 2011 年第 2 号)的规定,国税函〔2005〕319 号文件全文废止后,根据《个人所得税法实施条例》第十条的规定,个人以非货币资产投资应当征收个人所得税。

(九) 苏宁环球增发税务事件

【例 7-9】(案例分析题)中国证券网 2006 年 6 月 26 日报道:GST 环球拟定向增发不超过10 000万股 A 股,发行特定对象数量不超过 10 家,其中公司实际控制人张桂平及其关联人张康黎分别以其持有的江苏乾阳房地产开发有限公司 51% 和 49% 的权益,认购不低于此次发行总量的 90%,以上权益的作价不超过 37 500 万元,实际控制人张桂平及其关联人或其他投资者以现金认购公司此次发行的股份不超过发行总量的 10%。公司实际控制人张桂平及其关联人认购的股份在发行完成后 36 个月内不得转让。

另外,苏宁环球公告显示:2008 年 6 月,苏宁环球完成了一次定向增发,公司向实际控制人张桂平及其儿子张康黎分别发行 1.05 亿和 8 714.41 万股股票,以购买二人分别持有的南京浦东建设发展有限公司(以下称南京浦东公司)46%、38% 的股权,发行价格为 26.45 元/股。增发完成后,南京浦东公司 84% 股权正式注入苏宁环球。

南京浦东公司成立于 2002 年 9 月 20 日,注册资本为 2 亿元。其中,苏宁环球董事长张桂平持有 46% 股权,张桂平之子张康黎持有 38% 股权。该公司主要业务为房地产开发、销售。根据会计师事务所出具的资产评估报告,南京浦东公司以 2007 年 6 月 30 日为基准日进行的资产评估值为 60.66 亿元,增值 58.54 亿元,增值率为 2 771.96%。

请分析说明以股权参与上市公司定向增发是否缴纳个人所得税。

[答案] 2011 年 2 月，《国家税务总局关于个人以股权参与上市公司定向增发征收个人所得税问题的批复》（国税函〔2011〕89 号）明确：根据《个人所得税法》及其实施条例等规定，南京浦东公司自然人股东以其所持该公司股权评估增值后，参与苏宁环球股份有限公司定向增发股票，属于股权转让行为，其所得应按照"财产转让所得"项目缴纳个人所得税。2011 年 4 月，《国家税务总局关于切实加强高收入者个人所得税征管的通知》（国税发〔2011〕50 号）再次强调，将加强个人以评估增值的非货币性资产对外投资取得股权的税源管理，重点监管上市公司在上市前进行增资扩股、股权转让、引入战略投资者等行为的涉税事项，防止税款流失。

根据《个人所得税法》相关规定，应纳税所得额是以南京浦东公司股权换取上市公司股票公允价值扣除张桂平父子入股南京浦东公司成本。张桂平父子以 26.45 元/股的价格换得约 1.92 亿股苏宁环球股票，扣除入股南京浦东公司成本，应纳税所得额约为 50 亿元，根据个人所得税财产转让所得 20% 的比例税率，张桂平父子在参与完成苏宁环球定向增发之时，应缴纳个人所得税。

四、技术成果投资选择性税收优惠

（一）技术成果投资入股

1. 技术成果投资入股的界定

技术成果投资入股，是指纳税人将技术成果所有权让渡给被投资企业、取得该企业股票（权）的行为。

技术成果投资入股，实质是转让技术成果和以转让所得再进行投资两笔经济业务同时发生。对于转让技术成果这一环节，个人应当按照"财产转让所得"项目计算纳税。

2. 技术成果的范围

对技术成果投资入股实施选择性税收优惠政策的技术成果范围问题，《财政部 国家税务总局关于完善股权激励和技术入股有关所得税政策的通知》（财税〔2016〕101 号）第三条第三款规定，技术成果是指专利技术（含国防专利）、计算机软件著作权、集成电路布图设计专有权、植物新品种权、生物医药新品种，以及科技部、财政部、国家税务总局确定的其他技术成果。

（二）技术成果投资入股选择性税收优惠政策

自 2016 年 9 月 1 日起，《财政部 国家税务总局关于完善股权激励和技术入股有关所得税政策的通知》（财税〔2016〕101 号）第三条第一款规定，企业或个人以技术成果投资入股到境内居民企业，被投资企业支付的对价全部为股票（权）的，企业或个人可选择继续按现行有关税收政策执行，也可选择适用递延纳税优惠政策。

选择技术成果投资入股递延纳税政策的，经向主管税务机关备案，投资入股当期可暂不纳税，允许递延至转让股权时，按股权转让收入减去技术成果原值和合理税费后的差额计算缴纳所得税。

也就是说，企业或个人技术成果投资入股选择递延纳税政策有两个条件：一是入股的被投资企业必须是境内居民企业；二是入股的被投资企业支付的对价 100％为股权支付。若被投资企业支付的对价除股权外，还有现金等非股权支付，则不能选择递延纳税。选择递延纳税的，在技术成果投资入股当期暂不纳税，待实际转让股票或股权时，按股权转让收入减去技术成果原值和合理税费后的差额计算缴纳所得税。

（三）被投资企业的处理

财税〔2016〕101 号文件第三条第（二）款规定，企业或个人选择适用上述任一项政策，均允许被投资企业按技术成果投资入股时的评估值入账并在企业所得税前摊销扣除。

（四）投资取得股权后上市再处置股票的处理

根据财税〔2016〕101 号文件第四条第（二）款的规定，个人因技术成果投资入股取得股权后，非上市公司在境内上市的，处置递延纳税的股权时，按照现行限售股有关征税规定执行。

《国家税务总局所得税司关于印发〈股权激励和技术入股个人所得税政策口径〉的通知》（税总所便函〔2016〕149 号）进一步明确：纳税人因获得非上市公司实施符合条件的股权激励而选择递延纳税的，自其取得股权至实际转让期间，因时间跨度可能非常长，其中会出现不少变数。如果公司在境内上市了，员工持有的递延纳税股权，自然转为限售股。根据财税〔2016〕101 号文件第四条第（二）项的规定，相关税收处理应按照限售股相关规定执行。具体包含三方面：一是股票转让价格，按照限售股有关规定确定；二是扣缴义务人转为限售股转让所得的扣缴义务人（即证券机构），实施股权激励的公司、获得技术成果的企业只需及时将相关信息告知税务机关，无须继续扣缴递延纳税股票个人所得税；三是个人股票原值仍按财税〔2016〕101 号文件规定确定，也就是说，转让的股票来源于股权激励的，原值为其实际取得成本；来源于技术成果投资入股的，原值为技术成果原值。若证券机构扣缴的个人所得税与纳税人的实际情况有出入，个人需按照《财政部 国家税务总局 证监会关于个人转让上市公司限售股所得征收个人所得税有关问题的通知》（财税〔2009〕167 号）的规定，向证券机构所在地主管税务机关申请办理税收清算。

（五）转增股本或以股权对外投资的处理

根据财税〔2016〕101号文件第四条第（四）款的规定，持有递延纳税的股权期间，因该股权产生的转增股本收入，以及以该递延纳税的股权再进行非货币性资产投资的，应在当期缴纳税款。

依据《个人所得税法》相关规定，企业以未分配利润、盈余公积、资本公积转增股本，需按照"利息、股息、红利所得"项目计征个人所得税。同时，根据《财政部 国家税务总局关于将国家自主创新示范区有关税收试点政策推广到全国范围实施的通知》（财税〔2015〕116号），中小高新技术企业转增股本，个人股东可分期5年缴税。但是，个人持有递延纳税股权期间，发生转增股本的，根据财税〔2016〕101号文件第四条第（四）项的规定，因递延纳税的股权产生的转增股本收入，应在当期缴纳税款。

个人以股权进行非货币性资产投资，《财政部 国家税务总局关于个人非货币性资产投资有关个人所得税政策的通知》（财税〔2015〕41号）规定可以分期5年缴纳。但个人因股权激励取得的限制性股票解禁所得选择递延纳税的，根据财税〔2016〕101号文件第四条第（四）项的规定，个人以递延纳税的股权进行非货币性资产投资，须在非货币性资产投资当期缴纳税款。

（六）递延纳税股权转让的处理

个人以技术成果投资入股到境内居民企业，被投资企业支付的对价全部为股票（权），个人选择技术成果投资入股递延纳税政策的，经向主管税务机关备案，投资入股当期可暂不纳税，允许递延至转让股权时，按股权转让收入减去技术成果原值和合理税费后的差额计算缴纳所得税。

《国家税务总局关于股权激励和技术入股所得税征管问题的公告》（国家税务总局公告2016年第62号）第一条第（七）款规定，递延纳税股票（权）转让、办理纳税申报时，扣缴义务人、个人应向主管税务机关一并报送能够证明股票（权）转让价格、递延纳税股票（权）原值、合理税费的有关资料，具体包括转让协议、评估报告和相关票据等。资料不全或无法充分证明有关情况，造成计税依据偏低，又无正当理由的，主管税务机关可依据税收征管法有关规定进行核定。

【例7-10】（案例分析题）李某2016年9月以其所有的某项专利技术作价100万元投资入股A企业，获得A公司股票50万股，占企业股本的5%。李某发明该项专利技术的成本为20万元，入股时发生评估费及其他合理税费共10万元。假设后来李某将这部分股权以200万元卖掉，转让时发生税费15万元。

请回答下列问题：

（1）李某应如何计算纳税？

（2）若李某选择递延纳税后，李某最终仅以 40 万元合理价格将股权卖掉，假设转让股权时税费为 5 万元。则转让时李某该如何计算缴纳个人所得税？

[答案]

（1）李某以专利技术投资入股，有两种税收处理方式：一是按照原有政策，在入股当期，对专利技术转让收入扣除专利技术财产原值和相关税费的差额计算个人所得税，并在当期或分期 5 年缴纳；二是按照新递延纳税政策，专利技术投资入股时不计税，待转让这部分股权时，直接以股权转让收入扣除专利技术的财产原值和合理税费的差额计算个人所得税。

①按原 5 年内分期纳税政策计算：

李某技术入股当期需缴税，应纳税额＝（100－20－10）×20％＝14（万元）；

转让股权时李某也需缴税，应纳税额＝（200－100－15）×20％＝17（万元）；

两次合计，李某共缴纳个人所得税 31 万元。

②按递延纳税政策计算：

李某入股当期无须缴税。

待李某转让该部分股权时一次性缴税。转让时应纳税额＝[200－（20＋10）－15]×20％＝31（万元）。

虽然政策调整后，李某应缴税款与原来一样，但李某在入股当期无须缴税，压力大大减小，待其转让时再缴税，确保有充足的资金流。

（2）根据递延纳税相关政策，李某转让股权时，按照转让收入扣除技术成果原值及合理税费后的余额，计算缴纳个人所得税。因此，虽然李某的股权转让收入较当初专利技术投资时作价降低了，但其仍根据股权转让实际收入计算个人所得税，李某技术成果投资入股风险大大降低。

应缴税款＝[40－（20＋10）－5]×20％＝1（万元）。

（七）享受递延纳税股权优先转让

根据财税〔2016〕101 号文件第四条第（三）款的规定，个人转让股权时，视同享受递延纳税优惠政策的股权优先转让。递延纳税的股权成本按照加权平均法计算，不与其他方式取得的股权成本合并计算。

（八）递延纳税备案

根据财税〔2016〕101 号文件第五条第（一）款的规定，对技术成果投资入股选择适用递延纳税政策的，企业应在规定期限内到主管税务机关办理备案手续。未办理备案手续的，不得享受本通知规定的递延纳税优惠政策。

62 号公告第一条第（五）款第 3 项进一步规定，个人以技术成果投资入股境内公司并选择递延纳税的，被投资公司应于取得技术成果并支付股权之次月 15 日内，向主管税务机关报送《技术成果投资入股个人所得税递延纳税备案表》、技术成果相关证书或证明材料、技术成果投资入股协议、技术成果评估报告等资料。

《技术成果投资入股个人所得税递延纳税备案表》（见表 7-2）适用于个人以技术成果投资入股境内非上市公司并选择递延纳税的，被投资公司向主管税务机关办理相关个人所得税递延纳税备案事宜时填报。备案表区分投资入股的技术成果，分别填写。企业应于被投资公司取得技术成果并支付股权之次月 15 日内报送该表。

该表一式二份。主管税务机关受理后，由扣缴义务人和主管税务机关分别留存。

表 7-2 　　　　　　　　　技术成果投资入股个人所得税递延纳税备案表

备案编号（主管税务机关填写）：　　　　　　　　　　　　单位：股，%，人民币元（列至角分）

被投资公司基本情况							
公司名称		纳税人识别号		联系人		联系电话	
技术成果基本情况							
技术成果名称		技术成果类型		发证部门		技术成果证书编号	
技术成果投资入股情况							
涉及人数		评估价（协议价）		技术成果原值		合理税费	
技术成果投资入股个人基本情况							
序号	姓　名	身份证照类型	身份证照号码	联系地址	联系电话	股数	持股比例
谨声明：此表是根据《中华人民共和国个人所得税法》及相关法律法规规定填写的，是真实的、完整的、可靠的。 　　　　　　　　　　被投资公司法定代表人签字：　　　　　　　年　月　日							
公司签章： 经办人： 填报日期：　　年　月　日		代理申报机构（人）签章： 经办人： 经办人执业证件号码： 代理申报日期：　　年　月　日			主管税务机关印章： 受理人： 受理日期：　　年　月　日		

国家税务总局监制

填报说明：

1. 被投资公司基本情况

（1）公司名称：填写接受技术成果投资入股的公司名称全称。

（2）纳税人识别号：填写纳税人识别号或统一社会信用代码。

(3)联系人、联系电话:填写接受技术成果投资入股公司负责办理个人所得税递延纳税备案人员的相关情况。

2.技术成果基本情况

(1)技术成果名称:填写技术成果的标准名称。

(2)技术成果类型:是指《财政部 国家税务总局关于完善股权激励和技术入股有关所得税政策的通知》(财税〔2016〕101号)规定的专利技术(含国防专利)、计算机软件著作权、集成电路布图设计专有权、植物新品种权、生物医药新品种,以及科技部、财政部、国家税务总局确定的其他技术成果。

(3)发证部门:填写颁发技术成果证书的部门全称。

(4)技术成果证书编号:填写技术成果证书上的编号。

3.技术成果投资入股情况

(1)涉及人数:填写技术成果投资协议中以该项技术成果投资入股的人数。

(2)评估价(协议价):填写技术成果投资入股按照协议确定的公允价值。

(3)技术成果原值:填写个人发明或取得该项技术成果过程中实际发生的支出。

(4)合理税费:填写个人以技术成果投资入股过程中按规定实际支付的有关税费。

4.技术成果投资入股个人基本情况

(1)姓名:填写技术成果投资入股个人的姓名,中国境内无住所个人,其姓名应当用中、外文同时填写。

(2)身份证照类型:填写能识别技术成果投资入股个人的唯一身份的身份证、军官证、士兵证、护照、港澳居民来往内地通行证、台湾居民来往大陆通行证等有效证照名称。

(3)身份证照号码:填写能识别技术成果投资入股个人的唯一身份的号码。

(4)联系地址和联系电话:填写技术成果投资入股个人的有效联系地址和常用联系电话。

(5)股数:填写个人因技术成果投资入股获得的股票(权)数。

(6)持股比例:按照保留小数点后两位填写。

技术成果投资入股个人基本情况如果填写不下,可另附纸填写。

(九)扣缴义务人的确定

根据财税〔2016〕101号文件第五条第(二)款的规定,个人以技术成果投资入股,以取得技术成果的企业为个人所得税扣缴义务人。递延纳税期间,扣缴义务人应在每个纳税年度终了后向主管税务机关报告递延纳税有关情况。

根据62号公告第一条第(六)款的规定,个人以技术成果投资入股取得的股票(权),实行递延纳税期间,扣缴义务人应于每个纳税年度终了后30日内,向主管税务机关报送《个人所得税递延纳税情况年度报告表》。

《个人所得税递延纳税情况年度报告表》(见表7-3)适用于实施符合条件股权激励的非上市公司和取得个人技术成果的境内公司,在递延纳税期间向主管税务机关报告个人相关股权持有和转让情况。

实施股权激励的非上市公司和取得个人技术成果的境内公司,应于每个纳税年度终了30日内报送该表。该表一式二份。主管税务机关受理后,由扣缴义务人和主管税务机关分别留存。

表7-3
报告所属期： 年

个人所得税递延纳税情况年度报告表

单位：股、%、人民币元（列至角分）

公司基本情况

公司名称		纳税人识别号		联系人		联系电话	

递延纳税有关情况

递延纳税股票（权）形式：□股票（权）□期权 □限制性股票 □股权奖励 □技术成果投资入股

递延纳税明细情况

序号	姓名	身份证照类型	身份证照号码	扣缴个人所得税	总体情况				股票（权）期权				限制性股票				股权奖励				技术成果投资入股			
					转让情况		剩余情况		转让情况		剩余情况		转让情况		剩余情况		转让情况		剩余情况		转让情况		剩余情况	
					股数	持股比例	股数	持股比例	股数	持股比例	股数	持股比例	股数	持股比例	股数	持股比例	股数	持股比例	股数	持股比例	股数	持股比例	股数	持股比例

谨声明：此表是根据《中华人民共和国个人所得税法》及有关法律法规规定填写的，是真实的、完整的、可靠的。
公司法定代表人签章：

公司盖章：
经办人：
填报日期： 年 月 日

代理申报机构（人）签章：
经办人：
经办人执业证件号码：
代理申报日期： 年 月 日

主管税务机关印章：
受理人：
受理日期： 年 月 日

国家税务总局监制

填报说明:

1. 公司基本情况

(1) 公司名称:填写实施股权激励的非上市公司,或者取得个人技术成果的境内公司的法定名称全称。

(2) 纳税人识别号:填写纳税人识别号或统一社会信用代码。

(3) 联系人、联系电话:填写负责办理股权激励或技术成果投资入股相关涉税事项人员的相关情况。

2. 递延纳税有关情况

递延纳税股票(权)形式:根据递延纳税的股票(权)形式(股票(权)期权、限制性股票、股权奖励、技术成果投资入股)勾选。

3. 递延纳税明细情况

(1) 姓名:填写纳税人姓名。中国境内无住所个人,其姓名应当用中、外文同时填写。

(2) 身份证照类型:填写能识别纳税人唯一身份的身份证件。如身份证、军官证、士兵证、护照、港澳居民来往内地通行证、台湾居民来往大陆通行证等有效证照名称。

(3) 身份证照号码:填写能识别纳税人唯一身份的号码。

(4) 总体情况、股票(权)期权、限制性股票、股权奖励、技术成果投资入股栏:填写个人享受递延纳税优惠的股票(权)相关情况。

①股票数、持股比例:填写个人实际转让或剩余享受递延纳税优惠的股票(权)数以及对应的持股比例。若非上市公司因公司注册类型限制,难以用股票(权)数体现个人相关权益的,可只填列持股比例,持股比例按照保留小数点后两位填写。

②扣缴个人所得税:填写个人转让递延纳税股权、扣缴义务人实际扣缴的个人所得税。

五、特殊事项的处理

(一) 买卖虚拟货币所得

关于个人通过网络销售虚拟货币取得收入计征个人所得税问题，《国家税务总局关于个人通过网络买卖虚拟货币取得收入征收个人所得税问题的批复》（国税函〔2008〕818号）做出如下规定：

（1）个人通过网络收购玩家的虚拟货币，加价后向他人出售取得的收入，属于个人所得税应税所得，应按照"财产转让所得"项目计算缴纳个人所得税。

（2）个人销售虚拟货币的财产原值为其收购网络虚拟货币所支付的价款和相关税费。

（3）对于个人不能提供有关财产原值凭证的，由主管税务机关核定其财产原值。

(二) 拍卖财产所得

关于个人通过拍卖市场拍卖各种财产（包括字画、瓷器、玉器、珠宝、邮品、钱币、古籍、古董等物品）取得的所得征收个人所得税问题，《国家税务总局关于加强和规范个人取得拍卖收入征收个人所得税有关问题的通知》（国税发〔2007〕38号）做出了规定。

1. 征税项目的确定

个人通过拍卖市场拍卖个人财产，对其取得所得按以下规定征税：

（1）根据《国家税务总局关于印发〈征收个人所得税若干问题的规定〉的通知》（国税发〔1994〕89号）的规定，作者将自己的文字作品手稿原件或复印件拍卖取得的所得，应以其转让收入额减除800元（转让收入额4 000元以下）或者20%（转让收入额4 000元以上）后的余额为应纳税所得额，按照"特许权使用费"所得项目适用20%税率缴纳个人所得税。

（2）个人拍卖除文字作品原稿及复印件外的其他财产，应以其转让收入额减除财产原值和合理费用后的余额为应纳税所得额，按照"财产转让所得"项目适用20%税率缴纳个人所得税。

2. 收入额的确定

对个人财产拍卖所得征收个人所得税时，以该项财产最终拍卖成交价格为其转让收入额。

3. 财产原值及合理费用的确定

个人财产拍卖所得适用"财产转让所得"项目计算应纳税所得额时，纳税人凭合法有效凭证（税务机关监制的正式发票、相关境外交易单据或海关报关单据、完税证明等），从其转让收入额中减除相应的财产原值、拍卖财产过程中缴纳的税金及有关合理费用。

（1）财产原值。

财产原值，是指售出方个人取得该拍卖品的价格（以合法有效凭证为准）。具体为：通过商店、画廊等途径购买的，为购买该拍卖品时实际支付的价款；通过拍卖行拍得的，为拍得该拍卖品实际支付的价款及交纳的相关税费；通过祖传收藏的，为其收藏该拍卖品而发生的费用；通过赠送取得的，为其受赠该拍卖品时发生的相关税费；通过其他形式取得的，参照以上原则确定财产原值。

（2）拍卖财产过程中缴纳的税金。

拍卖财产过程中缴纳的税金，是指在拍卖财产时纳税人实际缴纳的相关税金及附加。

（3）有关合理费用。

有关合理费用，是指拍卖财产时纳税人按照规定实际支付的拍卖费（佣金）、鉴定费、评估费、图录费、证书费等费用。

4. 核定征收

纳税人不能提供合法、完整、准确的财产原值凭证，不能正确计算财产原值的，按转让收入额的3％征收率计算缴纳个人所得税；拍卖品为经文物部门认定是海外回流文物的，按转让收入额的2％征收率计算缴纳个人所得税。

纳税人的财产原值凭证内容填写不规范，或者一份财产原值凭证包括多件拍卖品且无法确认每件拍卖品一一对应的原值的，不得将其作为扣除财产原值的计算依据，应视为不能提供合法、完整、准确的财产原值凭证，并按上述规定的征收率计算缴纳个人所得税。

纳税人能够提供合法、完整、准确的财产原值凭证，但不能提供有关税费凭证的，不得按征收率计算纳税，应当就财产原值凭证上注明的金额据实扣除，并按照税法规定计算缴纳个人所得税。

5. 代扣代缴

个人财产拍卖所得应纳的个人所得税税款，由拍卖单位负责代扣代缴，并按规定向拍卖单位所在地主管税务机关办理纳税申报。

拍卖单位代扣代缴个人财产拍卖所得应纳的个人所得税税款时，应给纳税人填开完税凭证，并详细标明每件拍卖品的名称、拍卖成交价格、扣缴税款额。

【例7-11】（单选题）下列关于个人取得拍卖收入征收个人所得税的计算方法中正确的是（   ）。

A. 作者将自己的文学作品手稿原件或复印件拍卖取得的所得，按照"偶然所得"计算缴纳个人所得税
B. 拍卖受赠获得的物品，原值为该拍卖品的市场价值
C. 拍卖单位不用代扣代缴个人财产拍卖所得应纳的个人所得税
D. 拍卖通过拍卖行拍得的物品，财产原值为拍得该物品实际支付的价款及缴纳的相关税费

［答案］D

6. 房屋拍卖所得

《国家税务总局关于个人取得房屋拍卖收入征收个人所得税问题的批复》（国税函〔2007〕1145号）规定，个人通过拍卖市场取得的房屋拍卖收入在计征个人所得税时，其房屋原值应按照纳税人提供的合法、完整、准确的凭证予以扣除；不能提供完整、准确的房屋原值凭证，不能正确计算房屋原值和应纳税额的，统一按转让收入全额的3%计算缴纳个人所得税。为方便纳税人依法履行纳税义务和税务机关加强税收征管，纳税人应比照《国家税务总局关于个人住房转让所得征收个人所得税有关问题的通知》（国税发〔2006〕108号）第四条的有关规定，在房屋拍卖后缴纳营业税、契税、土地增值税等税收的同时，一并申报缴纳个人所得税。

（三）购买和处置债权所得

个人通过招标、竞拍或其他方式购置债权以后，通过相关司法或行政程序主张债权而取得的所得，根据《国家税务总局关于个人因购买和处置债权取得所得征收个人所得税问题的批复》（国税函〔2005〕655号）的规定，应按照"财产转让所得"项目缴纳个人所得税。

1. 应纳税所得额的确定

个人通过上述方式取得"打包"债权，只处置部分债权的，在确定其应纳税所得额应注意以下几点：

（1）以每次处置部分债权的所得，作为一次财产转让所得征税。

（2）其应税收入按照个人取得的货币资产和非货币资产的评估价值或市场价值的合计数确定。

（3）所处置债权成本费用（即财产原值），按下列公式计算：

$$\text{当次处置债权成本费用} = \text{个人购置"打包"债权实际支出} \times \frac{\text{当次处置债权账面价值（或拍卖机构公布价值）}}{\text{"打包"债权账面价值（或拍卖机构公布价值）}}$$

（4）个人购买和处置债权过程中发生的拍卖招标手续费、诉讼费、审计评估费以及缴纳的税金等合理税费，在计算个人所得税时允许扣除。

2. 转让债权财产原值的确定

转让债权，采用加权平均法确定其应予减除的财产原值和合理费用。即以纳税人购进的同一种类债券买入价和买进过程中缴纳的税费总和，除以纳税人购进的该种类债券数量之和，乘以纳税人卖出的该种类债券数量，再加上卖出的该种类债券过程中缴纳的税费。用公式表示为：

$$\text{一次卖出某一种类债券允许扣除的买入价和费用} = \frac{\text{纳税人购进的该种类债券买入价和买进过程中交纳的税费总和}}{\text{纳税人购进的该种类债券总数量}} \times \text{一次卖出的该种类债券的数量} + \text{卖出该种类债券过程中缴纳的税费}$$

【例 7-12】（单选题）王某从拍卖机构获得打包债权予以处置，处置了其中 A 企业的债权，收款 8 万元（该项债权为王某以 10 万元购置，该批债权价值 15 万元，其中 A 企业欠甲 9 万元，B 欠甲 6 万元，购置时发生拍卖招标手续费 0.2 万元），处置过程中发生审计评估、诉讼费等合计 0.6 万元。王某处置打包债权应纳个人所得税（   ）万元。

A. 0.23　　　　　B. 0.40　　　　　C. 0.32　　　　　D. 0.256

[答案] D

[解析] 应纳个人所得税为：[8−(10+0.2)×9÷15−0.6]×20%＝0.256（万元）。

（四）个人房产转让所得

1. 个人住房转让所得

根据《个人所得税法》及其实施条例的规定，个人转让住房，以其转让收入额减除财产原值和合理费用后的余额为应纳税所得额，按照"财产转让所得"项目缴纳个人所得税。

根据《国家税务总局关于个人住房转让所得征收个人所得税有关问题的通知》（国税发〔2006〕108 号）的规定，个人转让住房的个人所得税应纳税所得额计算方法如下。

（1）转让收入的确定。

对住房转让所得征收个人所得税时，以实际成交价格为转让收入。纳税人申报的住房成交价格明显低于市场价格且无正当理由的，征收机关依法有权根据有关信息核定其转让收入，但必须保证各税种计税价格一致。

（2）房产原值和合理费用的确定。

对转让住房收入计算个人所得税应纳税所得额时，纳税人可凭原购房合同、发票等有效凭证，经税务机关审核后，允许从其转让收入中减除房屋原值、转让住房过程中缴纳的税金及有关合理费用。

①房屋原值。房屋原值具体为：

商品房，其原值为购置该房屋时实际支付的房价款及交纳的相关税费。

自建住房，其原值为实际发生的建造费用及建造和取得产权时实际交纳的相关税费。

经济适用房（含集资合作建房、安居工程住房），其房屋原值为原购房人实际支付的房价款及相关税费，以及按规定交纳的土地出让金。

已购公有住房，其房屋原值为原购公有住房标准面积按当地经济适用房价格计算的房价款，加上原购公有住房超标准面积实际支付的房价款以及按规定向财政部门（或原产权单位）交纳的所得收益及相关税费。已购公有住房是指城镇职工根据国家和县级（含县级）以上人民政府有关城镇住房制度改革政策规定，按照成本价（或标准价）购买的公有住房。经济适用房价格按县级（含县级）以上地方人民政府规定的标准确定。

城镇拆迁安置住房，根据《城市房屋拆迁管理条例》〔自 2011 年 1 月 21 日起，被《国有土地上房屋征收与补偿条例》废止〕和《建设部关于印发〈城市房屋拆迁估价指导意见〉的通知》（建住房〔2003〕234 号）等文件的有关规定，其原值分别为：

A. 房屋拆迁取得货币补偿后购置房屋的，为购置该房屋实际支付的房价款及交纳的相关税费；

B. 房屋拆迁采取产权调换方式的，所调换房屋原值为《房屋拆迁补偿安置协议》注明的价款及交纳的相关税费；

C. 房屋拆迁采取产权调换方式，被拆迁人除取得所调换房屋，又取得部分货币补偿的，所调换房屋原值为《房屋拆迁补偿安置协议》注明的价款和交纳的相关税费，减去货币补偿后的余额；

D. 房屋拆迁采取产权调换方式，被拆迁人取得所调换房屋，又支付部分货币的，所调换房屋原值为《房屋拆迁补偿安置协议》注明的价款，加上所支付的货币及交纳的相关税费。

②转让住房过程中缴纳的税金。转让住房过程中缴纳的税金，是指纳税人在转让住房时实际缴纳的营业税、城市维护建设税、教育费附加、土地增值税、印花税等税金。

③合理费用。合理费用，是指纳税人按照规定实际支付的住房装修费用、住房贷款利息、手续费、公证费等费用。支付的住房装修费用，纳税人能提供实际支付装修费用的税务统一发票，并且发票上所列付款人姓名与转让房屋产权人一致的，经税务机关审核，其转让的住房在转让前实际发生的装修费用，可在以下规定比例内扣除：

A. 已购公有住房、经济适用房：最高扣除限额为房屋原值的 15%；

B. 商品房及其他住房：最高扣除限额为房屋原值的 10%。

根据《国家税务总局关于个人转让房屋有关税收征管问题的通知》（国税发〔2007〕33 号）的规定，凡有下列情况之一的，在计算缴纳转让住房所得个人所得税时不得扣除装修费用：

A. 纳税人提供的装修费用凭证不是有效发票的；

B. 发票上注明的付款人姓名与房屋产权人或产权共有人的姓名不一致的；

C. 发票由建材市场、批发市场管理机构开具，且未附所购商品清单的。纳税人申报扣除装修费用，应当填写《房屋装修费用发票汇总表》，在《房屋装修费用发票汇总表》上如实、完整地填写每份发票的开具人、受领人、发票字号、建材产品或服务项目、发票金额等信息。同时将有关装修发票原件提交征收人员审核。征收人员受理申报时，应认真审核装修费用发票真伪、《房屋装修费用发票汇总表》与有关装修发票信息是否一致，对不符合要求的发票不准扣除装修费用。审核完毕后，有关装修发票退还纳税人。

纳税人原购房为装修房，即合同注明房价款中含有装修费（铺装了地板，装配了洁具、厨具等）的，不得再重复扣除装修费用。

支付的住房贷款利息。纳税人出售以按揭贷款方式购置的住房的，其向贷款银行实际支付的住房贷款利息，凭贷款银行出具的有效证明据实扣除。纳税人按照有关规定实际支付的手续费、公证费等，凭有关部门出具的有效证明据实扣除。

这里需要说明的是，根据《财政部 国家税务总局关于个人所得税若干政策问题的通知》（财税字〔1994〕20 号）的规定，个人转让自用达五年以上、并且是唯一的家庭生活用房取得的所得，暂免征收个人所得税。

（3）核定征收。

纳税人未提供完整、准确的房屋原值凭证，不能正确计算房屋原值和应纳税额的，税务机关可根据《中华人民共和国税收征收管理法》第三十五条的规定，对其实行核定征税，即按纳税人住房转让收入的一定比例核定应纳个人所得税额。具体比例由省级地方税务局或者省级地方税务局授权的地市级地方税务局根据纳税人出售住房的所处区域、地理位置、建造时间、房屋类型、住房平均价格水平等因素，在住房转让收入1%～3%的幅度内确定。

这里所称"未提供完整、准确的房屋原值凭证"，根据国税发〔2007〕33号文件的规定，是指纳税人不能提供房屋购买合同、发票或建造成本、费用支出的有效凭证，或契税征管档案中没有上次交易价格或建造成本、费用支出金额等记录。凡纳税人能提供房屋购买合同、发票或建造成本、费用支出的有效凭证，或契税征管档案中有上次交易价格或建造成本、费用支出金额等记录的，均不应按照核定征收方式计征个人所得税。

2. 其他房产转让所得

对个人转让住房以外的其他财产，以转让财产的收入额减除其财产原值和合理费用（指卖出财产时按照规定支付的有关费用）后的余额，为应纳税所得额，按20%税率征收个人所得税；纳税人未提供完整、准确的财产原值凭证，不能正确计算财产原值的，由主管税务机关核定其财产原值。

3. 转让离婚析产房屋所得

根据《国家税务总局关于明确个人所得税若干政策执行问题的通知》（国税发〔2009〕121号）的规定，通过离婚析产的方式分割房屋产权是夫妻双方对共同共有财产的处置，个人因离婚办理房屋产权过户手续，不征收个人所得税。个人转让离婚析产房屋所取得的收入，允许扣除其相应的财产原值和合理费用后，余额按照规定的税率缴纳个人所得税；其相应的财产原值，为房屋初次购置全部原值和相关税费之和乘以转让者占房屋所有权的比例。

4. 个人转让受赠房产

自2009年5月25日起，《财政部 国家税务总局关于个人无偿受赠房屋有关个人所得税问题的通知》（财税〔2009〕78号）规定：

（1）对受赠人无偿受赠房屋计征个人所得税时，其应纳税所得额为房地产赠与合同上标明的赠与房屋价值减除赠与过程中受赠人支付的相关税费后的余额。赠与合同标明的房屋价值明显低于市场价格或房地产赠与合同未标明赠与房屋价值的，税务机关可依据受赠房屋的市场评估价格或采取其他合理方式确定受赠人的应纳税所得额。

（2）受赠人转让受赠房屋的，以其转让受赠房屋的收入减除原捐赠人取得该房屋的实际购置成本以及赠与和转让过程中受赠人支付的相关税费后的余额，为受赠人的应纳税所得额，依法计征个人所得税。受赠人转让受赠房屋价格明显偏低且无正当理由的，税务机关可以依据该房屋的市场评估价格或其他合理方式确定的价格核定其转让收入。

在 2009 年 5 月 25 日以前，根据《国家税务总局关于加强房地产交易个人无偿赠与不动产税收管理有关问题的通知》（国税发〔2006〕144 号）的规定，受赠人取得赠与人无偿赠与的不动产后，再次转让该项不动产的，在缴纳个人所得税时，以财产转让收入减除受赠、转让住房过程中缴纳的税金及有关合理费用后的余额为应纳税所得额，按 20％的适用税率计算缴纳个人所得税。

在计征个人受赠不动产个人所得税时，不得核定征收，必须严格按照税法规定据实征收。

【例 7-13】（单选题）2013 年 1 月，大明以 80 万元的价格购入一套住房，居住了两年后，于 2015 年 1 月，无偿赠送给了自己的弟弟小明。小明取得房屋后，于 2015 年 9 月将该房屋转让，取得转让收入 120 万元，缴纳相关税费 8 万元。下列说法中正确的是（   ）。

A. 小明无偿受赠房屋应按照其他所得项目计算缴纳个人所得税

B. 小明无偿受赠房屋应缴纳个人所得税 16 万元

C. 小明转让房屋应缴纳的个人所得税为 6.4 万元

D. 小明转让房屋应缴纳个人所得税为 22.4 万元

［答案］C

［解析］个人将房屋产权无偿赠与其兄弟姐妹、父母、子女等按照税法规定不征收个人所得税。受赠人转让受赠房屋的，以其转让受赠房屋的收入减除原捐赠人取得该房屋的实际购置成本以及赠与和转让过程中受赠人支付的相关税费后的余额，为受赠人的应纳税所得额，依法计征个人所得税。

小明应缴纳的个人所得税为：（120－80－8）×20％＝6.4（万元）。

（五）个人转让汽车所得

《国家税务总局关于个人转让汽车所得征收个人所得税问题的批复》（国税函发〔1997〕35 号）规定，个人合股集资购买大客车，并将该车转让给汽车运输公司从事营运。三年转让期满后，该车的所有权、营运权、线路牌等均归汽车运输公司所有。上述交易属于财产转让。个人获得的收入应按《个人所得税法》中规定的"财产转让所得"项目计算缴纳个人所得税。

第四节　非上市公司股权转让所得

自然人股东股权（股票）转让，按适用的税收政策不同可分为：转让境外上市公司股票所得、转让境内上市公司股票所得、转让限售股所得、转让非上市公司股权以及转让个人独资企业和合伙企业投资分额等。

为加强自然人股东（以下简称个人）股权转让[1]个人所得税的征收管理，规范税务机关、纳税人和扣缴义务人征纳行为，维护纳税人合法权益，国家税务总局发布了《国家税务总局关于发布〈股权转让所得个人所得税管理办法（试行）〉的公告》（国家税务总局公告2014年第67号，以下简称67号公告），自2015年1月1日起施行。《国家税务总局关于加强股权转让所得征收个人所得税管理的通知》（国税函〔2009〕285号）、《国家税务总局关于股权转让个人所得税计税依据核定问题的公告》（国家税务总局公告2010年第27号）同时废止。

个人在上海证券交易所、深圳证券交易所转让从上市公司公开发行和转让市场取得的上市公司股票，转让限售股，以及其他有特别规定的股权转让，不适用《股权转让所得个人所得税管理办法（试行）》。

一、纳税人与应税项目的界定

（一）股权与股权转让的界定

1. 股权

《股权转让所得个人所得税管理办法（试行）》第二条规定，本办法所称股权是指自然人股东（以下简称个人）投资于在中国境内成立的企业或组织（以下统称被投资企业，不包括个人独资企业和合伙企业）的股权或股份。

根据上述规定，个人独资企业和合伙企业个人投资者投资于个人独资企业和合伙企业的投资份额，不属于《股权转让所得个人所得税管理办法（试行）》规范的股权。

2. 股权转让

《股权转让所得个人所得税管理办法（试行）》第三条规定，本办法所称股权转让是指个人将股权转让给其他个人或法人的行为，包括以下情形：

（1）出售股权；

（2）公司回购股权；

（3）发行人首次公开发行新股时，被投资企业股东将其持有的股份以公开发行方式一并向投资者发售；

（4）股权被司法或行政机关强制过户；

（5）以股权对外投资或进行其他非货币性交易；

（6）以股权抵偿债务；

（7）其他股权转移行为。

上述列举的七类情形，股权已经发生了实质上的转移，转让方也相应获取了报酬或免

---

[1] 本节所称的股权转让不包括上市公司股份转让所得。

除了责任，因此都应当属于股权转让行为，个人取得所得应按规定缴纳个人所得税。

（二）纳税人与扣缴义务人的界定

《股权转让所得个人所得税管理办法（试行）》第五条规定，个人股权转让所得个人所得税，以股权转让方为纳税人，以受让方为扣缴义务人。

根据上述规定，受让方无论是企业还是个人，均应按个人所得税法规定履行扣缴税款义务。

（三）应税项目的确定

《股权转让所得个人所得税管理办法（试行）》第四条规定，个人转让股权，以股权转让收入减除股权原值和合理费用后的余额为应纳税所得额，按"财产转让所得"缴纳个人所得税。合理费用是指股权转让时按照规定支付的有关税费。

用公式表示为：

$$应纳税所得额＝股权转让收入－股权原值－合理费用$$

二、股权转让收入的确认

（一）公平交易原则

《股权转让所得个人所得税管理办法（试行）》第十条规定，股权转让收入应当按照公平交易原则确定。

公平交易原则是股权转让收入确定的基本原则。也就是说纳税人转让股权，应当获得与之相匹配的回报，无论回报是何种形式或名义，都应作为股权转让收入的组成部分。

（二）股权转让收入

1. 股权转让收入的界定

根据《股权转让所得个人所得税管理办法（试行）》第七条的规定，股权转让收入，是指转让方因股权转让而获得的现金、实物、有价证券和其他形式的经济利益。

通常情况下，股权转让收入就是转让方在转让当期和后续期间获得的各种形式及名义的转让所得。

2. 股权转让收入的构成

《股权转让所得个人所得税管理办法（试行）》第八条规定，转让方取得与股权转让相关的各种款项,包括违约金、补偿金以及其他名目的款项、资产、权益等,均应当并入股权转让收入。

《国家税务总局关于个人股权转让过程中取得违约金收入征收个人所得税问题的批复》(国税函〔2006〕866号)也明确:股权成功转让后,转让方个人因受让方个人未按规定期限支付价款而取得的违约金收入,属于因财产转让而产生的收入。转让方个人取得的该违约金应并入财产转让收入,按照"财产转让所得"项目计算缴纳个人所得税,税款由取得所得的转让方个人向主管税务机关自行申报缴纳。

3. 后续收入的处理

《股权转让所得个人所得税管理办法(试行)》第九条规定,纳税人按照合同约定,在满足约定条件后取得的后续收入,应当作为股权转让收入。

4. 对赌协议的纳税调整

对赌协议(valuation adjustment mechanism,VAM)也称"估值调整机制",是指资产买卖时,由于买方与卖方就资产的价值无法达成一致意见,为了弥补双方对价值预测的分歧,达成交易,双方对资产的总价不作固定,约定以未来期间资产的表现指标如销售收入、净收入等为基准,来确定资产的最后成交价格。对赌协议实际上就是期权的一种形式,常见的"赌注"主要有:股权对赌、现金对赌、优先权对赌、股权回购对赌等。

目前我国税法关于此类交易对价不确定的形式征税问题没有明确规定,下面我们结合理论研究、国外相关处理与国内有关税收实践,以案例形式探讨如下。

【例7-14】(案例分析题)2009年6月4日,苏宁环球发布《董事会关于2008年度盈利预测实现情况的专项说明暨实际控制人张桂平及张康黎对上市公司补偿公告》称,2007年公司实施定向增发:第一步,向实际控制人张桂平及其关联人张康黎分别非公开发行股票,用于购买其合计持有的南京浦东房地产开发有限公司(以下简称浦东公司)84%的股权,该股权根据评估值作价50.95亿元。

张桂平、张康黎关于《南京浦东房地产开发有限公司盈利预测报告》的相关承诺主要内容为:浦东公司2008年度实际盈利数低于盈利预测数(按照假设开发法)时,张桂平、张康黎则按照其合计持有的浦东公司的股权比例(84%)计算的相应差额对苏宁环球予以补偿,即:补偿金额=(浦东公司盈利预测数-浦东公司实际盈利数)×84%。

然而,受到国际金融危机影响,2008年由于浦东建设公司盈利未达到预期,张氏父子向上市公司苏宁环球补偿了2.49亿元。

事实上,近年来A股市场向自然人定向增发股票购买自然人持有的有限责任公司股权比比皆是,这里之所以以苏宁环球定向增发举例,是因为国家税务总局曾经专门下发国税函〔2011〕89号文件,对江苏省地税局进行批复,明确张氏父子以其持有的浦东建设公司84%股权参与上市公司定向增发属于股权转让,应该缴纳个人所得税。而且国家税务总局公告2014年第67号明确规定了"以股权对外投资"的行为属于股权转让,应该缴纳个人所得税。

[答案]

张氏父子参与定向增发时，以其持有的南京浦东建设公司84％的股份作价50.95亿元，投入苏宁环球公司，其作价基础是按照假设开发法计算出来的浦东公司预计利润，由于2008年度预计利润与实际利润相差悬殊，说明原来的估值并不准确，南京浦东建设公司的84％股权不值50.95亿元，为了保护小股东利益，张氏父子兑现承诺，将2.49亿元的利润差额补足，若"估值调整协议"兑现，苏宁环球公司收到2.49亿元时，其账务处理为（单位：亿元）：

借：资本公积——股本溢价		2.49
贷：长期股权投资——浦东建设公司		2.49
借：银行存款		2.49
贷：资本公积——股本溢价		2.49

由以上分析可见，2.49亿元的利润补偿，实际是估值调整协议的条款兑现，应当减少张氏父子股权转让收入。

然而，《股权转让所得个人所得税管理办法（试行）》对股权转让收入内涵有两项具体的规定：一是继续沿用《国家税务总局关于个人终止投资经营收回款项征收个人所得税问题的公告》（国家税务总局公告2011年第41号）精神，《股权转让所得个人所得税管理办法（试行）》第八条规定，转让方取得与股权转让相关的各种款项，包括违约金、补偿金以及其他名目的款项、资产、权益等，均应当并入股权转让收入；二是《股权转业所得个人所得税管理办法（试行）》第九条规定，纳税人按照合同约定，在满足约定条件后取得的后续收入，应当作为股权转让收入。

对于本例中的后续支出是否可以减少股权转让收入，从而退还多缴的个人所得税，则没有明确规定。笔者认为，经过税务机关审核后，如补偿事项属实，应当根据行政合理性原则，允许扣减以前确认的股权转让收入，对多缴的个人所得税应退还给纳税人。

（三）股权转让收入的核定

《股权转让所得个人所得税管理办法（试行）》第十一条规定，符合下列情形之一的，主管税务机关可以核定股权转让收入：

(1) 申报的股权转让收入明显偏低且无正当理由的；

(2) 未按照规定期限办理纳税申报，经税务机关责令限期申报，逾期仍不申报的；

(3) 转让方无法提供或拒不提供股权转让收入的有关资料；

(4) 其他应核定股权转让收入的情形。

上述纳税人申报的股权转让收入明显偏低等四种主管税务机关可以核定股权转让收入的情形，主要是对违反公平交易原则或不配合税收管理的纳税人实施的一种税收保障措施。

（四）转让收入明显偏低的界定

《股权转让所得个人所得税管理办法（试行）》第十二条规定，符合下列情形之一的，视为股权转让收入明显偏低：

（1）申报的股权转让收入低于股权对应的净资产份额的。其中，被投资企业拥有土地使用权、房屋、房地产企业未销售房产、知识产权、探矿权、采矿权、股权等资产的，申报的股权转让收入低于股权对应的净资产公允价值份额的；

（2）申报的股权转让收入低于初始投资成本或低于取得该股权所支付的价款及相关税费的；

（3）申报的股权转让收入低于相同或类似条件下同一企业同一股东或其他股东股权转让收入的；

（4）申报的股权转让收入低于相同或类似条件下同类行业的企业股权转让收入的；

（5）不具合理性的无偿让渡股权或股份；

（6）主管税务机关认定的其他情形。

（五）正当理由的界定

《股权转让所得个人所得税管理办法（试行）》第十二条对何为股权转让收入明显偏低进行了界定，但实际交易中，确实存在部分股权转让收入因种种合理情形而偏低的情形。需要对转让收入偏低的合理情形进行明确，主要是三代以内直系亲属间转让、受合理的外部因素影响导致低价转让、部分限制性的股权转让等。

为此，《股权转让所得个人所得税管理办法（试行）》第十三条规定，符合下列条件之一的股权转让收入明显偏低，视为有正当理由：

（1）能出具有效文件，证明被投资企业因国家政策调整，生产经营受到重大影响，导致低价转让股权。

例如，张先生持有 M 公司 100％股权，M 公司是一家坐落在河北省，生产钢材、线材的小型钢铁企业。2014 年的第一场雪，比以往时候来的更晚一些，雾霾笼罩了兵城石门，因此石门市政府决定，采取限产、对小钢厂关停等措施，并下发了相关文件。M 公司不幸属于关停之列，因此张先生面临着要么将钢厂转让，被大钢厂兼并重组，要么关停清算的命运。经过多方运作，张先生将 M 公司 100％股权转让给大型国企 A 公司，转让价格低于 M 公司净资产价格。在此情形下，张先生可以出具有效文件，证明 M 公司因国家政策调整，生产经营受到重大影响，导致低价转让股权，虽然计税依据明显偏低，但是有正当理由，不需要核定股权转让收入。

（2）继承或将股权转让给其能提供具有法律效力身份关系证明的配偶、父母、子女、祖父母、外祖父母、孙子女、外孙子女、兄弟姐妹以及对转让人承担直接抚养或者赡养义务的抚养人或者赡养人。

（3）相关法律、政府文件或企业章程规定，并有相关资料充分证明转让价格合理且真实的本企业员工持有的不能对外转让股权的内部转让。

例如，张三是 M 股份公司（一家土地使用权资产占 25％的非上市公司）实际控制人，持有 M 公司 80％的股权，为了对员工进行长期激励，2015 年 1 月，张先生决定以每股 10 元的净资产价格分别转让给 10 位公司高管每人 10 万股股票，M 公司每股股票的公允价格为 20 元。公司章程规定，公司高管如果离职，必须按照离职上一年末的公司账面净资产价格将股票卖给公司实际控制人张三。2016 年 2 月 1 日，高管李四离职，按照公司章程规定，将持有的 10 万股股票以每股 15 元的净资产价格转让给张三，转让日公司净资产公允价值为 25 元。按照《股权转让所得个人所得税管理办法（试行）》第十三条的规定，企业章程规定，有相关资料充分证明转让价格合理且真实的本企业员工持有的不能对外转让股权的内部转让，可以视为有正当理由。因此，在此情形下不必核定股权转让收入。事实上，此时职工持有的股票，不允许向公司外部转让，其转让收益权是受到限制的，虽然 M 公司的土地使用权价值达到账面净资产的 25%，高管之间按照账面净资产价格转让股权是符合公平交易原则的。

（4）股权转让双方能够提供有效证据证明其合理性的其他合理情形。

（六）股权转让收入的核定方法

《股权转让所得个人所得税管理办法（试行）》第十四条规定，主管税务机关应依次按照净资产核定法、类比法和其他合理方法核定股权转让收入。

1. 净资产核定法

《股权转让所得个人所得税管理办法（试行）》第十四条第一项规定，股权转让收入按照每股净资产或股权对应的净资产份额核定。

被投资企业的土地使用权、房屋、房地产企业未销售房产、知识产权、探矿权、采矿权、股权等资产占企业总资产比例超过 20% 的，主管税务机关可参照纳税人提供的具有法定资质的中介机构出具的资产评估报告核定股权转让收入。

6 个月内再次发生股权转让且被投资企业净资产未发生重大变化的，主管税务机关可参照上一次股权转让时被投资企业的资产评估报告核定此次股权转让收入。

净资产主要依据被投资企业会计报表计算确定。对于土地使用权、房屋、房地产企业未销售房产、知识产权、探矿权、采矿权、股权等资产占比超过 20% 的企业，其以上资产需要按照评估后的市场价格确定。评估有关资产时，由纳税人选择有资质的中介机构，同时，为了减少纳税人资产评估方面的支出，对 6 个月内多次发生股权转让的情况，给予了简化处理，对净资产未发生重大变动的，可参照上一次的评估情况。

2. 类比法

《股权转让所得个人所得税管理办法（试行）》第十四条第二项规定：
（1）参照相同或类似条件下同一企业同一股东或其他股东股权转让收入核定；
（2）参照相同或类似条件下同类行业企业股权转让收入核定。

3. 其他合理方法

《股权转让所得个人所得税管理办法（试行）》第十四条第三项规定，主管税务机关采用以上方法核定股权转让收入存在困难的，可以采取其他合理方法核定。

根据上述有关规定,主管税务机关在对股权转让收入进行核定时,必须按照净资产核定法、类比法、其他合理方法的先后顺序进行选择。被投资企业账证健全或能够对资产进行评估核算的,应当采用净资产核定法进行核定。被投资企业净资产难以核实的,如其股东存在其他符合公平交易原则的股权转让或类似情况的股权转让,主管税务机关可以采用类比法核定股权转让收入。以上方法都无法适用的,可采用其他合理方法。

三、股权原值和合理费用的确认

(一)股权原值的确认方法

根据《股权转让所得个人所得税管理办法(试行)》第十五条的规定,个人转让股权的原值依照以下方法确认:

(1)以现金出资方式取得的股权,按照实际支付的价款与取得股权直接相关的合理税费之和确认股权原值。

(2)以非货币性资产出资方式取得的股权,按照税务机关认可或核定的投资入股时非货币性资产价格与取得股权直接相关的合理税费之和确认股权原值。

(3)通过无偿让渡方式取得股权,具备该办法第十三条第二项(即三代以内亲属间转让股权)所列情形的,按取得股权发生的合理税费与原持有人的股权原值之和确认股权原值。

【例7-15】(案例分析题)老王持有M公司100%股权,初始投资成本为2 000万元,2014年底M公司净资产公允价值为1亿元,由于老王年事已高,且膝下无子女,因此2015年元月决定将自己的股权以1元钱的名义价格,全部转让给承担赡养义务的养子王五。王五取得M公司100%股权后,2015年10月1日,以1.1亿亿元的价格又将股权转让给李四。请分析说明如何缴纳个人所得税。

[答案]《股权转让所得个人所得税管理办法(试行)》第十三条第二项规定,继承或将股权转让给其能提供具有法律效力身份关系证明的配偶、父母、子女、祖父母、外祖父母、孙子女、外孙子女、兄弟姐妹以及对转让人承担直接抚养或者赡养义务的抚养人或者赡养人。如果股权转让价格明显偏低,视为有正当理由,无需核定股权转让收入。

而收养关系属于法律拟制的亲属关系,根据收养法的规定,养子与亲身子女具有同样的权利与义务,因此如果老王能够提供具有法律效力身份关系证明,2015年元月税务机关应允许按照1元转让股权,不必核定股权转让收入征收个人所得税。

2015年10月1日,王五再次转让股权时,根据《股权转让所得个人所得税管理办法(试行)》第十五条的规定,本着不重复征税的原则,股权原值应为张先生的投资成本2 000万元,因此王五应当确认股权转让所得9 000万元(11 000-2 000),缴纳个人所得税1 800万元。

(4)被投资企业以资本公积、盈余公积、未分配利润转增股本,个人股东已依法缴纳个人所得税的,以转增额和相关税费之和确认其新转增股本的股权原值。

【例 7-16】（计算题）2014 年 10 月 31 日，甲企业账面资产总额 8 000 万元，负债 3 000 万元，所有者权益 5 000 万元，其中：实收资本 1 000 万元，资本公积（其他资本公积）、盈余公积、未分配利润等盈余积累合计 4 000 万元。2014 年 11 月 1 日，自然人投资者（新股东）李四向甲企业原股东张三购买该企业 100％股权，股权收购价 4 500 万元（虽低于净资产账面价，但有主管税务机关认可的正当理由）。在新股东收购企业股权后的 2014 年 12 月 30 日，甲企业将资本公积、盈余公积、未分配利润等盈余积累 3 500 万元向新股东转增实收资本。2015 年 10 月 1 日，股东李四将持有的甲企业股权以 6 000 万元全部转让给中国公民王五，请分析计算在上述交易过程中应缴纳的个人所得税是多少。

［答案］

（1）原股东张三应纳个人所得税：

张三以 4 500 万元转让股权，其所得 3 500 万元（4 500－1 000），应按财产转让所得缴纳个人所得税：3 500×20％＝700（万元）。

（2）股东李四应纳个人所得税：

2014 年 11 月 1 日，在新股东李四 4 500 万元的股权收购价款中，除了实收资本 1 000 万元外，实际上相当于以 3 500 万元购买了原股东 4 000 万元的盈余积累，即 4 000 万元盈余积累中，有 3 500 万元计入了股权交易价格，剩余 500 万元未计入股权交易价格。

2014 年 12 月 30 日，甲企业转增实收资本时，其中所转增的 3 000 万元不征收个人所得税，对于剩余所转增的 500 万元，李四应按"利息、股息、红利所得"项目缴纳个人所得税：500×20％＝100（万元）。

2015 年 10 月 1 日，股东李四将持有的甲企业股权以 6 000 万元转让给王五时，其财产原值为其收购企业股权实际支付的对价及相关税费与盈余积累转增股本已缴个人所得税部分 500 万元，在本例中财产原值应为：500＋4 500＝5 000（万元），其所得应按"财产转让所得"项目计缴个人所得税：（6 000－5 000）×20％＝200（万元）。

（5）除以上情形外，由主管税务机关按照避免重复征收个人所得税的原则合理确认股权原值。

可见，不重复征税是《股权转让所得个人所得税管理办法（试行）》确定股权原值的基本原则。

综上所述，在通常情况下，股权原值按照纳税人取得股权时的实际支出进行确认。如纳税人在获得股权时，转让方已经被核定征收过个人所得税的，纳税人在此次转让时，股权原值可以按照取得股权时发生的合理税费与税务机关核定的转让方股权转让收入之和确定。这也是为了使整个转让环节前后衔接，避免重复征税。

（二）再次转让时股权原值的确认

1. 受让人再次转让时股权原值的确定

自 2015 年 1 月 1 日起，《股权转让所得个人所得税管理办法（试行）》第十六条规定，股权转让人已被主管税务机关核定股权转让收入并依法征收个人所得税的，该股权受让人的股权原值以取得股权时发生的合理税费与股权转让人被主管税务机关核定的股权转让收入之和确认。

【例7-17】（案例分析题）张三持有甲公司100%的股份，持股成本1 000万元，2015年2月，张三将股权平价转让给了李四。税务机关按照净资产核定法，核定股权转让收入为3 000万元，李四按照税务机关核定的收入代扣代缴了个人所得税400万元（不考虑相关税费）。2015年9月，李四再次转让该股权，转让价格3 200万元，税务机关认为转让价格公允合理。请分析说明李四转让股权应纳的个人所得税。

[答案] 根据《股权转让所得个人所得税管理办法（试行）》第十六条的规定，李四转让其股权原值按"取得股权时发生的合理税费与股权转让人被主管税务机关核定的股权转让收入之和确认"即为3 000万元，因此股权转让所得为：3 200－3 000＝200（万元）；

应纳个人所得税为：200×20％＝40（万元）。

假设上述交易发生在2014年，《国家税务总局关于股权转让所得个人所得税计税依据核定问题的公告》（国家税务总局公告2010年第27号，以下简称27号公告，自2015年1月1日起被67号公告废止）第四条规定，纳税人再次转让所受让的股权的，股权转让的成本为前次转让的交易价格及买方负担的相关税费。

李四再次转让股权原值应为1 000万元，再次股权转让所得为：3 200－1 000＝2 200（万元）；

应纳个人所得税为：2 200×20％＝440（万元）。

此时，如果仅从受让方角度讲，用其股权再次转让收入扣除为取得股权而实际发生的支出，作为股权转让所得，据此征收个人所得税，符合《个人所得税法》有关财产转让所得的确定原则。但是，如果将股权交易双方看作一个整体，前次交易转让方被核定征收的核定增值额2 000万元部分，就重复征收了两次个人所得税，即重复纳税。

2. 盈余积累转增股本后转让股权原值的确定

《国家税务总局关于个人投资者收购企业股权后将原盈余积累转增股本个人所得税问题的公告》（国家税务总局公告2013年第23号，以下简称23号公告）规定，一名或多名个人投资者以股权收购方式取得被收购企业100%股权，股权收购前，被收购企业原账面金额中的"资本公积、盈余公积、未分配利润"等盈余积累未转增股本，而在股权交易时将其一并计入股权转让价格并履行了所得税纳税义务。股权收购后，企业将原账面金额中的盈余积累向个人投资者（新股东，下同）转增股本，有关个人所得税问题区分以下情形处理：

（1）新股东以不低于净资产价格收购股权的，企业原盈余积累已全部计入股权交易价格，新股东取得盈余积累转增股本的部分，不征收个人所得税。

（2）新股东以低于净资产价格收购股权的，企业原盈余积累中，对于股权收购价格减去原股本的差额部分已经计入股权交易价格，新股东取得盈余积累转增股本的部分，不征收个人所得税；对于股权收购价格低于原所有者权益的差额部分未计入股权交易价格，新股东取得盈余积累转增股本的部分，应按照"利息、股息、红利所得"项目征收个人所得税。

新股东以低于净资产价格收购企业股权后转增股本，应按照下列顺序进行，即先转增应税的盈余积累部分，再转增免税的盈余积累部分。

新股东将所持股权转让时，其财产原值为其收购企业股权实际支付的对价及相关税费。

【例7-18】（计算题）张三持有甲公司100％股权，2015年2月，张三将持有的甲公司100％股权以4500万元的价格转让给李四。转让时，被投资企业甲公司净资产账面价值合计为4000万元，其中：股本（投资成本）1000万元，未分配利润2000万元，盈余公积500万元，资本公积——其他资本公积500万元。

2015年8月，李四决定将2750万元盈余积累（其中：未分配利润2000万元、资本公积——其他资本公积500万元、盈余公积250万元）转增注册资本。转增注册资本后，甲公司的注册资本为3750万元。

2015年10月，李四将甲公司100％股权转让给王先生，股权转让价格4800万元。请计算张三与李四转让股权应纳的个人所得税。

[答案]（1）张三应纳个人所得税：

张三股权转让所得为：4500－1000＝3500（万元）；

应缴纳财产转让所得个人所得税：3500×20％＝700（万元）。

（2）李四应纳个人所得税：

李四决定将2750万元盈余积累转增注册资本时，由于转增注册资本额全部包括在股权收购价格中，根据23号公告的规定，对已经纳入上次股权转让所得的2750万元不征个人所得税，其股权原值根据国家税务总局公告2013年第23号的规定，为仍其收购企业股权实际支付的对价及相关税费4500万元。

李四再次转让股权时，应纳个人所得税为：(4800－4500)×20％＝60（万元）。

【例7-19】（计算题）张三持有甲公司100％股权，2015年2月，张三将持有的甲公司100％股权以3800万元的价格转让给李四。转让时，被投资企业甲公司净资产账面价值合计为4000万元，其中：股本（投资成本）1000万元，未分配利润2000万元，盈余公积500万元，资本公积——其他资本公积500万元。主管税务机关认可转让价格。

2015年8月，李四决定将2500万元盈余积累（其中：未分配利润2000万元、盈余公积250万元）转增注册资本。转增注册资本后，甲公司的注册资本为3500万元。

2015年10月，李四将甲公司100％股权转让给王先生，股权转让价格4100万元。请计算张三与李四转让股权应纳的个人所得税。

[答案]（1）张三转让股权应按财产转让所得项目征收个人所得税：

该笔交易李四按照规定扣缴了个人所得税：(4800－1000)×20％＝760（万元）。

（2）盈余公积转增股本时李四应纳个人所得税为：

留存收入2500万元转增资本时，根据23号公告的规定，对已经纳入上次股权转让所得的2300万元不征个人所得税，对剩余的200万元，李四应缴纳个人所得税：200×20％＝40（万元）。

根据《股权转让所得个人所得税管理办法（试行）》第十五条的规定，由于被投资企业盈余积累2500万元转增资本，其中2300万元已包括在张三的转让所得中征收了个人所得税，200万元部分李四已经缴纳了个人所得税，本着不重复征税的原则，应当确认股权原值为购买股权的价格为：3 800＋200＝4 000（万元）。李四再次转让股权个人所得税应纳税所得额为：4 100－4 000＝100（万元），应该缴纳个人所得税：100×20%＝20（万元）。

在此不能机械地根据23号公告认为，新股东将所持股权转让时，其财产原值为其收购企业股权实际支付的对价及相关税费即3 800万元。

（三）股权原值的核定

《股权转让所得个人所得税管理办法（试行）》第十七条规定，个人转让股权未提供完整、准确的股权原值凭证，不能正确计算股权原值的，由主管税务机关核定其股权原值。

（四）采用加权平均法确定股权原值

《股权转让所得个人所得税管理办法（试行）》第十八条规定，对个人多次取得同一被投资企业股权的，转让部分股权时，采用"加权平均法"确定其股权原值。

【例7-20】（计算题）2012年，张三以100万元现金投资M公司，占M公司10%的股份；2013年又以200万元现金投资M公司，取得M公司10%股份；2014年，张三以300万元现金继续对M公司增资，又取得了10%股份，至此张三持有M公司共30%的股份。2015年，张三将持有的M公司10%股份转让给李四，转让价格为400万元。请计算张三转让股权应纳的个人所得税。

［答案］ 根据《股权转让所得个人所得税管理办法（试行）》第十八条的规定，应按加权平均法确认张三转让M公司10%股权的原值。

股权原值＝(100＋200＋300)÷30%×10%＝200（万元）；

应纳税所得额＝400－200＝200（万元）；

应纳个人所得税额＝200×20%＝40（万元）。

（五）合理费用的扣除

《个人所得税法》第六条规定，财产转让所得，以转让财产的收入额减除财产原值和合理费用后的余额，为应纳税所得额。根据《个人所得税法实施条例》第二十条的规定，这里所说的合理费用，是指卖出财产时按照规定支付的有关费用。

在计算股权转让所得时，是否可以扣除律师费、中介费、评估费以及咨询费等费用？笔者认为，只要是纳税人能举证是与股权转让直接相关、由转让方承担的并且符合经营常规的合理费用，就应该允许扣除。对于这个问题，有些地方税务机关文件给予了明确。例如，江西省地方税务局发布的《自然人股东股权转让所得个人所得税征收管理办法（试行）》（江西省地方税务局公告2012年第9号）第八条规定，与股权转让相关的税费是指纳税人在转让股权过程中按规定所支付的税金及费用，包括营业税、城建税、印花税、教育费附加、地方教育附加、资产评估费、中介服务费等。

【例7-21】（案例分析题）2014年1月《甘肃宏良皮业股份有限公司首次公开发行股票招股说明书》指出，公司公开发行新股1840万股，公司股东公开发售股份1870万股，公司本次公开发行股票总量3710万股，占发行后总股本的25%。

《甘肃宏良皮业股份有限公司首次公开发行股票招股说明书》同时指出，各股东将按其发售股份占首次公开发行股份总数的比例承担相应发行承销费用。《宏良股份首次公开发行股票发行公告》中披露发行承销费用3480万元。

请分析说明：

(1) 宏良股份老股东中的自然人股东在公开发行时发售的股份是否应按照《股权转让所得个人所得税管理办法（试行）》的规定缴纳个人所得税？

(2) 由老股东承担的承销费用在计算老股东的个人所得税时是否允许扣除？

[答案]

(1) 发行人首次公开发行新股时，企业股东将其持有的股份以公开发行方式一并向投资者发售，这种情况依据的是《首次公开发行股票时公司股东公开发售股份暂行规定》（证监会公告2013年第44号）和《关于修改〈首次公开发行股票时公司股东公开发售股份暂行规定〉的决定》（证监会公告2014年第11号）的相关规定。企业在首次公开发行股票时，向未来新的投资者发售的既有增加的权益，也有原有股东的权益的转让，那么原有的老股东把权益转让给未来的新股东的行为，是拟上市主体股权权属的变更，属于个人所得税的征收范围。

因此，宏良皮业的老股东中的自然人股东在公开发行时发售的股份应按照《股权转让所得个人所得税管理办法（试行）》的规定，按"财产转让所得"项目计算缴纳个人所得税。

(2) 在公司上市过程中，发行承销费用通常不小，本例中有3480多万元，公司老股东向未来的新股东发售股份时承担的支付给证券公司的发行承销费用，按照《个人所得税法》的精神，这部分由老股东承担的发行承销费用，在计算老股东的个人所得税时应允许扣除。

四、纳税申报

（一）纳税地点

《股权转让所得个人所得税管理办法（试行）》第十九条明确，个人股权转让所得个人所得税以被投资企业所在地地税机关为主管税务机关。

也就是说，股权转让所得纳税人需要在被投资企业所在地办理纳税申报。

【例7-22】（单选题）对个人股东股权转让所得征收个人所得税的主管税务机关是（　　）。

A. 交易行为发生地税务机关　　B. 个人股东户籍所在地税务机关
C. 股权变更企业所在地税务机关　　D. 个人股东经常居住地税务机关

[答案] C

(二）纳税期限

《股权转让所得个人所得税管理办法（试行）》第二十条规定，具有下列情形之一的，扣缴义务人、纳税人应当依法在次月 15 日内向主管税务机关申报纳税：

(1) 受让方已支付或部分支付股权转让价款的；

(2) 股权转让协议已签订生效的；

(3) 受让方已经实际履行股东职责或者享受股东权益的；

(4) 国家有关部门判决、登记或公告生效的；

(5) 本办法第三条第四至第七项行为已完成的；

(6) 税务机关认定的其他有证据表明股权已发生转移的情形。

股权转让的纳税时间为股权转让行为发生后的次月 15 日内。上述六种情形是对何时作为股权转让行为发生时点进行的界定。

【例 7-23】（案例分析题）2015 年 1 月，张三与李四约定，张三以 1 000 万元转让其拥有的甲公司 100％股权，张三持有甲公司股权的成本为 600 万元。双方约定：合同签字时支付首期股权款 200 万元后，合同生效（不考虑交易税费）。

2015 年 1 月 18 日，李四支付了 200 万元首期股权款，双方到工商部门办理了股权变更登记手续。合同约定剩余股权转让价款在 2015 年 11 月 18 日前支付。请分析说明张三应如何缴纳个人所得税。

[答案] 意见一：张三应该在 2015 年 2 月 15 日前全额缴纳股权转让所得个人所得税：(1 000－600)×20％＝80（万元）；

意见二：张三股权转让所得应缴纳个人所得税：(1 000－600)×20％＝80（万元），但是由于首期仅支付价款 200 万元，因此 2015 年 2 月 15 日前应该按比例缴纳个人所得税 16 万元［80×(200÷1 000)］。

《个人所得税法实施条例》第三十五条规定，扣缴义务人在向个人支付应税款项时，应当依照税法规定代扣税款，按时缴库，并专项记载备查。条例将个人所得税的扣缴义务定于支付款项时，因此根据该规定，笔者认为，2015 年 2 月 15 日前李四应当扣缴首期个人所得税 16 万元并向税务机关申报。

【例 7-24】（案例分析题）2015 年 2 月，张三与李四约定，张三以 1 000 万元价款转让其拥有的甲公司 100％股权，张三股权投资成本为 600 万元。双方约定：合同签字即生效。2015 年 4 月李四全额支付了股权转让款；2015 年 6 月，李四实际入主甲公司，并且记载于股东名册，开始行使股东权利；2015 年 12 月双方在工商局办理股权变更登记手续。请分析说明上述股权交易纳税义务何时发生。

[答案]

意见一：根据《股权转让所得个人所得税管理办法（试行）》第二十条的规定，股权转让协议已签订生效的时间，即 2015 年 2 月为纳税义务发生时间。

意见二：纳税义务发生时间应当为李四实际入主甲公司，并且记载于股东名册的 2015 年 6 月。

意见三：纳税义务发生时间为 2015 年 12 月，即工商局办理股权变更登记的时间。应比照《国家税务总局关于贯彻落实企业所得税法若干税收问题的通知》（国税函〔2010〕79 号）第三条规定"企业转让股权收入，应于转让协议生效、且完成股权变更手续时，确认收入的实现"处理。

在上述三种处理中，《股权转让所得个人所得税管理办法（试行）》第二十条选择了最早的时间，在本例中即为股权转让协议已签订生效的时间。

【例 7-25】（案例分析题）2014 年 10 月 1 日，青岛金王应用化学股份有限公司发布《收购资产公告》，披露公司董事会审议通过了《关于收购资产的议案》，同意公司与蔡燕芬、朱裕宝、上海悠皙贸易商行签署股权转让协议。根据该股权转让协议，蔡燕芬将其持有的上海月沣 26％ 的股权转让给公司，朱裕宝将其持有的上海月沣 27％ 的股权转让给公司，上海悠皙贸易商行将持有的上海月沣 7％ 的股权转让给公司。

根据股权转让协议，青岛金王应在本次交易获得董事会批准后 3 个工作日内向上海悠皙贸易商行支付预付款 1 708 万元，向朱裕宝支付预付款 2 292 万元。在本次交易获得股东大会批准后 10 日内，向朱裕宝支付首期股权转让款 2 300 万元，且根据约定向朱裕宝支付的 2 292 万元预付款自动转为首期股权转让价款，向上海悠皙贸易商行支付的 1 708 万元预付款自动转为股权转让价款。假定股东大会于 11 月 1 日批准该股权转让协议，并于 11 月 1 日支付首期价款。

请分析说明上述股权交易个人所得税的纳税义务发生时间。

[答案] 在本例中，青岛金王在向上海月沣的自然人股东支付预付款时，转让方不发生个人所得税的纳税义务，原因是其股权转让协议并未获批准，其股权也没有过户给青岛金王，因此，在支付预付款时不应该扣缴个人所得税。在支付首付款时应该逐步履行个人所得税扣缴义务，即使股权已经过户，青岛金王开始享受股东的权益，但是这个时点上也不应该以全部股权转让款作为收入来计算缴纳个人的得税，只应以本次支付部分作为收入扣除对应比例的原值来计算应该扣缴的个人所得税，即扣缴个人所得税是分次进行的，而不是仅仅支付一部分股权转让价款时就扣缴全部个人所得税，否则与《个人所得税法实施条例》的规定相冲突。第二期及以后各期转让款再支付的时候分别履行个人所得税扣缴义务。

（三）外币折算

《股权转让所得个人所得税管理办法（试行）》第二十三条规定，转让的股权以人民币以外的货币结算的，按照结算当日人民币汇率中间价，折算成人民币计算应纳税所得额。

（四）资料报送

《股权转让所得个人所得税管理办法（试行）》第二十一条规定，纳税人、扣缴义务人向主管税务机关办理股权转让纳税（扣缴）申报时，还应当报送以下资料：

（1）股权转让合同（协议）；

（2）股权转让双方身份证明；

（3）按规定需要进行资产评估的，需提供具有法定资质的中介机构出具的净资产或土地房产等资产价值评估报告；

（4）计税依据明显偏低但有正当理由的证明材料；

（5）主管税务机关要求报送的其他材料。

（五）被投资企业报告义务

1. 事先报告义务

《股权转让所得个人所得税管理办法（试行）》第二十二条规定，被投资企业应当在董事会或股东会结束后 5 个工作日内，向主管税务机关报送与股权变动事项相关的董事会或股东会决议、会议纪要等资料。

该办法第六条规定，扣缴义务人应于股权转让相关协议签订后 5 个工作日内，将股权转让的有关情况报告主管税务机关。

2. 事后报告义务

被投资企业发生个人股东变动或者个人股东所持股权变动的，应当在次月 15 日内向主管税务机关报送含有股东变动信息的《个人所得税基础信息表（A 表）》及股东变更情况说明。

主管税务机关应当及时向被投资企业核实其股权变动情况，并确认相关转让所得，及时督促扣缴义务人和纳税人履行法定义务。

五、以转让资产方式转让股权

公司原全体股东，通过签订股权转让协议，以转让公司全部资产方式将股权转让给新股东，协议约定时间以前的债权债务由原股东负责，协议约定时间以后的债权债务由新股东负责。根据《国家税务总局关于股权转让收入征收个人所得税问题的批复》（国税函〔2007〕244 号）的规定，原股东取得股权转让所得，应按"财产转让所得"项目征收个人所得税。应纳税所得额的计算方法如下。

（1）对于原股东取得转让收入后，先清收债权、归还债务后，再根据持股比例对每个股东进行分配的，应纳税所得额的计算公式为：

$$\text{应纳税所得额} = \left(\text{原股东股权转让总收入} - \text{原股东承担的债务总额} + \text{原股东所收回的债权总额} - \text{注册资本额} - \text{股权转让过程中的有关税费} \right) \times \text{原股东持股比例}$$

其中，原股东承担的债务不包括应付未付股东的利润（下同）。

（2）对于原股东取得转让收入后，根据持股比例对股权转让收入、债权债务进行分配的，应纳税所得额的计算公式为：

$$\text{应纳税所得额} = \text{原股东分配取得股权转让收入} + \text{原股东清收公司债权收入} - \text{原股东承担公司债务支出} - \text{原股东向公司投资成本}$$

六、个人终止投资经营收回款项所得

关于个人终止投资、联营、经营合作等行为收回款项征收个人所得税问题，《国家税务总局关于个人终止投资经营收回款项征收个人所得税问题的公告》（国家税务总局公告2011年第41号，以下简称41号公告）规定，个人因各种原因终止投资、联营、经营合作等行为，从被投资企业或合作项目、被投资企业的其他投资者以及合作项目的经营合作人取得股权转让收入、违约金、补偿金、赔偿金及以其他名目收回的款项等，均属于个人所得税应税收入，应按照"财产转让所得"项目适用的规定计算缴纳个人所得税。应纳税所得额的计算公式如下：

$$应纳税所得额 = \frac{个人取得的股权转让收入、违约金、补偿金、}{赔偿金及以其他名目收回款项合计数} - 原实际出资额（投入额）及相关税费$$

这里需要说明两点：

（1）41号公告规定的股权转让收入是全口径收入，既包括股权转让价款，也包括赔偿金、违约金等价外收入。

（2）对非法人企业投资份额转让，41号公告比照股权转让进行所得税处理。

七、收回转让股权的处理

《国家税务总局关于纳税人收回转让的股权征收个人所得税问题的批复》（国税函〔2005〕130号）规定，股权转让合同履行完毕、股权已作变更登记，且所得已经实现的，转让人取得的股权转让收入应当依法缴纳个人所得税。转让行为结束后，当事人双方签订并执行解除原股权转让合同、退回股权的协议，是另一次股权转让行为，对前次转让行为征收的个人所得税款不予退回。股权转让合同未履行完毕，因执行仲裁委员会作出的解除股权转让合同及补充协议的裁决、停止执行原股权转让合同，并原价收回已转让股权的，由于其股权转让行为尚未完成、收入未完全实现，随着股权转让关系的解除，股权收益不复存在，根据个人所得税法和税收征管法的有关规定，以及从行政行为合理性原则出发，纳税人不应缴纳个人所得税。

综合案例

对金海新材料公司的地方税检查

一、案例介绍

金海新材料股份有限公司前身为金海彩塑包装有限公司，于2010年5月26日整体变更为股份有限公司，变更为股份有限公司时的注册资本为15 000万元；公司于2011年6

月 2 日在深圳交易所上市交易。公司法定代表人为吴某，注册地点在江苏省 A 市高新区；公司主要从事聚酯薄膜、镀铝膜等新型塑料包装薄膜的生产和销售。

2014 年 6 月，根据《国家税务总局关于开展 2013 年税收专项检查工作的通知》精神，A 市地方税务局高新区地税分局，指派税务检查人员老张和小李对与金海新材料股份有限公司相关的股权事项进行评估检查，公司董事长吴某和财务总监周某配合税务机关进行了评估检查。评估检查过程如下：

1. 关于彩塑包装有限公司 2007 年 12 月的设立

公司资料显示：金海彩塑包装有限公司由自然人吴某、曹某共同出资设立。经营范围为热收缩包装材料生产，普通商标印制，化工材料（除化学危险品）销售。设立时注册资本为 5 880 万元，其股东出资方式、金额及比例如表 7-4 所示。

表 7-4

股东名称	出资方式	出资额（万元）	出资比例	备注
吴某	现金	1 764.00	99.85%	房产原值为 1 570.9 万元
	厂房	4 107.18		
曹某	现金	8.82	0.15%	
合计		5 880.00	100.00%	

A 市某会计师事务所于 2007 年 12 月 18 日出具了审所（2007）21 号《验资报告》，对金海彩塑包装有限公司设立时股东的出资情况进行了审验，确认股东出资全部到位。2007 年 12 月 23 日，金海彩塑包装有限公司取得江苏省 A 市工商行政管理局颁发的企业法人营业执照。

针对上述投资业务，刚从国内某知名财经大学毕业的高材生小李向公司的财务总监问道："周总，公司成立时，吴总将原值为 1 570.9 万元的房产评估为 4 107.18 万元，投资到公司时，有没有缴纳营业税、土地增值税和个人所得税等相关税费？公司有没有缴纳契税？"

周总答道："李税官，我们吴总是拿自家的厂房进行投资，没有取得现金收入，没有发生纳税义务，应该不用缴税的。"

2. 关于金海彩塑包装有限公司 2009 年 2 月的第一次增资

公司资料显示：2009 年 2 月 28 日，经金海彩塑包装有限公司股东会决议，同意公司以盈余公积增资 1 000 万元，增资后注册资本由 5 880 万元变为 6 880 万元。其中吴某、曹某对应的增资额分别为 998.5 万元和 1.5 万元。本次增资后，各股东出资金额及比例如表 7-5 所示。

表 7-5

股东名称	出资额（万元）	出资比例
吴某	6 869.68	99.85%
曹某	10.32	0.15%
合计	6 880.00	100.00%

A 市某会计师事务所于 2009 年 4 月 3 日出具了《验资报告》,对本次增资的出资情况进行了审验,确认股东出资全部到位。2009 年 4 月 4 日,甲市工商行政管理局完成上述事项的工商变更登记。

上述以盈余积累转增个人注册资本,企业没有代扣代缴个人所得税,吴某与曹某也没有自行申报缴纳个人所得税。针对上述情况,公司财务总监周某解释道:"我们公司以盈余公积转增注册资本,只是所有者权益相关明细账户余额间的内部调整,股东个人并没有取得现金收入,不该缴纳个人所得税"。

3. 关于金海彩塑包装有限公司 2010 年 3 月的股权转让

公司资料显示:2010 年 3 月 31 日,吴某将其持有公司的 1 376 万元出资(占注册资本的 20%)平价转让给启迪投资有限公司,将其持有的 1 366 万元出资(占注册资本的 19.85%)平价转让给启智投资有限公司;曹某将其持有的 10 万元出资平价转让给启智投资有限公司;同时,曹某将其持有的 0.32 万元出资平价转让给吴某。上述转让行为完成后,各股东出资金额及比例如表 7-6 所示。

表 7-6

股东名称	出资额(万元)	出资比例(%)
吴某	4 128	60.00
启迪投资	1 376	20.00
启智投资	1 376	20.00
合计	6 880	100.00

启迪投资与启智投资都成立于 2010 年 3 月 30 日,其中启迪投资注册资本为 1 500 万元,由吴某持有 99.87% 的出资,吴某之子持有 0.13% 的出资;启智投资注册资本为 1 500 万元,其中吴某持有 99.87% 的出资,周某持有 0.13% 的出资。

吴某与曹某平价转让金海彩塑包装公司股权,股权的受让方没有代扣代缴个人所得税,吴某与曹某认为平价转让股权无须申报缴纳个人所得税。公司董事长吴某补充说道:"小李啊,我是把我持有的公司股权转让给我控股的另一个公司,这几个公司都是我的,就相当于从我的左口袋放到右口袋一样。而且,个人所得税是有所得才征税,我也没有取得收入,这要缴什么个人所得税呢?"

听完吴总的解释,小李有点不知所措。

有着多年检查经验的老张禁不住向财务总监发问道:"周总,吴总转让金海彩塑包装公司股权给启迪投资与启智投资时,其扣除的财产原值(股权原值)你们是如何确定的呢?"

周总说:"是按我们公司账上记载的实收资本金额乘以吴总的转让股权比例计算出的,吴总就是按这一'成本'价把股权转让给他控股的两个公司的。"

4. 关于金海彩塑包装有限公司 2010 年 5 月变更为股份公司

公司资料显示:2010 年 4 月 30 日,经金海彩塑包装有限公司股东会决议,同意彩塑包装有限公司变更为股份有限公司,并更名为"金海新材料股份有限公司"。吴某、启迪投资和启智投资共同签署了《金海新材料股份有限公司发起人协议》,同意以金海彩塑包装有限公司截至 2010 年 3 月 31 日经审计净资产 24 951.72 万元 (此时的所有者权益构成如表 7-7 所示) 为依据, 按照 1:0.601 2 的比例折合 15 000 万股, 每股面值为 1 元人民币, 余额 9 951.72 万元计入资本公积金。

表 7-7   单位:万元

实收资本	6 880
盈余公积	2 557
未分配利润	15 514.72
所有者权益合计	24 951.72

2010 年 5 月 18 日, 上海的 B 会计师事务所出具了《验资报告》, 对本次整体变更中各股东的出资进行了审验, 确认各股东出资到位。2010 年 5 月 26 日, 公司取得江苏省工商行政管理局颁发的企业法人营业执照。公司整体变更后, 股东持股结构如表 7-8 所示。

表 7-8

股东名称	出资额 (万元)	出资比例 (%)
吴某	9 000	60.00
启迪投资	3 000	20.00
启智投资	3 000	20.00
合计	15 000	100.00

上述公司整体变更为股份有限公司行为, 公司财务总监与吴某都认为: 这是公司为了上市而进行股份制改造, 公司法人股东和个人股东都没有取得任何收入, 不该缴纳所得税, 因而也就没有向主管税务机关进行申报。

检查人员小李经过对 2009 年公司以盈余积累转增注册资本的检查和查阅相关税收政策规定后, 认为公司以净资产折股行为, 应该缴纳个人所得税。但对计税依据的确定和法人股东如何进行所得税处理仍然把握不准, 于是, 就向检查人员老张请教。

小李问:"张所长, 该公司虽然是为了上市进行股份制改造, 但以净资产近 2.5 亿元折股 1.5 亿股, 这一过程可否视为先分配再投资, 自然人股东需要按利息、股息、红利所得项目征收个人所得税?"

老张答道:"你说的有一定道理。这种情况我也是第一次遇到, 我也在考虑如何计征个人所得税问题。"

小李说:"这一行为可拆分成'先分配再投资', 对个人股东应分得的金额 10 843.03 万元 [(24 951.72 − 6 880)×60%] 应该征收个人所得税, 对法人股东取得的所得 7 228.69 万元 [(24 951.72−6 880)×40%] 应该征收企业所得税。"

对此, 公司财务总监周总有点不高兴地插话道:"小李, 你这观点我不同意。首先, 我们这是为了响应市政府号召, 公司上市前进行改制整体变更为股份公司, 而不是进行股利分配。其次, 即使有留存收益转增股本的征税规定, 我也从没听说过留存收益转到资本公积的征税要求和规定啊。"

对此, 小李与老张都没有把握, 于是老张说道:"我们回局里向市局税政处请示一下后再说吧。"

5. 关于2010年4月启迪投资股东股权转让

有关资料显示：启迪投资有限公司成立于2010年3月30日，成立时注册资本为1 500万元，股东为吴某和其儿子吴天，注册地为A市B区，法定代表人为吴某，经营范围为企业投资咨询、营销策划。

2010年4月26日，启迪投资公司注册资本增加到2 400万元，其中吴某出资2 398万元，占注册资本99.92%，吴天出资2万元，占注册资本0.08%。2010年4月28日，启迪投资公司召开股东会，同意吴某将其持有的928万元出资（占注册资本38.67%，申报的股权转让收入为2 388万元）分别转让给42名自然人。

启迪投资公司股东中，吴江和吴海为公司实际控制人吴某的兄弟，均不在公司任职，其受让启迪投资股权的价格为4元/股；其余40名职工股东受让启迪投资股权的价格为3元/股。

截至2010年12月31日，启迪投资总资产为2 396.96万元，净资产为2 396.96万元，2010年营业收入0万元，净利润－3.04万元。其股权变化情况如表7-9所示。

表7-9 启迪投资公司股权构成及变动情况 金额单位：万元

股权转让前				股权转让后			
股东	投资额	注册资本	持股比例（%）	股东	投资额	注册资本	持股比例（%）
吴某	2 398	2 400	99.92	吴某	1 470	1 470	61.25
吴天	2		0.08	43名个人	2 390	930	38.75
小计	2 400	2 400	100.00	小计	2 960	2 400	100.00

6. 关于2010年4月启智投资股东的股权转让

有关资料显示：启智投资有限公司成立于2010年3月30日，股权转让时注册资本和实收资本均为2 400万元，注册地为A市C县，法定代表人为吴某，经营范围为企业投资咨询、营销策划。

启智投资成立时注册资本为1 500万元，股东为吴某和周某。2010年4月26日，启智投资注册资本增加到2 400万元，其中吴某出资2 398万元，占注册资本99.92%，周某出资2万元，占注册资本0.08%。2010年4月28日，启智投资召开股东会，同意吴某将其持有的859万元出资（占注册资本35.79%）分别转让给36名自然人，转让价款为2 977万元。

上述受让股权的自然人股东中，吴河为公司实际控制人吴某的弟弟，刘某为公司实际控制人吴某姐姐的配偶，均不在公司任职，其受让启智投资股权的价格为4元/股；其余34名职工股东受让启智投资股权的价格为3元/股。

截至2010年12月31日，启智投资总资产为2 396.96万元，净资产为2 396.96万元，2010年营业收入0万元，净利润－3.04万元。

吴某转让启迪投资公司股权取得的所得：2 388－928＝1 460（万元），按财产转让所得已申报缴纳个人所得税292万元；转让启智投资公司股权取得的所得：2 977－859＝2 118（万元），申报缴纳财产转让所得个人所得税423.6万元。上述股权转让所得应缴纳的个人所得税吴某到甲市高新区自行申报缴纳入库。启智公司股权转让前后股权结构如下表7-10所示。

表 7-10 启智投资公司股权构成及变动情况 金额单位：万元

股权转让前				股权转让后			
股东	出资额	注册资本	持股比例（%）	股东	出资额	注册资本	持股比例（%）
吴某	2 398	2 400	99.92	吴某	1 539	1 539	64.12
周某	2		0.08	37 名个人	2 979	861	35.88
小计	2 400	2 400	100.00	小计	4 518	2 400	100.00

由于吴某转让股权针对不同的受让人群体作价不同，是否需要按照 4 元/股核定吴某的股权转让价格，小李与老张都没有把握，而且纳税人认为这是真实的交易价格，不该调整转让收入。于是，老张决定将问题带回局里讨论。

在得知针对 2010 年 3 月吴某将金海彩塑包装公司股权平价转让给启迪投资和启智投资，检查人员打算按公平交易价格核定转让价格征收个人所得税后，吴总匆忙赶来，严肃地提出："如果你们对我持有的金海彩塑包装公司股权转让给启迪投资和启智投资核定征收个人所得税，那么我将持有的启迪投资和启智投资股权分别转让给公司员工时，就不该再缴个人所得税了，我已缴纳的个人所得税就该退还或抵缴前道转让应缴的个人所得税。而且，如果你们核定我前道转让股权的价格，那么后道再次转让时的成本至少应该调到前道转让价格。即我持有启智和启迪公司股权的成本以及启迪与启智持有彩塑的股权成本，都应该允许我根据核定价格作相应调整增加"。

7. 关于金海新材料股份有限公司 2010 年 6 月增加股本

公司资料显示：2010 年 6 月 28 日，经 2010 年第二次临时股东大会决议，同意公司股本由 15 000 万元增加到 15 600 万元，由天一投资企业（有限合伙）以现金 600 万元对公司进行增资。本次增资后，股东持股结构如表 7-11 所示。

表 7-11

股东名称	持股数量（万股）	持股比例（%）
吴某	9 000	57.69
启迪投资	3 000	19.23
启智投资	3 000	19.23
天一投资	600	3.85
合计	15 600	100.00

8. 关于金海新材料股份有限公司 2011 年上市首发

公司资料显示：2011 年金海新材料股份有限公司公开发行 5 200 万股 A 股，公开发行前公司总股本为 15 600 万元，发行后公司总股本为 20 800 万元。

公开发行股票前一年末，公司股东权益合计 61 747 万元，其中，股本 15 600 万元、资本公积 12 352 万元、盈余公积 3 581 万元、未分配利润 30 214 万元。

公司首次公开发行股票招股说明书反映，公司"2010 年增加的资本公积主要系公司整体改制为股份公司时净资产高于股本部分的股本溢价 9 952 万元以及天一投资（有限合伙）投资入股时的股本溢价 2 400 万元"。

9. 关于金海新材料股份有限公司2012年权益分派

公司资料显示：2012年5月22日，金海新材料股份有限公司发布2011年度权益分派实施公告，公司2011年度权益分派方案为：以公司现有总股本20 800万股为基数，向全体股东每10股派10元人民币现金（含税；扣税后，个人、证券投资基金、QFII、RQFII实际每10股派9.00元；对于QFII、RQFII外的其他非居民企业，本公司未代扣代缴所得税，由纳税人在所得发生地缴纳）。同时，以资本公积金转增股本，每10股转增10股。

分红前公司总股本为20 800万股，分红后公司总股本增至41 600万股。

上述权益分派，公司按规定扣缴了现金股利应缴的个人所得得税，对以资本公积金转增股本部分，公司认为这不该缴纳个人所得税。

10. 关于启智投资限售股减持

金海新材料股份有限公司网站发布《关于公司控股股东的一致行动人减持公司股份的公告》：2014年6月10日，收到公司股东启智投资公司的通知：启智投资自2014年6月8日起至2014年6月9日止，通过大宗交易方式累计减持公司无限售条件流通股1 150万股，占公司总股本的2.084%，具体情况如表7-12所示。

表7-12

股东名称	减持方式	减持时间	减持均价（元/股）	减持股份（股）	减持比例（%）
启智投资	大宗交易	2014年6月8日	13.61	5 000 000	0.906
	大宗交易	2014年6月9日	13.61	6 500 000	1.178
合计				11 500 000	2.084

检查人员检查启智投资公司账簿资料后得知：公司通过大宗交易方式减持金海新材料股份有限公司限售股取得所得15 651.5万元（13.61×1 150），扣除公司应缴的企业所得税3 912.875万元后，税后净所得11 738.625万元全部付给启智投资公司38名个人股东。

对此，小李有点纳闷，就向兼任启智投资公司财务负责人的上市公司财务总监问道："周总，启智投资公司将减持上市公司限售股所得分配给个人股东时，为何未代扣代缴个人所得税？"

周总说："小李，我们启智投资是为个人股东代持上市公司限售股，根据《国家税务总局关于企业转让上市公司限售股有关所得税问题的公告》（国家税务总局公告2011年第39号）的规定，企业完成纳税义务后的限售股转让收入余额转付给实际所有人时不再纳税。"

老张又问："周总，国家税务总局2011年第39号公告所讲的代持，是指因股权分置改革造成原由个人出资而由企业代持有的限售股的所得税处理吧？"

周总答道："张所，2013年初限售股解禁前，启智投资公司的股东会就通过决议，将持有的上市公司限售股划转给个人了，现在就是启智投资公司代职工个人持有上市公司股票。"

说完，周总到办公室取来了股东会的决议。

二、问题与解析

问题1：根据现行相关税收政策规定，个人股东以非货币性资产评估增值后投资设立企业，是否要缴纳个人所得税、营业税、增值税、土地增值税等税费？

解析：

1. 个人所得税。

根据《国家税务总局关于非货币性资产评估增值暂不征收个人所得税的批复》〔国税函〔2005〕319号，根据《国家税务总局关于公布全文失效废止部分条款失效废止的税收规范性文件目录的公告》（国家税务总局公告2011年第2号）的规定，国税函〔2005〕319号文件已全文废止〕的精神，对个人将非货币性资产进行评估后投资于企业，其评估增值取得的所得在投资取得企业股权时，暂不征收个人所得税。在投资收回、转让或清算股权时如有所得，再按规定征收个人所得税，其"财产原值"为资产评估前的价值。

根据国税函〔2005〕319号文件的规定，吴某以厂房评估增值后投资设立彩塑包装有限公司时，可暂不征收个人所得税。

根据《国家税务总局关于个人以股权参与上市公司定向增发征收个人所得税问题的批复》（国税函〔2011〕89号）的规定，南京浦东建设发展有限公司自然人以其所持该公司股权评估增值后，参与苏宁环球股份有限公司定向增发股票，属于股权转让行为，其取得所得，应按照"财产转让所得"项目缴纳个人所得税。

《财政部 国家税务总局关于个人非货币性资产投资有关个人所得税政策的通知》（财税〔2015〕41号，该通知规定的分期缴税政策自2015年4月1日起施行）第一条规定，个人以非货币性资产投资，属于个人转让非货币性资产和投资同时发生。对个人转让非货币性资产的所得，应按照"财产转让所得"项目，依法计算缴纳个人所得税。

2. 营业税。

《财政部 国家税务总局关于股权转让有关营业税问题的通知》（财税〔2002〕191号）规定，以无形资产、不动产投资入股，参与接受投资方利润分配，共同承担投资风险的行为，不征收营业税。

《国家税务总局关于以不动产或无形资产投资入股收取固定利润征收营业税问题的批复》（国税函〔1997〕490号）规定，以不动产、土地使用权投资入股，收取固定利润的，属于将场地、房屋等转让他人使用的业务，应按"服务业"税目中"租赁业"征收营业税。

根据上述税收政策的规定，吴某以厂房评估增值后投资设立彩塑包装有限公司，参与接受投资方利润分配，共同承担投资风险的行为，不征收营业税。

3. 增值税。

以不动产、无形资产投资入股是否要征收增值税？之所以有这样的问题，笔者认为主要是基于以下两点：

一是《中华人民共和国增值税暂行条例》（以下简称《增值税暂行条例》）规定了以货物作为投资应视同销售征收增值税，二是原营业税对不动产和无形资产投资入股不征收营业税。而全面营改增下发的文件中没有明确不动产和无形资产投资入股是否征收增值税。营改增的实施办法中明确规定了销售不动产和无形资产的概念，即有偿转让。

"有偿"的概念包括取得货币、货物和其他经济利益。与《增值税暂行条例》规定的"有偿"是一个概念。这个基本规定实际上就解决了以不动产和无形资产投资入股是否征收增值税的问题。投资入股一定有所有权转移，同时取得股权就是取得了经济利益。既然要征税，计税依据是什么？很明显，就是其取得的股权价值。任何一个股份制企业的股权价值都是明确的。

关于这个问题大家可能还有一个疑虑。以前对货物投资入股是视同销售征收增值税的。营改增后为什么不对不动产和无形资产投资入股做同样的视同销售安排，以便于比照掌握呢？这是因为对增值税税制的认识，需要一个过程。《增值税暂行条例》形成于1993年，现在来看还是存在一些需要修正的地方。这个问题就是其中之一。

《增值税暂行条例》其实对有偿转移货物所有权的"有偿"做出了原则性的表述，包括取得货币、货物和其他经济利益。其实"有偿"的概念已经涵盖了货物投资入股征税的问题，取得股权就是取得了经济利益。既然认识到了这个问题，在营改增实施办法中，不动产和无形资产投资入股的问题就没有单独明确。

根据《营业税改征增值税试点有关事项的规定》（即财税〔2016〕36号文件附件2）的规定，在资产重组过程中，通过合并、分立、出售、置换等方式，将全部或者部分实物资产以及与其相关联的债权、负债和劳动力一并转让给其他单位和个人，其中涉及的不动产、土地使用权转让行为，不征收增值税。

4. 土地增值税。

《财政部 国家税务总局关于土地增值税一些具体问题规定的通知》（财税字〔1995〕48号）第一条规定，对于以房地产进行投资、联营的，投资、联营的一方以土地（房地产）作价入股进行投资或作为联营条件，将房地产转让到所投资、联营的企业中时，暂免征收土地增值税。对投资、联营企业将上述房地产再转让的，应征收土地增值税。

根据上述财税字〔1995〕48号文件的规定，吴某以厂房评估增值后转让到所投资设立的彩塑包装有限公司时，暂免征收土地增值税。如果彩塑包装有限公司将上述房地产再转让的，应征收土地增值税。

自2006年3月2日起至2015年1月1日止，《财政部 国家税务总局关于土地增值税若干问题的通知》（财税〔2006〕21号）第五条规定，对于以土地（房地产）作价入股进行投资或联营的，凡所投资、联营的企业从事房地产开发的，或者房地产开发企业以其建造的商品房进行投资和联营的，均不适用财税字〔1995〕48号第一条暂免征收土地增值税的规定。

自2015年1月1日起，《财政部 国家税务总局关于企业改制重组有关土地增值税政策的通知》（财税〔2015〕5号）第四条规定，单位、个人在改制重组时以国有土地、房屋进行投资，对其将国有土地、房屋权属转移、变更到被投资的企业，暂不征土地增值税。财税〔2015〕5号文件第五条进一步规定，上述改制重组有关土地增值税政策不适用于房地产开发企业。

5. 契税。

《财政部 国家税务总局关于企业改制重组若干契税政策的通知》〔财税〔2003〕184号，《财政部 国家税务局关于延长企业改制重组若干契税政策执行期限的通知》（财税〔2006〕41号）明确其执行至2008年12月31日〕第七条第三款规定，企业改制重组过程中，同一投资主体内部所属企业之间土地、房屋权属的无偿划转，不征收契税。

《国家税务总局关于企业改制重组契税政策有关问题解释的通知》(国税函〔2006〕844号)第五条明确,财税〔2003〕184号文件第七条中规定的"同一投资主体内部所属企业之间",是指母公司与其全资子公司之间、母公司所属的各个全资子公司之间的关系,以及同一自然人设立的个人独资企业之间、同一自然人设立的个人独资企业与一人有限责任公司之间的关系。

《财政部 国家税务总局关于企业事业单位改制重组契税政策的通知》(财税〔2012〕4号)第八条第二款规定,同一投资主体内部所属企业之间土地、房屋权属的划转,包括母公司与其全资子公司之间,同一公司所属全资子公司之间,同一自然人与其设立的个人独资企业、一人有限公司之间土地、房屋权属的划转,免征契税。

自2015年1月1日起,根据《财政部 国家税务总局关于进一步支持企业事业单位改制重组有关契税政策的通知》(财税〔2015〕37号,自2015年1月1日起至2017年12月31日执行)第六条的规定,同一投资主体内部所属企业之间土地、房屋权属的划转,包括母公司与其全资子公司之间,同一公司所属全资子公司之间,同一自然人与其设立的个人独资企业、一人有限公司之间土地、房屋权属的划转,免征契税。

对金海彩塑包装有限公司来说,作为新设企业承受股东的土地、房屋权属,应缴纳契税。

6. 印花税。

《国家税务总局关于资金账簿印花税问题的通知》(国税发〔1994〕25号)规定,生产经营单位其"记载资金的账簿"的印花税计税依据为"实收资本"与"资本公积"两项的合计金额,按万分之五的比例税率计算应纳税额。

问题2:按照现行个人所得税相关政策规定,以盈余积累转增资本自然人股东是否应该缴纳个人所得税?

解析:

1. 彩塑公司盈余公积转增股本会计处理(单位:万元):

借:盈余公积——吴某   998.5

           ——曹某   1.5

贷:实收资本(或股本)   1 000

2. 个人所得税处理。

《国家税务总局关于征收个人所得税若干问题的规定》(国税发〔1994〕89号)规定,股份制企业在分配股息、红利时,以股票形式向股东个人支付应得的股息、红利(即派发红股),应以派发红股的股票票面金额为收入额,按利息、股息、红利项目计征个人所得税。

《国家税务总局关于股份制企业转增股本和派发红股征免个人所得税的通知》(国税发〔1997〕198号)规定,股份制企业用盈余公积金派发红股属于股息、红利性质的分配,对个人取得的红股数额,应作为个人所得征税。派发红股的股份制企业作为支付所得的单位应按照税法规定履行扣缴义务。

《国家税务总局关于盈余公积金转增注册资本征收个人所得税问题的批复》(国税函〔1998〕333号)规定,公司将从税后利润中提取的法定公积金和任意公积金转增注册资本，实际上是公司将盈余公积金向股东分配了股息、红利，股东再以分得的股息、红利增加注册资本。

因此，依据国税发〔1997〕198号文件精神，对属于个人股东分得再投入公司（转增注册资本）的部分应按照"利息、股息、红利所得"项目征收个人所得税，税款由股份有限公司在有关部门批准增资、公司股东会决议通过后代扣代缴。

根据上述相关税收规定，公司以盈余积累转增注册资本，可分为"先分配、再投资"两项业务，个人股东取得的盈余积累转增注册资本的金额应按照"利息、股息、红利所得"项目征收个人所得税。

吴某应缴纳个人所得税＝998.5×20％＝199.7（万元）；

曹某应缴纳个人所得税＝1.5×20％＝0.3（万元）。

问题3：个人股权转让应在何时何地申报缴纳个人所得税？请分析说明吴某将其持有的金海彩塑包装公司股权转让给自己控股的启迪、启智公司是否属于低价平价转让股权且无正当理由？吴某转让金海彩塑包装公司股权时可以扣除的"财产原值"应当如何确定？曹某转让股权的收入和"财产原值"是多少？

解析：

启迪和启智公司受让股权会计处理：

借：长期股权投资——彩塑公司 1 376
贷：银行存款 1 376

《国家税务总局关于加强股权转让所得征收个人所得税管理的通知》[国税函〔2009〕285号，自2015年1月1日被67号公告废止]规定：

"一、股权交易各方在签订股权转让协议并完成股权转让交易以后至企业变更股权登记之前，负有纳税义务或代扣代缴义务的转让方或受让方，应到主管税务机关办理纳税（扣缴）申报，并持税务机关开具的股权转让所得缴纳个人所得税完税凭证或免税、不征税证明，到工商行政管理部门办理股权变更登记手续。

……

三、个人股东股权转让所得个人所得税以发生股权变更企业所在地地税机关为主管税务机关。纳税人或扣缴义务人应到主管税务机关办理纳税申报和税款入库手续。

四、税务机关应加强对股权转让所得计税依据的评估和审核。对扣缴义务人或纳税人申报的股权转让所得相关资料应认真审核，判断股权转让行为是否符合独立交易原则，是否符合合理性经济行为及实际情况。

对申报的计税依据明显偏低（如平价和低价转让等）且无正当理由的，主管税务机关可参照每股净资产或个人股东享有的股权比例所对应的净资产份额核定。"

根据27号公告（自2015年1月1日被67号公告废止）的精神，符合下列条件之一的，股权转让价格明显偏低视为有正当理由：

（1）所投资企业连续三年以上（含三年）亏损；

（2）因国家政策调整的原因而低价转让股权（应提供相应文件）；

（3）将股权转让给配偶、父母、子女、祖父母、外祖父母、孙子女、外孙子女、兄弟姐妹以及对转让人承担直接抚养或者赡养义务的抚养人或者赡养人；

（4）经主管税务机关认定的其他合理情形。

自2015年1月1日起，根据《股权转让所得个人所得税管理办法（试行）》第十三条的规定，符合下列条件之一的股权转让收入明显偏低，视为有正当理由：

"（一）能出具有效文件，证明被投资企业因国家政策调整，生产经营受到重大影响，导致低价转让股权；

（二）继承或将股权转让给其能提供具有法律效力身份关系证明的配偶、父母、子女、祖父母、外祖父母、孙子女、外孙子女、兄弟姐妹以及对转让人承担直接抚养或者赡养义务的抚养人或者赡养人；

（三）相关法律、政府文件或企业章程规定，并有相关资料充分证明转让价格合理且真实的本企业员工持有的不能对外转让股权的内部转让；

（四）股权转让双方能够提供有效证据证明其合理性的其他合理情形。"

根据27号公告的上述规定，吴某将持有的彩塑包装公司的股权平价转让给吴某的控股公司，不属于股权转让价格明显偏低的正当理由。

27号公告规定，对申报的计税依据明显偏低且无正当理由的，可采取以下核定方法：

（1）参照每股净资产或纳税人享有的股权比例所对应的净资产份额核定股权转让收入。对知识产权、土地使用权、房屋、探矿权、采矿权、股权等合计占资产总额比例达50%以上的企业，净资产额须经中介机构评估核实。

（2）参照相同或类似条件下同一企业同一股东或其他股东股权转让价格核定股权转让收入。

（3）参照相同或类似条件下同类行业的企业股权转让价格核定股权转让收入。

（4）纳税人对主管税务机关采取的上述核定方法有异议的，应当提供相关证据，主管税务机关认定属实后，可采取其他合理的核定方法。

自2015年1月1日起，根据《股权转让所得个人所得税管理办法（试行）》第十四条的规定，主管税务机关应依次按照下列方法核定股权转让收入：

"（一）净资产核定法

股权转让收入按照每股净资产或股权对应的净资产份额核定。

被投资企业的土地使用权、房屋、房地产企业未销售房产、知识产权、探矿权、采矿权、股权等资产占企业总资产比例超过20%的，主管税务机关可参照纳税人提供的具有法定资质的中介机构出具的资产评估报告核定股权转让收入。

6个月内再次发生股权转让且被投资企业净资产未发生重大变化的，主管税务机关可参照上一次股权转让时被投资企业的资产评估报告核定此次股权转让收入。

（二）类比法

1. 参照相同或类似条件下同一企业同一股东或其他股东股权转让收入核定；

2. 参照相同或类似条件下同类行业企业股权转让收入核定。

（三）其他合理方法

主管税务机关采用以上方法核定股权转让收入存在困难的，可以采取其他合理方法核定。"

根据上述规定，税务机关参照每股净资产或纳税人享有的股权比例所对应的净资产份额核定吴某与曹某个人股权转让收入，并依法征收财产转让所得的个人所得税。

《国家税务总局关于非货币性资产评估增值暂不征收个人所得税的批复》（国税函〔2005〕319号，被国家税务总局公告2011年第2号废止）规定，对个人将非货币性资产进行评估后投资于企业，其评估增值取得的所得在投资取得企业股权时，暂不征收个人所得税。在投资收回、转让或清算股权时如有所得，再按规定征收个人所得税，其"财产原值"为资产评估前的价值。

金海彩塑包装有限公司截至2010年3月31日经审计净资产为24 951.72万元。根据上述规定，税务机关计划按参照每股净资产3.5元/股（24 951.72÷6 880≈3.63元/股）核定吴某、曹某的股权转让价格，吴某的股权转让收入核定为：（1 376＋1 366）×3.5＝9 597（万元）。

吴某将其持有的彩塑包装公司的股权转让给其控股企业时，其持有金海彩塑包装公司股权的投资成本包括三个部分：第一部分是现金1 764万元；第二部分是投资时非货币资产——厂房评估前的价值1 570.9万元，这一部分根据国税函〔2005〕319号文件的规定，不能按非货币资产的评估作价4 070.9万元确定，当然也就不能按公司实收资本金额确定；第三部分是公司用盈余公积增资时，吴某对应的增资额998.5万元，合计＝1 764＋1 570.9＋998.5＝4 333.4（万元）。因此，此次吴某转让股权的"财产原值"＝4 333.4×2 742÷6 869.68≈1 729.66（万元），其中，2 742＝1 376＋1 366。

至此，吴某持有公司4 128万股的投资成本＝4 333.4－1 729.66＝2 603.74（万元）。

曹某的股权转让收入应核定为：（10＋0.32）×3.5＝36.12（万元）。

曹某将其持有的彩塑包装公司的股权转让给启智公司和吴某时，其持有金海彩塑包装公司股权的投资成本包括两个部分：第一部分是现金8.82万元；第二部分是公司用盈余公积增资时，曹某对应的增资额1.5万元，合计＝8.82＋1.5＝10.32（万元）。因此，此次吴某转让股权的"财产原值"为10.32万元。

问题4：金海彩塑包装公司整体变更为股份有限公司时，将净资产24 951.72万元按照1∶0.601 2的比例折为股份15 000股，自然人股东是否应缴纳个人所得税？如果需要缴纳，应缴多少？法人股东是否应缴纳企业所得税？如果需要缴纳，应缴多少？是否还涉及其他税收问题？

解析：

1. 彩塑公司净资产折股会计处理（单位：万元）：

借：实收资本	6 880
盈余公积	2 557
未分配利润	15 514.72
贷：股本	15 000
资本公积	9 951.72

2. 个人所得税处理。

《国家税务总局关于股份制企业转增股本和派发红股征免个人所得税的通知》（国税发〔1997〕198号）规定，股份制企业用盈余公积金派发红股属于股息、红利性质的分配，对个人取得的红股数额，应作为个人所得征税。派发红股的股份制企业作为支付所得的单位应按照税法规定履行扣缴义务。

《国家税务总局关于盈余公积金转增注册资本征收个人所得税问题的批复》（国税函发〔1998〕333号）规定，公司将从税后利润中提取的法定公积金和任意公积金转增注册资本，实际上是公司将盈余公积金向股东分配了股息、红利，股东再以分得的股息、红利增加注册资本。

吴某应缴纳个人所得税＝[（2 557＋15 514.72）或（24 951.72－6 880）]×60%×20%≈2 168.61（万元）。

至此，吴某持有公司9 000万股的投资成本＝2 603.74＋（2 557＋15 514.72）×60%＝2 603.74＋10 843.03＝13 446.77（万元）。

《国家税务总局关于贯彻落实企业所得税法若干税收问题的通知》（国税函〔2010〕79号）第四条规定，企业权益性投资取得股息、红利等收入，应以被投资企业股东会或股东大会做出利润分配或转股决定的日期，确定收入的实现。

被投资企业将股权（票）溢价所形成的资本公积转为股本的，不作为投资方企业的股息、红利收入，投资方企业也不得增加该项长期投资的计税基础。

因此，启迪投资和启智投资各应确认股息所得＝（2 557＋1 5514.72）×20%＝3 614.34（万元），但根据《企业所得税法》第二十六条的规定，符合条件的居民企业之间的股息、红利等权益性投资收益属于免税收入。

启迪投资和启智投资各持有公司3 000万股的投资成本＝1 376＋3 614.34＝4 990.34（万元）。

3. 印花税处理。

公司在股改后，股本和资本公积合计为24 951.72万元，比股改前的6 880万元增加18 071.72万元，应补贴印花。

4. 契税处理。

依据《财政部 国家税务总局关于企业改制重组若干契税政策的通知》（财税〔2008〕175号）第一条的规定，非公司制企业，按照《中华人民共和国公司法》的规定，整体改建为有限责任公司（含国有独资公司）或股份有限公司，或者有限责任公司整体改建为股份有限公司的，对改建后的公司承受原企业土地、房屋权属，免征契税。上述所称整体改建是指不改变原企业的投资主体，并承继原企业权利、义务的行为。

问题5：吴某转让启智与启迪公司股份作价有的是4元/股，有的是3元/股，是否应按4元/股核定股权转让价格？

解析：

《国家税务总局关于加强股权转让所得征收个人所得税管理的通知》（国税函〔2009〕285号，自2015年1月1日被67号公告废止）第四条规定：

税务机关应加强对股权转让所得计税依据的评估和审核。对扣缴义务人或纳税人申报的股权转让所得相关资料应认真审核，判断股权转让行为是否符合独立交易原则，是否符合合理性经济行为及实际情况。

对申报的计税依据明显偏低（如平价和低价转让等）且无正当理由的，主管税务机关可参照每股净资产或个人股东享有的股权比例所对应的净资产份额核定。

27 号公告规定，符合下列情形之一且无正当理由的，可视为计税依据明显偏低：

"（一）申报的股权转让价格低于初始投资成本或低于取得该股权所支付的价款及相关税费的；

（二）申报的股权转让价格低于对应的净资产份额的；

（三）申报的股权转让价格低于相同或类似条件下同一企业同一股东或其他股东股权转让价格的；

（四）申报的股权转让价格低于相同或类似条件下同类行业的企业股权转让价格的；

（五）经主管税务机关认定的其他情形。"

自 2015 年 1 月 1 日起，根据《股权转让所得个人所得税管理办法（试行）》第十二条的规定，符合下列情形之一，视为股权转让收入明显偏低：

"（一）申报的股权转让收入低于股权对应的净资产份额的。其中，被投资企业拥有土地使用权、房屋、房地产企业未销售房产、知识产权、探矿权、采矿权、股权等资产的，申报的股权转让收入低于股权对应的净资产公允价值份额的；

（二）申报的股权转让收入低于初始投资成本或低于取得该股权所支付的价款及相关税费的；

（三）申报的股权转让收入低于相同或类似条件下同一企业同一股东或其他股东股权转让收入的；

（四）申报的股权转让收入低于相同或类似条件下同类行业的企业股权转让收入的；

（五）不具合理性的无偿让渡股权或股份；

（六）主管税务机关认定的其他情形。"

根据上述规定，吴某将持有的彩塑包装公司的股权以 4 元/股的价格转让给均不在公司任职的兄弟、姐夫，以 3 元/股的价格转让给公司职工，股权转让对象条件不同，且股权转让给兄弟、姐夫的价格高于转让给无亲戚关系的职工的价格，股权转让价格高于初始投资成本或取得该股权所支付的价款及相关税费，因此，不属于股权转让价格明显偏低，不需要按 4 元/股核定股权转让价格。

问题 6：吴某转让启迪与启智公司股权征收个人所得税时可以扣除的财产原值如何确定？吴某转让启智投资和启迪投资的股权，其个人所得税入库地点如何确定？

解析：

（1）通过投资取得股权转让成本的确定。

以货币投资方式取得的股权，以实际投资额为股权原值。以非货币投资方式取得的股权，对已按照相关规定缴纳了个人所得税的，以计税价格为股权原值。对按规定暂不缴纳个人所得税的，以取得该非货币资产时实际支付的价款和相关税费为股权原值。

吴某转让金海公司股权与吴某转让启迪投资公司和启智投资公司股权是不同的股权转让行为，各自确认股权转让收入和"财产原值"，不可以将转让金海公司股权的收入计为持有启迪投资公司和启智投资公司股权的成本。案例中吴某转让启迪投资公司和启智投资公司股权的个人所得税计算是正确的。

《股权转让所得个人所得税管理办法（试行）》第十六条规定，股权转让人已被主管税务机关核定股权转让收入并依法征收个人所得税的，该股权受让人的股权原值以取得股权时发生的合理税费与股权转让人被主管税务机关核定的股权转让收入之和确认。

(2)纳税地点的确定。

国税函〔2009〕285号文件第三条规定,个人股东股权转让所得个人所得税以发生股权变更企业所在地地税机关为主管税务机关。纳税人或扣缴义务人应到主管税务机关办理纳税申报和税款入库手续。

《股权转让所得个人所得税管理办法(试行)》第十九条规定,个人股权转让所得个人所得税以被投资企业所在地地税机关为主管税务机关。

问题7:金海新材料股份有限公司2011年度权益分派方案是否存在个人所得税问题?对股东的持股成本会有什么影响?企业所得税呢?

解析:

现金分红:

根据公司做出利润分配的决定进行账务处理:

借:利润分配——未分配利润

　　贷:应付股利

公司实际发放现金股利时:

借:应付股利

　　贷:银行存款

　　　　应交税费——应交个人所得税

公司资本公积转增股本会计处理(单位:万元):

借:资本公积——资本溢价　　　　　　　　　　　　　　　　　20 800

　　贷:股本　　　　　　　　　　　　　　　　　　　　　　　　　20 800

《财政部 国家税务总局 证监会关于实施上市公司股息红利差别化个人所得税政策有关问题的通知》(财税〔2012〕85号,自2013年1月1日起执行)规定,个人从公开发行和转让市场取得的上市公司股票,持股期限在1个月以内(含1个月)的,其股息红利所得全额计入应纳税所得额;持股期限在1个月以上至1年(含1年)的,暂减按50%计入应纳税所得额;持股期限超过1年的,暂减按25%计入应纳税所得额。

《财政部 国家税务总局 证监会关于上市公司股息红利差别化个人所得税政策有关问题的通知》(财税〔2015〕101号)第一条规定,个人从公开发行和转让市场取得的上市公司股票,持股期限超过1年的,股息红利所得暂免征收个人所得税。即个人从公开发行和转让市场取得的上市公司股票,持股期限在1个月以内(含1个月)的,其股息红利所得全额计入应纳税所得额;持股期限在1个月以上至1年(含1年)的,暂减按50%计入应纳税所得额;上述所得统一适用20%的税率计征个人所得税。

2013年1月1日以前,《财政部 国家税务总局关于股息红利个人所得税有关政策的通知》(财税〔2005〕102号)规定,对个人投资者从上市公司取得的股息红利所得,暂减按50%计入个人应纳税所得额,依照现行税法规定计征个人所得税。这里的上市公司是指在上海证券交易所、深圳证券交易所挂牌交易的上市公司。

《国家税务总局关于股份制企业转增股本和派发红股征免个人所得税的通知》(国税发〔1997〕198号)第一条规定,股份制企业用资本公积金转增股本不属于股息、红利性质的分配，对个人取得的转增股本数额，不作为个人所得，不征收个人所得税。

《国家税务总局关于原城市信用社在转制为城市合作银行过程中个人股增值所得应纳个人所得税的批复》（国税函发〔1998〕289号）第二条规定，《国家税务总局关于股份制企业转增股本和派发红股征免个人所得税的通知》（国税发〔1997〕198号）中所表述的"资本公积金"是指股份制企业股票溢价发行收入所形成的资本公积金。将此转增股本由个人取得的数额，不作为应税所得征收个人所得税。而与此不相符合的其他资本公积金分配个人所得部分，应当依法征收个人所得税。

问题8：分析说明启智投资和启迪投资从金海新材料股份有限公司2011年度权益分派中取得的所得，如何进行税务处理？

解析：

《国家税务总局关于贯彻落实企业所得税法若干税收问题的通知》（国税函〔2010〕79号）第四条规定，企业权益性投资取得股息、红利等收入，应以被投资企业股东会或股东大会做出利润分配或转股决定的日期，确定收入的实现。

启智投资和启迪投资各应确认股利收入3000万元，但根据《企业所得税法》第二十六条的规定，符合条件的居民企业之间的股息、红利等权益性投资收益属于免税收入。

被投资企业将股权（票）溢价所形成的资本公积转为股本的，不作为投资方企业的股息、红利收入，投资方企业也不得增加该项长期投资的计税基础。

公司以资本公积金转增股本，每10股转增10股后，各股东的持股成本没有变化，但持股数量翻了一倍。即：吴某持有公司18 000万股的投资成本为13 446.77万元，启迪投资和启智投资各持有公司6 000万股的投资成本4 990.34万元。

问题9：启智投资限售股减持所得如何计征企业所得税、营业税或增值税？

解析：

1. 企业所得税。

《国家税务总局关于企业转让上市公司限售股有关所得税问题的公告》（国家税务总局公告2011年第39号，以下简称39号公告）第二条规定：

因股权分置改革造成原由个人出资而由企业代持的限售股，企业在转让时按以下规定处理：

"（一）企业转让上述限售股取得的收入，应作为企业应税收入计算纳税。

上述限售股转让收入扣除限售股原值和合理税费后的余额为该限售股转让所得。企业未能提供完整、真实的限售股原值凭证，不能准确计算该限售股原值的，主管税务机关一律按该限售股转让收入的15%，核定为该限售股原值和合理税费。

依照本条规定完成纳税义务后的限售股转让收入余额转付给实际所有人时不再纳税。

（二）依法院判决、裁定等原因，通过证券登记结算公司，企业将其代持的个人限售股直接变更到实际所有人名下的，不视同转让限售股。"

39号公告第三条规定，企业在限售股解禁前将其持有的限售股转让给其他企业或个人（以下简称受让方），其企业所得税问题按以下规定处理：

"（一）企业应按减持在证券登记结算机构登记的限售股取得的全部收入，计入企业当年度应税收入计算纳税。

（二）企业持有的限售股在解禁前已签订协议转让给受让方，但未变更股权登记、仍由企业持有的，企业实际减持该限售股取得的收入，依照本条第一项规定纳税后，其余额转付给受让方的，受让方不再纳税。"

启智投资公司通过大宗交易方式减持金海新材料股份有限公司限售股企业所得税计算是错误的。如果启智投资公司能提供完整、真实的限售股原值凭证，其转让 1 150 万股的成本 $= 4\,990.34 \times 1\,150 \div 6\,000 \approx 956.48$（万元），应纳企业所得税 $=(15\,651.5 - 956.48) \times 25\% = 3\,673.755$（万元）。如果启智投资公司不能准确计算该限售股原值，其转让 1 150 万股的成本 $= 15\,651.5 \times 15\% = 2\,347.725$（万元），应纳企业所得税 $=(15\,651.5 - 2\,347.725) \times 25\% \approx 3\,325.94$（万元）。

公司将税后利润向个人股东分配时，还应按"利息、股息、红利所得"项目，适用 20% 的税率征收个人所得税。

2. 营业税或增值税。

单位将其持有的限售股在解禁流通后对外转让的，按金融商品转让征收增值税（营改增前为营业税）。根据《国家税务总局关于营改增试点若干征管问题的公告》（国家税务总局公告 2016 年第 53 号，自 2016 年 9 月 1 日起施行，此前已发生未处理的事项，按照该公告规定执行。2016 年 5 月 1 日前，纳税人发生该公告第二、五、六条规定的应税行为，此前未处理的，比照该公告规定缴纳营业税）第五条的规定，单位将其持有的限售股在解禁流通后对外转让的，按照以下规定确定买入价：

"（一）上市公司实施股权分置改革时，在股票复牌之前形成的原非流通股股份，以及股票复牌首日至解禁日期间由上述股份孳生的送、转股，以该上市公司完成股权分置改革后股票复牌首日的开盘价为买入价。

（二）公司首次公开发行股票并上市形成的限售股，以及上市首日至解禁日期间由上述股份孳生的送、转股，以该上市公司股票首次公开发行（IPO）的发行价为买入价。

（三）因上市公司实施重大资产重组形成的限售股，以及股票复牌首日至解禁日期间由上述股份孳生的送、转股，以该上市公司因重大资产重组股票停牌前一交易日的收盘价为买入价。"

8

第八章
偶然所得与其他所得

第一节 偶然所得

《个人所得税法实施条例》第八条规定，偶然所得是指个人得奖、中奖、中彩以及其他偶然性质的所得。

得奖是指个人参加各种评比、有奖竞赛活动，取得名次得到的奖金；中奖、中彩是指参加各种有奖活动，如有奖销售、有奖储蓄、购买彩票等，经过规定程序，抽中、摇中号码而取得的奖金。

偶然所得以每次收入额为应纳税所得额，适用20％的税率计算缴纳个人所得税。目前偶然所得主要包括以下内容。

一、顾客额外抽奖获奖所得

自2011年6月9日起，根据《财政部 国家税务总局关于企业促销展业赠送礼品有关个人所得税问题的通知》(财税〔2011〕50号)的规定，企业对累积消费达到一定额度的顾客，给予额外抽奖机会，个人的获奖所得，按照"偶然所得"项目，全额适用20％的税率缴纳个人所得税。

2011年6月9日以前，根据《国家税务总局关于个人所得税若干政策问题的批复》(国税函〔2002〕629号)第二条规定，个人因参加企业的有奖销售活动而取得的赠品所得，应按"偶然所得"项目计征个人所得税。赠品所得为实物的，应以《个人所得税法实施条例》第十条规定的方法（即所得为实物的，应当按照取得的凭证上所注明的价格计算应纳税所得额；无凭证的实物或者凭证上所注明的价格明显偏低的，参照市场价格核定应纳税所得额。所得为有价证券的，根据票面价格和市场价格核定应纳税所得额）确定应纳税所得额，计算缴纳个人所得税。税款由举办有奖销售活动的企业（单位）负责代扣代缴〔根据财税〔2011〕50号文件的规定，国税函〔2002〕629号文件第二条自2011年6月9日废止〕。

二、有奖储蓄中奖所得

《国家税务总局关于有奖储蓄中奖收入征收个人所得税问题的批复》(国税函〔1995〕98号)规定，个人参加有奖储蓄取得的各种形式的中奖所得，属于机遇性的所得，应按照个人所得税法中偶然所得应税项目的规定征收个人所得税。虽然这种中奖所得具有银行储蓄利息二次分配的特点，但对中奖个人而言，已不属于按照国家规定利率标准取得的存款利息所得性质。支付该项所得的各级银行部门是税法规定的代扣代缴义务人，在其向个人支付有奖储蓄中奖所得时应按照偶然所得应税项目扣缴个人所得税税款。

三、博彩所得

《国家税务总局关于个人在境外取得博彩所得征收个人所得税问题的批复》（国税函发〔1995〕663 号）规定，在中国境内有住所的个人，从境外取得的所得，应依照税法规定缴纳个人所得税。中彩所得属于偶然所得应税项目，适用比例税率 20%。居民个人在澳门摇老虎机博彩所得应依照税法规定全额按 20% 比例税率计算缴纳个人所得税。

四、有奖发票奖金所得

《财政部　国家税务总局关于个人取得有奖发票奖金征免个人所得税问题的通知》（财税〔2007〕34 号）规定，个人取得单张有奖发票奖金所得不超过 800 元（含 800 元）的，暂免征收个人所得税；个人取得单张有奖发票奖金所得超过 800 元的，应全额按照个人所得税法规定的"偶然所得"项目征收个人所得税。

五、企业向个人支付的不竞争款项所得

不竞争款项是指资产购买方企业与资产出售方企业自然人股东之间在资产购买交易中，通过签订保密和不竞争协议等方式，约定资产出售方企业自然人股东在交易完成后一定期限内，承诺不从事有市场竞争的相关业务，并负有相关技术资料的保密义务，资产购买方企业则在约定期限内，按一定方式向资产出售方企业自然人股东所支付的款项。根据《财政部　国家税务总局关于企业向个人支付不竞争款项征收个人所得税问题的批复》（财税〔2007〕102 号）的规定，鉴于资产购买方企业向个人支付的不竞争款项，属于个人因偶然因素取得的一次性所得，资产出售方企业自然人股东取得的所得，应按照"偶然所得"项目计算缴纳个人所得税，税款由资产购买方企业在向资产出售方企业自然人股东支付不竞争款项时代扣代缴。

六、网络红包收入

近年来，不少企业为广告、宣传或扩大企业用户等目的而通过网络随机向个人派发红包（以下简称网络红包）。微信红包是 2015 年春节期间呈爆发式增长的新事物，节后，全国人大代表、腾讯公司董事会主席兼首席执行官马化腾表示，在刚刚过去的这个春节，腾讯发了 5 亿元红包，抢到手的网络红包个人所得税问题，大家都非常关心。《国家税务总局关于加强网络红包个人所得税征收管理的通知》（税总函〔2015〕409 号）明确：

（1）对个人取得企业派发的现金网络红包，应按照偶然所得项目计算缴纳个人所得

税，税款由派发红包的企业代扣代缴。

（2）对个人取得企业派发的且用于购买该企业商品（产品）或服务才能使用的非现金网络红包，包括各种消费券、代金券、抵用券、优惠券等，以及个人因购买该企业商品或服务达到一定额度而取得企业返还的现金网络红包，属于企业销售商品（产品）或提供服务的价格折扣、折让，不征收个人所得税。

（3）个人之间派发的现金网络红包，不属于个人所得税法规定的应税所得，不征收个人所得税。

第二节　其他所得

除前面列举的各项个人应税所得外，其他确有必要征税的个人所得，由国务院财政部门确定。个人取得的所得，难以界定应纳税所得项目的，由主管税务机关确定。

根据《个人所得税法》的规定，经国务院财政部门确定征税的其他所得以每次收入额为应纳税所得额，适用20％的税率计算缴纳个人所得税。

一、证券公司付给大户股民的回扣收入

一些证券公司为了招揽大户股民在本公司开户交易，通常从证券公司取得的交易手续费中支付部分金额给大户股民。对于股民个人从证券公司取得的此类回扣收入或交易手续费返还收入，《国家税务总局关于股民从证券公司取得的回扣收入征收个人所得税问题的批复》（国税函〔1999〕627号）明确，应按照《个人所得税法》第二条第十一项"经国务院财政部门确定征税的其他所得"项目征收个人所得税，税款由证券公司在向股民支付回扣收入或交易手续费返还收入时代扣代缴。

二、个人人寿保险利息收入

《国家税务总局关于未分配的投资者收益和个人人寿保险收入征收个人所得税问题的批复》（国税函发〔1998〕546号）规定，对保险公司按投保金额，以银行同期储蓄存款利率支付给在保期内未出险的人寿保险保户的利息（或以其他名义支付的类似收入），按"其他所得"应税项目征收个人所得税，税款由支付利息的保险公司代扣代缴。

三、个人取得的无赔款优待收入

《国家税务总局关于个人所得税有关政策问题的通知》（国税发〔1999〕58号）规定，

对于个人因任职单位缴纳有关保险费用而取得的无赔款优待收入，按照"其他所得"应税项目计征个人所得税。对于个人自己缴纳有关商业保险费（保费全部返还个人的保险除外）而取得的无赔款优待收入，不作为个人的应纳税收入，不征收个人所得税。

四、中国科学院院士荣誉奖金

香港实业家蔡冠深先生捐资 500 万元人民币建立蔡冠深中国科学院院士荣誉基金会，并用基金的利息颁发中国科学院院士荣誉奖金（80 岁至 89 岁的院士每人每年 6 000 元，90 岁以上的院士每人每年 12 000 元）。

《国家税务总局关于对中国科学院院士荣誉奖金征收个人所得税问题的复函》（国税函发〔1995〕351 号）明确，由于这种奖金不属于个人所得税法定免税奖金的范围，加之国家对中国科学院院士津贴已有免征个人所得税的优惠规定，所以对中国科学院院士荣誉奖金，应按《个人所得税法》的"其他所得"应税项目，依 20% 的比例税率计征个人所得税，税款由该基金会在颁发奖金时代扣代缴。

五、揽储奖金

《财政部 国家税务总局关于银行部门以超过国家利率支付给储户的揽储奖金征收个人所得税问题的批复》（财税字〔1995〕64 号）明确，免纳个人所得税的储蓄存款利息，是指按照中国人民银行规定的存款利率和保值贴补率计算的利息额。银行和其他金融机构以超过上述利息额支付给储户的部分，不管是以利息、奖金还是以其他名义支付，均不属于税法规定的免税利息所得，必须依法缴纳个人所得税。因此，对银行部门以超过国家规定利率和保值贴补率支付给储户的揽储奖金，应按"经国务院财政部门确定征税的其他所得"应税项目征收个人所得税，税率为 20%。

六、个人为单位或他人提供担保获得的报酬

根据《财政部 国家税务总局关于个人所得税有关问题的批复》（财税〔2005〕94 号）第二条的规定，个人为单位或他人提供担保获得报酬，应按照《个人所得税法》规定的"其他所得"项目缴纳个人所得税，税款由支付所得的单位或个人代扣代缴。

七、为外单位人员发放现金、实物或有价证券

部分单位和部门在年终总结、各种庆典、业务往来及其他活动中，为其他单位和部门

的有关人员发放现金、实物或有价证券。在 2011 年 6 月 9 日以前，根据《国家税务总局关于个人所得税有关问题的批复》（国税函〔2000〕57 号，自 2011 年 6 月 9 日废止）的规定，对个人取得该项所得，应按照《个人所得税法》中规定的"其他所得"项目计算缴纳个人所得税，税款由支付所得的单位代扣代缴。

根据《财政部 国家税务总局关于企业促销展业赠送礼品有关个人所得税问题的通知》（财税〔2011〕50 号）的规定，上述国税函〔2000〕57 号文件规定自 2011 年 6 月 9 日起废止。

八、个人无偿受赠房屋所得

《财政部 国家税务总局关于个人无偿受赠房屋有关个人所得税问题的通知》（财税〔2009〕78 号）规定，除下列规定情形以外，房屋产权所有人将房屋产权无偿赠与他人的，受赠人因无偿受赠房屋取得的受赠所得，按照"经国务院财政部门确定征税的其他所得"项目缴纳个人所得税，税率为 20%。

以下情形的房屋产权无偿赠与，对当事双方不征收个人所得税：

（1）房屋产权所有人将房屋产权无偿赠与配偶、父母、子女、祖父母、外祖父母、孙子女、外孙子女、兄弟姐妹；

（2）房屋产权所有人将房屋产权无偿赠与对其承担直接抚养或者赡养义务的抚养人或者赡养人；

（3）房屋产权所有人死亡，依法取得房屋产权的法定继承人、遗嘱继承人或者受遗赠人。

《国家税务总局关于简化个人无偿赠与不动产 土地使用权免征营业税手续的公告》（国家税务总局公告 2015 年第 50 号，自 2015 年 7 月 1 日起实施。此前尚未进行税务处理的，按照该公告规定执行。《国家税务总局关于加强房地产交易个人无偿赠与不动产税收管理有关问题的通知》（国税发〔2006〕144 号）第一条中"属于其他情况无偿赠与不动产的，受赠人应当提交房产所有人'赠与公证书'和受赠人'接受赠与公证书'，或持双方共同办理的'赠与合同公证书'"同时废止〕明确：个人以离婚财产分割、赠与特定亲属、赠与抚养人或赡养人方式无偿赠与不动产、土地使用权，符合《财政部 国家税务总局关于个人金融商品买卖等营业税若干免税政策的通知》（财税〔2009〕111 号）第二条免征营业税规定的，在办理营业税免税手续时，无须提供房产所有人"赠与公证书"、受赠人"接受赠与公证书"，或双方"赠与合同公证书"。

【例 8-1】（单选题）依据个人所得税相关规定，受赠人无偿受赠房屋所得应归属于（　　）。

　　A. 偶然所得　　　B. 财产转让所得　　C. 其他所得　　　D. 劳务报酬所得

[答案] C

【例 8-2】（单选题）方某接受房屋赠与，手续齐全、合法，赠与合同上注明该房产原值为 25 万元，方某支付相关税费 2.5 万元。经税务机关评估，该房产市场价格为 35 万元。方某获赠房产应缴纳个人所得税（　　）万元。

A. 2　　　　　　　　B. 1.5　　　　　　　　C. 7　　　　　　　　D. 6.5

[答案] B

[解析] 应纳个人所得税为：(35-2.5)×20%=1.5（万元）。

九、企业促销展业赠送礼品

对企业和单位（包括企业、事业单位、社会团体、个人独资企业、合伙企业和个体工商户等，以下简称企业）在营销活动中以折扣折让、赠品、抽奖等方式，向个人赠送现金、消费券、物品、服务等（以下简称礼品）有关个人所得税问题，财税〔2011〕50号文件做出规定，自2011年6月9日起执行，《国家税务总局关于个人所得税有关问题的批复》（国税函〔2000〕57号）、《国家税务总局关于个人所得税若干政策问题的批复》（国税函〔2002〕629号）第二条同时废止。

（一）不征税的三种情形

企业在销售商品（产品）和提供服务过程中向个人赠送礼品，属于下列情形之一的，不征收个人所得税：

（1）企业通过价格折扣、折让方式向个人销售商品（产品）和提供服务；

（2）企业在向个人销售商品（产品）和提供服务的同时给予赠品，如通信企业对个人购买手机赠话费、入网费，或者购话费赠手机等；

（3）企业对累积消费达到一定额度的个人按消费积分反馈礼品。

（二）征税项目的确定

企业向个人赠送礼品，属于下列情形之一的，取得该项所得的个人应依法缴纳个人所得税，税款由赠送礼品的企业代扣代缴：

（1）企业在业务宣传、广告等活动中，随机向本单位以外的个人赠送礼品，对个人取得的礼品所得，按照"其他所得"项目，全额适用20%的税率缴纳个人所得税。

（2）企业在年会、座谈会、庆典以及其他活动中向本单位以外的个人赠送礼品，对个人取得的礼品所得，按照"其他所得"项目，全额适用20%的税率缴纳个人所得税。

（3）企业对累积消费达到一定额度的顾客，给予额外抽奖机会，个人的获奖所得，按照"偶然所得"项目，全额适用20%的税率缴纳个人所得税。

（三）所得金额的确定

企业赠送的礼品是自产产品（服务）的，按该产品（服务）的市场销售价格确定个人的应税所得；是外购商品（服务）的，按该商品（服务）的实际购置价格确定个人的应税所得。

(四) 积分兑换的增值税处理

《财政部 国家税务总局关于将电信业纳入营业税改征增值税试点的通知》（财税〔2014〕43 号）第七条规定，以积分兑换形式赠送的电信业服务，不征收增值税。

《营业税改征增值税试点有关事项的规定》明确，航空运输企业提供的旅客利用里程积分兑换的航空运输服务，不征收增值税。

【例 8-3】（多选题）张某在足球世界杯期间参加下列活动所获得收益中，应当缴纳个人所得税的有（　　　）。

A. 参加某电商的秒杀活动，以 100 元购得原价 2 000 元的足球鞋一双

B. 为赴巴西看球，开通手机全球漫游套餐，获赠价值 1 500 元的手机一部

C. 参加某电台举办的世界杯竞猜活动，获得价值 6 000 元的赴巴西机票一张

D. 作为某航空公司金卡会员被邀请参加世界杯抽奖活动，抽得市价 2 500 元球衣一套

[答案] CD

十、个人取得解除商品房买卖合同违约金

商品房买卖过程中，有的房地产公司因未协调好与按揭银行的合作关系，造成购房人不能按合同约定办妥按揭贷款手续，从而无法缴纳后续房屋价款，致使房屋买卖合同难以继续履行，房地产公司因双方协商解除商品房买卖合同而向购房人支付违约金。

根据《个人所得税法》的有关规定，《国家税务总局关于个人取得解除商品房买卖合同违约金征收个人所得税问题的批复》（国税函〔2006〕865 号）明确，购房个人因上述原因从房地产公司取得的违约金收入，应按照"其他所得"应税项目缴纳个人所得税，税款由支付违约金的房地产公司代扣代缴。

9

第九章
减免税

个人所得税既是一种分配手段,也是体现国家政策的重要工具。为了体现税收的奖励和照顾政策,我国现行个人所得税法对纳税人因特定行为取得的所得和特定纳税人取得的所得,分别规定了一系列的免税和减税政策。

第一节　税收减免管理

为贯彻落实国务院转变职能、简政放权、放管结合的要求,适应深化行政审批制度改革的新形势,国家税务总局对《税收减免税管理办法(试行)》(国税发〔2005〕129 号发布)进行了修改,并于 2015 年 6 月 8 日发布了《国家税务总局关于发布〈税收减免管理办法〉的公告》(国家税务总局公告 2015 年第 43 号),自 2015 年 8 月 1 日起施行,《税收减免税管理办法(试行)》(国税发〔2005〕129 号)同时废止。此外,根据《税收减免管理办法》第二十六条的规定,单个税种的减免税核准备案管理制度,依据该办法另行制定。

《税收减免管理办法》进一步细化备案管理,简化办事程序,备案类减免税均采取一次性备案,减轻纳税人办税负担。同时,转变管理方式,加强事中事后监管,更加注重对减免税风险管理的动态监测和应对。

一、减免税概述

(一)减免税的定义及其类型

减免税是既定税制框架下,国家对特定纳税人或特定经济行为,实行照顾性或激励性政策而发生的减税、免税。

《税收减免管理办法》第二条规定,本办法所称的减免税是指国家对特定纳税人或征税对象,给予减轻或者免除税收负担的一种税收优惠措施,包括税基式减免、税率式减免和税额式减免三类。不包括出口退税和财政部门办理的减免税。

(二)规范减免税管理的原则

《税收减免管理办法》第三条规定,各级税务机关应当遵循依法、公开、公正、高效、便利的原则,规范减免税管理,及时受理和核准纳税人申请的减免税事项。

(三)核准类减免税和备案类减免税

根据管理方式不同,减免税可分为核准类减免税和备案类减免两类。《税收减免管理办法》第四条规定,减免税分为核准类减免税和备案类减免税。核准类减免税是指法律、法规规定应由税务机关核准的减免税项目；备案类减免税是指不需要税务机关核准的减免税项目。

（四）减免程序

《税收减免管理办法》第五条规定，纳税人享受核准类减免税，应当提交核准材料，提出申请，经依法具有批准权限的税务机关按本办法规定核准确认后执行。未按规定申请或虽申请但未经有批准权限的税务机关核准确认的，纳税人不得享受减免税。

纳税人享受备案类减免税，应当具备相应的减免税资质，并履行规定的备案手续。

（五）可享受而未享受减免税的处理

《税收减免管理办法》第六条规定，纳税人依法可以享受减免税待遇，但是未享受而多缴税款的，纳税人可以在税收征管法规定的期限内申请减免税，要求退还多缴的税款。

（六）违规处理

《税收减免管理办法》第七条规定，纳税人实际经营情况不符合减免税规定条件的或者采用欺骗手段获取减免税的、享受减免税条件发生变化未及时向税务机关报告的，以及未按照本办法规定履行相关程序自行减免税的，税务机关依照税收征管法有关规定予以处理。

二、核准类减免税的申报和核准实施

（一）纳税人申请并报送材料

《税收减免管理办法》第八条规定，纳税人申请核准类减免税的，应当在政策规定的减免税期限内，向税务机关提出书面申请，并按要求报送相应的材料。

纳税人对报送材料的真实性和合法性承担责任。

（二）税务机关受理与处理

《税收减免管理办法》第九条规定，税务机关对纳税人提出的减免税申请，应当根据以下情况分别做出处理：

（1）申请的减免税项目，依法不需要由税务机关核准后执行的，应当即时告知纳税人不受理；

（2）申请的减免税材料存在错误的，应当告知并允许纳税人更正；

（3）申请的减免税材料不齐全或者不符合法定形式的，应当场一次性书面告知纳税人；

（4）申请的减免税材料齐全、符合法定形式的，或者纳税人按照税务机关的要求提交全部补正减免税材料的，应当受理纳税人的申请。

《税收减免管理办法》第十条规定，税务机关受理或者不予受理减免税申请，应当出具加盖本机关专用印章和注明日期的书面凭证。

（三）减免税审核

《税收减免管理办法》第十一条规定，减免税的审核是对纳税人提供材料与减免税法定条件的相关性进行审核，不改变纳税人真实申报责任。

（四）减免税决定与复议及诉讼

《税收减免管理办法》第十二条规定，减免税申请符合法定条件、标准的，税务机关应当在规定的期限内做出准予减免税的书面决定。依法不予减免税的，应当说明理由，并告知纳税人享有依法申请行政复议以及提起行政诉讼的权利。

（五）申报与报告义务

《税收减免管理办法》第十三条规定，纳税人在减免税书面核准决定未下达之前应按规定进行纳税申报。纳税人在减免税书面核准决定下达之后，所享受的减免税应当进行申报。纳税人享受减免税的情形发生变化时，应当及时向税务机关报告，税务机关对纳税人的减免税资质进行重新审核。

三、备案类减免税的申报和备案实施

（一）备案方式

《税收减免管理办法》第十四条规定，备案类减免税的实施可以按照减轻纳税人负担、方便税收征管的原则，要求纳税人在首次享受减免税的申报阶段在纳税申报表中附列或附送材料进行备案，也可以要求纳税人在申报征期后的其他规定期限内提交报备资料进行备案。

（二）备案资料

《税收减免管理办法》第十五条规定，纳税人随纳税申报表提交附送材料或报备材料进行备案的，应当在税务机关规定的减免税期限内，报送以下资料：

（1）列明减免税的项目、依据、范围、期限等；

（2）减免税依据的相关法律、法规规定要求报送的材料。

纳税人对报送材料的真实性和合法性承担责任。

（三）备案处理

《税收减免管理办法》第十六条规定，税务机关对纳税人提请的减免税备案，应当根据以下情况分别做出处理：

（1）备案的减免税材料存在错误的，应当告知并允许纳税人更正；

（2）备案的减免税材料不齐全或者不符合法定形式的，应当场一次性书面告知纳税人；

（3）备案的减免税材料齐全、符合法定形式的，或者纳税人按照税务机关的要求提交全部补正减免税材料的，应当受理纳税人的备案。

《税收减免管理办法》第十七条规定，税务机关受理或者不予受理减免税备案，应当出具加盖本机关专用印章和注明日期的书面凭证。

（四）备案审核

《税收减免管理办法》第十八条规定，备案类减免税的审核是对纳税人提供资料完整性的审核，不改变纳税人真实申报责任。

（五）一次报备制

《税收减免管理办法》第十九条规定，税务机关对备案材料进行收集、录入，纳税人在符合减免税资质条件期间，备案材料一次性报备，在政策存续期可一直享受。

（六）申报与报告义务

《税收减免管理办法》第二十条规定，纳税人享受备案类减免税的，应当按规定进行纳税申报。纳税人享受减免税到期的，应当停止享受减免税，按照规定进行纳税申报。纳税人享受减免税的情形发生变化时，应当及时向税务机关报告。

（七）个人所得税减免的核准与备案

《国家税务总局关于个人所得税若干政策问题的批复》（国税函〔2002〕629号）规定，在纳税人享受减免个人所得税优惠政策时，是否须经税务机关审核或批准，应按照以下原则执行：

（1）税收法律、行政法规、部门规章和规范性文件中未明确规定纳税人享受减免税必须经税务机关审批的，且纳税人取得的所得完全符合减免税条件的，无须经主管税务机关审批，纳税人可自行享受减免税。

（2）税收法律、行政法规、部门规章和规范性文件中明确规定纳税人享受减免税必须经税务机关审批的，或者纳税人无法准确判断其取得的所得是否应享受个人所得税减免的，必须经主管税务机关按照有关规定审核或批准后，方可减免个人所得税。

（3）纳税人有《个人所得税法》第五条规定情形之一的，必须经主管税务机关批准，方可减征个人所得税。根据《江苏省地方税务局关于调整个人所得税减税审批权限的通知》（苏地税发〔2004〕73号）的规定，自2004年1月1日起，《个人所得税法》第五条所述情形的减税，其审批权限调整为市、县（市）地方税务局审批。

四、减免税的监督管理

（一）管理内容

《税收减免管理办法》第二十一条规定，税务机关应当结合税收风险管理，将享受减免税的纳税人履行纳税义务情况纳入风险管理，加强监督检查，主要内容包括：

（1）纳税人是否符合减免税的资格条件，是否以隐瞒有关情况或者提供虚假材料等手段骗取减免税；

（2）纳税人享受核准类减免税的条件发生变化时，是否根据变化情况经税务机关重新审查后办理减免税；

（3）纳税人是否存在编造虚假计税依据骗取减免税的行为；

（4）减免税税款有规定用途的，纳税人是否按照规定用途使用减免税款；

（5）减免税有规定减免期限的，是否到期停止享受税收减免；

（6）是否存在纳税人应经而未经税务机关批准自行享受减免税的情况；

（7）已享受减免税是否按时申报。

（二）备案材料管理与后续管理

《税收减免管理办法》第二十二条规定，纳税人享受核准类或备案类减免税的，对符合政策规定条件的材料有留存备查的义务。纳税人在税务机关后续管理中不能提供相关印证材料的，不得继续享受税收减免，追缴已享受的减免税款，并依照税收征管法的有关规定处理。

税务机关在纳税人首次减免税备案或者变更减免税备案后，应及时开展后续管理工作，对纳税人减免税政策适用的准确性进行审核。对政策适用错误的告知纳税人变更备案，对不应当享受减免税的，追缴已享受的减免税款，并依照税收征管法的有关规定处理。

（三）健全管理制度

《税收减免管理办法》第二十三条规定，税务机关应当将减免税核准和备案工作纳入岗位责任制考核体系中，建立税收行政执法责任追究制度：

（1）建立健全减免税跟踪反馈制度。各级税务机关应当定期对减免税核准和备案工作情况进行跟踪与反馈，适时完善减免税工作机制。

（2）建立减免税案卷评查制度。各级税务机关应当建立各类减免税资料案卷，妥善保管各类案卷资料，上级税务机关应定期对案卷资料进行评查。

（3）建立层级监督制度。上级税务机关应建立经常性的监督制度，加强对下级税务机关减免税管理工作的监督，包括是否按该办法规定的权限、条件、时限等实施减免税核准和备案工作。

（四）实地核查与越权减免税的处理

《税收减免管理办法》第二十四条规定，税务机关需要对纳税人提交的减免税材料内容进行实地核实的，应当指派 2 名以上工作人员按照规定程序进行实地核查，并将核查情况记录在案。上级税务机关对减免税实地核查工作量大、耗时长的，可委托企业所在地的区县税务机关具体组织实施。

因税务机关的责任批准或者核实错误，造成企业未缴或少缴税款的，依照税收征管法的有关规定处理。

税务机关越权减免税的，除依照税收征管法规定撤销其擅自做出的决定外，补征应征未征税款，并由上级机关追究直接负责的主管人员和其他直接责任人员的行政责任；构成犯罪的，依法追究刑事责任。

（五）事后监督检查

《税收减免管理办法》第二十五条规定，税务机关应对享受减免税企业的实际经营情况进行事后监督检查。检查中，发现有关专业技术或经济鉴证部门认定失误的，应及时与有关认定部门协调沟通，提请纠正后，及时取消有关纳税人的优惠资格，督促追究有关责任人的法律责任。有关部门非法提供证明，导致未缴、少缴税款的，依照税收征管法的有关规定处理。

第二节　改善民生优惠

一、救灾及重建优惠

（一）因严重自然灾害造成重大损失减征个人所得税

1. 国家规定

《个人所得税法》第五条第二项规定，因严重自然灾害造成重大损失的有，经批准可以减征个人所得税。

《个人所得税法实施条例》第十六条规定，税法第五条所说的减征个人所得税，其减征的幅度和期限由省、自治区、直辖市人民政府规定。

此外，《财政部 国家税务总局关于认真落实抗震救灾及灾后重建税收政策问题的通知》(财税〔2008〕62号)规定：

(1) 因地震灾害造成重大损失的个人，可减征个人所得税。具体减征幅度和期限由受灾地区省、自治区、直辖市人民政府确定。对受灾地区个人取得的抚恤金、救济金，免征个人所得税。个人将其所得向地震灾区的捐赠，按照个人所得税法的有关规定从应纳税所得中扣除。

(2) 企业实际发生的因地震灾害造成的财产损失，准予在计算应纳税所得额时扣除。

2. 地方规定

在江苏，《省政府办公厅关于我省残疾人等个人所得税减征规定的函》(苏政办函〔2015〕52号，自2016年1月1日起执行)第四条规定：

(1) 减征范围。

减征范围限于劳动所得，具体所得项目为：工资薪金所得；个体工商户的生产、经营所得；对企事业单位的承包、承租经营所得；劳务报酬所得；稿酬所得；特许权使用费所得。

可申请退还的个人所得税以纳税人或者其扣缴义务人在本省范围内自行申报或者扣缴申报缴纳的个人所得税为限。

(2) 幅度。

其个人所得税应视扣除保险赔款后的实际损失酌情减征，最高不超过全年应纳个人所得税款的80%。

(3) 减征期限。

减征遭受灾害当年的个人所得税。对于个别损失很大的，可以减征至次年。

(4) 减征原则。

《江苏省地方税务局关于残疾人等个人所得税减征管理有关规定的公告》(苏地税规〔2015〕7号)规定，因严重自然灾害造成重大损失等个人所得税减征实行"先征后退"原则。即纳税人或者扣缴义务人必须按照税法的规定申报缴纳个人所得税，年度终了后再按该办法规定办理退税。

(5) 减征申请。

符合规定享受减征个人所得税优惠的纳税人，应在该公告第七条规定(即符合规定享受减征个人所得税优惠的纳税人，应于纳税年度终了后及时办理上一年度的减免税申请；申请时间超过三年的，按照《中华人民共和国税收征收管理法》的规定处理)的时间内向主管税务机关提出书面申请，同时按规定提交减免税申请表及相关资料。

重大自然灾害减免应提供下列资料：

①纳税人减免税申请核准表；

②申请人的有效个人身份证件(复印件)；

③申请减免年度个人完税证明；

④重大自然灾害证明。

重大自然灾害证明资料包括相关部门或地方政府（乡镇以上）出具的自然灾害证明，或者保险公司理赔时出具的保险理赔文件原件（现场审核后交还）及复印件。

因严重自然灾害造成重大损失的减征个人所得税减征由主管税务机关一次性核实确认。纳税人应在主要收入来源地主管税务机关申请办理个人所得税减征。

（二）芦山地震受灾减免个人所得税

《财政部　海关总署　国家税务总局关于支持芦山地震灾后恢复重建有关税收政策问题的通知》（财税〔2013〕58 号，执行至 2015 年 12 月 31 日）第五条第二项规定，受灾地区因地震灾害失去工作后从事个体经营（除建筑业、娱乐业以及销售不动产、转让土地使用权、广告业、房屋中介、桑拿、按摩、网吧、氧吧外）的人员，以及因地震灾害损失严重的个体工商户，按每户每年 8 000 元为限额依次扣减其当年实际应缴纳的增值税、营业税、城市维护建设税、教育费附加和个人所得税。

纳税人年度应缴纳税款小于上述扣减限额的，以其实际缴纳的税款为限；大于上述扣减限额的，应以上述扣减限额为限。

这里所称"受灾地区"是指《四川芦山"4·20"强烈地震灾害评估报告》明确的极重灾区、重灾区和一般灾区。具体受灾地区范围如表 9-1 所示。

表 9-1　　　　　　　　　　　　芦山地震受灾地区范围

灾区类别	地市	县（区、市）、乡镇
极重灾区	雅安市	芦山县
重灾区	雅安市	雨城区、天全县、名山区、荥经县、宝兴县
	成都市	邛崃市高何镇、天台山镇、道佐乡、火井镇、南宝乡、夹关镇
一般灾区	雅安市	汉源县、石棉县
	成都市	邛崃市（其他乡镇）、蒲江县、大邑县
	眉山市	丹棱县、洪雅县、东坡区
	乐山市	金口河区、夹江县、峨眉山市、峨边彝族自治县
	甘孜州	泸定县、康定县
	凉山州	甘洛县

（三）鲁甸地震受灾减免个人所得税

《财政部　海关总署　国家税务总局关于支持鲁甸地震灾后恢复重建有关税收政策问题的通知》（财税〔2015〕27 号）第二条规定，自 2014 年 8 月 3 日起（至 2016 年 12 月 31 日止），对受灾地区个人接受捐赠的款项、取得的各级政府发放的救灾款项，以及参与抗震救灾的一线人员，按照地方各级人民政府及其部门规定标准取得的与抗震救灾有关的补贴收入，免征个人所得税。

财税〔2015〕27 号文件第五条第二项规定，受灾严重地区因地震灾害失去工作后从事个体经营的人员，以及因地震灾害损失严重的个体工商户，按每户每年 8 000 元为限额依次扣减其当年实际应缴纳的增值税、营业税、城市维护建设税、教育费附加、地方教育附加和个人所得税。限额标准最高可上浮 20%，由云南省人民政府根据当地实际情况具体确定。

纳税人年度应缴纳税款小于上述扣减限额的，以其实际缴纳的税款为限；大于上述扣减限额的，应以上述扣减限额为限。

根据《云南鲁甸 6.5 级地震灾害损失评估报告》（民函〔2014〕269 号）的规定，财税〔2015〕27 号文件所称"受灾严重地区"是指极重灾区和重灾区，"受灾地区"是指极重灾区、重灾区和一般灾区。具体受灾地区范围如表 9-2 所示。

表 9-2　　　　　　　　　　　鲁甸地震受灾地区范围

灾区类别	地市	县（市、区）
极重灾区	昭通市	鲁甸县
重灾区	昭通市	巧家县
	曲靖市	会泽县
一般灾区	昭通市	昭阳区、永善县

（四）其他地区地震受灾减免个人所得税

《财政部 国家税务总局关于认真落实抗震救灾及灾后重建税收政策问题的通知》（财税〔2008〕62 号）第二条规定：

（1）因地震灾害造成重大损失的个人，可减征个人所得税。具体减征幅度和期限由受灾地区省、自治区、直辖市人民政府确定。

（2）对受灾地区个人取得的抚恤金、救济金，免征个人所得税。

（3）个人将其所得向地震灾区的捐赠，按照个人所得税法的有关规定从应纳税所得中扣除。

二、军转择业优惠

（一）随军家属从事个体经营免征个人所得税

《财政部 国家税务总局关于随军家属就业有关税收政策的通知》（财税〔2000〕84 号，自 2000 年 1 月 1 日起执行）第二条规定，对从事个体经营的随军家属，自领取税务登记证之日起，3 年内免征营业税和个人所得税。

享受税收优惠政策的企业，随军家属必须占企业总人数的 60%（含）以上，并有军

（含）以上政治和后勤机关出具的证明；随军家属必须有师以上政治机关出具的可以表明其身份的证明，但税务部门应进行相应的审查认定。主管税务机关在企业或个人享受免税期间，应按现行有关税收规定，对此类企业进行年度检查，凡不符合条件的，应取消其免税政策。每一随军家属只能按上述规定，享受一次免税政策。

（二）军转干部从事个体经营免征个人所得税

《财政部 国家税务总局关于自主择业的军队转业干部有关税收政策问题的通知》（财税〔2003〕26 号，自 2003 年 5 月 1 日起执行）第一条规定，从事个体经营的军队转业干部，经主管税务机关批准，自领取税务登记证之日起，3 年内免征营业税和个人所得税。自主择业的军队转业干部必须持有师以上部队颁发的转业证件。

（三）退役士兵从事个体经营减免个人所得税

1. 三年内限额减免优惠

自 2014 年 1 月 1 日至 2016 年 12 月 31 日止，《财政部 国家税务总局民政部关于调整完善扶持自主就业退役士兵创业就业有关税收政策的通知》（财税〔2014〕42 号）第一条规定：对自主就业退役士兵从事个体经营的，在 3 年内按每户每年 8 000 元为限额依次扣减其当年实际应缴纳的营业税、城市维护建设税、教育费附加、地方教育附加和个人所得税。限额标准最高可上浮 20%，各省、自治区、直辖市人民政府可根据本地区实际情况在此幅度内确定具体限额标准，并报财政部和国家税务总局备案。

而在 2014 年以前，根据《财政部 国家税务总局关于扶持城镇退役士兵自谋职业有关税收优惠政策的通知》（财税〔2004〕93 号）的规定，对自谋职业的城镇退役士兵从事个体经营（除建筑业、娱乐业以及广告业、桑拿、按摩、网吧、氧吧外）的，自领取税务登记证之日起，3 年内免征营业税、城市维护建设税、教育费附加和个人所得税。从事种植、养殖业的，其应缴纳的个人所得税按照国家有关种植、养殖业个人所得税的规定执行。

2. 减免税额的确定

纳税人年度应缴纳税款小于上述扣减限额的，以其实际缴纳的税款为限；大于上述扣减限额的，应以上述扣减限额为限。纳税人的实际经营期不足一年的，应当以实际月份换算其减免税限额。换算公式为：

减免税限额＝年度减免税限额÷12×实际经营月数

3. 备案管理

纳税人在享受税收优惠政策的当月，持《中国人民解放军义务兵退出现役证》或《中国人民解放军士官退出现役证》以及税务机关要求的相关材料向主管税务机关备案。

上述扶持自主就业退役士兵创业就业有关税收优惠政策按照备案减免税管理,纳税人应向主管税务机关备案。税收优惠政策在 2016 年 12 月 31 日未享受满 3 年的,可继续享受至 3 年期满为止。财税〔2004〕93 号文件自 2014 年 1 月 1 日起停止执行,其所规定的税收优惠政策在 2013 年 12 月 31 日未享受满 3 年的,可继续享受至 3 年期满为止。

4. 自主就业退役士兵的界定

这里所称自主就业退役士兵是指依照《退役士兵安置条例》的规定退出现役并按自主就业方式安置的退役士兵。

(四)军人的转业费、复员费免纳个人所得税

转业费、复员费,是指现役军人转业或复员时,按照中国人民解放军有关部门规定的标准领取的转业费或复员费。

《个人所得税法》第四条第六项规定,军人的转业费、复员费,免纳个人所得税。

三、社会保障

(一)福利费、抚恤金、救济金免税

《个人所得税法》第四条第四项规定,福利费、抚恤金、救济金所得,免纳个人所得税。

《个人所得税法实施条例》第十四条规定,可以免税的福利费是指根据国家有关规定,从企业、事业单位、国家机关、社会团体提留的福利费或者工会经费中支付给个人的生活补助费。

《国家税务总局关于生活补助费范围确定问题的通知》(国税发〔1998〕155 号)对从福利费或者工会经费中支付给个人的生活补助费免税的范围进一步明确规定,上述所称生活补助费是指,由于某些特定事件或原因而给纳税人或其家庭的正常生活造成一定困难,其任职单位按国家规定从提留的福利费或者工会经费中向其支付的临时性生活困难补助。下列收入不属于免税的福利费范围应当并入纳税人的工资、薪金收入计征个人所得税:

(1)从超出国家规定的比例或基数计提的福利费、工会经费中支付给个人的各种补贴补助;

(2)从福利费和工会经费中支付给单位职工的人人有份的补贴补助;

(3)单位为个人购买汽车、住房、电子计算机等不属于临时性生活困难补助性质的支出。

免税的救济金,是指各级人民政府民政部门支付给个人的生活困难补助费。抚恤金是

指个人因公伤亡，或因意外事故造成生活困难而取得的一部分经济补偿。

（二）残疾、孤老、烈属减征

1. 残疾、孤老人员和烈属的所得减征

《个人所得税法》第五条规定，有下列情形之一的，经批准可以减征个人所得税：

（1）残疾、孤老人员和烈属的所得；

（2）因严重自然灾害造成重大损失的；

（3）其他经国务院财政部门批准减税的。

《个人所得税法》第五条第一项规定，残疾、孤老人员和烈属的所得，经批准可以减征个人所得税。

《中华人民共和国个人所得税法实施条例》第十六条规定，税法第五条所说的减征个人所得税，其减征的幅度和期限由省、自治区、直辖市人民政府规定。

2. 减征范围

根据《国家税务总局关于明确残疾人所得征免个人所得税范围的批复》（国税函〔1999〕329号）的规定，《个人所得税法》第五条第一项及《个人所得税法实施条例》第十六条规定，经省级人民政府批准可减征个人所得税的残疾、孤老人员和烈属的所得仅限于劳动所得，具体所得项目为：工资、薪金所得，个体工商户的生产、经营所得，对企事业单位的承包经营、承租经营所得，劳务报酬所得，稿酬所得，特许权使用费所得。《个人所得税法》第二条所列的其他各项所得，包括：利息、股息、红利所得，财产租赁所得，财产转让所得，偶然所得，以及经国务院财政部门确定征税的其他所得，不属减征照顾的范围。

根据《国家税务总局关于〈关于个人独资企业和合伙企业投资者征收个人所得税的规定〉执行口径的通知》（国税函〔2001〕84号）的规定，残疾人员投资兴办或参与投资兴办个人独资企业和合伙企业的，残疾人员取得的生产经营所得，符合各省、自治区、直辖市人民政府规定的减征个人所得税条件的，经本人申请、主管税务机关审核批准，可按各省、自治区、直辖市人民政府规定减征的范围和幅度，减征个人所得税。

3. 地方政府规定

在江苏，苏政办函〔2015〕52号文件第四条规定：

（1）减征范围。

减征范围限于劳动所得，具体所得项目为：工资薪金所得；个体工商户的生产、经营所得；对企事业单位的承包、承租经营所得；劳务报酬所得；稿酬所得；特许权使用费所得。

《江苏省地方税务局关于残疾人等个人所得税减征管理有关规定的公告》（苏地税规〔2015〕7号）第三条第二款规定，可申请退还的个人所得税以纳税人或者其扣缴义务人

在本省范围内自行申报或者扣缴申报缴纳的个人所得税为限。

(2) 减征幅度。

①孤老和烈属的所得减征幅度。

根据苏政办函〔2015〕52号文件以及《江苏省政府办公厅关于我省个人所得税减征有关规定的复函》(苏政办函〔2003〕93号,自2004年1月1日至2015年12月31日止执行)的规定,孤老和烈属的所得,其个人所得税减征幅度按表9-3所列比例计算。

表 9-3

级数	全年应纳所得税额 (2014年1月 1日至2015年12月31日)	全年应纳所得税额 (2016年起)	减征比例 (%)
1	不超过5 000(含)元的	不超过5 000(含)元的	100
2	超过5 000元至20 000(含)元的部分	超过5 000元至20 000(含)元的部分	50
3	超过20 000元的部分	超过20 000元的部分	0

②残疾人的所得的减征幅度。

残疾人的所得,其个人所得税减征幅度根据残疾程度分别确定。残疾程度为中度以上,即残疾等级为一、二、三级(视力、听力、言语、肢体、智力、精神、多重)的残疾人,一级至六级(含六级)的转业、复员、退伍的革命伤残军人,其个人所得税减征幅度与孤老、烈属相同;残疾程度为轻度,即残疾等级为四级(视力、听力、言语、肢体、智力、精神、多重)的残疾人,七级至八级的转业、复员、退伍革命伤残军人,其个人所得税减征幅度按孤老、烈属的50%计算。

(3) 减征期限。

残疾、孤老人员和烈属的所得,每年均可减征。

(4) 减征对象。

享受税收优惠的残疾人是持有第二代《中华人民共和国残疾人证》并注明属于视力残疾、听力残疾、言语残疾、肢体残疾、智力残疾、精神残疾和多重残疾的人员,以及持有《中华人民共和国残疾军人证(1至8级)》的人员;孤老是指男年满60周岁、女年满55周岁,无法定扶养义务人的个人;烈属是指烈士的父母、配偶及子女。

(5) 减征原则。

根据《江苏省地方税务局关于残疾人等个人所得税减征管理有关规定的公告》(苏地税规〔2015〕7号)的规定,残疾人等个人所得税减征实行"先征后退"原则。即纳税人或者扣缴义务人必须按照税法的规定申报缴纳个人所得税,年度终了后再按该办法规定办理退税。

(6) 减征申请。

符合规定享受减征个人所得税优惠的纳税人,应在上述公告第七条规定(即符合规定享受减征个人所得税优惠的纳税人,应于纳税年度终了后及时办理上一年度的减免税申请;申请时间超过三年的,按照《中华人民共和国税收征收管理法》规定处理)的时间内向主管税务机关提出书面申请,同时按规定提交减免税申请表及相关资料。

残疾、孤老以及烈属类减免纳税人在首次办理减免税时，需提供下列资料：

①纳税人减免税备案登记表；

②申请人的有效个人身份证件（复印件）；

③残疾证明（残疾人减免税）；

④男年满60周岁、女年满55周岁，无法定抚养义务人的个人的证明（孤老减免税）；

⑤烈属资格证明（烈属减免税）；

⑥申请减免年度个人完税证明。

残疾证明是指第二代《中华人民共和国残疾人证》或《中华人民共和国残疾军人证（1至8级）》，残疾证应在有效期内。

孤老证明由乡镇以上的民政部门或当地政府开具。

烈属资格证明是指中华人民共和国民政部出具的《烈士证明书》（2013年8月1日以前未换新证的烈属持有《革命烈士证明书》）；能证明烈属身份的户口簿、结婚证等有效证件原件（现场审核后交还）及复印件，如无有效证件证明，可提供由当地乡镇以上公安机关或政府民政部门出具的身份证明原件。

以后年度办理减免税时，除残疾程度发生变化需按上述要求提供新的材料外，不需要再办理减免税申请，可凭以前年度减免税批复直接填写"纳税人减免税申请表"申请办理退税。

上述公告第八条规定，本公告规定的个人所得税减征由主管税务机关一次性核实确认。纳税人应在主要收入来源地主管税务机关申请办理个人所得税减征。

【例9-1】（多选题）下列个人所得中，免征个人所得税的有（   ）。

A. 军人领取的转业费
B. 作家拍卖文字作品手稿所得
C. 残疾、孤老人员和烈属的所得
D. 工人取得的保险赔款

[答案] AD

（三）国企职工解除劳动合同取得的补偿收入

《国家税务总局关于国有企业职工因解除劳动合同取得一次性补偿收入征免个人所得税问题的通知》（国税发〔2000〕77号）规定，自2000年6月1日起对国有企业职工，因企业依照《中华人民共和国企业破产法》宣告破产，从破产企业取得的一次性安置费收入，免予征收个人所得税。

除此以外，国有企业职工与企业解除劳动合同取得的一次性补偿收入（包括用人单位发放的经济补偿金、生活补助费和其他补助费用），在当地上年企业职工年平均工资的3倍数额内，可免征个人所得税。具体免征标准由各省、自治区、直辖市和计划单列市地方税务局规定。超过该标准的一次性补偿收入，应按照《国家税务总局关于个人因解除劳动合同取得经济补偿金征收个人所得税问题的通知》（国税发〔1999〕178号）的有关规定（即对于个人取得的一次性经济补偿收入，可视为一次取得数月的工资、薪金收入，允许在一定期限内进行平均。具体平均办法为：以个人取得的一次性经济补偿收入，除以个人在本企业的工作年限数，以其商数作为个人的月工资、薪金收入，按照税法规定计算缴纳个人所得税。个人在本企业的工作年限数按实际工作年限数计算，超过 12 年的按 12 年计算），计算征收个人所得税。

四、再就业扶持

（一）失业人员从事个体经营减免

1. 失业人员从事个体经营减免

财税〔2014〕39 号文件第一条规定，对持"就业失业登记证"（注明"自主创业税收政策"或附着"高校毕业生自主创业证"）人员从事个体经营的，在 3 年内按每户每年 8 000 元为限额依次扣减其当年实际应缴纳的营业税、城市维护建设税、教育费附加、地方教育附加和个人所得税。限额标准最高可上浮 20%，各省、自治区、直辖市人民政府可根据本地区实际情况在此幅度内确定具体限额标准，并报财政部和国家税务总局备案。

纳税人年度应缴纳税款小于上述扣减限额的，以其实际缴纳的税款为限；大于上述扣减限额的，应以上述扣减限额为限。

本条所称持"就业失业登记证"（注明"自主创业税收政策"或附着"高校毕业生自主创业证"）人员是指：

（1）在人力资源社会保障部门公共就业服务机构登记失业半年以上的人员。

（2）零就业家庭、享受城市居民最低生活保障家庭劳动年龄内的登记失业人员。

（3）毕业年度内高校毕业生。高校毕业生是指实施高等学历教育的普通高等学校、成人高等学校毕业的学生；毕业年度是指毕业所在自然年，即 1 月 1 日至 12 月 31 日。

2. 营改增后的减免

《财政部 国家税务总局关于将铁路运输和邮政业纳入营业税改征增值税试点的通知》（财税〔2013〕106 号）附件 3 第一条第（十三）项第 1 目规定，持"就业失业登记证"（注明"自主创业税收政策"或附着"高校毕业生自主创业证"）人员从事个体经营的，在 3 年内按照每户每年 8 000 元为限额依次扣减其当年实际应缴纳的增值税、城市维护建设税、教育费附加和个人所得税。

试点纳税人年度应缴纳税款小于上述扣减限额的，以其实际缴纳的税款为限；大于上述扣减限额的，应当以上述扣减限额为限。

享受优惠政策的个体经营试点纳税人，是指提供《应税服务范围注释》服务（除广告服务外）的试点纳税人。

持"就业失业登记证"（注明"自主创业税收政策"或附着"高校毕业生自主创业证"）人员是指：

（1）在人力资源和社会保障部门公共就业服务机构登记失业半年以上的人员；

（2）零就业家庭、享受城市居民最低生活保障家庭劳动年龄内的登记失业人员；

（3）毕业年度内高校毕业生。

高校毕业生，是指实施高等学历教育的普通高等学校、成人高等学校毕业的学生；毕业年度，是指毕业所在自然年，即 1 月 1 日至 12 月 31 日。

（二）高校毕业生从事个体经营减免

财税〔2014〕39 号文件第一条规定，对持"就业失业登记证"（附着"高校毕业生自主创业证"）人员从事个体经营的，在 3 年内按每户每年 8 000 元为限额依次扣减其当年实际应缴纳的营业税、城市维护建设税、教育费附加、地方教育附加和个人所得税。限额标准最高可上浮 20%，各省、自治区、直辖市人民政府可根据本地区实际情况在此幅度内确定具体限额标准，并报财政部和国家税务总局备案。

《财政部 国家税务总局关于将铁路运输和邮政业纳入营业税改征增值税试点的通知》（财税〔2013〕106 号）附件 3 第一条第（十三）项第 1 目规定，持"就业失业登记证"（附着"高校毕业生自主创业证"）人员从事个体经营的，在 3 年内按照每户每年 8 000 元为限额依次扣减其当年实际应缴纳的增值税、城市维护建设税、教育费附加和个人所得税。详细规定参见本小节前述"（一）失业人员从事个体经营减免"。

（三）低保及零就业家庭从事个体经营减免

财税〔2014〕39 号文件第一条规定，对持"就业失业登记证"（注明"自主创业税收政策"或附着"高校毕业生自主创业证"）的零就业家庭、享受城市居民最低生活保障家庭劳动年龄内的登记失业人员从事个体经营的，在 3 年内按每户每年 8 000 元为限额依次扣减其当年实际应缴纳的营业税、城市维护建设税、教育费附加、地方教育附加和个人所得税。限额标准最高可上浮 20%，各省、自治区、直辖市人民政府可根据本地区实际情况在此幅度内确定具体限额标准，并报财政部和国家税务总局备案。详细规定参见本小节前述"（一）失业人员从事个体经营减免"。

第三节 支持三农及其他各项事业优惠

一、支持三农优惠

（一）取消农业税从事四业所得暂免征收

《财政部 国家税务总局关于个人所得税若干政策问题的通知》（财税字〔1994〕20 号）规定，个体工商户或个人专营种植业、养殖业、饲养业、捕捞业，其经营项目属于农业税（包括农业特产税，下同）、牧业税征税范围并已征收了农业税、牧业税的，不再征收个人所得税；不属于农业税、牧业税征税范围的，应对其所得征收个人所得税。兼营上述四业并四业的所得单独核算的，比照上述原则办理，对于属于征收个人所得税的，应与其他行业的生产、经营所得合并计征个人所得税；对于四业的所得不能单独核算的，应就其全部所得计征个人所得税。

《财政部 国家税务总局关于农村税费改革试点地区有关个人所得税问题的通知》（财税〔2004〕30 号，自 2004 年 1 月 1 日起执行）第一条规定，农村税费改革试点期间，取消农业特产税、减征或免征农业税后，对个人或个体户从事种植业、养殖业、饲养业、捕捞业，且经营项目属于农业税（包括农业特产税）、牧业税征税范围的，其取得的"四业"所得暂不征收个人所得税。

（二）投资者取得四业所得暂不征收

《财政部 国家税务总局关于个人独资企业和合伙企业投资者取得种植业养殖业饲养业捕捞业所得有关个人所得税问题的批复》（财税〔2010〕96 号）明确，对个人独资企业和合伙企业从事种植业、养殖业、饲养业和捕捞业（以下简称"四业"），其投资者取得的"四业"所得暂不征收个人所得税。

二、支持住房优惠

（一）个人转让 5 年以上唯一住房免征优惠

根据财税字〔1994〕20 号文件第二条第（六）项的规定，个人转让自用达五年以上、并且是唯一的家庭生活用房取得的所得，暂免征收个人所得税。

《国家税务总局关于个人转让房屋有关税收征管问题的通知》（国税发〔2007〕33 号）第三条规定，根据《财政部 国家税务总局 建设部关于个人住房所得征收个人所得税有关问题的通知》（财税字〔1999〕278 号）的规定，个人转让自用 5 年以上，并且是家庭唯一生活用房，取得的所得免征个人所得税。

1. 自用 5 年以上的界定

上述文件所称"自用 5 年以上"，是指个人购房至转让房屋的时间达 5 年以上。

（1）个人购房日期的确定。

个人按照国家房改政策购买的公有住房，以其购房合同的生效时间、房款收据开具日期或房屋产权证上注明的时间，依照孰先原则确定；个人购买的其他住房，以其房屋产权证注明日期或契税完税凭证注明日期，依照孰先原则确定。

（2）个人转让房屋的日期的确定。

个人转让房屋的日期，以销售发票上注明的时间为准。

2. 家庭唯一生活用房的认定

"家庭唯一生活用房"是指在同一省、自治区、直辖市范围内纳税人（有配偶的为夫妻双方）仅拥有一套住房。

3. 出售商业用房不享受 5 年以上唯一住房免税政策

国税发〔2007〕33 号文件进一步明确规定，个人出售商业用房取得的所得，应按规定缴纳个人所得税，不得享受 1 年内换购住房退还保证金和自用 5 年以上的家庭唯一生活用房免税的政策。

4. 离婚析产分割房屋产权不征个人所得税

《国家税务总局关于明确个人所得税若干政策执行问题的通知》（国税发〔2009〕121 号）进一步规定，通过离婚析产的方式分割房屋产权是夫妻双方对共同共有财产的处置，个人因离婚办理房屋产权过户手续，不征收个人所得税。个人转让离婚析产房屋所取得的收入，符合家庭生活自用五年以上唯一住房的，可以申请免征个人所得税，其购置时间按照《国家税务总局关于房地产税收政策执行中几个具体问题的通知》（国税发〔2005〕172 号）执行。

《国家税务总局 财政部 建设部关于加强房地产税收管理的通知》（国税发〔2005〕89 号）规定，个人购买住房以取得的房屋产权证或契税完税证明上注明的时间作为其购买房屋的时间。国税发〔2005〕172 号文件进一步明确，"契税完税证明上注明的时间"是指契税完税证明上注明的填发日期。纳税人申报时，同时出具房屋产权证和契税完税证明且二者所注明的时间不一致的，按照孰先原则确定购买房屋的时间。即房屋产权证上注明的时间早于契税完税证明上注明的时间的，以房屋产权证注明的时间为购买房屋的时间；契税完税证明上注明的时间早于房屋产权证上注明的时间的，以契税完税证明上注明的时间为购买房屋的时间。个人将通过受赠、继承、离婚财产分割等非购买形式取得的住房对外销售的行为，也适用国税发〔2005〕89 号文件的有关规定。其购房时间按发生受赠、继承、离婚财产分割行为前的购房时间确定，其购房价格按发生受赠、继承、离婚财产分割行为前的购房原价确定。个人需持其通过受赠、继承、离婚财产分割等非购买形式取得住房的合法、有效法律证明文件，到地方税务部门办理相关手续。

（二）符合条件的房屋赠与免征个人所得税

《财政部 国家税务总局关于个人无偿受赠房屋有关个人所得税问题的通知》（财税〔2009〕78 号）第一条规定，以下情形的房屋产权无偿赠与，对当事双方不征收个人所得税：

（1）房屋产权所有人将房屋产权无偿赠与配偶、父母、子女、祖父母、外祖父母、孙子女、外孙子女、兄弟姐妹；

(2) 房屋产权所有人将房屋产权无偿赠与对其承担直接抚养或者赡养义务的抚养人或者赡养人；

(3) 房屋产权所有人死亡，依法取得房屋产权的法定继承人、遗嘱继承人或者受遗赠人。

财税〔2009〕78 号文件第三条规定，除本通知第一条规定情形以外，房屋产权所有人将房屋产权无偿赠与他人的，受赠人因无偿受赠房屋取得的受赠所得，按照"经国务院财政部门确定征税的其他所得"项目缴纳个人所得税，税率为 20%。

【例 9-2】（单选题）依据个人所得税相关规定，受赠人无偿受赠房屋所得应归属于（ ）。

A. 偶然所得　　　B. 财产转让所得　　C. 其他所得　　　D. 劳务报酬所得

[答案] C

【例 9-3】（单选题）方某接受房屋赠与，手续齐全、合法，赠与合同上注明该房产原值 25 万元，方某支付相关税费 2.5 万元。经税务机关评估，该房产市场价格为 35 万元。方某获赠房产应缴纳个人所得税（ ）万元。

A. 2　　　　　　　B. 1.5　　　　　　C. 7　　　　　　　D. 6.5

[答案] D

[解析] 应纳个人所得税为：(35－2.5)×20%＝6.5（万元）。

（三）拆迁补偿款免征个人所得税

《财政部 国家税务总局关于城镇房屋拆迁有关税收政策的通知》（财税〔2005〕45 号）第一条规定，对被拆迁人按照国家有关城镇房屋拆迁管理办法规定的标准取得的拆迁补偿款，免征个人所得税。

《财政部 国家税务总局关于棚户区改造有关税收政策的通知》（财税〔2013〕101 号）第五条规定，个人因房屋被征收而取得货币补偿并用于购买改造安置住房，或因房屋被征收而进行房屋产权调换并取得改造安置住房，按有关规定减免契税。个人取得的拆迁补偿款按有关规定免征个人所得税。

（四）低保家庭领取住房租赁补贴免税

《财政部 国家税务总局关于促进公共租赁住房发展有关税收优惠政策的通知》（财税〔2014〕52 号，自 2013 年 9 月 28 日至 2015 年 12 月 31 日止执行）第六条规定，对符合地方政府规定条件的低收入住房保障家庭从地方政府领取的住房租赁补贴，免征个人所得税。

（五）廉租住房货币补贴优惠

《财政部 国家税务总局关于廉租住房经济适用住房和住房租赁有关税收政策的通知》（财税〔2008〕24 号）第一条第七项规定，对个人按《廉租住房保障办法》（建设部等 9 部委令第 162 号）规定取得的廉租住房货币补贴，免征个人所得税；对于所在单位以廉租住房名义发放的不符合规定的补贴，应征收个人所得税。

（六）个人出租房屋减征个人所得税

《财政部 国家税务总局关于调整住房租赁市场税收政策的通知》（财税〔2000〕125 号，自 2001 年 1 月 1 日起执行）第三条规定，对个人出租房屋取得的所得暂减按 10% 的税率征收个人所得税。

《财政部 国家税务总局关于廉租住房经济适用住房和住房租赁有关税收政策的通知》（财税〔2008〕24 号）第二条支持住房租赁市场发展的税收政策规定，自 2008 年 3 月 1 日起：对个人出租住房取得的所得减按 10% 的税率征收个人所得税。

【例 9-4】（单选题）下列各项所得，免征个人所得税的有（　　　）。

A. 个人的房屋租赁所得

B. 个人根据遗嘱继承房产的所得

C. 外籍个人取得的现金住房补贴所得

D. 个人因任职从上市公司取得的股票增值权所得

［答案］B

三、支持金融资本市场发展减免

（一）上市公司股息红利差别化征税

《财政部 国家税务总局 证监会关于上市公司股息红利差别化个人所得税政策有关问题的通知》（财税〔2015〕101 号）规定：

（1）个人从公开发行和转让市场取得的上市公司股票，持股期限超过 1 年的，股息红利所得暂免征收个人所得税。

个人从公开发行和转让市场取得的上市公司股票，持股期限在 1 个月以内（含 1 个月）的，其股息红利所得全额计入应纳税所得额；持股期限在 1 个月以上至 1 年（含 1 年）的，暂减按 50% 计入应纳税所得额；上述所得统一适用 20% 的税率计征个人所得税。

（2）上市公司派发股息红利时，对个人持股 1 年以内（含 1 年）的，上市公司暂不扣缴个人所得税；待个人转让股票时，证券登记结算公司根据其持股期限计算应纳税额，由证券公司等股份托管机构从个人资金账户中扣收并划付证券登记结算公司，证券登记结算公司应于次月 5 个工作日内划付上市公司，上市公司在收到税款当月的法定申报期内向主管税务机关申报缴纳。

（3）上市公司股息红利差别化个人所得税政策其他有关操作事项，按照《财政部 国家税务总局 证监会关于实施上市公司股息红利差别化个人所得税政策有关问题的通知》

（财税〔2012〕85 号）的相关规定执行。

（4）全国中小企业股份转让系统挂牌公司股息红利差别化个人所得税政策，按照本通知规定执行。其他有关操作事项，按照《财政部 国家税务总局 证监会关于实施全国中小企业股份转让系统挂牌公司股息红利差别化个人所得税政策有关问题的通知》（财税〔2014〕48 号）的相关规定执行。

上市公司派发股息红利，股权登记日在 2015 年 9 月 8 日之后的，股息红利所得按照本通知的规定执行。本通知实施之日个人投资者证券账户已持有的上市公司股票，其持股时间自取得之日起计算。

（二）三板市场股息红利差别化征税

《财政部 国家税务总局 证监会关于实施全国中小企业股份转让系统挂牌公司股息红利差别化个人所得税政策有关问题的通知》（财税〔2014〕48 号，自 2014 年 7 月 1 日起至 2019 年 6 月 30 日止执行）第一条规定，个人持有全国中小企业股份转让系统（简称全国股份转让系统）挂牌公司的股票，持股期限在 1 个月以内（含 1 个月）的，其股息红利所得全额计入应纳税所得额；持股期限在 1 个月以上至 1 年（含 1 年）的，暂减按 50％计入应纳税所得额；持股期限超过 1 年的，暂减按 25％计入应纳税所得额。上述所得统一适用 20％的税率计征个人所得税。

前款所称挂牌公司是指股票在全国股份转让系统挂牌公开转让的非上市公众公司；持股期限是指个人取得挂牌公司股票之日至转让交割该股票之日前一日的持有时间。

该文件第七条还规定，个人和证券投资基金从全国股份转让系统挂牌的原 STAQ、NET 系统挂牌公司（简称两网公司）取得的股息红利所得，按照本通知规定计征个人所得税；从全国股份转让系统挂牌的退市公司取得的股息红利所得，按照财税〔2012〕85 号文件的有关规定计征个人所得税。

根据财税〔2015〕101 号文件的规定，个人持有全国中小企业股份转让系统（简称全国股份转让系统）挂牌公司的股票，持股期限超过 1 年的，股息红利所得暂免征收个人所得税；持股期限在 1 个月以内（含 1 个月）的，其股息红利所得全额计入应纳税所得额；持股期限在 1 个月以上至 1 年（含 1 年）的，暂减按 50％计入应纳税所得额。

（三）转让上市公司股票所得免征

《财政部 国家税务总局关于个人转让股票所得继续暂免征收个人所得税的通知》（财税字〔1998〕61 号）规定，从 1997 年 1 月 1 日起，对个人转让上市公司股票取得的所得继续暂免征收个人所得税。

《财政部 国家税务总局 证监会关于个人转让上市公司限售股所得征收个人所得税有关问题的通知》（财税〔2009〕167 号）进一步规定，对个人在上海证券交易所、深圳证券交易所转让从上市公司公开发行和转让市场取得的上市公司股票所得，继续免征个人所得税。

（四）个人通过沪港通取得的股票转让差价所得免征

《财政部 国家税务总局 证监会关于沪港股票市场交易互联互通机制试点有关税收政策的通知》（财税〔2014〕81 号）第一条规定，对内地个人投资者通过沪港通投资香港联交所上市股票取得的转让差价所得，自 2014 年 11 月 17 日起至 2017 年 11 月 16 日止，暂免征收个人所得税。

对内地企业投资者通过沪港通投资香港联交所上市股票取得的转让差价所得，计入其收入总额，依法征收企业所得税。

（五）个人通过深港通取得的股票差价所得免征

《财政部 国家税务总局 证监会关于深港股票市场交易互联互通机制试点有关税收政策的通知》（财税〔2016〕127 号，自 2016 年 12 月 5 日起执行）第一条第（一）项规定，对内地个人投资者通过深港通投资香港联交所上市股票取得的转让差价所得，自 2016 年 12 月 5 日起至 2019 年 12 月 4 日止，暂免征收个人所得税。

财税〔2016〕127 号文件第一条第（三）项规定，对内地个人投资者通过深港通投资香港联交所上市 H 股取得的股息红利，H 股公司应向中国证券登记结算有限责任公司（以下简称中国结算）提出申请，由中国结算向 H 股公司提供内地个人投资者名册，H 股公司按照 20% 的税率代扣个人所得税。内地个人投资者通过深港通投资香港联交所上市的非 H 股取得的股息红利，由中国结算按照 20% 的税率代扣个人所得税。个人投资者在国外已缴纳的预提税，可持有效扣税凭证到中国结算的主管税务机关申请税收抵免。

对内地证券投资基金通过深港通投资香港联交所上市股票取得的股息红利所得，按照上述规定计征个人所得税。

财税〔2016〕127 号文件第二条规定，对香港市场投资者（包括企业和个人）投资深交所上市 A 股取得的转让差价所得，暂免征收所得税。对香港市场投资者（包括企业和个人）投资深交所上市 A 股取得的股息红利所得，在香港中央结算有限公司（以下简称香港结算）不具备向中国结算提供投资者的身份及持股时间等明细数据的条件之前，暂不执行按持股时间实行差别化征税政策，由上市公司按照 10% 的税率代扣所得税，并向其主管税务机关办理扣缴申报。对于香港投资者中属于其他国家税收居民且其所在国与中国签订的税收协定规定股息红利所得税率低于 10% 的，企业或个人可以自行或委托代扣代缴义务人，向上市公司主管税务机关提出享受税收协定待遇退还多缴税款的申请，主管税务机关查实后，对符合退税条件的，应按已征税款和根据税收协定税率计算的应纳税款的差额予以退税。

（六）外籍个人取得外商投资企业股息红利所得免征

财税字〔1994〕20 号文件第二条第（八）项规定，外籍个人从外商投资企业取得的股息、红利所得，暂免征收个人所得税。

2013 年 2 月 3 日，《国务院批转发展改革委等部门关于深化收入分配制度改革若干意见的通知》（国发〔2013〕6 号）要求，取消对外籍个人从外商投资企业取得的股息、红利所得免征个人所得税等税收优惠。

（七）外籍个人从境内上市公司取得股息（红利）所得免征

《国家税务总局关于外籍个人持有中国境内上市公司股票所取得的股息有关税收问题的函》（国税函发〔1994〕440 号）明确，对持有 B 股或海外股（包括 H 股）的外籍个人，从发行该 B 股或海外股的中国境内企业所取得的股息（红利）所得，暂免征收个人所得税。

（八）股权分置改革非流通股股东向流通股股东支付对价免税

《财政部 国家税务总局关于股权分置试点改革有关税收政策问题的通知》（财税〔2005〕103 号）第二条规定，股权分置改革中非流通股股东通过对价方式向流通股股东支付的股份、现金等收入，暂免征收流通股股东应缴纳的企业所得税和个人所得税。

（九）国债和国家发行的金融债券利息免税

《个人所得税法》第四条第二项规定，国债和国家发行的金融债券利息，免纳个人所得税。

（十）地方政府债券利息免税

《财政部 国家税务总局关于地方政府债券利息免征所得税问题的通知》（财税〔2013〕5 号）第一条规定，对企业和个人取得的 2012 年及以后年度发行的地方政府债券利息收入，免征企业所得税和个人所得税。

地方政府债券是指经国务院批准同意，以省、自治区、直辖市和计划单列市政府为发行和偿还主体的债券。

（十一）储蓄存款利息免税

《财政部 国家税务总局关于储蓄存款利息所得有关个人所得税政策的通知》（财税〔2008〕132 号）规定，自 2008 年 10 月 9 日起，对储蓄存款利息所得暂免征收个人所得税。即储蓄存款在 1999 年 10 月 31 日前孳生的利息所得，不征收个人所得税；储蓄存款在 1999 年 11 月 1 日至 2007 年 8 月 14 日孳生的利息所得，按照 20％的比例税率征收个人所得税；储蓄存款在 2007 年 8 月 15 日至 2008 年 10 月 8 日孳生的利息所得，按照 5％的比例税率征收个人所得税；储蓄存款在 2008 年 10 月 9 日后（含 10 月 9 日）孳生的利息所得，暂免征收个人所得税。

《国家税务总局 中国人民银行 教育部关于印发〈教育储蓄存款利息所得免征个人所得税实施办法〉的通知》（国税发〔2005〕148 号）规定，个人为其子女（或被监护人）接受非义务教育（指九年义务教育之外的全日制高中、大中专、大学本科、硕士和博士研究生）在储蓄机构开立教育储蓄专户，并享受利率优惠的存款，其所取得的利息免征个人所得税。

开立教育储蓄的对象（即储户）为在校小学 4 年级（含 4 年级）以上学生；享受免征利息税优惠政策的对象必须是正在接受非义务教育的在校学生，其在就读全日制高中（中专）、大专和大学本科、硕士和博士研究生时，每个学习阶段可分别享受一次 2 万元教育储蓄的免税优惠。

（十二）证券资金利息免税

《财政部 国家税务总局关于证券市场个人投资者证券交易结算资金利息所得有关个人所得税政策的通知》（财税〔2008〕140 号）规定，自 2008 年 10 月 9 日起，对证券市场个人投资者取得的证券交易结算资金利息所得，暂免征收个人所得税，即证券市场个人投资者的证券交易结算资金在 2008 年 10 月 9 日后（含 10 月 9 日）孳生的利息所得，暂免征收个人所得税。

（十三）"三费一金"存款利息免税

《财政部 国家税务总局关于住房公积金、医疗保险金、基本养老保险金、失业保险基金个人账户存款利息所得免征个人所得税的通知》（财税字〔1999〕267 号）规定，按照国家或省级地方政府规定的比例缴付的下列专项基金或资金存入银行个人账户所取得的利息收入免征个人所得税：（1）住房公积金；（2）医疗保险金；（3）基本养老保险金；（4）失业保险基金。

（十四）保险赔款免税

保险赔款，是指投保人按照规定向保险公司支付保险费，但因各种灾害、事故而给自身造成损失，保险公司给予的相应数额的赔偿。

《个人所得税法》第四条第五项规定，保险赔款，免纳个人所得税。

【例 9-5】（多选题）下列有关个人所得税税收优惠的表述中，正确的有（　　　）。

A. 国债利息和保险赔偿款免征个人所得税

B. 个人领取原提存的住房公积金免征个人所得税

C. 残疾、孤老人员和烈属的所得可以减征个人所得税

D. 外籍个人按合理标准取得的境内外出差补贴暂免征个人所得税

[答案] ABCD

(十五) 佣金收入优惠

1. 保险营销员佣金

根据《国家税务总局关于保险营销员取得佣金收入征免个人所得税问题的通知》(国税函〔2006〕454 号)的规定,保险营销员的佣金由展业成本和劳务报酬构成。按照税法规定,对佣金中的展业成本,不征收个人所得税;对劳务报酬部分,扣除实际缴纳的营业税金及附加后,依照税法有关规定计算征收个人所得税。根据目前保险营销员展业的实际情况,佣金中展业成本的比例暂定为 40%。

2. 证券经纪人佣金

自 2012 年 10 月 1 日起,根据《国家税务总局关于证券经纪人佣金收入征收个人所得税问题的公告》(国家税务总局公告 2012 年第 45 号)的规定,证券经纪人佣金收入由展业成本和劳务报酬构成,对展业成本部分不征收个人所得税。根据目前实际情况,证券经纪人展业成本的比例暂定为每次收入额的 40%。

(十六) 个人投资者取得的行政和解金免征

根据《财政部 国家税务总局关于行政和解金有关税收政策问题的通知》(财税〔2016〕100 号,自 2016 年 1 月 1 日起执行)第三条的规定,对企业投资者从投保基金公司取得的行政和解金,应计入企业当期收入,依法征收企业所得税;对个人投资者从投保基金公司取得的行政和解金,暂免征收个人所得税。

四、有关奖金收入优惠

(一) 见义勇为奖金免税

《财政部 国家税务总局关于发给见义勇为者的奖金免征个人所得税问题的通知》(财税字〔1995〕25 号)规定,为了鼓励广大人民群众见义勇为,维护社会治安,对乡、镇(含乡、镇)以上人民政府或经县(含县)以上人民政府主管部门批准成立的有机构、有章程的见义勇为基金会或者类似组织,奖励见义勇为者的奖金或奖品,免予征收个人所得税。

(二) 体彩中奖 1 万元以下免税

《财政部 国家税务总局关于个人取得体育彩票中奖所得征免个人所得税问题的通

知》（财税字〔1998〕12号）规定，对个人购买体育彩票中奖收入，凡一次中奖收入不超过1万元的，暂免征收个人所得税；超过1万元的，应按税法规定全额征收个人所得税。

（三）社会福利有奖募捐奖券中奖所得免税

《国家税务总局关于社会福利有奖募捐发行收入税收问题的通知》（国税发〔1994〕127号）第二条规定，对个人购买社会福利有奖募捐奖券一次中奖收入不超过10 000元的暂免征收个人所得税，对一次中奖收入超过10 000元的，应按税法规定全额征税。

（四）发票中奖所得暂免征收

《财政部 国家税务总局关于个人取得有奖发票奖金征免个人所得税问题的通知》（财税〔2007〕34号）规定，个人取得单张有奖发票奖金所得不超过800元（含800元）的，暂免征收个人所得税；个人取得单张有奖发票奖金所得超过800元的，应全额按照个人所得税法规定的"偶然所得"目征收个人所得税。

税务机关或其指定的有奖发票兑奖机构，是有奖发票奖金所得个人所得税的扣缴义务人。

（五）举报、协查违法犯罪奖金免税

财税字〔1994〕20号文件第二条第（四）项规定，个人举报、协查各种违法、犯罪行为而获得的奖金所得，暂免征收个人所得税。

（六）奖学金免税

《财政部 国家税务总局关于教育税收政策的通知》（财税〔2004〕39号）第一条第十一项规定，对个人取得的教育储蓄存款利息所得，免征个人所得税；对省级人民政府、国务院各部委和中国人民解放军军以上单位，以及外国组织、国际组织颁布的教育方面的奖学金，免征个人所得税；高等学校转化职务科技成果以股份或出资比例等股权形式给予个人奖励，获奖人在取得股份、出资比例时，暂不缴纳个人所得税；取得按股份、出资比例分红或转让股权、出资比例所得时，依法缴纳个人所得税。

（七）省级、部委、军级奖金免征

《个人所得税法》第四条第一项规定，省级人民政府、国务院部委和中国人民解放军军以上单位，以及外国组织、国际组织颁发的科学、教育、技术、文化、卫生、体育、环境保护等方面的奖金，免纳个人所得税。

五、外籍人员相关收入优惠

（一）境内无住所个人工资、薪金所得优惠

《国家税务总局关于在中国境内无住所的个人取得工资薪金所得纳税义务问题的通知》（国税发〔1994〕148号）规定：在中国境内无住所而在一个纳税年度中在中国境内连续或累计工作不超过90日或在税收协定规定的期间在中国境内连续或累计居住不超过183日的个人，由中国境外雇主支付并且不是由该雇主的中国境内机构负担的工资、薪金，免予申报缴纳个人所得税。

在中国境内无住所但在境内居住满一年而不超过五年的个人，其在中国境内工作期间取得的由中国境内企业或个人雇主支付和由中国境外企业或个人雇主支付的工资、薪金，均应申报缴纳个人所得税；其在《个人所得税法实施条例》第三条所说临时离境工作期间的工资、薪金所得，仅就由中国境内企业或个人雇主支付的部分申报纳税，凡是该中国境内企业、机构属于采取核定利润方法计征企业所得税或没有营业收入而不征收企业所得税的，在该中国境内企业、机构任职、受雇的个人取得的工资、薪金，不论是否在中国境内企业、机构会计账簿中有记载，均应视为由其任职的中国境内企业、机构支付。

（二）符合条件的外交人员免征个人所得税

《个人所得税法》第四条第八项规定，依照我国有关法律规定应予免税的各国驻华使馆、领事馆的外交代表、领事官员和其他人员的所得，免纳个人所得税。

《个人所得税法实施条例》第十五条规定，这里所说的依照我国法律规定应予免税的各国驻华使馆、领事馆的外交代表、领事官员和其他人员的所得，是指依照《中华人民共和国外交特权与豁免条例》和《中华人民共和国领事特权与豁免条例》规定免税的所得。凡是这两个条例中明确规定免税的所得项目，都应严格遵照执行。

《中华人民共和国外交特权与豁免条例》第十六条规定，外交代表免纳捐税，但下列各项除外：

（1）通常计入商品价格或者劳务价格内的捐税；

（2）有关遗产的各种捐税，但外交代表亡故，其在中国境内的动产不在此限；

（3）对来源于中国境内的私人收入所征的捐税；

（4）为其提供特定服务所收的费用。

该条例第二十条规定，与外交代表共同生活的配偶及未成年子女，如果不是中国公民，也享有第十六条规定的免纳捐税待遇。外交代表是指使馆馆长或者使馆外交人员。

《中华人民共和国领事特权与豁免条例》第十七条规定，领事官员或领馆行政技术人员免纳捐税，但下列各项除外：

（1）通常计入商品价格或者服务价格内的捐税；

（2）对在中国境内私有不动产所征的捐税，但用作领馆馆舍的不在此限；

（3）有关遗产的各种捐税，但领事官员亡故，其在中国境内的动产的有关遗产的各种捐税免纳；

（4）对来源于中国境内的私人收入所征的捐税；

（5）为其提供特定服务所收的费用。

《中华人民共和国领事特权与豁免条例》第二十一条规定，与领事官员、领馆行政技术人员、领馆业务人员共同生活的配偶及未成年子女，分别享有领事官员、领馆行政技术人员根据上述第十七条规定所享有的免税待遇。但身为中国公民或者在中国永久居留的外国人除外。领事官员是指总领事、副总领事、领事、副领事、领事随员或领事代理人。领馆行政技术人员是指从事领馆行政或技术工作的人员。

此外，《国家税务总局关于国际组织驻华机构、外国政府驻华使领馆和驻华新闻机构雇员个人所得税征收方式的通知》（国税函〔2004〕808 号）规定：

（1）根据《维也纳外交关系公约》和国际组织有关章程规定，对于在国际组织驻华机构、外国政府驻华使领馆中工作的中方雇员和在外国驻华新闻机构的中外籍雇员，均应按照个人所得税法规定缴纳个人所得税。

（2）根据国际惯例，在国际组织驻华机构、外国政府驻华使领馆中工作的非外交官身份的外籍雇员，如是"永久居留"者，亦应在驻在国缴纳个人所得税，但由于我国税法对"永久居留"者尚未做出明确的法律定义和解释，因此，对于仅在国际组织驻华机构和外国政府驻华使领馆中工作的外籍雇员，暂不征收个人所得税。在中国境内，若国际驻华机构和外国政府驻华使领馆中工作的外交人员、外籍雇员在该机构或使领馆之外，从事非公务活动所取得的收入，应缴纳个人所得税。

（三）符合条件的外籍专家工薪免征个人所得税

财税字〔1994〕20 号文件第二条第（九）项规定，凡符合下列条件之一的外籍专家取得的工资、薪金所得可免征个人所得税：

（1）根据世界银行专项贷款协议由世界银行直接派往我国工作的外国专家；

（2）联合国组织直接派往我国工作的专家；

（3）为联合国援助项目来华工作的专家；

（4）援助国派往我国专为该国无偿援助项目工作的专家；

（5）根据两国政府签订文化交流项目来华工作两年以内的文教专家，其工资、薪金所得由该国负担的；

（6）根据我国大专院校国际交流项目来华工作两年以内的文教专家，其工资、薪金所得由该国负担的；

（7）通过民间科研协定来华工作的专家，其工资、薪金所得由该国政府机构负担的。

《国家税务总局关于世界银行、联合国直接派遣来华工作的专家享受免征个人所得税有关问题的通知》(国税函发〔1996〕417号)进一步规定,世界银行或联合国"直接派往"是指世界银行或联合国组织直接与该专家签订提供技术服务的协议或与该专家的雇主签订技术服务协议,并指定该专家为有关项目提供技术服务,由世界银行或联合国支付该外国专家的工资、薪金报酬。该外国专家办理上述免税时,应提供其与世界银行签订的有关合同和其工资、薪金所得由世界银行或联合国组织支付、负担的证明。联合国组织是指联合国的有关组织,包括联合国开发计划署、联合国人口活动基金、联合国儿童基金会、联合国技术合作部、联合国工业发展组织、联合国粮农组织、世界粮食计划署、世界卫生组织、世界气象组织、联合国教科文组织等。除上述由世界银行或联合国组织直接派往中国工作的外国专家以外,其他外国专家从事与世界银行贷款项目有关的技术服务所取得的工资薪金所得或劳务报酬所得,均应依法征收个人所得税。

《财政部关于外国来华工作人员缴纳个人所得税问题的通知》(财税字〔1980〕189号)规定:

(1)援助国派往我国专为该国无偿援助我国的建设项目服务的工作人员,取得的工资、生活津贴,不论是我方支付或外国支付,均可免征个人所得税。

(2)外国来华文教专家,在我国服务期间,由我方发工资、薪金,并对其住房、使用汽车、医疗实行免费"三包",可只就工资、薪金所得按照税法规定征收个人所得税;对我方免费提供的住房、使用汽车、医疗,可免予计算纳税。

(3)外国来华工作人员,在我国服务而取得的工资、薪金,不论是我方支付、外国支付、我方和外国共同支付,均属于来源于中国的所得,除按规定给予免税优惠外,其他均应按规定征收个人所得税。但对在中国境内连续居住不超过90天的,可只就我方支付的工资、薪金部分计算纳税,对外国支付的工资、薪金部分免予征税。

(4)外国来华留学生,领取的生活津贴费、奖学金,不属于工资、薪金范畴,不征个人所得税。

(5)外国来华工作人员,由外国派出单位发给包干款项,其中包括个人工资、公用经费(邮电费、办公费、广告费、业务上往来必要的交际费)、生活津贴费(住房费、差旅费),凡对上述所得能够划分清楚的,可只就工资、薪金所得部分按照规定征收个人所得税。

(四)外籍个人符合规定的补贴免税

根据财税字〔1994〕20号文件的规定,外籍个人的下列所得,暂免征收个人所得税:

(1)外籍个人以非现金形式或实报实销形式取得的住房补贴、伙食补贴、搬迁费、洗衣费;

(2)外籍个人按合理标准取得的境内、外出差补贴;

(3)外籍个人取得的探亲费、语言训练费、子女教育费等,经当地税务机关审核批准为合理的部分。

《国家税务总局关于外籍个人取得有关补贴征免个人所得税执行问题的通知》(国税发〔1997〕54号)规定,对外籍个人以非现金形式或实报实销形式取得的合理的住房补贴、伙食补贴和洗衣费免征个人所得税，应由纳税人在初次取得上述补贴或上述补贴数额、支付方式发生变化的月份的次月进行工资、薪金所得纳税申报时，向主管税务机关提供上述补贴的有效凭证，由主管税务机关核准确认免税。

对外籍个人因到中国任职或离职，以实报实销形式取得的搬迁收入免征个人所得税，应由纳税人提供有效凭证，由主管税务机关审核认定，就其合理的部分免税。外商投资企业和外国企业在中国境内的机构、场所，以搬迁费名义每月或定期向其外籍雇员支付的费用，应计入工资、薪金所得征收个人所得税。

对外籍个人按合理标准取得的境内、外出差补贴免征个人所得税，应由纳税人提供出差的交通费、住宿费凭证（复印件）或企业安排出差的有关计划，由主管税务机关确认免税。

对外籍个人取得的探亲费免征个人所得税，应由纳税人提供探亲的交通支出凭证（复印件），由主管税务机关审核，对其实际用于本人探亲，且每年探亲的次数和支付的标准合理的部分给予免税。对外籍个人取得的语言培训费和子女教育费补贴免征个人所得税，应由纳税人提供在中国境内接受上述教育的支出凭证和期限证明材料，由主管税务机关审核，对其在中国境内接受语言培训以及子女在中国境内接受教育取得的语言培训费和子女教育费补贴，且在合理数额内的部分免予纳税。《国家税务总局关于外籍个人取得的探亲费免征个人所得税有关执行标准问题的通知》（国税函〔2001〕336号）规定，可以享受免征个人所得税优惠待遇的探亲费，仅限于外籍个人在我国的受雇地与其家庭所在地（包括配偶或父母居住地）之间搭乘交通工具且每年不超过2次的费用。

此外，《财政部 国家税务总局关于外籍个人取得港澳地区住房等补贴征免个人所得税的通知》（财税〔2004〕29号）进一步规定，受雇于我国境内企业的外籍个人（不包括香港澳门居民个人），因家庭等原因居住在香港、澳门，每个工作日往返于内地与香港、澳门等地区，由此境内企业（包括其关联企业）给予在香港或澳门住房、伙食、洗衣、搬迁等非现金形式或实报实销形式的补贴，凡能提供有效凭证的，经主管税务机关审核确认后，可以依照《财政部 国家税务总局关于个人所得税若干政策问题的通知》（财税字〔1994〕20号）第二条以及《国家税务总局关于外籍个人取得有关补贴征免个人所得税执行问题的通知》（国税发〔1997〕54号）第一条、第二条的规定，免予征收个人所得税。上述所述外籍个人就其在香港或澳门进行语言培训、子女教育而取得的费用补贴，凡能提供有效支出凭证等材料的，经主管税务机关审核确认为合理的部分，可以依照上述财税字〔1994〕第20号通知第二条以及国税发〔1997〕54号通知第五条的规定，免予征收个人所得税。

根据《财政部 税务总局关于对外籍职员的在华住房费准予扣除计算纳税的通知》（财税外〔1988〕21号）的规定，外商投资企业和外商驻华机构租房或购买房屋免费供外籍职员居住，可以不计入其职员的工资、薪金所得缴纳个人所得税。外商投资企业和外商驻华机构将住房费定额发给外籍职员，应计入其职员的工资、薪金所得。

根据《国家税务总局关于外籍人员×××先生的工资、薪金含有假设房租，如何计征个人所得税问题的函》（国税外〔1989〕52号）的规定，假设房租是指一些外国公司在向其他国家派驻工作人员时，考虑到不增加派驻人员的个人房租负担，由公司支付其所在派驻国的住房费用。但公司在支付该派驻人员工资时，为不使其因不需支付房租而获得利益，扣除掉该派驻人员在其本国按照一般住房水平应由个人负担的住房费用。根据我国个人所得税税法及有关规定，外国公司为其驻华工作人员支付的住房费用如能提供有关证明文件，可不并入个人所得征收所得税。因此，假设房租作为个人应负担的住房费用，应作为个人所得一并征收所得税，而不宜再作扣除。

（五）横琴香港、澳门居民符合规定的补贴免税

《财政部 国家税务总局关于广东横琴新区个人所得税优惠政策的通知》（财税〔2014〕23号）第二条规定，广东省人民政府根据《国务院关于横琴开发有关政策的批复》（国函〔2011〕85号）有关规定，分别按不超过内地与港、澳地区个人所得税负差额，给予在横琴新区工作的香港、澳门居民的补贴，免征个人所得税。

（六）平潭台湾居民符合规定的补贴免税

《财政部 国家税务总局关于福建平潭综合实验区个人所得税优惠政策的通知》（财税〔2014〕24号，自2013年1月1日起至2020年12月31日止执行）第二条规定，福建省人民政府根据《国务院关于平潭综合实验区总体发展规划的批复》（国函〔2011〕142号）以及《平潭综合实验区总体发展规划》有关规定，按不超过内地与台湾地区个人所得税负差额，给予在平潭综合实验区工作的台湾居民的补贴，免征个人所得税。

这里所称台湾居民，是指持有《台湾居民来往大陆通行证》的个人。所称平潭综合实验区是指国务院2011年11月批复的《平潭综合实验区总体发展规划》规划的平潭综合实验区范围。

（七）前海港澳台高端人才和紧缺人才符合规定的补贴免税

《国务院发布关于支持深圳前海深港现代服务业合作区开发开放有关政策的批复》（国函〔2012〕58号）规定，对在前海工作、符合前海规划产业发展需要的境外高端人才和紧缺人才，取得的暂由深圳市人民政府按内地与境外个人所得税负差额给予的补贴，免征个人所得税。

六、"五险一金"优惠

（一）按规定缴付的"三费一金"免税

《个人所得税法实施条例》第二十五条规定，按照国家规定，单位为个人缴付和个人

缴付的基本养老保险费、基本医疗保险费、失业保险费、住房公积金,从纳税义务人的应纳税所得额中扣除。

《财政部 国家税务总局关于基本养老保险费基本医疗保险费失业保险费住房公积金有关个人所得税政策的通知》(财税〔2006〕10号)进一步明确:

(1)企事业单位按照国家或省(自治区、直辖市)人民政府规定的缴费比例或办法实际缴付的基本养老保险费、基本医疗保险费和失业保险费,免征个人所得税;个人按照国家或省(自治区、直辖市)人民政府规定的缴费比例或办法实际缴付的基本养老保险费、基本医疗保险费和失业保险费,允许在个人应纳税所得额中扣除。企事业单位和个人超过规定的比例和标准缴付的基本养老保险费、基本医疗保险费和失业保险费,应将超过部分并入个人当期的工资、薪金收入,计征个人所得税。

(2)根据《住房公积金管理条例》、《建设部 财政部 中国人民银行关于住房公积金管理若干具体问题的指导意见》(建金管〔2005〕5号)等规定精神,单位和个人分别在不超过职工本人上一年度月平均工资12%的幅度内,其实际缴存的住房公积金,允许在个人应纳税所得额中扣除。单位和职工个人缴存住房公积金的月平均工资不得超过职工工作地所在设区城市上一年度职工月平均工资的3倍,具体标准按照各地有关规定执行。单位和个人超过上述规定比例和标准缴付的住房公积金,应将超过部分并入个人当期的工资、薪金收入,计征个人所得税。

(3)个人实际领(支)取原提存的基本养老保险金、基本医疗保险金、失业保险金和住房公积金时,免征个人所得税。

(二)工伤保险待遇免税

《财政部 国家税务总局关于工伤职工取得的工伤保险待遇有关个人所得税政策的通知》(财税〔2012〕40号,自2011年1月1日起执行)第一条规定,对工伤职工及其近亲属按照《工伤保险条例》规定取得的工伤保险待遇,免征个人所得税。

这里所称的工伤保险待遇,包括工伤职工按照《工伤保险条例》规定取得的一次性伤残补助金、伤残津贴、一次性工伤医疗补助金、一次性伤残就业补助金、工伤医疗待遇、住院伙食补助费、外地就医交通食宿费用、工伤康复费用、辅助器具费用、生活护理费等,以及职工因工死亡,其近亲属按照《工伤保险条例》规定取得的丧葬补助金、供养亲属抚恤金和一次性工亡补助金等。

(三)生育津贴和生育医疗费免税

《财政部 国家税务总局关于生育津贴和生育医疗费有关个人所得税政策的通知》(财税〔2008〕8号)第一条规定,生育妇女按照县级以上人民政府根据国家有关规定制定的生育保险办法,取得的生育津贴、生育医疗费或其他属于生育保险性质的津贴、补贴,免征个人所得税。

七、补贴、津贴等收入优惠

（一）按国家统一规定发给的补贴、津贴免征

《个人所得税法》第四条第三项规定，按照国家统一规定发给的补贴、津贴，免纳个人所得税。

在我国目前个人的工资收入构成中，各种各样的补贴、津贴占有相当大的比重，这些补贴、津贴有些是按国务院的规定发放的，有些是按劳动、人事部门的规定发放的，有些则是各地政府根据中央和国务院有关文件精神结合本地情况而安排发放的。

《个人所得税法实施条例》第十三条规定，按照国家统一规定发给的补贴、津贴，是指按照国务院规定发给的政府特殊津贴、院士津贴、资深院士津贴，以及国务院规定免纳个人所得税的其他补贴、津贴。

《财政部 国家税务总局关于对中国科学院中国工程院资深院士津贴免征个人所得税的通知》（财税字〔1998〕118 号）规定，对依据《国务院关于在中国科学院中国工程院院士中实行资深院士制度的通知》（国发〔1998〕8 号）的规定，发给中国科学院资深院士和中国工程院资深院士每人每年 1 万元的资深院士津贴免予征收个人所得税。

因此，就目前来看，除政府特殊津贴、院士津贴、资深院士津贴和国务院规定免纳个人所得税的其他补贴、津贴外，纳税人取得的其他各项补贴、津贴均应缴纳个人所得税。

（二）不属于工资、薪金性质的补贴、津贴

《国家税务总局关于印发〈征收个人所得税若干问题的规定〉的通知》（国税发〔1994〕89 号）规定，对按照国务院规定发给的政府特殊津贴和国务院规定免纳个人所得税的补贴、津贴，免予征收个人所得税。其他各种补贴、津贴均应计入工资、薪金所得项目征税。下列不属于工资、薪金性质的补贴、津贴或者不属于纳税人本人工资、薪金所得项目的收入，不征税：

（1）独生子女补贴；

（2）执行公务员工资制度未纳入基本工资总额的补贴、津贴差额和家属成员的副食品补贴；

（3）托儿补助费；

（4）差旅费津贴，误餐补助。

（三）远洋运输船员伙食费

《国家税务总局关于远洋运输船员工资薪金所得个人所得税费用扣除问题的通知》（国税发〔1999〕202 号）规定：

（1）根据《中华人民共和国个人所得税法》及其实施条例的规定，对远洋运输船员

（含国轮船员和外派船员，下同）取得的工资、薪金所得采取按年计算、分月预缴的方式计征个人所得税。

（2）考虑到远洋运输具有跨国流动的特性，因此，对远洋运输船员每月的工资、薪金收入在统一扣除800元（自2011年9月1日起为3500元）费用的基础上，准予再扣除税法规定的附加减除费用标准。

（3）由于船员的伙食费统一用于集体用餐，不发给个人，故特案允许该项补贴不计入船员个人的应纳税工资、薪金收入。

（四）安家费、退职费、退休工资、离休工资、离休生活补助费免税

《个人所得税法》第四条第七项规定，按照国家统一规定发给干部、职工的安家费、退职费、退休工资、离休工资、离休生活补助费，免征个人所得税。

这里需要说明的是，单位对离退休人员发放离退休工资以外的奖金补贴不免税。《国家税务总局关于离退休人员取得单位发放离退休工资以外奖金补贴征收个人所得税的批复》（国税函〔2008〕723号）明确，离退休人员除按规定领取离退休工资或养老金外，另从原任职单位取得的各类补贴、奖金、实物，不属于《个人所得税法》第四条规定可以免税的退休工资、离休工资、离休生活补助费。根据《个人所得税法》及其实施条例的有关规定，离退休人员从原任职单位取得的各类补贴、奖金、实物，应在减除费用扣除标准后，按"工资、薪金所得"应税项目缴纳个人所得税。

八、支持体育事业优惠

（一）青奥会、亚青会、东亚会税收优惠

《财政部 海关总署 国家税务总局关于第二届夏季青年奥林匹克运动会等三项国际综合运动会税收政策的通知》（财税〔2013〕11号）第二条规定：

（1）对参赛运动员因青奥会、亚青会和东亚会比赛获得的奖金和其他奖赏收入，按现行税收法律法规的有关规定征免应缴纳的个人所得税。

（2）对企事业单位、社会团体和其他组织以及个人通过公益性社会团体或者县级以上人民政府及其部门捐赠青奥会、亚青会和东亚会的资金、物资支出，在计算企业和个人应纳税所得额时按现行税收法律法规的有关规定予以税前扣除。

（3）对财产所有人将财产（物品）捐赠给组委会所书立的产权转移书据，免征应缴纳的印花税。

（二）亚沙会税收优惠

《财政部 海关总署 国家税务总局关于第三届亚洲沙滩运动会税收政策的通知》（财税〔2011〕11号）第二条规定：

（1）对参赛运动员参加亚沙会比赛获得的奖金和其他奖赏收入，按现行税收法律法规的有关规定征免应缴纳的个人所得税。

（2）对企事业单位、社会团体和其他组织以及个人通过公益性社会团体或者县级以上人民政府及其部门捐赠亚沙会的资金、物资支出，在计算企业和个人应纳税所得额时按现行税收法律法规的有关规定予以税前扣除。

九、参加的国际公约、签订的协议中规定免税的所得

中国政府参加的国际公约、签订的协议中规定免税的所得，是指我国政府参加的国际公约、签订的国际税收协定中明确规定免征个人所得税的所得，此项免税主要涉及工资、薪金所得。公约和协定中没有明确规定的，应严格征税。

《财政部 国家税务总局关于〈建立亚洲开发银行协定〉有关个人所得税问题的补充通知》（财税〔2007〕93号）规定，《建立亚洲开发银行协定》（以下简称《协定》）第五十六条第二款规定："对亚行付给董事、副董事、官员和雇员（包括为亚行执行任务的专家）的薪金和津贴不得征税。除非成员在递交批准书或接受书时，声明对亚行向其本国公民或国民支付的薪金和津贴该成员及其行政部门保留征税的权力。"鉴于我国在加入亚洲开发银行时未作相关声明，因此，对由亚洲开发银行支付给我国公民或国民（包括为亚行执行任务的专家）的薪金和津贴，凡经亚洲开发银行确认这些人员为亚洲开发银行雇员或执行项目专家的，其取得的符合我国税法规定的有关薪金和津贴等报酬，应依《协定》的约定，免征个人所得税。

十、经国务院财政部门批准免税的所得

这是一个概括性项目，它主要是针对税法执行中可能会出现的一些确需免税的情况而定的。这项所得的免税必须经由财政部和国家税务总局批准。自1998年国务院机构改革以后，按照三定方案，该免税项目的批准权主要集中于国家税务总局。

（一）代扣代缴税款手续费优惠

根据财税字〔1994〕20号文件的规定，个人办理代扣代缴税款手续，按规定取得的扣缴手续费收入，暂免征收个人所得税。

【例9-6】（单选题）在下列各项所得中，不免征个人所得税的是（　　）。

A. 个人办理代扣代缴税款手续，按规定取得的扣缴手续费

B. 外籍个人从外商投资企业取得的股息、红利所得

C. 失业人员领取失业保险金

D. 领事馆的外交代表在中国取得的所有所得

[答案] D

（二）高级专家延长离退休期间工薪免征

1. 高级专家延长离退休期间工薪免征

财税字〔1994〕20 号文件第二条第（七）项规定，对按《国务院关于高级专家离休退休若干问题的暂行规定》（国发〔1983〕141 号）和《国务院办公厅关于杰出高级专家暂缓离退休审批问题的通知》（国办发〔1991〕40 号）精神，达到离休、退休年龄，但确因工作需要，适当延长离休退休年龄的高级专家（指享受国家发放的政府特殊津贴的专家、学者），其在延长离休退休期间的工资、薪金所得，视同退休工资、离休工资免征个人所得税。

2. 高级专家的界定

《财政部 国家税务总局关于高级专家延长离休退休期间取得工资薪金所得有关个人所得税问题的通知》（财税〔2008〕7 号）第一条规定，《财政部 国家税务总局关于个人所得税若干政策问题的通知》（财税字〔1994〕20 号）第二条第（七）项中所称延长离休退休年龄的高级专家是指：

（1）享受国家发放的政府特殊津贴的专家、学者；

（2）中国科学院、中国工程院院士。

3. 政策执行口径

财税〔2008〕7 号文件第二条规定，高级专家延长离休退休期间取得的工资薪金所得，其免征个人所得税政策口径按下列标准执行：

（1）对高级专家从其劳动人事关系所在单位取得的，单位按国家有关规定向职工统一发放的工资、薪金、奖金、津贴、补贴等收入，视同离休、退休工资，免征个人所得税；

（2）除上述第（1）项所述收入以外各种名目的津补贴收入等，以及高级专家从其劳动人事关系所在单位之外的其他地方取得的培训费、讲课费、顾问费、稿酬等各种收入，依法计征个人所得税。

财税〔2008〕7 号文件第三条还要求，高级专家从两处以上取得应税工资、薪金所得以及具有税法规定应当自行纳税申报的其他情形的，应在税法规定的期限内自行向主管税务机关办理纳税申报。

10 第十章
境外已纳税额抵免与应纳税额计算

第一节　缓解和消除国家间重复征税的方法

税收抵免是国家间消除重复征税、减轻纳税人税收负担的一种重要途径。采用适当的税收抵免办法，对于促进国家间资本、技术和人才的交流和全球经济的发展都将产生积极的作用。

目前世界各国缓解和消除国家间所得税重复征税的主要方法通常有：免税法、扣除法、减免法和抵免法。

1. 免税法

又称豁免法，是指一国政府单方面放弃对本国纳税人国外所得的征税权，以消除国际重复征税的方法。该种方法，对纳税人来源于境外的所得完全免税，能较彻底地消除国家间的重复征税，可以鼓励向海外投资和向国内汇款，借以改善国际收支状况。但这也意味着纳税人所在国放弃了征税权，不利于保护纳税人所在国的税收利益。因而，目前世界各国已很少采用这种方法。

2. 扣除法

扣除法是指居住国对居民纳税人征收所得税时，允许该居民将其在境外已缴的税款作为费用从应税所得中扣除，扣除后的余额按相应的税率纳税。这种方法虽然能保证纳税人所在国税收利益，但消除重复征税的力度相对较小。由于这种办法只能部分消除两国间的重复征税，纳税人为此而承担的税负依然很重。

3. 减免法

又称低税法或减税法，是指一国对本国居民的国外所得在标准税率的基础上减免一定比例，按较低的税率征税；对其国内所得则按正常的标准税率征税。一国对本国居民来源于国外的所得征课的税率越低，越有利于缓解国际双重征税。这种方法只是居住国对已缴纳外国税款的国外所得按较低的税率征税，而不是完全对其免税，所以与扣除法一样，只能减轻而不能免除国家间双重征税。

4. 抵免法

抵免法，是指一国政府在优先承认其他国家的地域税收管辖权的前提下，在对本国纳税人来源于国外的所得征税时，以本国纳税人在国外缴纳税款冲抵本国税收的方法。这种方法，一方面能较为彻底地消除国家间重复征税，使投资者向国外投资与向国内投资的税收负担相等，有利于促进国际投资和各国对外经济关系的发展；另一方面既避免了对同一笔所得的双重征税，又在一定程度上防止国际逃税和避税，保证了对一笔所得必征一次税。此外，抵免法可以保持资本输出中性和税收公平。因此，它是一种相对较优的方法，目前，世界各国普遍采用此种方法来免除国际重复征税。

按计算方式不同，抵免法可以分为全额抵免与限额抵免。全额抵免是指居住国政府对跨国纳税人在国外直接缴纳的所得税税款予以全部抵免。

限额抵免也称普通抵免，是指居住国政府对跨国纳税人在国外直接缴纳的所得税税款给予抵免，但可抵免的数额不得超过外国所得按本国税法计算的应纳税额。限额抵免规定了一个抵免限额，当应抵税额等于或小于抵免限额时，一般可获全部抵免，超过限额部分则不能抵免。

我国在参考国际惯例的基础上，出于维护本国税收利益考虑，企业所得税就采用了限额抵免。另外，为公平税负，税法规定，对应抵税额超过抵免限额的部分，可以在以后 5 个纳税年度内，用每年抵免限额抵免当年应抵税额后的余额进行抵补。

我国个人所得税税制在选择避免重复征税的方法时，认真权衡各种方法的利弊，为保留我国对居民纳税人境外所得的征税权，同时，又尽可能使所得来源国（地区）与我国共同对该项所得征税的重复部分予以完全消除，我国个人所得税法采用了税额抵免法。另外，由于全额抵免法有可能侵蚀到纳税人居住国的税基，所以，我国个人所得税法采用了限额抵免。

第二节　境外已纳税额的抵免与应纳税额计算

一、境外已纳税额的抵免

《个人所得税法》第七条规定，纳税义务人从中国境外取得的所得，准予其在应纳税额中扣除已在境外缴纳的个人所得税税额。但扣除额不得超过该纳税义务人境外所得依照本法规定计算的应纳税额。

根据《个人所得税法实施条例》第三十二条、第三十三条的规定，这里所说的已在境外缴纳的个人所得税税额，是指纳税义务人从中国境外取得的所得，依照该所得来源国家或者地区的法律应当缴纳并且实际已经缴纳的税额。因而，不包括有可能发生的所得来源国家或者地区税务机关错征或由纳税人错缴的税额，也不包括依照所得来源国家或者地区的法律应缴但给予减征或免征待遇而未实际缴纳的税额，税收协定另有规定的除外。这里所说的依照税法规定计算的应纳税额，是指纳税义务人从中国境外取得的所得，区别不同国家或者地区和不同所得项目，依照税法规定的费用减除标准和适用税率计算的应纳税额；同一国家或者地区内不同所得项目的应纳税额之和，为该国家或者地区的扣除限额。

正确计算扣除限额，是确保境外纳税合理抵免的重要一环。由于我国个人所得税法采用的是分项税制，对于各个应税所得项目，税法规定不同的费用扣除标准和适用税率，因此，在计算纳税人境外所得已纳税款的扣除限额时，必须区分不同国家（地区）和不同应税所得项目分别计算。根据这一原则，现行税法明确：在计算扣除限额时，对纳税义务人从中国境外取得的所得，应区别不同国家或者地区和不同应税项目，依照《个人所得税法》规定的费用减除标准和适用税率分别计算。此外，考虑到世界上许多国家和地区的个人所得税采用的是综合税制,他们在计算个人所得税税额时,通常是将各项所得综合起来,一并计算,因而,很难将纳税人在某国缴纳的个人所得税税额分解到各个单项应税所得上。针对这种情况,《个人所得税法》进一步明确:同一国家或者地区内不同所得项目的应纳税额之和,即为该国家或者地区的扣除限额。这就是说,在实际扣除境外税额时,实行分国不分项的综合扣除方法。

在依据上述方法计算出纳税人各国或者地区境外所得已纳税款的扣除限额后,依据《个人所得税法实施条例》第三十三条第二款的规定,如果"纳税义务人在中国境外一个国家或者地区实际已经缴纳的个人所得税税额,低于依照前款规定计算出的该国家或者地区扣除限额的,应当在中国缴纳差额部分的税款;超过该国家或者地区扣除限额的,其超过部分不得在本纳税年度的应纳税额中扣除,但是可以在以后纳税年度的该国家或者地区扣除限额的余额中补扣。补扣期限最长不得超过五年"。

需要强调的是,纳税义务人依照《个人所得税法》第七条的规定申请扣除已在境外缴纳的个人所得税税额时,应当提供境外税务机关填发的完税凭证原件,复印件无效。

通过上述规定及分析不难发现,为了保证纳税人境外已纳税款能够得到正确抵免,必须重点注意:

(1) 准确区分纳税人的收入来源国,不能将来源于不同国家或地区的收入归集到其中某一个国家;

(2) 准确确定纳税人来源于境外的收入按照中国税法所应适用的应税项目,避免因适用应税项目的错误而使扣除限额的计算发生偏差;

(3) 严格审核境外已纳税款的完税凭证,以防以假冒的完税凭证骗取税款抵免。

二、应用举例

1. 案例一

【例 10-1】(计题算) 中国居民纳税人张某 2015 年 1 月至 12 月在 A 国取得工资、薪金收入 115 200 元(人民币),特许权使用费收入 7 000 元;同时,又在 B 国取得利息收入 1 000 元。张某已分别按 A 国和 B 国税法规定,缴纳了个人所得税 2 280 元和 280 元,并已提供完税凭证原件。请计算张某应在中国缴纳多少个人所得税。

[答案] 其抵免计算方法如下:

(1) 张某在 A 国所得缴纳税款的抵免:

①工资、薪金所得按我国税法规定计算的应纳税额:[(115 200÷12-4 800)×税率-速算扣除数]×12(月份数)=(4 800×20%-555)×12=4 860 (元);

②特许权使用费所得按我国税法规定计算的应纳税额:7 000×(1-20%)×20%(税率)=1 120 (元);

③抵免限额:4 860+1120=5 980 (元);

④张某在 A 国所得缴纳个人所得税 2 280 元,低于抵免限额,因此,可全额抵扣,并

需在中国补缴税款 3 700 元（5 980－2 280）。

（2）在 B 国所得缴纳税款的抵免：

张某在 B 国取得的利息所得按照我国税法规定计算应纳税额，即抵免限额为：1 000×20%（税率）＝200（元）；

张某在 B 国实际缴纳的税款超出了抵扣限额，因此，只能在限额内抵扣 200 元，不用补缴税款。

（3）在 A、B 两国所得缴纳税款抵免结果：

根据上述计算结果，张某当年度的境外所得应在中国补缴个人所得税 3 700 元；B 国缴纳税款未抵扣完的 80 元，可在以后 5 年内张某从 B 国取得的所得中的抵免限额有余额时补扣。

2．案例二

【例 10-2】（案例分析题）中国居民纳税人李四因向美国 A 公司提供专利使用权，而于 2008 年首次取得来源于美国的特许权使用费收入折合人民币 60 000 元，A 公司在支付收入时扣缴个人所得税 15 000 元（人民币，下同），按照中国当年的税法规定，已允许其抵扣税款 9 600 元。2014 年，李四因向该公司提供另外一项专利，而再次取得特许权使用费收入折合人民币 40 000 元。同年他又从美国取得利息收入折合人民币 30 000 元。由于期间美国税法进行调整，部分项目的税负降低，因此，上述两项收入共计在美国缴纳个人所得税折合人民币 10 000 元。李四在申请抵扣税款时，做了如下处理：

（1）2014 年两项所得已纳税额的扣除限额：

特许权使用费所得抵扣限额＝40 000×（1－20%）×20%＝6 400（元）；

利息所得抵扣限额＝30 000×20%＝6 000（元）；

两项合计后的扣除限额共为：6 400＋6 000＝12 400（元）。

（2）税款抵扣：

应予抵扣的税款＝10 000＋5 400＝15 400（元）；

应补税款＝12 400－15 400＝－3 000（元）。

根据上述计算，李四认为扣除限额不足以抵扣境外已纳税款，当年不应在中国补缴税款。请分析李四的判断是否正确。

[答案]《个人所得税法实施条例》第三十三条第二款规定，纳税义务人在中国境外一个国家或者地区实际已经缴纳的个人所得税税额，低于依照税法规定计算出的该国家或者地区扣除限额的，应当在中国缴纳差额部分的税款；超过该国家或者地区扣除限额的，其超过部分不得在本纳税年度的应纳税额中扣除，但是可以在以后纳税年度的该国家或者地区扣除限额的余额中补扣。补扣期限最长不得超过五年。根据这一规定，李四于 2008 年来源于美国的特许权使用费所得，其在美国缴纳的税款超出当年扣除限额的部分，最长只能延续到 2013 年进行抵扣，再抵扣不完的，只能由纳税人自己负担，即使 2014 年的抵扣限额有余额，也不允许从 2014 年抵扣限额的余额中补扣。对于李四 2014 年从美国取得的两项所得，由于其中美国实际已缴纳税额为 10 000 元，低于按照中国税法规定计算出的抵扣限额 12 400 元，因此，可以全额扣除。

根据以上分析，李四 2008 年从境外取得的所得，在境外已纳税款按照规定抵扣后的余额 5 400 元，不能在 2014 年予以补扣。其 2014 年取得来源于境外的所得，应按规定在中国补缴个人所得税 2 400 元。

【例 10-3】（单选题）2015 年张某将其一项专利权转让给 A 国一家企业，取得转让收入 120 000 元，按 A 国税法规定缴纳了个人所得税 15 000 元；同年，在 A 国提供劳务，取得劳务报酬 200 000 元，按 A 国税法缴纳了个人所得税 55 000 元。2015 年张某应就来源于 A 国所得在国内缴纳个人所得税（   ）元。

A. 2 800　　　　　B. 4 200　　　　　C. 6 200　　　　　D. 7 000

[答案] C

[解析] 专利权转让按我国税法规定应纳个人所得税：120 000×（1−20%）×20%＝19 200（元）；

劳务报酬所得按我国税法规定应纳个人所得税：200 000×（1−20%）×40%−7 000＝57 000（元）；

抵免限额为：19 200＋57 000＝76 200（元）；

在 A 国已纳税额为：15 000＋55 000＝70 000（元）；已纳税额小于抵免限额。

A 国所得在我国应补所得税：（19 200＋57 000）−（15 000＋55 000）＝6 200（元）。

三、境外所得征收管理

关于境外所得的纳税申报期限、境外代扣代缴税款以及纳税申报方式等问题，《国家税务总局关于境外所得征收个人所得税若干问题的通知》（国税发〔1994〕44 号）做出了规定。

（一）纳税申报期限

《个人所得税法》第九条规定，从中国境外取得所得的纳税义务人，应当在年度终了后 30 日内，将应纳的税款缴入国库，并向税务机关报送纳税申报表。

根据国税发〔1994〕44 号文件的规定，纳税人来源于中国境外的应税所得，在境外以纳税年度计算缴纳个人所得税的，应在所得来源国的纳税年度终了，结清税款后的 30 日内，向中国税务机关申报缴纳个人所得税；在取得境外所得时结算税款的，或者在境外按来源国税法规定免予缴纳个人所得税的，应在次年 1 月 1 日起 30 日内向中国税务机关申报缴纳个人所得税。纳税人兼有来源于中国境内、境外所得的，应分别申报计算纳税。

（二）境外代扣代缴税款

纳税人任职或受雇于中国的公司、企业和其他经济组织或单位派驻境外的机构的，可由境外该任职、受雇机构集中申报纳税，并代扣代缴税款。

（三）境外所得个人所得税征收管理

为维护国家税收权益，加强对来源于中国境外所得的个人所得税征收管理，国家税务总局制定并印发了《国家税务总局关于印发〈境外所得个人所得税征收管理暂行办法〉的通知》（国税发〔1998〕126号），对中国境内有住所，并有来源于中国境外所得的个人纳税人来源于境外所得的个人所得税征收管理做出规定。

1. 境外所得的界定

下列所得，不论支付地点是否在中国境外，均为来源于中国境外的所得：

（1）因任职、受雇、履约等而在中国境外提供劳务取得的所得；

（2）将财产出租给承租人在中国境外使用而取得的所得；

（3）转让中国境外的建筑物、土地使用权等财产或者在中国境外转让其他财产取得的所得；

（4）许可各种特许权在中国境外使用而取得的所得；

（5）从中国境外的公司、企业以及其他经济组织或者个人取得的利息、股息、红利所得。

个人所得税纳税人的境外所得，包括现金、实物和有价证券。纳税人的境外所得，应按《个人所得税法》及其实施条例的规定确定应税项目，并分别计算其应纳税额。

2. 自行申报与代扣代缴

纳税人受雇于中国境内的公司、企业和其他经济组织以及政府部门并派往境外工作，其所得由境内派出单位支付或负担的，境内派出单位为个人所得税扣缴义务人，税款由境内派出单位负责代扣代缴。其所得由境外任职、受雇的中方机构支付、负担的，可委托其境内派出（投资）机构代征税款。

上述境外任职、受雇的中方机构是指中国境内的公司、企业和其他经济组织以及政府部门所属的境外分支机构、使（领）馆、子公司、代表处等。

纳税人有下列情形的，应自行申报纳税：

（1）境外所得来源于两处以上的；

（2）取得境外所得没有扣缴义务人、代征人的（包括扣缴义务人、代征人未按规定扣缴或征缴税款的）。

依规定须自行申报纳税的纳税人，应在年度终了后30日内，向中国主管税务机关申报缴纳个人所得税。如所得来源国与中国的纳税年度不一致，年度终了后30日内申报纳税有困难的，可报经中国主管税务机关批准，在所得来源国的纳税年度终了、结清税款后30日内申报纳税。纳税人如在税法规定的纳税年度期间结束境外工作任务回国，应当在回国后的次月15日内（2011年9月1日起执行），向主管税务机关申报缴纳个人所得税。

这里的主管税务机关是指派出单位所在地的税务机关。无派出单位的，是指纳税人离境前户籍所在地的税务机关；户籍所在地与经常居住地不一致的，是指经常居住地税务机关。

四、应纳税额的计算及案例解析

纳税人的境外所得按照有关规定交付给派出单位的部分，凡能提供有效合同或有关凭证的，经主管税务机关审核后，允许从其境外所得中扣除。纳税人兼有来源于中国境内、境外所得的，应按税法规定分别减除费用并计算纳税。

纳税人在境外已缴纳的个人所得税税额，能提供境外税务机关填发的完税凭证原件的，准予按照《个人所得税法》及其实施条例的规定从应纳税额中抵扣。

1. 案例一

【例10-4】（计算题）某外国籍公民甲先生在中国境内无住所，2010年7月受境外公司委派至境内乙公司任职，此后一直在中国境内居住。2015年取得的收入情况如下：

（1）每月取得从中国境内乙公司支付的工资18 000元，另每月从公司实报实销住房补贴3 500元、以现金形式取得伙食补贴1 000元。

（2）8月在境外取得由境外公司支付的特许权使用费80 000元。

（3）9月将租入的一套住房转租，当月向出租方支付月租金4 500元，转租收取月租金6 500元，当月实际支付房屋租赁过程中的各种税费500元，并取得有效凭证。

（4）10月以160万元的价格，转让一套两年前无偿受赠获得的房产。该套房产受赠时市场价格为95万元，受赠及转让房产过程中已缴纳的税费为10万元。

（5）11月，在某商场取得按消费积分反馈的价值1 300元的礼品，同时参加该商城举行的抽奖活动，抽中价值5 000元的奖品。

（6）12月，为境内某企业提供咨询取得劳务报酬40 000元，通过境内非营利性社会团体将其中9 000元捐赠给贫困地区，另通过国家机关将其中14 000元捐赠给农村义务教育。

请根据上述资料，回答下列问题，每问需计算出合计数。

（1）甲先生每月取得的住房补贴和伙食补贴在计缴个人所得税时应如何处理？

（2）甲先生8月从境外取得的特许权使用费是否应在国内缴纳个人所得税？

（3）甲先生9月转租住房取得的租金收入应缴纳多少个人所得税？

（4）甲先生10月转让受赠房产时计缴个人所得税的应纳税所得额是多少？

（5）甲先生11月取得商场反馈礼品和抽奖所获奖品应缴纳多少个人所得税？

（6）甲先生12月取得劳务报酬收入应缴纳多少个人所得税？

［答案］

（1）《国家税务总局关于外籍个人取得有关补贴征免个人所得税执行问题的通知》（国税发〔1997〕54号）第一条规定，对外籍个人以非现金形式或实报实销形式取得的合理的住房补贴、伙食补贴和洗衣费免征个人所得税。

因而，甲先生每月取得的住房补贴免缴个人所得税，但取得的现金形式的伙食补贴应计入工资、薪金总额计缴个人所得税。

（2）《个人所得税法实施条例》第六条规定，在中国境内无住所，但是居住一年以上五年以下的个人，其来源于中国境外的所得，经主管税务机关批准，可以只就由中国境内公司、企业以及其他经济组织或者个人支付的部分缴纳个人所得税；居住超过五年的个人，从第六年起，应当就其来源于中国境外的全部所得缴纳个人所得税。《财政部　国家税务总局关于在华无住所的个人如何计算在华居住满五年问题的通知》（财税字〔1995〕98号）第一条规定，个人在中国境内居住满五年，是指个人在中国境内连续居住满五年，即在连续五年中的每一纳税年度内均居住满一年。甲先生 2010 年 7 月开始在华居住，2011 年是居住的第一个完整年度，到 2015 年底方满五年，从 2016 年起如果在境内居住满一年，应就其来源于中国境外的全部所得缴纳个人所得税。

因为，甲先生在中国境内无住所，且居住未满五年，其来源于中国境外的所得仅就由中国境内公司、企业以及其他经济组织或者个人支付的部分缴纳个人所得税。甲先生 8 月从境外取得的特许权使用费在国内不缴纳个人所得税。

（3）《国家税务总局关于个人转租房屋取得收入征收个人所得税问题的通知》（国税函〔2009〕639 号）规定，个人将承租房屋转租取得的租金收入，属于个人所得税应税所得，应按"财产租赁所得"项目计算缴纳个人所得税。该文件对财产租赁所得个人所得税前扣除次序做了调整：①财产租赁过程中缴纳的税费；②向出租方支付的租金；③由纳税人负担的租赁财产实际开支的修缮费用；④税法规定的费用扣除标准。甲先生转租住房所得＝6 500－4 500－500＝1 500（元）。

转租住房应缴纳的个人所得税＝（1 500－800）×10％＝70（元）。

（4）《财政部　国家税务总局关于个人无偿受赠房屋有关个人所得税问题的通知》（财税〔2009〕78 号）第五条规定，受赠人转让受赠房屋的，以其转让受赠房屋的收入减除原捐赠人取得该房屋的实际购置成本以及赠与和转让过程中受赠人支付的相关税费后的余额，为受赠人的应纳税所得额，依法计征个人所得税。本例中"该套房产受赠时市场价格 95 万元"不是"原捐赠人取得该房屋的实际购置成本"，不能扣除。

受赠人取得赠与人无偿赠与的不动产后，再次转让该项不动产的，在缴纳个人所得税时，以财产转让收入减除受赠、转让住房过程中缴纳的税金及有关合理费用后的余额为应纳税所得额，按 20％的适用税率计算缴纳个人所得税。

在财税〔2009〕78 号文下发之前（即 2009 年 5 月 25 日以前），根据《国家税务总局关于加强房地产交易个人无偿赠与不动产税收管理有关问题的通知》（国税发〔2006〕144号）的规定，受赠人取得赠与人无偿赠与的不动产后，再次转让该项不动产的，在缴纳个人所得税时，以财产转让收入减除受赠、转让过程中缴纳的税金及有关合理费用后的余额为应纳税所得额。

因而，甲先生转让受赠房产的应纳税所得额＝1 600 000－100 000＝1 500 000（元）。

（5）《财政部　国家税务总局关于企业促销展业赠送礼品有关个人所得税问题的通知》（财税〔2011〕50 号）规定，企业对累积消费达到一定额度的个人按消费积分反馈礼品不征收个人所得税。企业对累积消费达到一定额度的顾客，给予额外抽奖机会，个人的获奖所得，按照"偶然所得"项目，全额适用 20％的税率缴纳个人所得税。

因而,甲先生抽奖所获奖品应缴纳偶然所得个人所得税＝5 000×20％＝1 000(元)。

(6)《个人所得税法实施条例》第二十四条规定,税法第六条第二款所说的个人将其所得对教育事业和其他公益事业的捐赠,是指个人将其所得通过中国境内的社会团体、国家机关向教育和其他社会公益事业以及遭受严重自然灾害地区、贫困地区的捐赠。捐赠额未超过纳税义务人申报的应纳税所得额30％的部分,可以从其应纳税所得额中扣除。根据《财政部 国家税务总局关于纳税人向农村义务教育捐赠有关所得税政策的通知》(财税〔2001〕103号)第一条的规定,个人通过非营利的社会团体和国家机关向农村义务教育的捐赠,准予在缴纳个人所得税前的所得额中全额扣除。甲先生向贫困地区的捐赠9 000元按限额扣除,捐赠给农村义务教育的14 000元全额扣除。捐赠允许扣除的限额＝40 000×(1−20％)×30％＝9 600(元),因9 000元<9 600元,故可全额扣除。

劳务报酬收入应缴纳个人所得税＝[40 000×(1−20％)−9 000−14 000]×20％＝1 800(元)。

2. 案例二

【例10-5】(计算题)中国公民王某就职于国内A上市公司,2015年收入情况如下:

(1)1月1日起将其位于市区的一套公寓住房按市价出租,每月收取租金3 800元。1月因卫生间漏水发生修缮费用1 200元,已取得合法有效的支出凭证。

(2)2014年元月投资国内B上市公司股票,3月取得B上市公司分配的红利18 000元。

(3)4月取得上年度奖金36 000元,王某当月的工资为4 500元。

(4)5月赴国外进行技术交流期间,在甲国演讲取得收入折合人民币12 000元,在乙国取得专利转让收入折合人民币60 000元,分别按照收入来源国的税法规定缴纳了个人所得税折合人民币1 800元和12 000元。

(5)5月在业余时间为一家民营企业开发了一项技术,取得收入40 000元。适逢该民营企业通过中国红十字会开展向芦山地震灾区捐款活动,当即从中捐赠20 000元,同时通过有关政府部门向某地农村义务教育捐款8 000元,均取得了相关捐赠证明。

(6)6月与一家培训机构签订了半年的劳务合同,合同规定从6月起每周六为该培训中心授课1次,每次报酬为1 200元。6月份为培训中心授课4次。

(7)7月转让国内C上市公司股票,取得转让净所得15 320.60元,同月转让在香港证券交易所上市的某境外上市公司股票,取得转让净所得折合人民币180 000元,在境外未缴纳税款。

(8)8月开始被A上市公司派遣到所属的某外商投资企业工作,合同期内作为该外商投资企业雇员,每月从该外商投资企业取得薪金18 000元,同时每月取得派遣公司发给的工资4 500元。

(9)A上市公司于2015年11月与王某签订了解除劳动关系协议,A上市公司支付已在本公司任职8年的王某经济补偿金115 000元(A上市公司所在地上年职工平均工资25 000元)。

请根据以上资料,按照下列序号计算回答问题,每问需给出合计数。

(1)王某1、2月出租房屋应缴纳的个人所得税是多少(不考虑其他税费)?

（2）王某 3 月取得的红利应缴纳的个人所得税是多少？

（3）王某 4 月取得全年奖金应当缴纳的个人所得税是多少？

（4）王某 5 月从国外取得收入应在国内补缴的个人所得税是多少？

（5）某民营企业 5 月支付王某技术开发费应代扣代缴的个人所得税是多少？

（6）培训中心 6 月支付王某授课费应代扣代缴的个人所得税是多少？

（7）王某 7 月转让境内和境外上市公司股票应缴纳的个人所得税是多少？

（8）王某 8 月从外资企业取得收入时应由外资企业扣缴的个人所得税是多少？

（9）王某 8 月从派遣单位取得工资收入时应由派遣单位扣缴的个人所得税是多少？

（10）公司 11 月支付王某经济补偿金应代扣代缴的个人所得税是多少？

[答案]

（1）王某 1、2 月出租房屋应缴纳的个人所得税（不考虑其他税费）：（3 800－800－800）×10％＋（3 800－400－800）×10％＝220＋260＝480（元）。

（2）《财政部 国家税务总局 证监会关于实施上市公司股息红利差别化个人所得税政策有关问题的通知》（财税〔2012〕85 号）规定，自 2013 年 1 月 1 日起至 2015 年 9 月 7 日止，上市公司股息红利实施差别化个人所得税政策，主要内容为：个人从公开发行和转让市场取得的上市公司股票，持股期限在 1 个月以内（含 1 个月）的，其股息红利所得全额计入应纳税所得额；持股期限在 1 个月以上至 1 年（含 1 年）的，暂减按 50％计入应纳税所得额；持股期限超过 1 年的，暂减按 25％计入应纳税所得额。上述所得统一适用 20％的税率计征个人所得税。

王某 3 月从持股期限超过 1 年的上市公司取得的红利应缴纳的个人所得税为：18 000×25％×20％＝900（元）。

自 2015 年 9 月 8 日起，《财政部 国家税务总局 证监会关于上市公司股息红利差别化个人所得税政策有关问题的通知》（财税〔2015〕101 号）规定，个人从公开发行和转让市场取得的上市公司股票，持股期限超过 1 年的，股息红利所得暂免征收个人所得税。个人从公开发行和转让市场取得的上市公司股票，持股期限在 1 个月以内（含 1 个月）的，其股息红利所得全额计入应纳税所得额；持股期限在 1 个月以上至 1 年（含 1 年）的，暂减按 50％计入应纳税所得额；上述所得统一适用 20％的税率计征个人所得税。

（3）王某 4 月取得全年奖金应当缴纳的个人所得税：

36 000÷12＝3 000（元）；适用税率 10％；速算扣除数 105；

36 000×10％－105＝3 495（元）。

（4）王某 5 月从国外取得收入应在国内补缴的个人所得税计算如下：

甲国扣除限额＝12 000×（1－20％）×20％＝1 920（元），在甲国已纳税额为 1 800 元，已纳税额小于扣除限额，应在中国补缴个人所得税：1 920－1 800＝120（元）。

乙国扣除限额＝60 000×（1－20％）×20％＝9 600（元），在乙国已缴税额 12 000 元，已缴税额大于扣除限额，不必补税。留抵税额为：12 000－9 600＝2 400（元）。

（5）某民营企业 5 月支付王某技术开发费应代扣代缴的个人所得税的计算。

《财政部 海关总署 国家税务总局关于支持芦山地震灾后恢复重建有关税收政策问题的通知》（财税〔2013〕58 号）规定，自 2013 年 4 月 20 日起至 2015 年 12 月 31 日止，对企业、个人通过公益性社会团体、县级以上人民政府及其部门向芦山地震受灾地区的捐赠，允许在当年企业所得税前和当年个人所得税前全额扣除。

根据《财政部 国家税务总局关于纳税人向农村义务教育捐赠有关所得税政策的通知》（财税〔2001〕103号）的规定，自2001年7月1日起个人通过非营利的社会团体和国家机关向农村义务教育的捐赠，准予在缴纳个人所得税前的所得额中全额扣除。

$[40\,000\times(1-20\%)-(20\,000+8\,000)]\times20\%=4\,000\times20\%=800$（元）。

（6）培训中心6月支付王某授课费应代扣代缴的个人所得税：$1\,200\times4\times(1-20\%)\times20\%=768$（元）。

（7）王某7月转让境内和境外上市公司股票应缴纳的个人所得税计算如下：转让境内上市公司股票净所得暂免征收个人所得税；转让境外上市公司股票所得按照财产转让所得缴纳个人所得税。

$180\,000\times20\%=36\,000$（元）。

（8）王某8月从外资企业取得收入时应由外资企业扣缴的个人所得税：$(18\,000-3\,500)\times25\%-1\,005=2\,620$（元）。

（9）王某8月从派遣单位取得工资收入时应由派遣单位扣缴的个人所得税：$4\,500\times10\%-105=345$（元）。

此外，王某还应就其两处取得的工资、薪金收入进行自行纳税申报，应纳个人所得税为：$(18\,000+4\,500-3\,500)\times25\%-1\,005=3\,745$（元），应补缴个人所得税为：$3\,745-2\,620-345=780$（元）。

（10）公司11月支付王某经济补偿金应代扣代缴的个人所得税计算如下：免税补偿金$=25\,000\times3=75\,000$（元）；

$115\,000-75\,000=40\,000$（元）；

$(40\,000\div8-3\,500)\times3\%\times8=360$（元）。

3. 案例三

【例10-6】（计算题）我国公民张先生为国内某企业高级技术人员，2015年收入情况如下：

（1）3月转让2012年购买的位于市区的三居室精装修房屋一套，售价230万元，转让过程中支付相关税费13.8万元。该套房屋的购进价为100万元，购房过程中支付的相关税费为3万元。所有税费支出均取得合法凭证。

（2）6月因提供重要线索，协助公安部门侦破某重大经济案件，获得公安部门奖金2万元，已取得公安部门提供的获奖证明材料。

（3）9月在参加某商场组织的有奖销售活动中，中奖所得共计价值30 000元。将其中的10 000元通过市教育局用于公益性捐赠。

（4）10月将自有的一项非职务专利技术提供给境外某公司使用，一次性取得特许权使用费收入60 000元，该项收入已在境外缴纳个人所得税7 800元。

请根据上述资料，按照下列序号计算回答问题，每问需给出合计数。

（1）张先生转让房屋所得应缴纳的个人所得税是多少？

（2）张先生从公安部门获得的奖金应缴纳的个人所得税是多少？

（3）张先生中奖所得应缴纳的个人所得税是多少？

（4）张先生从境外取得的特许权使用费在我国缴纳个人所得税时可以扣除的税收限额是多少？

（5）张先生从境外取得的特许权使用费在我国实际应缴纳的个人所得税是多少？

［答案］

（1）张先生转让房屋所得应缴纳的个人所得税＝(230−100−13.8−3)×20％＝22.64（元）。

（2）张先生从公安部门获得的奖金免征个人所得税。

（3）张先生公益捐赠扣除限额＝30 000×30％＝9 000（元）；

中奖所得应缴纳的个人所得税＝(30 000−9 000)×20％＝4 200（元）。

（4）张先生从境外取得的特许权使用费在我国缴纳个人所得税时可以扣除的税收限额＝60 000×(1−20％)×20％＝9 600（元）。

（5）张先生从境外取得的特许权使用费在我国实际应缴纳的个人所得税＝9 600−7 800＝1 800（元）。

4. 案例四

【例 10-7】（计算题）居住在市区的中国居民李某，为一中外合资企业的职员，2015年取得以下所得：

（1）每月取得合资企业支付的工资薪金 9 800 元；

（2）2月份，为某企业提供技术服务，取得报酬 30 000 元，与其报酬相关的个人所得税由该企业承担；

（3）3月份，从 A 国取得特许权使用费折合人民币 15 000 元，已按 A 国税法规定缴纳个人所得税折合人民币 1 500 元并取得完税凭证；

（4）4月1日—6月30日，前往 B 国参加培训，利用业余时间为当地三所中文学校授课，取得课酬折合人民币各 10 000 元/月，未扣缴税款；出国期间将其国内自己的小汽车出租给他人使用，每月取得租金 8 000 元；

（5）7月份，与同事杰克（外籍）合作出版了一本中外文化差异的书籍，共获得稿酬56 000 元，李某与杰克事先约定按 6∶4 比例分配稿酬。

（6）10月份，取得 3 年期国债利息收入 3 888 元；10 月 30 日取得于 7 月 30 日存入的三个月定期存款 90 000 元的利息（银行按年利率 1.71％结息）；

（7）11月份，以每份 218 元的价格转让 2013 年的企业债券 500 份，发生相关税费870 元，债券申购价每份 200 元，申购时共支付相关税费 350 元；转让 A 股股票取得所得24 000 元；

（8）1—12月份，与 4 个朋友合伙经营一个酒吧，本年酒吧取得生产经营所得 30 万元，合伙协议约定平均分配利润，不考虑投资者本人的费用扣除与工资收入。

请根据上述资料，按下列序号计算回答问题，每问需给出合计数：

（1）李某全年工资薪金应缴纳的个人所得税是多少？

（2）某企业为李某支付技术服务报酬应代付的个人所得税是多少？

（3）李某从 A 国取得特许权使用费所得应补缴的个人所得税是多少？

（4）李某从 B 国取得课酬所得应缴纳的个人所得税是多少？

（5）李某小汽车租金收入应缴纳的个人所得税，不考虑个人所得税以外的其他税费是多少？

（6）李某稿酬所得应缴纳的个人所得税是多少？

（7）银行应扣缴李某利息所得的个人所得税是多少？

（8）李某转让有价证券所得应缴纳的个人所得税是多少？

（9）李某的生产经营所得应缴纳的个人所得税是多少？

[答案]

（1）李某全年工资薪金应缴纳的个人所得税＝[（9 800－3 500）×20％－555]×12＝8 460（元）。

（2）根据国税发〔1996〕161 号文件的规定：

不含税收入额为 3 360 元（即含税收入额 4 000 元）以下的，应纳税所得额＝（不含税收入额－800）÷（1－税率）；

不含税收入额为 3 360 元（即含税收入额 4 000 元）以上的，应纳税所得额＝[（不含税收入额－速算扣除数）×（1－20％）]÷[1－税率×（1－20％）]。

上述计算应纳税所得额的公式中的税率，是指不含税所得按不含税级距对应的税率。

因而，应纳税所得额＝[（不含税收入额－速算扣除数）×（1－20％）]÷[1－税率×（1－20％）]＝[（30 000－2 000）×（1－20％）]÷[1－30％×（1－20％）]＝29 473.68（元）；

某企业应代付的个人所得税＝应纳税所得额×适用税率－速算扣除数＝29 473.68×30％－2 000＝6 842.10（元）。

（3）按我国税法规定计算的应纳税额为：15 000×（1－20％）×20％＝2 400（元）；

即抵扣限额为 2 400 元，国外已缴个人所得税为 1 500 元，因而，李某应补缴的个人所得税＝15 000×（1－20％）×20％－1 500＝900（元）。

（4）李某应缴纳的个人所得税＝10 000×（1－20％）×20％×3＝4 800（元）。

（5）李某租金收入应缴纳的个人所得税＝8 000×（1－20％）×20％×3＝3 840（元）。

（6）李某稿酬所得应缴纳的个人所得税＝56 000×60％×（1－20％）×20％×（1－30％）＝3 763.2（元）。

（7）李某的国债利息所得免纳个人所得税；储蓄存款利息所得暂免征收个人所得税。

（8）李某的有价证券转让所得应缴纳的个人所得税＝[（218－200）×500－870－350]×20％＝1 556（元）；个人转让境内上市公司股票所得免纳个人所得税。

（9）李某应分得所得额：300 000÷5＝60 000（元）；

生产经营所得应缴纳的个人所得税＝60 000×20％－3 750＝8 250（元）。

5. 案例五

【例 10-8】（计算题）中国公民张某为某大学教授，2015 年 1—6 月除了从所在大学取得工资薪金收入外，还取得以下几项收入：

（1）2 月 10 日受邀到境内某企业做演讲，主办方支付报酬 5 000 元。

（2）3 月份有两篇论文在相关专业期刊上发表，分别取得稿酬 3 200 元和 4 500 元。

（3）4 月份，将自己某著作的外文翻译出版权转让给境外某出版社，取得收入折合人民币 62 000 元，已向该境外出版社所在国缴纳个人所得税税款折合人民币 5 600 元。

（4）6 月 6 日因购物取得一张发票，中奖 1 000 元；6 月 8 日又因购物取得发票，中奖 200 元。

请根据上述资料，按下列序号计算回答问题，每问需给出合计数。

（1）张某 2 月 10 日演讲取得的报酬应缴纳的个人所得税是多少？

（2）张某 3 月份发表的两篇论文取得的稿酬应缴纳的个人所得税是多少？

（3）张某 4 月份转让著作外文翻译出版权取得收入应缴纳的个人所得税是多少？

（4）张某 6 月份因发票中奖所得应缴纳的个人所得税是多少？

[答案]

（1）演讲取得的报酬应按照"劳务报酬所得"项目计征个人所得税，张某应缴纳个人所得税＝5 000×（1－20%）×20%＝800（元）。

（2）张某发表论文应缴纳个人所得税＝（3 200－800）×20%×（1－30%）＋4 500×（1－20%）×20%×（1－30%）＝840（元）。

（3）出版权转让应按"特许权使用费所得"征收个人所得税，张某境外已纳税额扣除限额为：

62 000×（1－20%）×20%＝9 920（元）＞境外已纳税额 5 600 元，因而应缴纳个人所得税为：62 000×（1－20%）×20%－5 600＝4 320（元）。

（4）财税〔2007〕34 号文件规定，个人取得单张有奖发票奖金所得不超过 800 元（含 800 元）的，暂免征收个人所得税；个人取得单张有奖发票奖金所得超过 800 元的，应全额按照个人所得税法规定的"偶然所得"项目征收个人所得税。

张某发票中奖应缴纳个人所得税＝1 000×20%＝200（元）。

6. 案例六

【例 10-9】（计算题）2015 年度中国公民赵某有如下所得：

（1）每月工资 3 000 元，12 月份取得除当月工资外，还取得年终绩效工资 30 000 元。

（2）2015 年 5 月赵某出售自己持有的限售股，取得转让收入 10 万元，无法准确计算全部限售股成本原值。

（3）7 月份购入甲种债券 20 000 份，每份买入价 5 元，支付相关税费共计 1 000 元。6 月份卖出债券 10 000 份，每份卖出价 7 元，支付税费共计 700 元。

（4）利用业余时间兼职，1—12 月份每月从兼职单位取得报酬 3 000 元并从中拿出 500 元通过国家机关捐给希望工程。

（5）通过拍卖行将一幅珍藏多年的字画拍卖，取得收入 500 000 元，主管税务机关核定赵某收藏该字画发生的费用为 100 000 元，拍卖时支付相关税费 50 000 元。

（6）从 A 国取得特许权使用费收入折合人民币 40 000 元，在 A 国缴纳了个人所得税 8 000 元；从 B 国取得股息折合人民币 10 000 元，在 B 国缴纳了个人所得税 1 000 元。

请根据上述资料回答下列问题：

（1）2015 年 12 月份赵某的工资、薪金所得应缴纳个人所得税（　　）元。

　　A. 2 120　　　　　　B. 2 845　　　　　　C. 2 250　　　　　　D. 2 115

　　（2）2015 年 5 月赵某转让限售股应缴纳个人所得税（　　）元。

　　A. 0　　　　　　　　B. 17 000　　　　　　C. 20 000　　　　　　D. 12 000

　　（3）赵某转让债券所得应缴纳个人所得税（　　）元。

　　A. 1 880　　　　　　B. 1 980　　　　　　C. 3 760　　　　　　D. 3 960

　　（4）2015 年赵某兼职所得应缴纳个人所得税（　　）元。

　　A. 5 200　　　　　　B. 4 840　　　　　　C. 4 080　　　　　　D. 2 160

　　（5）赵某拍卖字画所得应缴纳个人所得税（　　）元。

　　A. 50 000　　　　　　B. 70 000　　　　　　C. 90 000　　　　　　D. 100 000

　　（6）赵某来源于境外的所得在我国应缴纳个人所得税（　　）元。

　　A. 0　　　　　　　　B. 1 000　　　　　　C. 1 800　　　　　　D. 2 800

　　[答案]（1）B，（2）B，（3）C，（4）C，（5）B，（6）B。

　　[解析]

　　（1）年终绩效工资按一次性奖金计税。[30 000－（3 500－3 000）]÷12＝2 458.33（元），适用税率 10%，速算扣除数 105。

　　应缴纳个人所得税＝[30 000－（3 500－3 000）]×10%－105＝2 845（元）。

　　（2）转让限售股应按财产转让所得缴纳个人所得税，应缴纳个人所得税＝（100 000－100 000×15%）×20%＝17 000（元）。

　　（3）买卖债券所得应按财产转让所得项目缴纳个人所得税。

　　应缴纳个人所得税＝[（7－5）×10 000－700－10 000÷20 000×1 000]×20%＝3 760（元）。

　　（4）从兼职单位取得的报酬应按"劳务报酬所得"项目征收个人所得税。

　　捐赠扣除限额＝（3 000－800）×30%＝660（元），捐赠支出 500 元据实扣除。

　　应缴纳个人所得税＝（3 000－800－500）×20%×12＝4 080（元）。

　　（5）应缴纳个人所得税＝（500 000－100 000－50 000）×20%＝70 000（元）。

　　（6）特许权使用费所得应纳个人所得税＝40 000×（1－20%）×20%＝6 400（元），实际缴纳 8 000 元，不用补税。

　　股息应纳个人所得税＝10 000×20%＝2 000（元），实际缴纳 1 000 元，应在境内补缴个人所得税为：2 000－1 000＝1 000（元）。

7. 案例七

　　【例 10-10】（计算题）李某是一位知名作家，2015 年取得以下收入：

　　（1）3 月出版一本小说取得稿费 50 000 元；

　　（2）7 月将境内一处住房出租，租赁期限 1 年，月租金 4 000 元，当月发生修缮费 1 200 元（不考虑其他税费）；

　　（3）8 月应邀出国访问期间，举办明清文学历史讲座，国外主办单位支付酬金 2 000 美元，境外缴纳个人所得税 80 美元（外汇牌价 7.5）；

　　（4）9 月份将国内上市公司的股票对外转让，取得转让收入 50 000 元，原购入价为 45 000 元。

（提示：流转税除提示要求计算外，上述业务均忽略不计算）

请根据上述资料回答问题，如有计算，需给出合计数。

（1）李某 2015 年稿酬所得应缴纳的个人所得税是多少？

（2）李某 2015 年 7 月出租住房应缴纳的个人所得税是多少？

（3）李某 2015 年举办讲座取得收入应缴纳的个人所得税是多少？

（4）李某 9 月份将国内上市公司的股票对外转让应缴纳的个人所得税是多少？

[答案]

（1）稿酬所得应由出版社代扣代缴个人所得税：

张某应缴纳个人所得税＝50 000×（1－20％）×20％×（1－30％）＝5 600（元）。

（2）张某 7 月取得的租赁所得应缴纳个人所得税＝（4 000－800－800）×10％＝240（元）。

（3）8 月境外讲座取得酬金应在我国纳税，境外所得抵免限额＝2 000×7.5×（1－20％）×20％＝2 400（元）。

境外所得在境外已纳个人所得税＝80×7.5＝600（元），小于抵免限额。

张某应在国内补交个人所得税＝2 400－80×7.5＝1 800（元）。

（4）个人将境内上市公司股票再转让而取得的所得，暂不征收个人所得税。

8. 案例八

【例 10-11】（计算题）南京某高校赵教授 2015 年取得部分收入项目如下：

（1）1 月从学校取得的收入包括基本工资 3 200 元、教授津贴 6 000 元，因公出差取得差旅费津贴 420 元，按照所在省人民政府规定的比例提取并缴付的"三费一金"1 455 元。

（2）5 月 10 日，因担任另一高校的博士论文答辩取得答辩费 5 000 元，同日晚上为该校做一场学校报告取得收入 3 000 元。

（3）自 1 月 1 日起将自有的面积为 120 平方米的住房按市场价格出租给李某居住，每月租金 5 500 元，租期为一年，全年租金收入 66 000 元。其中，7 月份因墙面开裂发生维修费用 3 200 元，取得装修公司出具的正式发票。

（4）7 月取得国债利息收入 1 850 元、一年期定期储蓄存款利息收入 375 元、某上市公司发行的企业债利息收入 1 000 元。

（5）10 月份因持有两年前购买的某上市公司股票 13 000 股，取得该公司年中股票分红所得 2 600 元。

请根据以上资料，回答下列问题。

（1）赵教授 1 月份从学校取得的收入应缴纳的个人所得税是多少？

（2）赵教授 5 月 10 日取得的答辩费和作学术报告取得收入应缴纳的个人所得税是多少？

（3）赵教授取得的租金收入应缴纳的个人所得税是多少（不考虑租金收入应缴纳的其他税费）？

（4）赵教授 7 月份取得的利息收入应缴纳的个人所得税是多少？

（5）赵教授 10 月份取得的上市公司股票分红收入应缴纳的个人所得税是多少？

[答案]

(1) 赵教授1月份从学校取得的收入应缴纳的个人所得税计算如下:

1月份工资、薪金所得应纳税所得额＝3 200＋6 000－1 455－3 500＝4 245（元），

应纳个人所得税＝4 245×10％－105＝319.5（元）。

(2) 赵教授取得的答辩费和做学术报告取得收入应缴纳的个人所得税计算如下:

答辩费收入应纳个人所得税额＝5 000×（1－20％）×20％＝800（元），

学术报告收入应纳个人所得税＝（3 000－800）×20％＝440（元），

合计应纳个人所得税＝800＋400＝1 200（元）。

(3) 赵教授取得的租金收入应缴纳的个人所得税计算如下:

1到6月份、11和12月份每月应纳个人所得税＝5 500×（1－20％）×10％＝440（元）；

7到10月份每月应纳个人所得税＝（5 500－800）×（1－20％）×10％＝376（元）；

全年应纳个人所得税＝440×8＋376×4＝3 520＋1 504＝5 024（元）。

(4) 赵教授7月份取得的利息收入应缴纳的个人所得税的计算。

根据《个人所得税法》的相关规定，国债利息与储蓄存款利息收入免征个人所得税。

企业债利息收入应纳个人所得税＝1 000×20％＝200（元）。

(5) 赵教授10月份取得的上市公司股票分红收入应缴纳的个人所得税的计算。

根据《财政部 国家税务总局 证监会关于上市公司股息红利差别化个人所得税政策有关问题的通知》（财税〔2015〕101号）的规定，自2015年9月8日起，个人从公开发行和转让市场取得的上市公司股票，持股期限超过1年的，股息红利所得暂免征收个人所得税。因而，赵教授取得的上市公司股票分红收入2 600元免征个人所得税。

9. 案例九

【例10-12】（计算题）中国公民张某自2011年起任国内某上市公司高级工程师，2015年取得的部分收入如下:

(1) 1月取得任职公司支付的工资7 500元，另取得地区津贴1 600元，差旅费津贴1 500元。

(2) 公司于2013年实行股票期权计划。2013年1月11日，张先生获得公司授予的股票期权10 000份（该期权不可公开交易），授予价格为每份6元。当日公司股票的收盘价为7.68元。公司规定的股票期权期限是2015年2月10日至9月10日。张某于2015年2月13日对4 000份股票期权实施行权，当日公司股票的收盘价为9.6元。

(3) 5月份取得财政部发行国债的利息1 200元，取得2013年某省发行的地方政府债券的利息560元，取得某国内上市公司发行的公司债券利息750元。

(4) 7月9日，张某对剩余的股票期权全部实施行权，当日股票收盘价10.8元。

请根据上述资料，回答下列问题。

(1) 1月份张某取得工资、津贴收入应缴纳的个人所得税是多少?

(2) 2月份张某实施股票期权行权应缴纳的个人所得税是多少?

(3) 5月份张某取得的各项利息收入应缴纳的个人所得税是多少?

(4) 7月份张某实施股票期权行权应缴纳的个人所得税是多少?

[答案]

（1）1月份张某取得工资、津贴收入应缴纳的个人所得税计算如下：

当月应纳税所得额＝7 500＋1 600－3500＝5 600（元），

应纳个人所得税＝5 600×20％－555＝565（元）。

（2）2月份张某实施股票期权行权应缴纳的个人所得税计算如下：

行权取得的所得额＝4 000×（9.6－6）＝14 400（元），

应缴纳的个人所得税＝14 400÷12×3％×12＝432（元）。

（3）5月份张某取得的各项利息收入应缴纳的个人所得税的计算。

国债利息和地方政府债券利息收入免征个人所得税，

利息应纳个人所得税为：750×20％＝150（元）。

（4）7月份张某实施股票期权行权应缴纳的个人所得税计算如下：

2月第1次行权取得的所得额＝4 000×（9.6－6）＝14 400（元），

7月第2次行权取得的所得额＝6 000×（10.8－6）＝28 800（元），

7月实施股票期权行权应缴纳的个人所得税＝[（14 400＋28 800)÷12×10％－105]×12－432＝2 628（元）。

11

第十一章
代扣代缴与自行申报

由支付收入的单位或个人代扣代缴税款和由纳税人自行申报纳税是世界各国征收个人所得税的两种通行做法。我国个人所得税的征收也采用了这两种方法相结合的做法。《个人所得税法》第八条规定,个人所得税,以所得人为纳税义务人,以支付所得的单位或者个人为扣缴义务人。个人所得超过国务院规定数额的,在两处以上取得工资、薪金所得或者没有扣缴义务人的,以及具有国务院规定的其他情形的,纳税义务人应当按照国家规定办理纳税申报。扣缴义务人应当按照国家规定办理全员全额扣缴申报。

第一节　代扣代缴与自行申报

代扣代缴是个人所得税的主要征收方式,它是加强源泉控制,堵塞税收漏洞的重要手段。受我国法治建设状况的制约,公民自觉纳税意识不强,良好的纳税习惯尚未普遍形成,加之我国个人所得税采用的是分项税制,因此,代扣代缴在我国个人所得税征管中显得尤为重要。

一、代扣代缴

(一)扣缴义务人

1. 扣缴义务人概述

《个人所得税代扣代缴暂行办法》(国税发〔1995〕65号发布)规定,凡支付个人应纳税所得的企业(公司)、事业单位、机关、社团组织、军队、驻华机构、个体户等单位或者个人,为个人所得税的扣缴义务人。但上述驻华机构,不包括外国驻华使领馆和联合国及其他依法享有外交特权和豁免的国际组织驻华机构。

2. 扣缴义务人的认定

《国家税务总局关于个人所得税偷税案件查处中有关问题的补充通知》(国税函发〔1996〕602号)规定,扣缴义务人的认定,按照个人所得税法的规定,向个人支付所得的单位和个人为扣缴义务人。由于支付所得的单位和个人与取得所得的人之间有多重支付的现象,有时难以确定扣缴义务人。为保证全国执行的统一,国税函发〔1996〕602号文件明确认定标准为:凡税务机关认定对所得的支付对象和支付数额有决定权的单位和个人,即为扣缴义务人。

3. 限售股所得扣缴义务人

《财政部 国家税务总局 证监会关于个人转让上市公司限售股所得征收个人所得税有关问题的通知》(财税〔2009〕167号)规定,限售股转让所得个人所得税,以限售股持有者为纳税义务人,以个人股东开户的证券机构为扣缴义务人。限售股个人所得税由证券机构所在地主管税务机关负责征收管理。

4. 对境外企业支付雇员工薪的扣缴义务人

《国家税务总局关于外商投资企业和外国企业对境外企业支付其雇员的工资薪金代扣代缴个人所得税问题的通知》（国税发〔1999〕241 号）规定，个人在中国境内外商投资企业中任职、受雇应取得的工资、薪金，应由该外商投资企业支付。凡由于该外商投资企业与境外企业存在关联关系，上述本应由外商投资企业支付的工资、薪金中部分或全部由境外关联企业支付的，对该部分由境外关联企业支付的工资、薪金，境内外商投资企业仍应依照个人所得税法的规定，据实汇集申报有关资料，负责代扣代缴个人所得税。在中国境内设有机构、场所的外国企业，对其雇员所取得的由境外总机构或关联企业支付的工资、薪金，也应比照上述规定，负责代扣代缴个人所得税。

5. 行政事业单位扣缴义务人的确定

《国家税务总局关于行政机关、事业单位工资发放方式改革后扣缴个人所得税问题的通知》（国税发〔2001〕19 号）规定，行政机关、事业单位改革工资发放方式后，随着支付工资所得单位的变化，其扣缴义务人也有所变化。根据《个人所得税法》第八条的规定，凡是有向个人支付工薪所得行为的财政部门（或机关事务管理、人事等部门）、行政机关、事业单位均为个人所得税的扣缴义务人。财政部门（或机关事务管理、人事等部门）向行政机关、事业单位工作人员发放工资时应依法代扣代缴个人所得税。行政机关、事业单位再向个人支付与任职、受雇有关的其他所得时，应将个人的这部分所得与财政部门（或机关事务管理、人事等部门）发放的工资合并计算应纳税所得额和应纳税额，并就应纳税额与财政部门（或机关事务管理、人事等部门）已扣缴税款的差额部分代扣代缴个人所得税。

6. 企业债券利息的扣缴义务人

《国家税务总局关于加强企业债券利息个人所得税代扣代缴工作的通知》（国税函〔2003〕612 号）规定，企业债券利息个人所得税统一由各兑付机构在向持有债券的个人兑付利息时负责代扣代缴，就地入库。各兑付机构应按照个人所得税法的有关规定做好代扣代缴个人所得税工作。

7. 驻华机构、驻华使领馆中方雇员扣缴义务人

《国家税务总局关于国际组织驻华机构、外国政府驻华使领馆和驻华新闻机构雇员个人所得税征收方式的通知》（国税函〔2004〕808 号）明确：

（1）根据个人所得税法规定，对于在国际组织驻华机构和外国政府驻华使领馆中工作的中方雇员的个人所得税，应以直接支付所得的单位或者个人作为代扣代缴义务人，考虑到国际组织驻华机构和外国政府驻华使领馆的特殊性，各级地方税务机关可暂不要求国际组织驻华机构和外国政府驻华使领馆履行个人所得税代扣代缴义务。

（2）鉴于北京外交人员服务局和各省（直辖市）省级人民政府指定的外事服务单位等机构，通过一定途径能够掌握在国际组织驻华机构、外国政府驻华使领馆工作的中方雇员受雇情况，根据《中华人民共和国税收征收管理法实施细则》第四十四条规定，各主管税务机关可委托外交人员服务机构代征上述中方雇员的个人所得税。各主管税务机关要加强与外事服务单

位联系，及时办理国际组织驻华机构和外国政府驻华使领馆中方雇员个人所得税委托代征手续。

（3）北京、上海、广东、四川等有外国驻当地新闻媒体机构的省（直辖市）地方税务局应定期向省级人民政府外事办公室索要《外国驻华新闻媒体名册》，了解、掌握外国驻当地新闻媒体机构以及外籍人员变动情况，并据此要求上述驻华新闻机构做好中外籍记者、雇员个人所得税扣缴工作。

8. 财产拍卖所得的扣缴义务人

个人财产拍卖所得应缴纳的个人所得税税款，由拍卖单位负责代扣代缴，并按规定向拍卖单位所在地主管税务机关办理纳税申报。

（二）应扣缴税款的所得项目

《个人所得税代扣代缴暂行办法》第四条规定，扣缴义务人在向个人支付下列所得时，应代扣代缴个人所得税：（1）工资、薪金所得；（2）对企事业单位的承包经营、承租经营所得；（3）劳务报酬所得；（4）稿酬所得；（5）特许权使用费所得；（6）利息、股息、红利所得；（7）财产租赁所得；（8）财产转让所得；（9）偶然所得；（10）经国务院财政部门确定征税的其他所得。

由此可见，个人所得税法规定的11项所得中，除个体工商户生产、经营所得项目外，其他10项所得都适用支付人代扣代缴。

（三）全员全额扣缴申报

《个人所得税法实施条例》第三十七条规定，全员全额扣缴申报，是指扣缴义务人在代扣税款的次月内，向主管税务机关报送其支付所得个人的基本信息、支付所得数额、扣缴税款的具体数额和总额以及其他相关涉税信息。即扣缴义务人向个人支付应税所得时，不论其是否属于本单位人员、支付的应税所得是否达到纳税标准，扣缴义务人应当在代扣税款的次月内，向主管税务机关报送其支付应税所得个人（以下简称个人）的基本信息、支付所得项目和数额、扣缴税款数额以及其他相关涉税信息。这里所称扣缴义务人，是指向个人支付应税所得的单位和个人。

1. 全员全额扣缴申报的应税所得项目

《个人所得税全员全额扣缴申报管理暂行办法》（国税发〔2005〕205号发布）第二条规定，扣缴义务人必须依法履行个人所得税全员全额扣缴申报义务。

该办法还规定，实行个人所得税全员全额扣缴申报的应税所得项目包括：（1）工资、薪金所得；（2）劳务报酬所得；（3）稿酬所得；（4）特许权使用费所得；（5）利息、股息、红利所得；（6）财产租赁所得；（7）财产转让所得；（8）偶然所得；（9）经国务院财政部门确定征税的其他所得。

2. 扣缴申报方式

扣缴义务人可以直接到税务机关办理扣缴申报，也可以按照规定采取邮寄、数据电文或者其他方式办理扣缴申报。

扣缴义务人不能按期报送《扣缴个人所得税报告表》和个人基础信息，需要延期申报的，应按税收征收管理法的有关规定办理。

二、自行申报

（一）申报项目

1. 自行申报项目

自行申报纳税是我国个人所得税的另一种重要征收方式。根据《个人所得税法实施条例》第三十六条和《国家税务总局关于印发〈个人所得税自行纳税申报办法（试行）〉的通知》（国税发〔2006〕162 号）等相关规定，凡符合税法规定的纳税义务人有下列情形之一的，应当按照规定到主管税务机关办理纳税申报：

（1）年所得 12 万元以上的；

（2）从中国境内两处或者两处以上取得工资、薪金所得的；

（3）从中国境外取得所得的；

（4）取得应纳税所得，没有扣缴义务人的；

（5）国务院规定的其他情形。

《个人所得税自行纳税申报办法（试行）》规定，上述第（2）项至第（4）项情形的纳税人，均应当按照规定，于取得所得后向主管税务机关办理纳税申报。第（5）项情形的纳税人，其纳税申报办法根据具体情形另行规定。

上述所称从中国境外取得所得的纳税人，是指在中国境内有住所，或者无住所而在一个纳税年度中在中国境内居住满 1 年的个人。

【例 11-1】（多选题）下列情形中，纳税人必须自行向税务机关申报缴纳个人所得税的有（   ）。

A. 年所得 12 万元以上的

B. 从中国境外取得所得的

C. 在两处以上取得稿酬所得的

D. 取得应税所得没有扣缴义务人的

E. 外籍人士在中国境内取得劳务报酬所得的

［答案］ABD

2. 需自行申报的特殊项目

（1）股权转让违约金收入。

根据《国家税务总局关于个人股权转让过程中取得违约金收入征收个人所得税问题的批复》（国税函〔2006〕866 号）的规定，股权成功转让后，转让方个人因受让方个人未按规定期限支付价款而取得的违约金收入,属于因财产转让而产生的收入。转让方个人取得的该违约金应并入财产转让收入,按照"财产转让所得"项目计算缴纳个人所得税,税款由取得所得的转让方个人向主管税务机关自行申报缴纳。

(2) 个人非货币性资产投资。

《关于个人非货币性资产投资有关个人所得税征管问题的公告》(国家税务总局公告2015年第20号)第二条规定,非货币性资产投资个人所得税由纳税人向主管税务机关自行申报缴纳。

(3) 房屋拍卖收入。

《国家税务总局关于个人取得房屋拍卖收入征收个人所得税问题的批复》(国税函〔2007〕1145号)规定,为方便纳税人依法履行纳税义务和税务机关加强税收征管,纳税人应比照《国家税务总局关于个人住房转让所得征收个人所得税有关问题的通知》(国税发〔2006〕108号)第四条的有关规定,在房屋拍卖后缴纳营业税、契税、土地增值税等税收的同时,一并申报缴纳个人所得税。

(4) 分笔取得属于一次报酬。

《国家税务总局、文化部关于印发〈演出市场个人所得税征收管理暂行办法〉的通知》(国税发〔1995〕171号)规定,分笔取得属于一次报酬的演职员应在取得报酬的次月15日内自行到演出所在地或者单位所在地主管税务机关申报纳税。

(二) 申报地点

申报地点一般应为收入来源地的主管税务机关。根据《个人所得税自行纳税申报办法(试行)》的规定,纳税申报地点分别为:

(1) 从两处或者两处以上取得工资、薪金所得的,选择并固定向其中一处单位所在地主管税务机关申报。

(2) 从中国境外取得所得的,向中国境内户籍所在地主管税务机关申报。在中国境内有户籍,但户籍所在地与中国境内经常居住地不一致的,选择并固定向其中一地主管税务机关申报。在中国境内没有户籍的,向中国境内经常居住地主管税务机关申报。

(3) 个体工商户向实际经营所在地主管税务机关申报。

(4) 个人独资、合伙企业投资者兴办两个或两个以上企业的,区分不同情形确定纳税申报地点:

①兴办的企业全部是个人独资性质的,分别向各企业的实际经营管理所在地主管税务机关申报;

②兴办的企业中含有合伙性质的,向经常居住地主管税务机关申报;

③兴办的企业中含有合伙性质,个人投资者经常居住地与其兴办企业的经营管理所在地不一致的,选择并固定向其参与兴办的某一合伙企业的经营管理所在地主管税务机关申报。此时纳税申报地点,除特殊情况外,5年以内不得变更。

(5) 除以上情形外,纳税人应当向取得所得所在地主管税务机关申报。

纳税人不得随意变更纳税申报地点,因特殊情况变更纳税申报地点的,须报原主管税务机关备案。这里所称经常居住地，是指纳税人离开户籍所在地最后连续居住一年以上的地方。

【例 11-2】（多选题）关于个人所得税的纳税地点，下列表述中正确的有（ ）。

A. 一般情况下，个人所得税应向收入来源地的税务机关申报纳税

B. 从境外取得所得的个人，应向境内经常居住地的税务机关申报纳税

C. 在两处或两处以上取得工资的，应向所得来源地的税务机关申报纳税

D. 由在华企业或办事机构发放工资、薪金的外籍个人，由在华企业或办事机构集中向当地税务机关申报纳税

E. 在中国境内几地工作的临时来华人员，应以税法规定的申报纳税日期为准，在某一地区达到申报纳税日期的，即在该地申报纳税

[答案] ADE

（三）申报期限

根据个人所得税各个应纳税所得项目的不同特点，现行税法确定了三种不同的税款计征期限，即按次计征、按月计征和按年计征。

实行按次征收的，主要包括：劳务报酬所得，稿酬所得，特许权使用费所得，利息、股息、红利所得，财产租赁所得，财产转让所得，偶然所得和其他所得。

实行按月征收的主要为工资、薪金所得。但考虑到采掘业、远洋运输业、远洋捕捞业等特殊行业工作人员，其工资收入水平受季节、气候和产量等因素的影响较大，根据公平税负原则，国务院依据税法的授权，决定对上述三个行业工资、薪金所得，实行按年计算、分月预缴的计征方式。

实行按年征收的，主要包括：个体工商户的生产、经营所得（包括个人独资企业和合伙企业投资者个人所得税）和对企事业单位的承包经营、承租经营所得。对于纳税人来源于中国境外的所得，也实行按年结算税款的办法。

《个人所得税法》第九条规定，扣缴义务人每月所扣的税款，自行申报纳税人每月应纳的税款，都应当在次月 15 日内缴入国库，并向税务机关报送纳税申报表。

工资、薪金所得应纳的税款，按月计征，由扣缴义务人或者纳税义务人在次月 15 日内缴入国库，并向税务机关报送纳税申报表。特定行业的工资、薪金所得应纳的税款，可以实行按年计算、分月预缴的方式计征，具体办法由国务院规定。

个体工商户的生产、经营所得应纳的税款，按年计算，分月预缴，由纳税义务人在次月 15 日内预缴，年度终了后三个月内汇算清缴，多退少补。

对企事业单位的承包经营、承租经营所得应纳的税款，按年计算，由纳税义务人在年度终了后 30 日内缴入国库，并向税务机关报送纳税申报表。纳税义务人在一年内分次取得承包经营、承租经营所得的，应当在取得每次所得后的 15 日内预缴，年度终了后三个月内汇算清缴，多退少补。

从中国境外取得所得的纳税义务人，应当在年度终了后 30 日内，将应纳的税款缴入国库，并向税务机关报送纳税申报表。

1. 工资、薪金所得

工资、薪金所得应纳的税款，按月计征，由扣缴义务人或者纳税义务人在次月15日内缴入国库，并向税务机关报送纳税申报表。特定行业的工资、薪金所得应纳的税款，可以实行按年计算、分月预缴的方式计征，具体办法由国务院规定。

根据《个人所得税法实施条例》第四十条的规定，这里的特定行业，是指采掘业、远洋运输业、远洋捕捞业以及国务院财政、税务主管部门确定的其他行业。对上述特定行业的工资、薪金所得采用"按年计算、分月预缴"方式计征，具体方法为：特定行业职工的工资、薪金所得应纳的税款，按月预缴，自年度终了之日起30日内，合计其全年工资、薪金所得，再按12个月平均并计算实际应纳的税款，多退少补。

2. 生产、经营所得

（1）个体工商户生产、经营所得。

根据《个人所得税自行纳税申报办法（试行）》的规定，个体工商户和个人独资、合伙企业投资者取得的生产、经营所得应纳的税款，分月预缴的，纳税人在每月终了后15日内办理纳税申报；分季预缴的，纳税人在每个季度终了后15日内办理纳税申报。纳税年度终了后，纳税人在三个月内进行汇算清缴。

账册健全的个体工商户的生产、经营所得应纳的税款，按年计算、分月预缴，由纳税人在次月15日内申报预缴，年度终了后三个月内汇算清缴，多退少补。

账册不健全的个体工商户的生产、经营所得应纳的税款，由各地税务机关依据《中华人民共和国税收征收管理法》及其实施细则的有关规定，自行确定征收方式。自行确定的征收方式可以采取定期定额、查定征收、查验征收以及其他征收方式。

对个体工商户生产、经营所得，税法规定应"分月预缴"，而个人独资企业和合伙企业以及企业所得税既可以"分月预缴"也可以"分季预缴"。

（2）对企事业单位承包、承租经营所得。

纳税人年终一次性取得对企事业单位的承包经营、承租经营所得的，自取得所得之日起30日内办理纳税申报；在一个纳税年度内分次取得承包经营、承租经营所得的，在每次取得所得后的次月15日内申报预缴，纳税年度终了后三个月内汇算清缴。

3. 其他项目所得

除上述情形外，纳税人取得其他各项所得须申报纳税的，在取得所得的次月15日内向主管税务机关办理纳税申报。纳税人不能按照规定的期限办理纳税申报，需要延期的，按照《中华人民共和国税收征收管理法》第二十七条和《中华人民共和国税收征收管理法实施细则》第三十七条的规定办理。

根据个人所得税相关规定，劳务报酬，稿酬，特许权使用费，利息、股息、红利，财产租赁，财产转让所得和偶然所得等，按次计征。取得所得的纳税人应当在次月15日内将应纳税款缴入国库，并向税务机关报送个人所得税纳税申报表。

年所得12万元以上的纳税人，在纳税年度终了后三个月内向主管税务机关办理纳税申报。

纳税期限的最后一日是法定休假日的，以休假日的次日为期限的最后一日。

4. 境外所得

《个人所得税法》第九条规定，从中国境外取得所得的纳税义务人，应当在年度终了后 30 日内，将应纳的税款缴入国库，并向税务机关报送纳税申报表。

即从中国境外取得所得的纳税人，其来源于中国境外的应纳税所得，如在境外以纳税年度计算缴纳个人所得税的，应在所得来源国的纳税年度终了、结清税款后的 30 日内，向中国主管税务机关申报纳税；如在取得境外所得时结清税款的，或者在境外按所得来源国税法规定免予缴纳个人所得税的，应在次年 1 月 1 日起 30 日内向中国主管税务机关申报纳税。

三、年所得 12 万元以上自行纳税申报

《个人所得税自行纳税申报办法（试行）》规定，年所得 12 万元以上的纳税人，无论取得的各项所得是否已足额缴纳了个人所得税，均应当按照本办法的规定，于纳税年度终了后向主管税务机关办理纳税申报。

这里所称年所得 12 万元以上的纳税人，不包括在中国境内无住所，且在一个纳税年度中在中国境内居住不满 1 年的个人。

（一）申报地点

《个人所得税自行纳税申报办法（试行）》规定，年所得 12 万元以上的纳税人，纳税申报地点分别为：

（1）在中国境内有任职、受雇单位的，向任职、受雇单位所在地主管税务机关申报。

（2）在中国境内有两处或者两处以上任职、受雇单位的，选择并固定向其中一处单位所在地主管税务机关申报。

（3）在中国境内无任职、受雇单位，年所得项目中有个体工商户的生产、经营所得或者对企事业单位的承包经营、承租经营所得（统称生产、经营所得）的，向其中一处实际经营所在地主管税务机关申报。

（4）在中国境内无任职、受雇单位，年所得项目中无生产、经营所得的，向户籍所在地主管税务机关申报。在中国境内有户籍，但户籍所在地与中国境内经常居住地不一致的，选择并固定向其中一地主管税务机关申报。在中国境内没有户籍的，向中国境内经常居住地主管税务机关申报。

（二）所得内容

年所得 12 万元以上，是指纳税人在一个纳税年度取得以下各项所得的合计数额达到 12 万元：①工资、薪金所得；②个体工商户的生产、经营所得；③对企事业单位的承包经营、承租经营所得；④劳务报酬所得；⑤稿酬所得；⑥特许权使用费所得；⑦利息、股息、红利所得；⑧财产租赁所得；⑨财产转让所得；⑩偶然所得；⑪经国务院财政部门确

定征税的其他所得。

但根据《个人所得税自行纳税申报办法（试行）》的规定，年所得 12 万元以上的所得内容，不含以下所得：

（1）《个人所得税法》第四条第一项至第九项规定的免税所得。即：

①省级人民政府、国务院部委、中国人民解放军军以上单位，以及外国组织、国际组织颁发的科学、教育、技术、文化、卫生、体育、环境保护等方面的奖金；

②国债和国家发行的金融债券利息；

③按照国家统一规定发给的补贴、津贴，即《个人所得税法实施条例》第十三条规定的按照国务院规定发放的政府特殊津贴、院士津贴、资深院士津贴以及国务院规定免纳个人所得税的其他补贴、津贴；

④福利费、抚恤金、救济金；

⑤保险赔款；

⑥军人的转业费、复员费；

⑦按照国家统一规定发给干部、职工的安家费、退职费、退休工资、离休工资、离休生活补助费；

⑧依照我国有关法律规定应予免税的各国驻华使馆、领事馆的外交代表、领事官员和其他人员的所得；

⑨中国政府参加的国际公约、签订的协议中规定免税的所得。

（2）《个人所得税法实施条例》第六条规定可以免税的来源于中国境外的所得，即在中国境内无住所，但是居住一年以上五年以下的个人，其来源于中国境外的所得，由中国境外单位或个人支付并且不由境内机构负担的部分。

（3）《个人所得税法实施条例》第二十五条规定的按照国家规定单位为个人缴付和个人缴付的基本养老保险费、基本医疗保险费、失业保险费、住房公积金。

（三）所得口径

年所得 12 万元以上一般是指毛收入，即扣除法定扣除费用之前的所得，而不是计算应纳税额的应纳税所得额。对于各项所得的年所得计算口径，《个人所得税自行纳税申报办法（试行）》和《国家税务总局关于明确年所得 12 万元以上自行纳税申报口径的通知》（国税函〔2006〕1200 号）做出了规定。

此外，个体工商户的生产、经营所得，按照应纳税所得额计算。实行查账征收的，按照每一纳税年度的收入总额减除成本、费用以及损失后的余额计算；实行定期定额征收的，按照纳税人自行申报的年度应纳税所得额计算，或者按照其自行申报的年度应纳税经营额乘以应税所得率计算。

国税函〔2006〕1200 号文件规定，对个体工商户、个人独资企业投资者，按照征收率核定个人所得税的，将征收率换算为应税所得率，据此计算应纳税所得额。合伙企业投资者按照上述方法确定应纳税所得额后，合伙人应按照合伙协议约定的分配比例确定应纳税所得额。合伙协议未约定或者约定不明确的，以全部生产经营所得和其他所得，按照合伙人协商决定的分配比例确定应纳税所得额。协商不成的，以全部生产经营所得和其他所得，按照合伙人实缴出资比例确定应纳税所得额。无法确定出资比例的，以全部生产经营所得和其他所得，按照合伙人数量平均计算每个合伙人的应纳税所得额。对于同时参与两个以上企业投资的，合伙人应将其投资所有企业的应纳税所得额相加后的总额作为年所得。

对企事业单位的承包经营、承租经营所得，按照每一纳税年度的收入总额计算，即按照承包经营、承租经营者实际取得的经营利润，加上从承包、承租的企事业单位中取得的工资、薪金性质的所得计算。

【例 11-3】（多选题）下列各项中，计算个人所得税自行申报的年所得时允许扣除的项目有（　　）。

A. 财产保险赔款 　　　B. 国家发行的金融债券利息

C. 国际组织颁发的环境保护奖金 　　　D. 商场购物取得的中奖所得

[答案] ABC

【例 11-4】（单选题）年所得在 12 万元以上的个人自行申报纳税时，应当填写《个人所得税纳税申报表》，填写该表时应对各项所得计算年所得。下列关于年所得计算的表述中，正确的是（　　）。

A. 股票转让所得不计算填报年所得

B. 工资、薪金所得按照已减除费用及附加费用后的收入额计算年所得

C. 劳务报酬所得允许减除纳税人在提供劳务时有关税费后计算年所得

D. 纳税人一次取得跨年度财产租赁所得，应全部视为实际取得所得年度的所得

[答案] D

第二节　个人所得税申报表

一、个人所得税申报表种类

本着与税制发展方向、税收征管改革目标、电子信息发展趋势相适应的原则，国家税务总局于 2013 年 4 月 27 日印发了《国家税务总局关于发布个人所得税申报表的公告》（国家税务总局公告 2013 年第 21 号），对现行个人所得税申报表进行了修订。具体修订内容有以下三方面：

（1）进一步规范全员全额扣缴明细申报制度，完善基础申报信息，统一数据口径标准，新增两张个人所得税基础信息表，一张是适用于扣缴义务人扣缴明细申报用的《个人所得税基础信息表（A表）》，一张是适用于纳税人自行纳税申报用的《个人所得税基础信息表（B表）》。

（2）整合简并相似或同类项目申报表，简化申报内容，有效减轻扣缴义务人和纳税人负担。如将现行生产经营类的六张申报表简并为三张表；将现行五张扣缴申报类的申报表整合简并为三张表。

（3）规范数据口径，引导并鼓励信息技术的使用。如通过统一申报数据标准，方便纳

税人通过电子方式申报、税务机关加强数据信息利用。

2013 年修订后，个人所得税申报表简化至 12 张。其中，基础信息类 2 张，扣缴申报类 3 张，自行申报类 7 张（包括个人纳税人自行申报表 4 张，生产经营纳税人自行申报表 3 张）。除《个人所得税纳税申报表（适用于年所得 12 万元以上的纳税人申报）》《限售股转让所得扣缴个人所得税报告表》《限售股转让所得个人所得税清算申报表》3 张表沿用原有式样未做变动外，其他申报表均有变化。

为规范纳税申报，维护纳税人权益，根据《个体工商户个人所得税计税办法》和有关规定，2015 年 4 月 30 日，国家税务总局发布了《国家税务总局关于发布生产经营所得及减免税事项有关个人所得税申报表的公告》（国家税务总局公告 2015 年第 28 号），自 2015 年 7 月 1 日起执行。《国家税务总局关于发布个人所得税申报表的公告》（国家税务总局公告 2013 年第 21 号）附件 7、附件 8 和附件 9 同时废止。其主要目的在于：

（1）与《个体工商户个人所得税计税办法》做到有效衔接。《个体工商户个人所得税计税办法》发布后，个人取得"个体工商户的生产、经营所得"或"对企事业单位的承包经营、承租经营所得"的计税规定更加科学、合理，但相关纳税申报表却因发布时间较早，与之存在一定程度的差别，可能导致纳税人难以准确把握有关项目的填报口径。为此，国家税务总局按《个体工商户个人所得税计税办法》，对《国家税务总局关于发布个人所得税申报表的公告》（国家税务总局公告 2013 年第 21 号）中相关的申报表进行了调整，做到两者之间口径一致。

（2）方便纳税人办理减免税事项申报。此前，由各地根据情况自行制定减免税相关报表，导致地区间的减免税申报存在较大差异，在一定程度上给纳税人理解和填报造成了不便。此次，该公告同时发布了《个人所得税减免税事项报告表》，统一了填报格式，并尽可能简化了减免税的申报内容，规范了申报要求，为纳税人办理相关减免税事宜提供了方便。

到 2015 年底，现行有效的个人所得税申报表共有 17 张，详见表 11-1。

表 11-1　　　　　　　个人所得税申报表简表

序号	申报类型	申报表名称	适用范围	申报期限	类别
1	基础信息登记类	个人所得税基础信息表（A 表）	适用于扣缴义务人办理全员全额扣缴申报的纳税人的基础信息填报	次月 15 日内	新增
2		个人所得税基础信息表（B 表）	适用于个人所得税自行纳税申报纳税人基础信息的填报	随自行申报表附送	新增
3	扣缴申报类	扣缴个人所得税报告表	适用于扣缴义务人办理全员全额扣缴个人所得税的申报。包括特定行业职工工资、薪金所得个人所得税的月份申报	次月 15 日内	修订
4					
5		特定行业个人所得税年度申报表	适用于特定行业职工工资、薪金所得个人所得税的年度申报	年度终了之日起 30 日内	修订
		限售股转让所得扣缴个人所得税报告表	适用于证券机构预扣预缴，或者直接代扣代缴限售股转让所得个人所得税的申报	次月 15 日内	保留不变

续表

序号	申报类型	申报表名称	适用范围	申报期限	类别
6	自然人纳税人自行纳税申报类	个人所得税自行纳税申报表（A表）	适用于"从中国境内两处或者两处以上取得工资、薪金所得的""取得应纳税所得，没有扣缴义务人的"，以及"国务院规定的其他情形"的纳税人的纳税申报	次月15日内	修订
7		个人所得税纳税申报表（B表）	适用于"从中国境外取得所得的"的纳税人的纳税申报	年度终了后30日内	修订
8		个人所得税纳税申报表（适用于年所得12万元以上的纳税人申报）	适用于年所得12万元以上的纳税人申报	年度终了后3个月内	保留
					不变
9		限售股转让所得个人所得税清算申报表	适用于纳税人取得限售股转让所得已预扣预缴个人所得税款的清算申报	税款被代扣并解缴的次月1日起3个月内	保留不变
10	生产、经营纳税人自行纳税申报类	个人所得税生产经营所得纳税申报表（A表）	适用于用于个体工商户、企事业单位承包承租经营者、个人独资企业投资者和合伙企业合伙人取得"个体工商户的生产、经营所得"或"对企事业单位的承包经营、承租经营所得"的个人所得税月度（季度）纳税申报	承包承租所得：每月或每次所得后的15日内；其他：次月15日内	修订
11		个人所得税生产经营所得纳税申报表（B表）	适用于个体工商户、企事业单位承包承租经营者、个人独资企业投资者和合伙企业合伙人取得"个体工商户的生产、经营所得"或"对企事业单位的承包经营、承租经营所得"的年度汇算清缴	承包承租所得分不同情况：年度终了后30日或年度终了后3个月内；其他：年度终了后3个月内	修订
12		个人所得税生产经营所得纳税申报表（C表）	适用于个体工商户、企事业单位承包承租经营者、个人独资企业投资者和合伙企业合伙人在两处或者两处以上取得"个体工商户的生产、经营所得"或"对企事业单位的承包经营、承租经营所得"办理年度汇总纳税申报	年度终了后3个月内	修订
13	税收优惠类	个人所得税减免税事项报告表	适用于纳税人、扣缴义务人纳税申报时存在减免个人所得税的申报		新增

序号	申报类型	申报表名称	适用范围	申报期限	类别
14	分期缴税备案类	个人所得税分期缴纳备案表（股权奖励）	适用于个人取得股权奖励，其扣缴义务人向主管税务机关办理分期缴纳个人所得税备案事宜	次月15日内	新增
15		个人所得税分期缴纳备案表（转增股本）	适用于个人因转增股本取得所得，其扣缴义务人向主管税务机关办理分期缴纳个人所得税备案事宜	次月15日内	新增
16		非货币性资产投资分期缴纳个人所得税备案表	适用于个人非货币性资产投资向主管税务机关办理分期缴纳个人所得税备案事宜	次月15日内	新增
17	其他	商业健康保险税前扣除情况明细表	适用于个人购买符合规定的商业健康保险支出税前扣除申报		新增

二、基础信息登记类申报表

（一）个人所得税基础信息表（A表）

鉴于现行个人所得税以代扣代缴为主要征收方式，个人基础信息的获取主要依托扣缴义务人，2013年国家税务总局修改个人所得税申报表时，新增《个人所得税基础信息表（A表）》（如表11-2所示）的设计，该表作为目前主要的个人基础信息采集来源渠道，既要采集自然人纳税人的必要涉税信息，还要兼顾扣缴义务人的申报工作量。因此，采集的信息数量较少。

《个人所得税基础信息表（A表）》由扣缴义务人填报。适用于扣缴义务人办理全员全额扣缴明细申报时，其支付所得纳税人基础信息的填报。初次申报后，以后月份只需报送基础信息发生变化的纳税人的信息。

（二）个人所得税基础信息表（B表）

《个人所得税基础信息表（B表）》（如表11-3所示）作为自行纳税申报纳税人自主申报的信息，将作为《个人所得税基础信息表（A表）》的有效补充，不仅为计税提供依据，也为下一步税收管理（如联系纳税人、直接寄送完税证明等）提供了方便。

该表适用于自然人纳税人基础信息的填报。各地税务机关可根据本地实际，由自然人纳税人初次向税务机关办理相关涉税事宜时填报该表；初次申报后，以后仅需在信息发生变化时填报。

表11-2

个人所得税基础信息表（A表）

扣缴义务人名称：

扣缴义务人编码：□□□□□□□□□□□□□□□

序号	姓名	国籍（地区）	身份证件类型	身份证件号码	是否残疾烈属孤老	雇员		非雇员			股东、投资者		纳税人识别号	境内无住所个人								备注
						电话	电子邮箱	联系地址	电话	工作单位	公司股本（投资）总额	个人股本（投资）额		来华时间	任职期限	预计离境时间	预计离境地点	境内职务	境外职务	支付地	境外支付地（国别/地区）	
1																						
2																						
3																						
4																						
5																						
6																						
7																						
8																						
9																						
10																						

谨声明：此表是根据《中华人民共和国个人所得税法》及其实施条例和国家相关法律法规规定填报的，是真实的、完整的、可靠的。

法定代表人（负责人）签字：

扣缴义务人公章：

经办人：

填表日期：　年　月　日

代理机构（人）签章：

经办人：

经办人执业证件号码：

代理申报日期：　年　月　日

主管税务机关受理专用章：

受理人：

受理日期：　年　月　日

国家税务总局监制

填表说明：

1. 扣缴义务人填报本表时，"姓名、国籍（地区）、身份证件类型、身份证件号码、是否残疾烈属孤老"为所有纳税人的必填项；其余则根据纳税人自身情况选择后填报。

2. 有关项目填报说明。

(1) 姓名：填写纳税人姓名。中国境内无住所个人，其姓名应当用中、外文同时填写。

(2) 国籍（地区）：填写纳税人的国籍或者地区。

(3) 身份证件类型：填写纳税人有效身份证件（照）名称。中国居民，填写身份证、军官证、士兵证等证件证照名称；中国境内无住所个人，填写护照、港澳居民来往内地通行证、台湾居民来往大陆通行证等证照名称。

(4) 身份证件号码：填写身份证件上的号码。

(5) 是否残疾烈属孤老：有本项所列情况的，填写"是"；否则，填写"否"。

(6) 雇员栏：本栏填写雇员纳税人的相关信息。

①电话：填写雇员纳税人的联系电话。

②电子邮箱：填写雇员纳税人的电子邮箱。

(7) 非雇员栏：填写非扣缴单位雇员纳税人（不包括股东、投资者）的相关信息。一般填写从扣缴单位取得劳务报酬所得、稿酬所得、特许权使用费所得、利息股息红利所得、财产租赁所得、财产转让所得、偶然所得、其他所得的纳税人的相关信息。

①联系地址：填写非雇员纳税人的联系地址。

②电话：填写非雇员纳税人的联系电话。

③工作单位：填写非雇员纳税人的任职受雇单位名称全称。没有任职受雇单位的，则不填。

(8) 股东、投资者栏：填写扣缴单位的自然人股东、投资者个人的相关信息。没有则填。

①公司股本（投资）总额：填写扣缴单位的公司股本（投资）总额。

②个人股本（投资）额：填写自然人股东、投资者个人投资的股本（投资）额。

(9) 境内无住所个人栏：填写在中国境内无住所个人的相关信息。没有则不填。

①纳税人识别号：填写主管税务机关赋予的18位纳税人识别号。该纳税人识别号作为境内无住所个人的唯一身份识别码，由纳税人到主管税务机关办理初次涉税事项，或者扣缴义务人到人力理该纳税人初次扣缴申报时，由主管税务机关赋予。

②来华时间：填写纳税人到达中国境内的年月日。

③任职期限：填写纳税人在中国境内任职受雇单位的任职期限。

④预计离境时间：填写纳税人预计离境的年月日。

⑤预计离境地点：填写纳税人预计离境的地点。

⑥境内职务：填写纳税人在境内任职受雇单位担任的职务。

⑦境外职务：填写纳税人在境外任职受雇单位担任的职务。

⑧支付地：填写纳税人取得的所得的支付地，在"境内支付""境外支付"和"境内外同时支付"三种类型中选择一种填写。

⑨境外支付地国别（地区）：如果纳税人取得的所得支付地为国外的，填写境外支付地的国别或地区名称。

表 11-3　　　　　　　　　　　　　**个人所得税基础信息表（B 表）**

姓名		身份证件 类型		身份证件 号码										
纳税人类型		□有任职受雇单位　□无任职受雇单位（不含股东投资者）　　□投资者　□无住所个人　（可多选）												
任职受雇单位 名称及纳税人 识别号														
"三费一金" 缴纳情况		□基本养老保险费　□基本医疗保险费 □失业保险费　　□住房公积金　□无　（可多选）							电子邮箱					
境内 联系地址		_____省_____市_____区（县）_____							邮政编码					
联系电话		手机：_____固定电话：_____							职业					
职务		○高层　　○中层　　○普通　（只选一）							学历					
是否残疾人/ 烈属/孤老		□残疾　　□烈属　　□孤老　□否							残疾等级情况					
该栏仅由有 境外所得纳 税人填写		○户籍所在地 ○经常居住地	_____省_____市_____区（县）_____　　邮政编码_____											
该栏仅由 投资者 纳税人填写		投资者类型	□个体工商户　　□个人独资企业投资者　□合伙企业合伙人 □承包、承租经营者　□股东　　□其他投资者　（可多选）											
	被投资单位信息	名称						扣缴义务人 编码						
		地址						邮政编码						
		登记注册 类型						行业						
		所得税征收 方式	○查账征收　○核定征收（只选一）					主管税务 机关						
	以下由股东及其他投资者填写													
	公司股本 （投资）总额							个人股本 （投资）额						
该栏仅由无 住所纳税人 填写	纳税人识别号													
	国籍（地区）						出生地							
	性别						出生日期	年___月___日						
	劳动就业证 号码						是否税收协 定缔约国对 方居民	○是　　○否						
	境内职务						境外职务							
	来华时间						任职期限							
	预计离境时间						预计离境地点							
	境内任职 受雇单位	名称					扣缴义务人编码							
		地址					邮政编码							
	境内受聘 签约单位	名称					扣缴义务人编码							
		地址					邮政编码							
	境外派遣 单位	名称					地址							
	支付地	○境内支付　　○境外支付 ○境内、外同时支付　（只选一）					境外支付国 国别（地区）							

续表

谨声明：此表是根据《中华人民共和国个人所得税法》及其实施条例和国家相关法律法规规定填写的，是真实的、完整的、可靠的。	
	纳税人签字：　　年　月　日
代理机构（人）签章： 经办人： 经办人执业证件号码：	主管税务机关受理专用章： 受理人：
填表（代理申报）日期：　　年　月　日	受理日期：　　年　月　日

国家税务总局监制

填表说明：

本表各栏填写如下：

1. 表头栏。

（1）姓名：填写纳税人姓名。中国境内无住所个人，其姓名应当分别用中、外两种文字填写。

（2）身份证件类型：填写纳税人有效身份证件（照）名称。中国居民，填写身份证、军官证、士兵证等证件名称；中国境内无住所个人，填写护照、港澳居民来往内地通行证、台湾居民来往大陆通行证等证照名称。

（3）身份证件号码：填写身份证件上的号码。

（4）纳税人类型：纳税人根据自身情况在对应框内打"√"，可多选。

①有任职受雇单位：是指纳税人有固定任职受雇单位。

②无任职受雇单位（不含股东投资者）：是指纳税人为自由职业者，没有与任何单位签订任职受雇合同；不含企业股东、个体工商户、个人独资企业投资者、合伙企业合伙人、承包承租经营者。

③投资者：是指有对外投资的纳税人。

④无住所个人：是指在中国境内无住所的纳税人。"无住所"是相对有住所而言；在中国境内有住所的个人，是指因户籍、家庭、经济利益关系而在中国境内习惯性居住的个人。

（5）任职受雇单位名称及纳税人识别号：填写纳税人签订任职受雇合同的单位名称全称及其在税务机关办理登记时的纳税人识别号。前列填名称，后列填纳税人识别号。

与多家单位签订合同的，须分行列示。没有则不填。

（6）"三费一金"缴纳情况：纳税人根据自己缴纳社会保险费情况在"基本养老保险费""基本医疗保险费""失业保险费""住房公积金"对应框内打"√"；如果都没有缴纳的，在"无"栏打"√"。

（7）电子邮箱：填写税务机关能与纳税人联系的电子邮箱地址。

（8）境内联系地址、邮政编码：填写税务机关能与纳税人联系的有效中国境内联系地址和邮政编码。

（9）联系电话：填写税务机关能与纳税人联系的电话。

（10）职业：填写纳税人所从事的职业。职业分类按劳动和社会保障部门的国标填写。

（11）职务：填写纳税人在任职受雇单位所担任的职务，在"高层""中层""普通"三项前选择其一打"√"。

（12）学历：填写纳税人取得的最终学历。

（13）是否残疾人/烈属/孤老：符合本栏情况的，在对应框前打"√"；否则，在"否"栏打"√"。

2. 有境外所得的纳税人填写栏：纳税人从中国境外取得所得的填写本栏；没有则不填。

纳税人在选填此栏时，应根据《国家税务总局关于印发〈个人所得税自行纳税申报办法（试行）〉的通知》第十一条第二款"从中国境外取得所得的，向中国境内户籍所在地主管税务机关申报。在中国境内有户籍，但户籍所在地与中国境内经常居住地不一致的，选择并固定向其中一地主管税务机关申报。在中国境内没有户籍的，向中国境内经常居住地主管税务机关申报"的规定选择填写。

选择后，纳税人在"户籍所在地"或"经常居住地"对应框内打"√"并填写具体地址。

3. 投资者纳税人填写栏：由自然人股东、投资者填写。如果没有对外投资的，则不填。

（1）投资者类型：纳税人根据自身情况在对应框内打"√"，可多选。

（2）被投资单位信息：填写纳税人对外投资单位的有关信息。

①名称：填写税务机关核发的被投资单位税务登记证载明的纳税人名称全称。投资多家单位的，需分别列示。

②扣缴义务人编码：填写税务机关核发的税务登记证号码。

③地址、邮政编码：填写投资者投资单位的地址和邮政编码。

④登记注册类型：填写被投资单位在工商行政管理机关登记注册的类型。

分内资企业（国有企业、集体企业、股份合作企业、联营企业、有限责任公司、股份有限公司、私营企业和其他企业）、港澳台商投资企业和外商投资企业三大类。〔注：内资企业需填至括号内的企业类型。〕

⑤行业：按照国民经济行业分类国家标准填写至大类。

⑥所得税征收类型：填写被投资单位所得税的征收方式。

⑦主管税务机关：填写被投资单位的主管税务机关名称。

⑧股东及其他投资者填写栏：由自然人股东和其他投资者填写。个体工商户主、个人独资企业投资者、合伙企业合伙人、承包承租经营者不填写此栏。

公司股本（投资）总额：填写被投资单位的公司股本（投资）总额。

个人股本（投资）总额：填写自然人股东、投资者在被投资单位个人投资的股本（投资）额。

4. 无住所纳税人填写栏：由在中国境内无住所纳税人填写。其他则不填。

（1）纳税人识别号：填写主管税务机关赋予的18位纳税人识别号。该纳税人识别号作为境内无住所个人的唯一身份识别码，由纳税人到主管税务机关办理初次涉税事项，或者扣缴义务人办理该纳税人初次扣缴申报时，由主管税务机关授予。

（2）国籍（地区）：填写纳税人的国籍或者地区。

（3）出生地：填写纳税人出生地的国籍及地区。

（4）劳动就业证号码：填写纳税人在中国境内劳动就业证上的号码。

（5）境内职务：填写该纳税人在境内公司担任的职务。

（6）境外职务：填写该纳税人在境外公司担任的职务。

（7）是否税收协定缔约国对方居民：纳税人来自于与中国签订避免双重征税协定的国家或地区的，在"是"栏对应框内打"√"；否则，在"否"栏打"√"。

（8）来华时间：填写纳税人到达中国境内的年月日。

（9）任职期限：填写纳税人在任职受雇单位的任职期限。

（10）预计离境时间：填写纳税人预计离境的年月日。

（11）预计离境地点：填写纳税人预计离境的地点。

（12）境内任职受雇单位：填写纳税人签订任职受雇合同的单位的相关信息。如果填写本栏，则境内受聘签约单位栏不用填写。

①名称：填写纳税人任职受雇单位的名称全称。

②扣缴义务人编码：填写税务机关确定的任职受雇单位的税务编码号码。

③地址、邮政编码：填写任职受雇单位的地址和邮政编码。

（13）境内受聘签约单位：填写纳税人受聘或签约单位的相关信息。如果填写本栏，则上栏境内任职受雇单位栏则不用填写。

①名称：填写纳税人受聘签约单位的名称全称。

②扣缴义务人编码：填写税务机关确定的受聘签约单位的税务编码号码。

③地址、邮政编码：填写受聘签约单位的地址和邮政编码。

（14）境外派遣单位：如果纳税人有境外派遣单位的，填写本栏。否则不填写。

①名称：填写纳税人境外派遣单位的名称全称，用中、外两种文字填写。

②地址：填写境外派遣单位的地址。

（15）支付地：填写纳税人取得的所得的支付地，在"境内支付""境外支付"和"境内、外同时支付"三种类型中选择一种填写。

（16）境外支付国国别（地区）：如果纳税人取得的所得支付地为国外的，填写境外支付地的国别或地区名称。

三、扣缴申报类申报表

2013 年修订的扣缴申报类申报表共有两张。一张是适用于扣缴义务人办理全员全额扣缴个人所得税申报的《扣缴个人所得税报告表》；一张是适用于特定行业职工工资、薪金所得个人所得税年度申报的《特定行业个人所得税年度申报表》。

（一）扣缴个人所得税报告表

《扣缴个人所得税报告表》（如表 11-4 所示）适用于扣缴义务人办理全员全额扣缴个人所得税申报（包括向个人支付应税所得，但低于减除费用、不需扣缴税款情形的申报），以及特定行业职工工资、薪金所得个人所得税的月份申报。

（二）特定行业个人所得税年度申报表

《特定行业个人所得税年度申报表》（如表 11-5 所示）适用于特定行业工资、薪金所得个人所得税的年度申报。

特定行业，指符合《个人所得税法实施条例》第四十条规定的采掘业、远洋运输业、远洋捕捞业以及国务院财政、税务主管部门确定的其他行业。

申报期限为年度终了之日起 30 日内。扣缴义务人不能按规定期限报送该表时，应当按照《中华人民共和国税收征收管理法》及其实施细则有关规定办理延期申报。

（三）限售股转让所得扣缴个人所得税报告表

考虑到扣缴义务人和纳税人的适应性及申报表的使用性，2013 年个人所得税申报表修订对《限售股转让所得扣缴个人所得税报告表》《限售股转让所得个人所得税清算申报表》和《个人所得税纳税申报表（适用于年所得 12 万元以上的纳税人申报）》予以保留不变。

《国家税务总局关于做好限售股转让所得个人所得税征收管理工作的通知》（国税发〔2010〕8 号）规定，证券机构应将已扣的个人所得税款，于次月 15 日内向主管税务机关缴纳，并报送《限售股转让所得扣缴个人所得税报告表》（如表 11-6 所示）及税务机关要求报送的其他资料。《限售股转让所得扣缴个人所得税报告表》应按每个纳税人区分不同股票分别填写；同一支股票的转让所得，按当月取得的累计发生额填写。

表 11-4

扣缴个人所得税报告表

税款所属期期: 年 月 日 至 年 月 日

扣缴义务人名称:

扣缴义务人所属行业: □一般行业 □特定行业月份申报

扣缴义务人编码: □□□□□□□□□□□

金额单位: 人民币元 (列至角分)

序号	姓名	身份证件类型	身份证件号码	所得项目	所得期间	收入额	免税所得	税前扣除项目								减除费用	准予扣除的捐赠额	应纳税所得额	税率%	速算扣除数	应纳税额	减免税额	应扣缴税额	已扣缴税额	应补(退)税额	备注
								基本养老保险费	基本医疗保险费	失业保险费	住房公积金	财产原值	允许扣除的税费	其他	合计										
1	2	3	4	5	6	7	8	9	10	11	12	13	14	15	16	17	18	19	20	21	22	23	24	25	26	27
合 计																										

谨声明: 此扣缴报告表是根据《中华人民共和国个人所得税法》及其实施条例和国家有关税收法律法规规定填写的, 是真实的、完整的、可靠的。

法定代表人 (负责人) 签字:

扣缴义务人公章: 经办人: 填表日期: 年 月 日	代理机构 (人) 盖章: 经办人: 经办人执业证件号码: 代理申报日期: 年 月 日	主管税务机关受理专用章: 受理人: 受理日期: 年 月 日

国家税务总局监制

填表说明:

1. 申报期限

扣缴义务人应于次月十五日内将所扣税款缴入国库,并向税务机关报送本表。扣缴义务人不能按规定期限报送本表时,应当按照《中华人民共和国税收征收管理法》及其实施细则的有关规定办理延期申报。

2. 本表各栏填写如下:

(1) 表头项目。

税款所属期:为税款所属月份第一日至最后一日。

扣缴义务人名称:填写实际支付个人所得的单位(个人)的法定名称全称或姓名。

扣缴义务人编码:填写办理税务登记或扣缴登记时,由主管税务机关所确定的扣缴义务人税务编码。

扣缴义务人所属行业:扣缴义务人按以下两种情形在对应框内打"√"。

一般行业:是指除《中华人民共和国个人所得税法》及其实施条例规定的特定行业以外的其他所有行业。

特定行业:指符合《中华人民共和国个人所得税法》及其实施条例规定的采掘业、远洋捕捞业以及国务院财政、税务主管部门确定的其他行业。

(2) 表内各栏。

①一般行业的填写。

第 2 列 "姓名":填写纳税人姓名。中国境内无住所个人,其姓名应当用中、外文同时填写。

第 3 列 "身份证件类型":填写能识别纳税人唯一身份的有效证照名称。在中国境内有住所的个人,填写身份证、军官证、士兵证等证件名称。在中国境内无住所的个人,如果纳税人已赋予18位纳税人识别号的,填写"税务机关赋予";如果税务机关未赋予的,填写护照、港澳居民来往内地通行证、台湾居民来往大陆通行证等证件名称。

第 4 列 "身份证件号码":填写能识别纳税人唯一身份的号码。在中国境内有住所的纳税人,填写身份证、军官证、士兵证等证件上的号码。在中国境内无住所的纳税人,如果税务机关赋予18位纳税人识别号的,填写该号码,港澳居民来往内地通行证、台湾居民来往大陆通行证等证件上的号码;没有,则填写护照号码。

税务机关赋予境内无住所个人的18位纳税人识别号,作为其唯一身份识别号,同一纳税人到主管税务机关办理初次涉税事项,或扣缴义务人办理该纳税人初次扣缴申报时,由主管税务机关赋予。

第 5 列 "所得项目":按照税法第二条规定的项目填写。同一纳税人有多项所得时,分行填写。

第 6 列 "所得期间":填写扣缴义务人支付所得的时间。

第 7 列 "收入额":填写纳税人实际取得的全部收入额。

第8列"免税所得":是指个人所得税法第四条规定可以免税的所得。

此外,根据《国家税务总局关于个人所得税实施于个人所得税政策试点有关征收管理问题的公告》(国家税务总局公告2015年第93号)的规定,有扣缴义务人的个人自行购买,单位统一组织为员工购买或者单位同负担购买符合规定的商业健康保险产品,扣缴义务人在填报《商业健康保险情况明细表》时,应将当期扣除的个人购买商业健康保险支出金额填至税前扣除项目"其他"列(第15列)中,并同时填报《扣缴个人所得税报告表》。

第17列"减除费用":是指按照《个人所得税法》第六条规定可以在税前扣除的费用。没有的,则不填。

第18列"准予扣除的捐赠额":根据相关税收政策规定,可以在税前扣除的捐赠额。

第19列"应纳税所得额":是指按照《个人所得税法》第19列=第7列-第8列-第16列-第17列-第18列

第20列"税率"及第21列"速算扣除数":按照所得项目适用税率填写。部分所得项目没有速算扣除数的,则不填。

第22列"应纳税额":根据相关列次计算填写。第22列=第19列×第20列-第21列

第23列"减免税额":是指符合税法规定可以减免税额。其中,纳税人取得"稿酬所得"时,其根据税法第三条规定可按应纳税额减征的30%,填入此栏。

第24列"应扣缴税额":根据相关列次计算填写。第24列=第22列-第23列

第25列"已扣缴税额":是指扣缴义务人当期实际扣缴的个人所得税款。

第26列"应补(退)税额":根据相关列次计算填写。第26列=第24列-第25列

第27列"备注":填写非本单位雇员,非本期收入人及其他有关说明事项。

对不是按月发放的工资薪金所得,其适用"工资、薪金所得"个人所得税的填报,则不完全按照上述逻辑关系填写。

②特定行业月份申报的填写。

第2列～第6列的填写:同上"一般行业"的填写。

第7列～第19列、第22列~第23列"一般行业"对应项目,金额按以下原则填写:

第7列"收入额":是指本月实际发放的全部收入额。

第8～16列的填写:填写当月实际发生额。

第17列"减除费用":是指个人所得税法第六条规定可以在税前扣除的费用额。没有的,则不填。

第18列"准予扣除的捐赠额":准予扣除的捐赠额,按纳税人捐赠情况计算填写。

第19列"应纳税所得额":根据相关列次计算填写。第19列=第7列-第8列-第16列-第17列-第18列

第20列"税率"及第21列"速算扣除数":特定行业个人所得税月份申报时,"应纳税额"为预缴所得税额。根据相关列次计算填报。

第22列"应纳税额":按照税法第三条规定填写。

第22列=第19列×第20列-第21列

表 11-5

特定行业个人所得税年度申报表

税款所属期：　　年　月　日至　　年　月　日

扣缴义务人名称：

扣缴义务人编码：□□□□□□□□□□□□□□□

金额单位：人民币元（列至角分）

序号	姓名	身份证件类型	身份证件号码	所得项目	所得期间	全年收入额	年免税所得	年税前扣除项目							年减除费用	准予扣除的捐赠额	月平均应纳税所得额	税率%	速算扣除数	月平均应纳税额	年应扣缴税额	减免税额	年预缴税额	应补（退）税额	备注
								基本养老保险费	基本医疗保险费	失业保险费	住房公积金	其他	合计											
1	2	3	4	5	6	7	8	9	10	11	12	13	14	15	16	17	18	19	20	21	22	23	24	25

谨声明：此扣缴报告表是根据《中华人民共和国个人所得税法》及其实施条例和国家有关税收法律法规规定填写的，是真实的、完整的、可靠的。

扣缴义务人公章：　　　　　　　　　　　　　　　代理机构（人）签章：　　　　　　　　　　　法定代表人（负责人）签字：

经办人：　　　　　　　　　　　　　　　　　　　经办人：

　　　　　　　　　　　　　　　　　　　　　　　经办人执业证件号码：　　　　　　　　　　　　主管税务机关受理专用章：

填表日期：　　年　月　日　　　　　　　　　　　代理申报日期：　　年　月　日　　　　　　　　受理人：

　　　受理日期：　　年　月　日

国家税务总局监制

填表说明：

本表各栏填写如下：

1. 表头项目

税款所属期：为税款所属期的公历年度。

（1）扣缴义务人名称：填写实际支付个人工资、薪金所得的单位的法定名称全称。

（2）扣缴义务人编码：填写办理税务登记或扣缴登记时，由主管税务机关确定的扣缴义务人税务编码。

2. 表内各栏

（1）第 2 列"姓名"：填写纳税人姓名。中国境内无住所个人，其姓名应当用中，外文同时填写。

（2）第 3 列"身份证件类型"：填写能识别纳税人唯一身份的有效证件的名称。

在中国境内有住所的个人，如税务办理税务登记或扣缴登记时的有效证件名称。

在中国境内无住所的个人，填写护照、军官证、士兵证等证件名称。

内地通行证、台湾居民来大陆通行证等证照名称。

（3）第 4 列"身份证件号码"：填写能识别纳税人唯一身份的号码。

在中国境内有住所的纳税人，填写身份证、军官证、士兵证等证件上的号码。

在中国境内无住所的纳税人，如果税务机关赋予 18 位纳税人识别号的，填写该纳税人识别号码；没有，则填写护照、港澳居民来往内地通行证、台湾居民来

往大陆通行证等证照上的号码。

税务机关办理初次扣缴申报时，作为其唯一身份识别码，由纳税人到主管税务机关办理初次涉税事项，或扣缴义务人办理该

纳税人初次扣缴申报时，由主管税务机关赋予。

在中国境内有住所的个人，其姓名应当用中，外文同时填写。

如果税务机关未赋予的，填写"税务机关未赋予"；如果税务机关赋予 18 位纳税人识别号号的，填写"税务机关赋予"。

如果税务机关未赋予 18 位纳税人识别号码的，填写该纳税人识别号码；

（4）第 5 列"所得项目"：在本表中仅指"工资、薪金所得"。

（5）第 6 列"所得期间"：在本表中，填写税款所属期的公历年度。

（6）第 7 列"全年收入额"：填写纳税人全年实际取得的工资、薪金收入总额。

（7）第 8 列"年免税所得"：是指税法第四条规定可以免税的所得的全年汇总额。

（8）第 9～14 列"年税前扣除项目"：

第 9～12 列"基本养老保险费、基本医疗保险费、失业保险费、住房公积金"四项、分别填写该纳税人缴纳该项费（金）的全年汇总额。

第 13 列"其他"：是指法律法规规定其他可以在税前扣除的项目。

此外，根据《国家税务总局关于实施商业健康保险个人所得税政策试点有关征管问题的公告》（国家税务总局公告 2015 年第 93 号）的规定，有扣缴义务人的个人自行购买、单位统一组织为员工购买或者单位和个人共同负担购买符合规定的商业健康保险产品，扣缴义务人在填报《特定行业个人所得税年度申报表》时，应将当期扣除的个人购买商业健康保险支出金额填至税前扣除项目"其他"列中，并同时填报《商业健康保险税前扣除情况明细表》。

第 14 列 "合计"：为对应项目的合计数。

第 14 列 = 第 9 列 + 第 10 列 + 第 11 列 + 第 12 列 + 第 13 列

（9）第 15 列 "年减除费用"：是指税法第六条规定可以在计税前扣除的费用的全年合计额。

（10）第 16 列 "准予扣除的捐赠额"：是指按照税法及其实施条例和相关税收政策规定，可以在税前扣除的捐赠额。

（11）第 17 列 "月平均应纳税所得额"：按前列计算出的数额按月进行平均后的应纳税所得额。

第 17 列 =（第 7 列 - 第 8 列 - 第 14 列 - 第 15 列 - 第 16 列）÷12 个月

（12）第 18 列 "税率" 及第 19 列 "速算扣除数"：按照税法第三条规定，根据第 17 列计算值查找适用税率及速算扣除数。

（13）第 20 列 "月平均应纳税额"：根据相关列次计算填报。

第 20 列 = 第 17 列×第 18 列 - 第 19 列

（14）第 21 列 "年应扣缴税额"：是指全年应扣缴的税额。根据相关列次计算填报。

第 21 列 = 第 20 列×12 个月

（15）第 22 列 "减免税额"：是指按照税法和其他有关法律法规可以减免的税额。

（16）第 23 列 "年预缴税额"：是指扣缴义务人全年已扣缴的个人所得税总额。

（17）第 24 列 "应补（退）税额"：根据相关列次计算填报。

第 24 列 = 第 21 列 - 第 22 列 - 第 23 列

限售股转让所得扣缴个人所得税报告表

表11-6

扣缴义务人编码：

税款所属期： 年 月 日至 年 月 日 填表日期： 年 月 日 金额单位：元（列至角分）

扣缴义务人名称： 地址： 电话：

序号	纳税人姓名	纳税人有效身份证照		证券账户号	股票代码	股票名称	每股计税价格（元/股）	转让股数（股）	转让收入额	限售股原值及合理税费			应纳税所得额	税率	扣缴税额
		证照类型	证照号码							小计	原值	合理税费			
	(1)	(2)	(3)	(4)	(5)	(6)	(7)	(8)	(9)=(7)×(8)	(10)=(11)+(12)	(11)	(12)	(13)=(9)-(10)	(14)	(5)=(13)×(14)
1															
2															
3															
4															
5															
6															
7															
8															
9															
10															
11															
12															
13															
合计														—	

扣缴义务人声明：我声明，此扣缴申报表及所附资料是根据《中华人民共和国个人所得税法》及相关法律法规的规定填报的，我确保它是真实的、可靠的、完整的。

法定代表人（签字） 年 月 日

会计主管签字： 年 月 日

扣缴义务人（盖章） 年 月 日

主管税务机关受理专用章：

受理人：

受理时间： 年 月 日

国家税务总局监制

填表说明：

1. 本表根据《中华人民共和国个人所得税法》及其实施条例和相关文件制定，适用于证券机构代扣代缴、或者直接代扣代缴售股转让所得个人所得税的申报，本表按月填写。

2. 证券机构应在扣缴限售股转让所得个人所得税的次月15日内向主管税务机关报送本表。不能按照规定期限报送本表时，应当在规定的报送期限内提出申请，经当地税务机关批准，可以适当延期。

3. 填写本表应当使用中文。

4. 本表各栏的填写说明如下：

(1) 扣缴义务人编码：填写扣缴税款的证券机构的税务登记证号码。

(2) 填表日期：填写扣缴义务人办理扣缴申报的实际日期。

(3) 税款所属期：填写证券机构实际扣缴税款的年度，月份和日期。

(4) 扣缴义务人名称：填写扣缴税款的证券公司（营业部）等证券机构的全称。

(5) 纳税人身份证照类型及号码：填写纳税人有效身份证件（居民身份证、军人身份证等）的类型及号码。

(6) 证券账户号：填写纳税人证券账户卡上的证券账户号。转让的限售股是在上海交易所上市的，填写证券账户卡（上海）上的证券账户号；转让的限售股是在深圳交易所上市的，填写证券账户卡（深圳）上的证券账户号。

(7) 股票代码及名称：填写所转让的限售股股票的股票代码和证券名称，分行填写。

(8) 每股计税价格：区分以下两种情形填写。

在证券机构技术和制度准备完成前成的限售股，采取预扣预缴方式征收的，填写纳税人转让限售股的每股成交价格。纳税人转让不同限售股填写该股上市首日的收盘价。

在证券机构技术和制度准备完成前，采取直接代扣代缴方式征收的，填写纳税人实际转让限售股的每股成交价格。以不同价格成交的，分行填写。

(9) 转让股数：填写前列每股计税价格所对应的股数。

在证券机构技术和制度准备完成前，采取预扣预缴方式的，转让股数填写本月该限售股累计转让股数。

在证券机构技术和制度准备完成后，采取直接代扣代缴方式的，转让股数按照不同转让价格，分别填写按该价格转让的股数。

(10) 转让收入额：填写本次限售股转让让取得股价×转让的股数。

限售股转让收入额 = 每股计税价格 × 转让股数

(11) 限售股原值及合理税费：填写取得限售股股票实际支付出的成本，以及限售股转让过程中发生的税费的合计。具体有两种不同情况：

在证券机构技术和制度准备完成后，采取预扣预缴税款的，限售股原值及合理税费=转让收入额×15%，直接填入小计栏中；

在证券机构技术和制度准备完成后，采取直接代扣代缴税款的，限售股原值及合理税费，限售股原值为事先植入结算系统的限售股成本原值；合理税费为转让过程中发生的印花税、佣金、过户费、其他费用等与交易相关的税费。

(12) 应纳税所得额：应纳税所得额=转让收入额－限售股原值及合理税费。

(13) 扣缴税额：扣缴税额=应纳税所得额×20%。

5. 本表为A4横式，一式两份，扣缴义务人留存一份，税务机关留存一份。

四、自然人纳税人自行申报类申报表

2013 年国家税务总局修订的自行申报类申报表共 5 张。其中 2 张是自然人纳税人适用的，3 张是生产经营纳税人适用的。

当自然人纳税人取得两处及两处以上工资薪金所得，或者取得所得没有扣缴义务人的，或者其他情形，须办理自行纳税申报时，填报《个人所得税自行纳税申报表（A表）》。当自然人纳税人从境外取得所得，须办理自行纳税申报时，填报《个人所得税自行纳税申报表（B表）》。

（一）个人所得税自行纳税申报表（A表）

《个人所得税自行纳税申报表（A表）》（如表 11-7 所示）适用于"从中国境内两处或者两处以上取得工资、薪金所得的""取得应纳税所得，没有扣缴义务人的"，以及"国务院规定的其他情形"的个人所得税申报。纳税人在办理申报时，须同时附报《个人所得税基础信息表（B表）》。

该表的申报期限为次月 15 日内。自行申报纳税人应在此期限内将每月应纳税款缴入国库，并向税务机关报送该表。纳税人不能按规定期限报送时，应当按照《中华人民共和国税收征收管理法》及其实施细则有关规定办理延期申报。

（二）个人所得税自行纳税申报表（B表）

《个人所得税自行纳税申报表（B表）》（如表 11-8 所示）适用于"从中国境外取得所得"的纳税人的纳税申报。纳税人在办理申报时，须同时附报《个人所得税基础信息表（B表）》。

该表的申报期限为年度终了后 30 日内。取得境外所得的纳税人应在该期限内将应纳税款缴入国库，并向税务机关报送该表。纳税人不能按规定期限报送该表时，应当按照《中华人民共和国税收征收管理法》及其实施细则的规定办理延期申报。

所得为外国货币的，应按照《个人所得税法实施条例》第四十三条的规定折合成人民币计算纳税。

（三）限售股转让所得个人所得税清算申报表

《限售股转让所得个人所得税清算申报表》（如表 11-9 所示）适用于纳税人取得限售股转让所得已预扣预缴个人所得税款的清算申报，该表按月填写。

向主管税务机关提出限售股转让所得个人所得税清算申请的纳税人，应在证券机构代扣并解缴税款的次月 1 日起 3 个月内，由本人或者委托他人向主管税务机关报送该表。不

表 11-7

个人所得税自行纳税申报表（A表）

税款所属期：自　年　月　日至　年　月　日

金额单位：人民币元（列至角分）

姓名		国籍（地区）		身份证件类型		身份证件号码															

自行申报情形：□从中国境内两处或者两处以上取得工资、薪金所得　□没有扣缴义务人　□其他情形

任职受雇单位名称	所得期间	所得项目	收入额	免税所得	税前扣除项目								减除费用	准予扣除的捐赠额	应纳税所得额	税率%	速算扣除数	应纳税额	减免税额	已缴税额	应补（退）税额
					基本养老保险费	基本医疗保险费	失业保险费	住房公积金	财产原值	允许扣除的税费	其他	合计									
1	2	3	4	5	6	7	8	9	10	11	12	13	14	15	16	17	18	19	20	21	22

谨声明：此表是根据《中华人民共和国个人所得税法》及其实施条例和国家相关法律法规规定填写的，是真实的、完整的、可靠的。

纳税人签字：

代理机构（人）公章： 经办人： 经办人执业证件号码： 代理申报日期：　年　月　日	主管税务机关受理专用章： 受理人： 受理日期：　年　月　日

国家税务总局监制

填表说明：

本表各栏填写如下：

1. 表头项目

税款所属期间：是指纳税人取得所得应纳个人所得税款的所属期间，应填写具体的起止年月日。

姓名：是指纳税人姓名。中国境内无住所个人，其姓名应当用中、外文同时填写。

国籍（地区）：填写纳税人的国籍或者地区。

身份证件类型：填写能识别纳税人唯一身份的有效证照名称。

在中国境内有住所的个人，填写身份证、军官证、士兵证等证件名称。

在中国境内无住所，税务机关已赋予18位纳税人识别号的，填写"税务机关赋予"；如果税务机关未赋予的，填写护照、港澳居民来往内地通行证、台湾居民来往大陆通行证等证照证件名称。

身份证件号码：填写能识别纳税人唯一身份的号码。

在中国境内有住所的纳税人，填写身份证、军官证、士兵证等证件上的号码。

在中国境内无住所的纳税人，如果税务机关赋予18位纳税人识别号的，填写该号码；没有，则填写护照、港澳居民来往内地通行证、台湾居民来往大陆通行证等证照证件上的号码。

税务机关赋予境内无住所个人的18位纳税人识别号，作为其唯一身份识别码，由纳税人到主管税务机关办理初次涉税事项，或扣缴义务人办理该纳税人初次扣缴申报时，由主管税务机关赋予。

自行申报情形：纳税人根据自身情况在对应框内打"√"。

2. 表内各栏

纳税人在填报"从中国境内两处或者两处以上取得工资、薪金所得"时，第1～4列需分行列示各任职受雇单位发放的工薪，同时，另起一行在第4列"收入额"栏填写上述工薪应纳税所得，并在此行填写第5～22列。

纳税人在填报"取得经营所得"和"国务院规定的其他情形"时，需分行列示。

第1列"任职受雇单位名称"：填写纳税人任职受雇单位的名称全称。在多家单位任职受雇的，须分行列示。如果没有，则不填。

第2列"所得期间"：填写纳税人取得所得的起止时间。

第3列"所得项目"：按照税法第二条规定的项目填写。纳税人取得多项所得时，须分行填写。

第4列"收入额"：填写纳税人实际取得的全部收入额。

第5列"免税所得"：是指税法第四条规定可以免税的所得。

第6～13列"税前扣除项目"：是指按照税法及其他法律法规规定，可在税前扣除的项目。

第6～9列"基本养老保险费、基本医疗保险费、失业保险费、住房公积金"四项，是指按照国家规定，可在个人应纳税所得额中扣除的部分。

第10列"财产原值"：该栏适用于"财产转让所得"项目的填写。

第 11 列 "允许扣除的税费"：该栏适用于 "劳务报酬所得"、特许权使用费所得、财产租赁所得和财产转让所得" 项目的填写。

适用 "劳务报酬所得" 时，填写劳务发生过程中实际缴纳的税费；

适用 "特许权使用费" 时，填写提供特许权过程中发生的中介费和相关税费；

适用 "财产租赁所得" 时，填写修缮费和出租财产过程中发生的相关税费；

适用 "财产转让所得" 时，填写转让所得可以在税前扣除的合理税费。

第 12 列 "其他"：是指法律法规规定其他可以在税前扣除的项目。

第 13 列 "合计"：为各所得项目对应税前扣除项目的合计数。

第 14 列 "减除费用"：是指个人所得税法第六条规定可以在税前减除的费用。没有的，则不填。

第 15 列 "准予扣除的捐赠额"：是指按照个人所得税法及其实施条例和相关税收政策规定，可以在税前扣除的捐赠额。

第 16 列 "应纳税所得额"：根据相关列次计算填报。第 16 列＝第 4 列－第 5 列－第 13 列－第 14 列－第 15 列

第 17 列 "税率" 及第 18 列 "速算扣除数"：按照个人所得税法第三条规定填写。部分所得项目没有速算扣除数的，则不填。

第 19 列 "应纳税额"：根据相关列次计算填报。第 19 列＝第 16 列×第 17 列－第 18 列

第 20 列 "减免税额"：是指符合个人所得税法规定可以减免的税额。其中，纳税人取得 "稿酬所得" 时，其根据个人所得税法第三条规定可按应纳税额减征的 30%，填入此栏。

第 21 列 "已缴税额"：是指纳税人当期已实际被扣缴或缴纳的个人所得税款。

第 22 列 "应补（退）税额"：根据相关列次计算填报。第 22 列＝第 19 列－第 20 列－第 21 列

表11-8

个人所得税自行纳税申报表（B表）

税款所属期：自 年 月 日至 年 月 日

金额单位：人民币元（列至角分）

姓名　　　　　　　　身份证件类型

国籍（地区）　　　　身份证件号码

所得来源国（地区）	所得项目	收入额	税前扣除项目								减除费用	准予扣除的捐赠额	应纳税所得额	工资薪金所得项目月应纳税所得额	税率 %	速算扣除数	应纳税额
			基本养老保险费	基本医疗保险费	失业保险费	住房公积金	财产原值	允许扣除的税费	其他	合计							
1	2	3	4	5	6	7	8	9	10	11	12	13	14	15	16	17	18
本期应缴税额计算	国别（地区）	扣除限额	境外已纳税额	五年内超过扣除限额未补余额		本期应补缴税额	未扣除余额
	19	20	21	22		23	24

谨声明：此表是根据《中华人民共和国个人所得税法》及其实施条例和国家相关法律法规规定填写的，是真实的、完整的、可靠的。

纳税人签字：

代理机构（人）签章：

经办人：

经办人执业证件号码：

代理申报日期： 年 月 日

主管税务机关受理专用章：

受理人：

受理日期： 年 月 日

国家税务总局监制

填表说明:

本表各栏填写如下:

1. 表头项目

税款所属期:是指纳税人取得应纳个人所得税款的所得的所属期间,应填写具体的起止年月日。

姓名:填写纳税人姓名。

国籍(地区):填写纳税人的国籍或者地区。

身份证件类型:填写能识别纳税人唯一身份的有效证照名称。

在中国境内有住所的个人,填写能识别纳税人唯一身份的有效证照名称。

在中国境内无住所的个人,如果税务机关已赋予18位纳税人识别号的,填写"税务机关赋予";如果税务机关未赋予的,填写护照、港澳居民来往内地通行证、台湾居民来往大陆通行证等证照名称。

身份证件号码:填写身份证等证照上的号码。

在中国境内有住所的纳税人,填写身份证、军官证、士兵证等证件上的号码。

在中国境内无住所的纳税人,如果税务机关赋予18位纳税人识别号的,填写该号码;没有,则填写护照、港澳居民来往内地通行证、台湾居民来往大陆通行证等证照上的号码。

税务机关赋予境内无住所个人的18位纳税人识别号,作为其唯一身份识别码,由纳税人到主管税务机关办理初次涉税事项,或扣缴义务人办理该纳税人初次扣缴申报时,由主管税务机关赋予。

2. 表内各栏

纳税人填写本表时,应区别不同国家或者地区和不同所得项目填报。其中,在填报"工资、薪金所得""个体工商户的生产、经营所得"等项目时,按年填写。除此之外其他项目,则按月或按次填写。

第1列"所得来源国(地区)":填写个人取得所得的国家或地区。

第2列"所得项目":按照个人所得税法第二条规定的项目填写。纳税人取得的,纳税人有多项所得时,分行填写。

第3列"收入额":填写纳税人取得的、未减除任何免税所得和费用的实际含税收入额。其中,"工资、薪金所得"项目的收入额,为全年收入额;纳税人的境外所得按照有关规定支付给派出单位的部分,凡能提供有效合同或有关凭证的,经主管税务机关审核后,允许从其境外所得中扣除。

第4~11列"税前扣除项目":

第4~7列"基本养老保险费、基本医疗保险费、失业保险费、住房公积金"四项,是指按照国家规定,可在个人应纳税所得额中扣除的部分。本表中填写纳税人缴纳该税费的全年汇总额。

第8列"财产原值":该栏适用于"财产转让所得"项目的填写。

第9列"允许扣除的税费":该栏适用于"劳务报酬所得、特许权使用费所得、财产租赁所得和财产转让所得"项目的填写。

适用"劳务报酬所得"时,填写劳务发生过程中实际缴纳的税费;

适用"特许权使用费"时，填写提供特许权过程中发生的中介费和相关税费；

适用"财产租赁所得"时，填写修缮费和出租财产过程中发生的相关税费；

适用"财产转让所得"时，填写转让财产过程中发生的合理税费。

第 10 列 "其他"：是指其他法律法规规定对应税前扣除其他可以在税前扣除的项目。

第 11 列 "合计"。

第 12 列 "减除费用"：是指个人所得税法第六条规定可在计算税前减除的费用。没有则不填写。其中，工资、薪金所得项目的减除费用为全年合计额。

第 13 列 "准予扣除的捐赠额"：是指按照个人所得税法及其实施条例和相关税收政策规定，可以在税前扣除的捐赠额。

第 14 列 "应纳税所得额"：根据相关列次计算填报。

第 15 列 "工资薪金所得项目月应纳税所得额"：该项仅适用于所得项目为"工资、薪金所得"时填写，其他所得项目不填。

第 15 列＝第 14 列÷12 个月

第 16 列 "税率"及第 17 列 "速算扣除数"：按照个人所得税法第三条规定填写。部分所得项目没有速算扣除数的，则不填。

第 18 列 "应纳税额"：是指纳税人区别不同国家或者地区和不同所得项目，依照税法规定的费用减除标准和适用税率计算的应纳税额。

所得项目为"工资、薪金所得"时，第 18 列＝(第 15 列×第 16 列－第 17 列)×12 个月

所得项目为非工资、薪金所得的，第 18 列＝第 14 列×第 16 列－第 17 列

"本期应缴税额计算"栏：应区别不同国家或者地区，分行填写。

第 20 列 "扣除限额"：是指同一国家或者地区内，不同所得项目的应纳税额之和。

第 21 列 "境外已纳税额"：是指纳税人在境外实际已经缴纳的个人所得税额。

第 22 列 "五年内超过扣除限额未补扣余额"：是指纳税人以前五年内超过该国家或者地区扣除限额、未进行补扣的部分。没有则不填。

第 23 列 "本期应补缴税额"与第 24 列 "未扣除余额"：依据前列计算结果填写。

若第 20 列≥第 21 列，且第 20 列－第 21 列－第 22 列≥0 时，将结果写入第 23 列。

第 23 列＝第 20 列－第 21 列－第 22 列

若第 20 列≥第 21 列，且第 20 列－第 21 列＋第 22 列＜0，将结果写入第 24 列。

第 24 列＝第 21 列＋第 22 列－第 20 列

若第 20 列＜第 21 列，则将结果写入第 24 列。

第 24 列＝第 21 列＋第 22 列－第 20 列

能按照规定期限报送该表时，应当在规定的报送期限内提出申请，经当地税务机关批准，可以适当延期。

向主管税务机关提出限售股转让所得清算申请的纳税人，应区别限售股股票种类，按每一股票填写本表。即同一限售股填写一张表。

纳税人办理清算时，按照当月取得的全部转让所得，填报"限售股转让所得个人所得税清算申报表"，并出示个人有效身份证照原件，并附送以下资料：

（1）加盖开户证券机构印章的限售股交易明细记录；

（2）相关完整、真实的财产原值凭证；

（3）缴纳税款凭证（"税务代保管资金专用收据"或"税收转账专用完税证"）；

（4）税务机关要求报送的其他资料。

纳税人委托中介机构或他人代理申报的，除提供上述资料外，代理人还应出示代理人的有效身份证照，并附送纳税人委托代理申报的授权书。

表 11-9　　　　　　　　　　限售股转让所得个人所得税清算申报表

填表日期：　　　年　月　日

税款所属期：　　年　月　日至　　年　月　日　　　　　　　　金额单位：元（列至角分）

纳税人基本情况	姓　名		证券账户号	
	有效身份证照类型		有效身份证照号码	
	国籍（地区）		有效联系电话	
	开户银行名称		开户银行账号	
	中国境内有效联系地址及邮编			
开户证券公司（营业部）	名称		扣缴义务人编码	
	地址		邮编	
限售股转让收入及纳税情况	股票代码	1		
	股票名称	2		
	转让股数（股）	3		
	实际转让收入额	4		
	限售股原值和合理税费小计	5＝6＋7		
	限售股原值	6		
	合理税费	7		
	应纳税所得额	8＝4－5		
	税率	9	20％	
	应纳税额	10＝8×9		
	已扣缴税额	11		
	应退（补）税额	12＝10－11		

续表

声明	我声明，此纳税申报表及所附资料是根据《中华人民共和国个人所得税法》及相关法律法规规定填写、报送的，我确保上述资料是真实的、可靠的、完整的。<div align="right">纳税人（签字） 年　月　日</div>

代理人（中介机构）签字或盖章： 经办人： 经办人执业证件号码： 代理申报日期：　年　月　日	主管税务机关受理专用章： 受理人： 受理时间：　年　月　日

国家税务总局监制

填表说明：

1. 本表各栏的填写说明如下：

（1）填表日期：填写纳税人办理清算申报的实际日期。

（2）税款所属期：填写纳税人实际取得所得的年度、月份和日期。

（3）纳税人基本情况的填写：

①证券账户号：填写纳税人证券账户卡上的证券账户号。转让的限售股是在上海交易所上市的，填写证券账户卡（上海）上的证券账户号；转让的限售股是在深圳交易所上市的，填写证券账户卡（深圳）上的证券账户号。

②有效身份证照类型：填写纳税人的有效身份证件（居民身份证、军人身份证件等）名称。

③有效身份证照号码：填写纳税人有效身份证照上的号码。

④开户银行名称及账号：填写纳税人本人开户银行的全称及账号。

注：该银行账户，用于办理纳税人多扣缴个人所得税款的退还。即，纳税人多扣缴的税款，经税务机关审核确认后，将直接退还至该银行账户中。因此，纳税人要特别注意本行填写的准确性。

⑤中国境内有效联系地址及邮编：填写纳税人住址或有效联系地址及邮编。

⑥开户证券公司（营业部）：填写纳税人开立证券交易账户的证券公司（营业部）的相关信息。

名称：填写纳税人开立证券账户的证券公司（营业部）的全称。

扣缴义务人编码：填写纳税人开立证券账户的证券公司（营业部）的税务登记证号码。

地址及邮编：填写纳税人开立证券账户的证券公司（营业部）的地址及邮编。

（4）限售股转让收入及纳税情况的填写：

①股票代码：填写限售股的股票代码。

②股票名称：填写限售股股票的证券名称。

③转让股数（股）：填写本月转让限售股的股数。

④实际转让收入额：填写转让限售股取得的实际收入额。以证券机构提供的加盖印章的当月限售股交易记录汇总数为准。

⑤限售股原值和合理税费：

限售股原值和合理税费小计，填写纳税人转让限售股的股票原值和合理税费的合计。纳税人未能提供完整、真实的限售股原值凭证，不能正确计算限售股原值的，一律按限售股实际转让收入的15％计算限售股原值和合理税费后，填入该栏。

限售股原值，填写取得限售股股票实际付出的成本，并附相关完整、真实的原值凭证。

合理税费，填写转让限售股过程中发生的印花税、佣金、过户费等与交易相关的税费。

⑥应纳税所得额：填写转让限售股实际转让收入额减除限售股原值和合理税费后的余额。

⑦已扣缴税额：填写证券机构已预扣预缴的税款。

⑧应退（补）税额：应退（补）税额＝应纳税额－已扣缴税额。负数为应退税额；正数为应补税额。

2. 声明：填写纳税人本人的姓名。如纳税人不在时，可填写代理申报人的姓名。

3. 代理人（中介机构）签字或盖章：填盖纳税人委托代理申报的中介机构的印章，或者代理人个人的签名或印章。

4. 经办人：填写代理申报人的姓名。

5. 本表为 A4 竖式。一式两份，纳税人留存一份，税务机关留存一份。

（四）个人所得税纳税申报表（年所得 12 万元以上申报）

年所得 12 万元以上的纳税人，在纳税年度终了后，应当填写"个人所得税纳税申报表（适用于年所得 12 万元以上的纳税人申报）"（如表 11-10 所示），并在办理纳税申报时报送主管税务机关，同时报送个人有效身份证件复印件，以及主管税务机关要求报送的其他有关资料。有效身份证件，包括纳税人的身份证、护照、回乡证、军人身份证件等。

五、生产经营纳税人自行纳税申报表

（一）个人所得税生产经营所得纳税申报表（A 表）

《个人所得税生产经营所得纳税申报表（A 表）》（如表 11-11 所示）适用于个体工商户、企事业单位承包承租经营者、个人独资企业投资者和合伙企业合伙人在中国境内取得"个体工商户的生产、经营所得"或"对企事业单位的承包经营、承租经营所得"的个人所得税月度（季度）纳税申报。

合伙企业有两个或两个以上自然人合伙人的，应分别填报本表。

与此前相比，2015 年申报表修改将按当期数填报的方式调整为按当年累计数填报的方式，使得纳税人的申报纳税情况与生产经营状况更加匹配，并在很大程度上减少了纳税人年终另行办理多退少补事宜的不便。

（二）个人所得税生产经营所得纳税申报表（B 表）

《个人所得税生产经营所得纳税申报表（B 表）》（如表 11-13 所示）适用于个体工商户、企事业单位承包承租经营者、个人独资企业投资者和合伙企业合伙人在中国境内取得"个体工商户的生产、经营所得"或"对企事业单位的承包经营、承租经营所得"的个人所得税 2015 年及以后纳税年度的汇算清缴。

合伙企业有两个或两个以上自然人合伙人的，应分别填报该表。

该表主要在原申报表基础上，按照《个体工商户个人所得税计税办法》的有关规定，对填报事项进行了重新梳理和统一规范，使两者更加衔接。

表 11-10

个人所得税纳税申报表

（适用于年所得 12 万元以上的纳税人申报）

所得年份：　　年

填表日期：　　年　月　日　　　　　　　　　金额单位：人民币元（列至角分）

纳税人姓名		国籍（地区）		身份证照类型		身份证照号码	
任职、受雇单位		任职受雇单位税务代码		任职受雇单位所属行业		职务	职业
在华天数		境内有效联系地址			境内有效联系地址邮编		联系电话
此行由取得经营所得的纳税人填写	经营单位纳税人识别号				经营单位纳税人名称		

所得项目	年所得额			应纳税所得额	应纳税额	已缴（扣）税额	抵扣税额	减免税额	应补税额	应退税额	备注
	境内	境外	合计								
1. 工资、薪金所得											
2. 个体工商户的生产、经营所得											
3. 对企事业单位的承包经营、承租经营所得											
4. 劳务报酬所得											
5. 稿酬所得											
6. 特许权使用费所得											
7. 利息、股息、红利所得											
8. 财产租赁所得											
9. 财产转让所得											
其中：股票转让所得			—	—		—	—	—			
个人房屋转让所得											
10. 偶然所得											
11. 其他所得											
合　计											

我声明，此纳税申报表是根据《中华人民共和国个人所得税法》及有关法律、法规的规定填报的，我保证它是真实的、可靠的、完整的。

纳税人（签字）：

代理人（签章）：

税务机关受理人（签字）：　　　联系电话：　　　受理申报税务机关名称（盖章）：

税务机关受理时间：　　年　月　日

填表说明：

1. 本表根据《中华人民共和国个人所得税法》及其实施条例和《个人所得税自行纳税申报办法（试行）》制定，适用于年所得 12 万元以上纳税人的年度自行申报。

2. 负有纳税义务的个人，可以由本人或者委托他人于纳税年度终了后 3 个月以内向主管税务机关报送本表。不能按照规定期限报送本表的，应当在规定的报送期限内提出申请，经当地税务机关批准，可以适当延期。

3. 填写本表应当使用中文，也可以同时用中、外两种文字填写。

4. 本表各栏的填写说明如下：

（1）所得所属年份：填写纳税人实际取得所得的年度。

申报所得年份：填写纳税人实际取得所得的年度；

填表日期：填写纳税人办理纳税申报的实际日期。

（2）身份证照类型：

填写纳税人的有效身份证照（居民身份证、军人身份证件、护照、回乡证等）名称。

（3）身份证照号码：

填写中国居民纳税人的有效身份证照上的号码。

（4）任职、受雇单位：

填写纳税人的任职、受雇单位名称。纳税人有多处任职、受雇单位时，填写受理申报的税务机关主管的任职、受雇单位。

（5）任职、受雇单位代码：

填写任职、受雇单位税务机关办理税务登记或者扣缴登记的编码。

（6）任职、受雇单位所属行业：

填写受理申报的任职、受雇单位所属的行业。其中，行业应按国民经济行业分类标准填写，一般填至大类。

（7）职务：填写纳税人在受理申报的任职、受雇单位所担任的职务。

（8）职业：填写纳税人的主要职业。

（9）在华天数：

由中国境内无住所的纳税人填写在税款所属期内在华实际停留的总天数。

（10）中国境内有效联系地址：

填写纳税人的住址或者有效联系地址。其中，中国有住所的纳税人应填写其经常居住地址。中国境内无住所居民住公寓、宾馆、饭店的，应当填写公寓、宾馆、饭店名称和房间号码。

经常居住地，是指纳税人离开户籍所在地最后连续居住一年以上的地方。

（11）经营单位纳税人识别码，纳税人取得的年所得中含个体工商户的生产、经营所得和对企事业单位的承包经营、承租经营所得时纳税人识别码：填写税务登记证号码。

纳税人名称：填写个体工商户、个人独资企业、合伙企业名称，或者承包承租经营的企事业单位名称。

（12）年所得额：

填写在纳税年度内取得相应所得项目的收入总额。年所得额按《个人所得税自行纳税申报办法》的规定计算。

各项所得的计算，以人民币为单位。所得以非人民币计算的，按照《个人所得税法实施条例》第四十三条的规定折合成人民币。

（13）应纳税所得额：

填写按照个人所得税有关规定计算的应当缴纳个人所得税的所得额。

（14）已缴（扣）税额：

填写取得该项目所得在中国境内已经缴纳或者扣缴义务人已经扣缴的税款。

（15）抵扣税额：

填写个人所得税法允许抵扣的在中国境外已经缴纳的个人所得税税额。

（16）减免税额：

填写个人所得税法允许减征或免征的个人所得税税额。

（17）本表为A4横式，一式两联，第一联报税务机关，第二联纳税人留存。

填写本栏。

表 11-11   个人所得税生产经营所得纳税申报表(A表)

税款所属期:　　年　月　日至　　年　月　日　　　　　　　金额单位:人民币元(列至角分)

投资者信息	姓　名		身份证件类型		身份证件号码		
	国籍(地区)				纳税人识别号		
被投资单位信息	名　称				纳税人识别号		
	类　型	□个体工商户　□承包、承租经营单位　□个人独资企业　□合伙企业					
	征收方式	□查账征收(据实预缴)　□查账征收(按上年应纳税所得额预缴) □核定应税所得率征收　□核定应纳税所得额征收 □税务机关认可的其他方式					

行次	项　目	金　额
1	一、收入总额	
2	二、成本费用	
3	三、利润总额	
4	四、弥补以前年度亏损	
5	五、合伙企业合伙人分配比例(%)	
6	六、投资者减除费用	
7	七、应税所得率(%)	
8	八、应纳税所得额	
9	九、税率(%)	
10	十、速算扣除数	
11	十一、应纳税额(8×9—10)	
12	十二、减免税额(附报"个人所得税减免税事项报告表")	
13	十三、已预缴税额	
14	十四、应补(退)税额(11—12—13)	

谨声明:此表是根据《中华人民共和国个人所得税法》及有关法律法规规定填写的,是真实的、完整的、可靠的。

纳税人签字:　　　　　　　年　月　日

感谢您对税收工作的支持!

代理申报机构(负责人)签章: 经办人: 经办人执业证件号码: 　　　　代理申报日期:　　年　月　日	主管税务机关印章: 受理人: 　　　　受理日期:　　年　月　日

国家税务总局监制

填报说明:

1. 申报期限

实行查账征收的个体工商户、个人独资企业、合伙企业,纳税人应在次月(季)十五日内办理预缴纳税申报;企事业单位承包承租经营者如果在1年内按月或分次取得承包经营、承租经营所得的,纳税人应在每月或每次取得所得后的十五日内办理预缴纳税申报。

实行核定征收的，纳税人应在次月（季）十五日内办理纳税申报。

纳税人不能按规定期限办理纳税申报的，应当按照《中华人民共和国税收征收管理法》及其实施细则的规定办理延期申报。

2. 有关项目填报说明

（1）表头项目。

税款所属期：填写纳税人自本年度开始生产经营之日起截至本月最后一日的时间。

（2）表内信息栏。

①投资者信息栏。

填写个体工商户、企事业单位承包承租经营者、个人独资企业投资者和合伙企业合伙人的相关信息。

姓名：填写纳税人姓名。中国境内无住所个人，其姓名应当用中、外文同时填写。

身份证件类型：填写能识别纳税人唯一身份的有效证照名称。

身份证件号码：填写纳税人身份证件上的号码。

国籍（地区）：填写纳税人的国籍或者地区。

纳税人识别号：填写税务机关赋予的纳税人识别号。

②被投资单位信息栏。

名称：填写税务机关核发的被投资单位税务登记证载明的被投资单位全称。

纳税人识别号：填写税务机关核发的被投资单位税务登记证号码。

类型：纳税人根据自身情况在对应框内打"√"。

征收方式：根据税务机关核定的征收方式，在对应框内打"√"。采用税务机关认可的其他方式的，应在下划线填写具体征收方式。

（3）表内各行的填写。

第1行"收入总额"：填写本年度开始生产经营月份起截至本期从事生产经营以及与生产经营有关的活动取得的货币形式和非货币形式的各项收入总金额。包括：销售货物收入、提供劳务收入、转让财产收入、利息收入、租金收入、接受捐赠收入、其他收入。

第2行"成本费用"：填写本年度开始生产经营月份起截至本期实际发生的成本、费用、税金、损失及其他支出的总额。

第3行"利润总额"：填写本年度开始生产经营月份起截至本期的利润总额。

第4行"弥补以前年度亏损"：填写可在税前弥补的以前年度尚未弥补的亏损额。

第5行"合伙企业合伙人分配比例"：纳税人为合伙企业合伙人的，填写本栏；其他则不填。分配比例按照合伙协议约定的比例填写；合伙协议未约定或不明确的，按合伙人协商决定的比例填写；协商不成的，按合伙人实缴出资比例填写；无法确定出资比例的，按合伙人平均分配。

第6行"投资者减除费用"：填写根据实际经营期限计算的可在税前扣除的投资者本人的生计减除费用。即3 500元/月。

此外，根据《国家税务总局关于实施商业健康保险个人所得税政策试点有关征管问题的公告》（国家税务总局公告2015年第93号）的规定，个体工商户业主、企事业单位承包承租经营者、个人独资和合伙企业投资者自行购买符合规定的商业健康保险产品支出，预缴申报填报《个人所得税生产经营所得纳税申报表（A表）》时，应将税前扣除的支出金额填至"投资者减除费用"行，并同时填报《商业健康保险税前扣除情况明细表》。

第7行"应税所得率"：按核定应税所得率方式纳税的纳税人，填写税务机关确定的核定征收应税所得率。按其他方式纳税的纳税人不填本行。

第8行"应纳税所得额"：根据表11-12对应的方式填写。

表 11-12

	项目	合伙企业合伙人	其他
查账征收	据实预缴	第8行＝（第3行－第4行）×第5行－第6行	第8行＝第3行－第4行－第6行
	按上年应纳税所得额预缴	第8行＝上年度的应纳税所得额÷12×月份数	第8行＝上年度的应纳税所得额÷12×月份数
核定征收	核定应税所得率征收（能准确核算收入总额的）	第8行＝第1行×第7行×第5行	第8行＝第1行×第7行
	核定应税所得率征收（能准确核算成本费用的）	第8行＝第2行÷（1－第7行）×第7行×第5行	第8行＝第2行÷（1－第7行）×第7行
	核定应纳税所得额征收	直接填写应纳税所得额	直接填写应纳税所得额
税务机关认可的其他方式		直接填写应纳税所得额	直接填写应纳税所得额

第9行"税率"及第10行"速算扣除数"：按照税法第三条规定，根据第8行计算得出的数额进行查找填写。

第11行"应纳税额"：根据相关行次计算填写。

第12行"减免税额"：填写符合税法规定可以减免的税额。纳税人填写本行的，应同时附报《个人所得税减免税事项报告表》。

第13行"已预缴税额"：填写本年度在月（季）度申报中累计已预缴的个人所得税。

第14行"应补（退）税额"：根据相关行次计算填写。

表 11-13 **个人所得税生产经营所得纳税申报表（B表）**

税款所属期： 年 月 日至 年 月 日 金额单位：人民币元（列至角分）

投资者信息	姓 名		身份证件类型		身份证件号码	
	国籍（地区）				纳税人识别号	
被投资单位信息	名 称				纳税人识别号	
	类 型	□个体工商户 □承包、承租经营单位 □个人独资企业 □合伙企业				

行次	项 目	金 额
1	一、收入总额	
2	其中：国债利息收入	
3	二、成本费用（4＋5＋6＋7＋8＋9＋10）	
4	（一）营业成本	
5	（二）营业费用	
6	（三）管理费用	
7	（四）财务费用	
8	（五）税金	
9	（六）损失	
10	（七）其他支出	
11	三、利润总额（1－2－3）	
12	四、纳税调整增加额（13＋27）	

续表

13	（一）超过规定标准的扣除项目金额（14＋15＋16＋17＋18＋19＋20＋21＋22＋23＋24＋25＋26）	
14	（1）职工福利费	
15	（2）职工教育经费	
16	（3）工会经费	
17	（4）利息支出	
18	（5）业务招待费	
19	（6）广告费和业务宣传费	
20	（7）教育和公益事业捐赠	
21	（8）住房公积金	
22	（9）社会保险费	
23	（10）折旧费用	
24	（11）无形资产摊销	
25	（12）资产损失	
26	（13）其他	
27	（二）不允许扣除的项目金额（28＋29＋30＋31＋32＋33＋34＋35＋36）	
28	（1）个人所得税税款	
29	（2）税收滞纳金	
30	（3）罚金、罚款和被没收财物的损失	
31	（4）不符合扣除规定的捐赠支出	
32	（5）赞助支出	
33	（6）用于个人和家庭的支出	
34	（7）与取得生产经营收入无关的其他支出	
35	（8）投资者工资薪金支出	
36	（9）国家税务总局规定不准扣除的支出	
37	五、纳税调整减少额	
38	六、纳税调整后所得（11＋12－37）	
39	七、弥补以前年度亏损	
40	八、合伙企业合伙人分配比例（%）	
41	九、允许扣除的其他费用	
42	十、投资者减除费用	
43	十一、应纳税所得额（38－39－41－42）或〔（38－39）×40－41－42〕	
44	十二、税率（%）	
45	十三、速算扣除数	
46	十四、应纳税额（43×44－45）	
47	十五、减免税额（附报"个人所得税减免税事项报告表"）	
48	十六、实际应纳税额（46－47）	
49	十七、已预缴税额	
50	十八、应补（退）税额（48－49）	
附列资料	年平均职工人数（人）	
	工资总额（元）	
	投资者人数（人）	

续表

谨声明：此表是根据《中华人民共和国个人所得税法》及有关法律法规规定填写的，是真实的、完整的、可靠的。 　　　　　　　　　　　　　　纳税人签字：　　　　　　　年　月　日	
<div align="center">感谢您对税收工作的支持！</div>	
代理申报机构（负责人）签章： 经办人： 经办人执业证件号码： 　　　　　　代理申报日期：　　年　月　日	主管税务机关印章： 受理人： 　　　　　受理日期：　　年　月　日

国家税务总局监制

填报说明：

1. 申报期限

个体工商户、个人独资企业投资者、合伙企业合伙人应在年度终了后三个月内办理个人所得税年度纳税申报。

企事业单位承包承租经营者应在年度终了后三十日内办理个人所得税年度纳税申报；纳税人一年内分次取得承包、承租经营所得的，应在年度终了后三个月内办理汇算清缴。

2. 有关项目填报说明

（1）表头项目。

税款所属期：填写纳税人取得生产经营所得所应纳个人所得税款的所属期间，应填写具体的起止年月日。

（2）表内信息栏。

①投资者信息栏。

填写个体工商户、企事业单位承包承租经营者、个人独资企业投资者、合伙企业合伙人的相关信息。

姓名：填写纳税人姓名。中国境内无住所个人，其姓名应当用中、外文同时填写。

身份证件类型：填写能识别纳税人唯一身份的有效证照名称。

身份证件号码：填写纳税人身份证件上的号码。

国籍（地区）：填写纳税人的国籍或者地区。

纳税人识别号：填写税务机关赋予的纳税人识别号。

②被投资单位信息栏。

名称：填写税务机关核发的被投资单位税务登记证载明的被投资单位全称。

纳税人识别号：填写税务机关核发的被投资单位税务登记证号码。

类型：纳税人根据自身情况在对应框内打"√"。

（3）表内各行的填写。

第1行"收入总额"：填写从事生产经营以及与生产经营有关的活动取得的货币形式和非货币形式的各项收入总金额。包括：销售货物收入、提供劳务收入、转让财产收入、利息收入、租金收入、接受捐赠收入、其他收入。

第2行"国债利息收入"：填写已计入收入的因购买国债而取得的应予免税的利息。

第3行"成本费用"：填写实际发生的成本、费用、税金、损失及其他支出的总额。

第4行"营业成本"：填写在生产经营活动中发生的销售成本、销货成本、业务支出以及其他耗费。

第5行"营业费用"：填写在销售商品和材料、提供劳务的过程中发生的各种费用。

第6行"管理费用"：填写为组织和管理企业生产经营发生的管理费用。

第7行"财务费用"：填写为筹集生产经营所需资金等发生的筹资费用。

第8行"税金"：填写在生产经营活动中发生的除个人所得税和允许抵扣的增值税以外的各项税金及其附加。

第9行"损失"：填写生产经营活动中发生的固定资产和存货的盘亏、毁损、报废损失，转让财产损失，坏账损失，自然灾害等不可抗力因素造成的损失以及其他损失。

第10行"其他支出"：填写除成本、费用、税金、损失外，生产经营活动中发生的与之有关的、合理的支出。

第11行"利润总额"：根据相关行次计算填写。

第12行"纳税调整增加额"：根据相关行次计算填写。

第13行"超过规定标准的扣除项目金额"：填写扣除的成本、费用和损失中，超过《个人所得税法》及其实施条例和相关税收法律法规规定的扣除标准应予调增的应纳税所得额。

第27行"不允许扣除的项目金额"：填写按规定不允许扣除但被投资单位已将其扣除的各项成本、费用和损失应予调增应纳税所得额的部分。

第37行"纳税调整减少额"：填写已计入收入总额或未列入成本费用，但应在税前予以减除的项目金额。

第38行"纳税调整后所得"：根据相关行次计算填写。

第39行"弥补以前年度亏损"：填写可在税前弥补的以前年度尚未弥补的亏损额。

第40行"合伙企业合伙人分配比例"：纳税人为合伙企业合伙人的，填写本栏；其他则不填。分配比例按照合伙协议约定的比例填写；合伙协议未约定或不明确的，按合伙人协商决定的比例填写；协商不成的，按合伙人实缴出资比例填写；无法确定出资比例的，按合伙人平均分配。

第41行"允许扣除的其他费用"：填写按照法律法规规定可以税前扣除的其他费用。如：《国家税务总局关于律师事务所从业人员有关个人所得税问题的公告》（国家税务总局公告2012年第53号）第三条规定的事项。即查账征收个人所得税的合伙人律师在计算应纳税所得额时，应凭合法有效凭证按照个人所得税法和有关规定扣除费用；对确实不能提供合法有效凭据而实际发生与业务有关的费用，经当事人签名确认后，可再按下列标准扣除费用：个人年营业收入不超过50万元的部分，按8％扣除；个人年营业收入超过50万元至100万元的部分，按6％扣除；个人年营业收入超过100万元的部分，按5％扣除。

第42行"投资者减除费用"：填写根据实际经营期限计算的可在税前扣除的投资者本人的生计减除费用，即3 500元/月。

此外，根据《国家税务总局关于实施商业健康保险个人所得税政策试点有关征管问题的公告》（国家税务总局公告2015年第93号）的规定，个体工商户业主、企事业单位承包承租经营者、个人独资和合伙企业投资者自行购买符合规定的商业健康保险产品支出，年度申报填报《个人所得税生产经营所得纳税申报表（B表）》时，应将税前扣除的支出金额填至"投资者减除费用"行，并同时填报《商业健康保险税前扣除情况明细表》。

第43行"应纳税所得额"：根据相关行次计算填写。

Ⅰ. 纳税人为非合伙企业合伙人的

第43行＝第38行－第39行－第41行－第42行

Ⅱ. 纳税人为合伙企业合伙人的

第43行＝（第38行－第39行）×第40行－第41行－第42行

第44行"税率"及第45行"速算扣除数"：按照税法第三条规定，根据第43行计算得出的数额进行查找填写。

第46行"应纳税额"：根据相关行次计算填写。

第47行"减免税额"：填写符合税法规定可以减免的税额。纳税人填写本行的，应同时附报《个人所得税减免税事项报告表》。

　　第 48 行"实际应纳税额"：根据相关行次计算填写。

　　第 49 行"已预缴税额"：填写本年度在月（季）度申报中累计已预缴的个人所得税。

　　第 50 行"应补（退）税额"：根据相关行次计算填写。

（三）个人所得税生产经营所得纳税申报表（C表）

　　"个人所得税生产经营所得纳税申报表（C表）"（如表 11-14 所示）适用于个体工商户、企事业单位承包承租经营者、个人独资企业投资者和合伙企业合伙人在中国境内两处或者两处以上取得"个体工商户的生产、经营所得"或"对企事业单位的承包经营、承租经营所得"的，同项所得合并计算纳税的个人所得税年度汇总纳税申报。

表 11-14　　　　　　　　个人所得税生产经营所得纳税申报表（C表）

税款所属期：　　年　月　日至　　年　月　日　　　　　　　金额单位：人民币元（列至角分）

投资者信息	姓　名		身份证件类型		身份证件号码	
	国籍（地区）				纳税人识别号	
各被投资单位信息	被投资单位编号	被投资单位名称	被投资单位纳税人识别号		分配比例 %	应纳税所得额
	1. 汇缴地					
	2. 其他					
	3. 其他					
	4. 其他					
	5. 其他					
	6. 其他					
	7. 其他					
	8. 其他					

行次	项　目	金　额
1	一、被投资单位应纳税所得额合计	
2	二、应调增的投资者减除费用	
3	三、调整后应纳税所得额（1＋2）	
4	四、税率（%）	
5	五、速算扣除数	
6	六、应纳税额（3×4－5）	
7	七、本单位经营所得占各单位经营所得总额的比重（%）	
8	八、本单位应纳税额（6×7）	
9	九、减免税额（附报《个人所得税减免税事项报告表》）	
10	十、实际应纳税额	
11	十一、已缴税额	
12	十二、应补（退）税额（10－11）	

续表

谨声明：此表是根据《中华人民共和国个人所得税法》及有关法律法规规定填写的，是真实的、完整的、可靠的。
纳税人签字： 年 月 日
感谢您对税收工作的支持！

代理申报机构（负责人）签章：	主管税务机关印章：
经办人： 经办人执业证件号码：	受理人：
代理申报日期： 年 月 日	受理日期： 年 月 日

国家税务总局监制

填报说明：

1. 申报期限

年度终了后三个月内。

纳税人不能按规定期限报送本表时，应当按照《中华人民共和国税收征收管理法》及其实施细则的规定办理延期申报。

2. 有关项目填报说明

（1）表头项目。

税款所属期：填写纳税人取得生产经营所得所应纳个人所得税款的所属期间，应填写具体的起止年月日。

（2）表内信息栏。

①投资者信息栏。

填写个体工商户、企事业单位承包承租经营者、个人独资企业投资者和合伙企业合伙人的相关信息。

姓名：填写纳税人姓名。中国境内无住所个人，其姓名应当用中、外文同时填写。

身份证件类型：填写能识别纳税人唯一身份的有效证照名称。

身份证件号码：填写纳税人身份证件上的号码。

国籍（地区）：填写纳税人的国籍或者地区。

纳税人识别号：填写税务机关赋予的纳税人识别号。

②各被投资单位信息栏。

被投资单位名称：填写税务机关核发的被投资单位税务登记证载明的被投资单位全称。

纳税人识别号：填写税务机关核发的被投资单位税务登记证号码。

分配比例：纳税人为合伙企业合伙人的，填写本栏；其他则不填。分配比例按照合伙协议约定的比例填写；合伙协议未约定或不明确的，按合伙人协商决定的比例填写；协商不成的，按合伙人实缴出资比例填写；无法确定出资比例的，按合伙人平均分配。

应纳税所得额：填写投资者从其各投资单位取得的年度应纳税所得额。

（3）表内各行的填写。

①第1行"被投资单位应纳税所得额合计"栏：填写投资者从其各投资单位取得的年度应纳税所得额的合计数。

②第2行"应调增的投资者减除费用"：填写按照税法规定在汇总计算多个被投资单位应纳税所得额时，被多扣除、需调整增加应纳税所得额的投资者生计减除费用标准。

③第3行"调整后应纳税所得额"：按相关行次计算填写。

④第4行"税率"及第5行"速算扣除数"：按照税法第三条规定，根据第3行计算得出的数额进行查找填写。

⑤第6行"应纳税额"：根据相关行次计算填写。

⑥第7行"本单位经营所得占各单位经营所得总额的比重"及第8行"本单位应纳税额"：投资者兴办两个或两个以上个人独资企业或个体工商户的，填写本栏；其他情形则不填。

⑦第9行"减免税额"：填写符合税法规定可以减免的税额。纳税人填写本行的，应同时附报"个人所得税减免税事项报告表"。

⑧第10行"实际应纳税额"：根据相关行次计算。

Ⅰ．投资者兴办两个或两个以上个人独资企业或个体工商户的

第10行＝第8行－第9行

Ⅱ．其他情形

第10行＝第6行－第9行

⑨第11行"已缴税额"：填写纳税人已缴纳的个人所得税。

⑩第12行"应补（退）税额"：按相关行次计算填写。

六、个人所得税减免税事项报告表

《个人所得税减免税事项报告表》（如表11-15所示）主要用于存在减免税情形时，纳税人或扣缴义务人报送减免税的具体情况。通常，纳税人自行纳税申报只需勾选减免项目并填写减免金额，扣缴义务人还需进一步填报减免税明细信息。

表 11-15　　　　　　　　　个人所得税减免税事项报告表

税款所属期：　　年　月　日至　　年　月　日　　　　　　金额单位：人民币元（列至角分）

| | | | 扣缴义务人名称 | | 扣缴义务人纳税识别号 | | |
| 纳税人姓名 | | | | | 纳税人识别号 | | |

	编号	勾选	减免事项	减免人数	减免税额
减免税情况	1	☐	芦山地震受灾减免个人所得税		
	2	☐	鲁甸地震受灾减免个人所得税		
	3	☐	其他地区地震受灾减免个人所得税		
	4	☐	其他自然灾害受灾减免个人所得税		
	5	☐	个人转让5年以上唯一住房免征个人所得税		
	6	☐	随军家属从事个体经营免征个人所得税		
	7	☐	军转干部从事个体经营免征个人所得税		
	8	☐	退役士兵从事个体经营减免个人所得税		
	9	☐	残疾、孤老、烈属减征个人所得税		
	10	☐	失业人员从事个体经营减免个人所得税		
	11	☐	低保及零就业家庭从事个体经营减免个人所得税		
	12	☐	高校毕业生从事个体经营减免个人所得税		
	13	☐	取消农业税从事四业所得暂免征收个人所得税		
	14	☐	符合条件的房屋赠与免征个人所得税		

15		股息	税收协定名称及条款：		
16		利息	税收协定名称及条款：		
17	□	特许权使用费	税收协定名称及条款：		
18		财产收益	税收协定名称及条款：		
19		受雇所得	税收协定名称及条款：		
20		其他	税收协定名称及条款：		
21			减免事项名称及减免性质代码：		
22	□	其他	减免事项名称及减免性质代码：		
23			减免事项名称及减免性质代码：		
合　计					

	序号	姓　名	身份证件类型	身份证件号码	减免事项（编号或减免性质代码）	减免税额
减免税人员名单						

谨声明：此表是根据《中华人民共和国个人所得税法》及有关法律法规规定填写的，是真实的、完整的、可靠的。

纳税人或扣缴单位负责人签字：　　　　　　　　　　　　　　　年　　月　　日

感谢您对税收工作的支持！

代理申报机构（负责人）签章：	主管税务机关印章：
经办人： 经办人执业证件号码： 　　　　　代理申报日期：　年　月　日	受理人： 　　　　　受理日期：　　年　月　日

填报说明：

纳税人、扣缴义务人纳税申报时存在减免个人所得税情形的，应填报本表。

1. 申报期限

本表随《扣缴个人所得税报告表》《特定行业个人所得税年度申报表》《个人所得税自行纳税申报表（A表）》《个人所得税纳税申报表（适用于年所得12万元以上的纳税人申报）》《个人所得税生产经营所得纳税申报表（A表）》《个人所得税生产经营所得纳税申报表（B表）》《个人所得税生产经营所得纳税申报表（C表）》等一并报送。

2. 有关项目填报说明

（1）表头项目。

税款所属期：填写纳税人取得所得并享受减免税优惠的所属期间，应填写具体的起止年月日。

（2）基本信息栏。

①"扣缴义务人名称""扣缴义务人纳税识别号"：由扣缴义务人填写，纳税人自行纳税申报无需填写。

②"纳税人姓名""纳税人识别号"：由纳税人填写，扣缴义务人扣缴申报的无需填写。

（3）减免税情况栏。

①"减免事项"：纳税人、扣缴义务人根据减免税优惠的类型进行勾选。

享受税收协定待遇的，应在"税收协定"项目相关所得类型后的空格内填写具体税收协定名称及条款。其中：编号19"受雇所得"即税收协定规定的非独立个人劳务所得。

存在表中列示以外的减免情形的，应在编号21—23"其他"项目的空格内填写对应的减免事项名称及减免性质代码（按照国家税务总局制定下发的最新"减免性质及分类表"中的最细项减免性质代码填报）。

②"减免人数"：扣缴义务人填写此栏，纳税人自行纳税申报无需填写。

③"减免税额"：填写符合税法规定可以减免的税额。减免税额合计应与《扣缴个人所得税报告表》《特定行业个人所得税年度申报表》《个人所得税自行纳税申报表（A表）》《个人所得税纳税申报表（适用于年所得12万元以上的纳税人申报）》《个人所得税生产经营所得纳税申报表（A表）》《个人所得税生产经营所得纳税申报表（B表）》或《个人所得税生产经营所得纳税申报表（C表）》等申报表"减免税额"栏的金额或金额合计相等。

（4）减免税人员名单。

由扣缴义务人填写，纳税人自行纳税申报无需填写。

①"姓名""身份证件类型""身份证件号码""减免税额"：应与《扣缴个人所得税报告表》或《特定行业个人所得税年度申报表》相关信息一致。

②"减免事项（编号或减免性质代码）"：填写"减免税情况栏"列示的减免事项对应的编号、减免性质代码及税务机关要求填报的其他信息。

七、分期缴纳个人所得税备案表

（一）非货币性资产投资分期缴纳个人所得税备案表

《非货币性资产投资分期缴纳个人所得税备案表》（如表11-16所示）适用于个人非货币性资产投资向主管税务机关办理分期缴纳个人所得税备案事宜。该表一式二份，主管税务机关受理后，由投资人和主管税务机关分别留存。

表 11-16　　　　　　　　**非货币性资产投资分期缴纳个人所得税备案表**

(本表一式二份)

备案编号（主管税务机关填写）：　　　　　　　　　　　金额单位：人民币元（列至角分）

投资人信息	姓　名		身份证件类型		身份证件号码	□□□□□□□□□□□□□□□□□□
	国籍（地区）				纳税人识别号	□□□□□□□□□□□□□□□□□□
	通讯地址				联系电话	
被投资单位信息	名　称				纳税人识别号	□□□□□□□□□□□□□□□□□□
	地　址				联系人及电话	

投资情况	投资类型	□新设公司　□参与增资　□定向增发　□股权置换　□重组改制　□其他＿＿＿					
	取得股权时间	年　月　日		取得的现金补价		持股比例 %	
	非货币性资产名称	产权证或注册登记证号码	登记机关	坐落地	评估后的公允价值	非货币性资产原值	合理税费

分期缴税计划	截止缴税时间		年　月　日		应纳税所得额		
	应缴个人所得税				已缴个人所得税		
	分 5 期	合　计		1	2	3	4
	计划缴税时间	——					
	计划缴税金额						

　　谨声明：本表根据《财政部 国家税务总局关于个人非货币性资产投资有关个人所得税政策的通知》（财税〔2015〕41 号）及国家税务总局 2015 年第 20 号公告有关规定填列。所填信息，是真实的、完整的、可靠的。

　　纳税人签字：　　　　　　　　被投资单位公章：　　　　　　填报日期：　年 月 日

　　提醒：请妥善保存此表。办理纳税申报时请主动提供此表及以前各期缴纳个人所得税的完税证明。如因股权转让取得收益，请及时缴纳个人所得税。

　　　　　　　　　　　感谢您对税收工作的支持!

| 代理申报机构（人）签章：　　　　　　　　　　主管税务机关印章： |
| 经办人：　　　　　　　　　　　　　　　　　受理人： |
| 经办人执业证件号码： |
| 　　　　代理申报日期：　年 月 日　　　　　　　　受理日期：　年 月 日 |

国家税务总局监制

填报说明:

(1) 备案编号

由主管税务机关自行编制。

(2) 纳税人识别号

该栏填写税务机关赋予的 18 位纳税人识别号。初次办理涉税事宜的,应一并提供《个人所得税基础信息表(B表)》。

(3) 产权证或注册登记证号码

填写产权登记部门核发的不动产、技术发明成果等非货币性资产产权证号码或注册登记证上的注册登记号码。未登记或无需登记的非货币性资产不填此列。

(4) 登记机关

填写核发产权证或注册登记证的单位名称。未登记或无需登记的非货币性资产不填此列。

(5) 坐落地

填写不动产的具体坐落地址。其他非货币性资产无需填列。

(6) 评估后的公允价值、非货币性资产原值、合理税费按照《财政部 国家税务总局关于个人非货币性资产投资有关个人所得税政策的通知》(财税〔2015〕41 号)及国家税务总局公告 2015 年第 20 号中有关规定填写。

(7) 应纳税所得额

应纳税所得额=评估后的公允价值-非货币性资产原值-合理税费

(8) 应缴个人所得税

应缴个人所得税=应纳税所得额×20%

(9) 已缴个人所得税

填写纳税人取得现金补价或自筹资金已缴纳的个人所得税。纳税人变更分期缴税计划的,其前期已经缴纳的个人所得税也一并在此填列。

(10) 计划缴税时间

填写每一期计划缴税的截止时点。

(11) 计划缴税金额

填写应缴个人所得税减去已缴个人所得税后需要分期缴纳的个人所得税金额。

(二) 个人所得税分期缴纳备案表(股权奖励)

《个人所得税分期缴纳备案表(股权奖励)》(如表 11-17 所示)适用于个人取得股权奖励,其扣缴义务人向主管税务机关办理分期缴纳个人所得税备案事宜。

该表一式二份,主管税务机关受理后,由扣缴义务人和主管税务机关分别留存。

(三) 个人所得税分期缴纳备案表(转增股本)

"个人所得税分期缴纳备案表(转增股本)"(如表 11-18 所示)适用于个人因转增股本取得所得,其扣缴义务人向主管税务机关办理分期缴纳个人所得税备案事宜。

本表一式二份,主管税务机关受理后,由扣缴义务人和主管税务机关分别留存。

表 11-17

个人所得税分期缴纳备案表（股权奖励）

金额单位：人民币元（列至角分）

备案编号（主管税务机关填写）：

扣缴单位基本情况			
扣缴单位名称		纳税人识别号	
地 址			
联系人		电 话	
		高新技术企业证书编号	
		总股本（实收资本）	

股权价格确定方法 □上市公司股票 □净资产法 □类比法 □其他合理方法

分期缴税情况

序号	姓名	身份证件类型	身份证件号码	股权奖励时间	获得股份数	持股比例	计税价格	每股价格	应缴个人所得税	分期缴税计划										签名
										第一年		第二年		第三年		第四年		第五年		
										缴税时间	缴税金额	缴税时间	缴税金额	缴税时间	缴税金额	缴税时间	缴税金额	缴税时间	缴税金额	

谨声明：此表是根据《中华人民共和国个人所得税法》及有关法律法规规定填写的，是真实的、完整的、可靠的。

扣缴单位负责人签字： 扣缴单位盖章：

代理申报日期： 年 月 日 主管税务机关受理章：

代理申报机构（人）签章：

经办人：

经办人执业证件号码：

受理人：

受理日期： 年 月 日

国家税务总局监制

填报说明：

1. 备案编号

由主管税务机关自行编制。

2. 纳税人识别号

填写税务机关赋予的 18 位纳税人识别号。

3. 高新技术企业证书编号

填写高新技术企业认定部门核发的有效期内的高新技术企业证书编号。

4. 股权价格确定方法

根据适用的公平市场价格确定方法勾选。选择其他合理方法的，应在横线中写明具体方法名称。

5. 每股价格

填写按照股权价格确定方法计算的每股价格。

6. 股权奖励时间

填写纳税人实际获得股权奖励的具体日期。纳税人在一个月份中多次取得股权奖励的，可一并填写。

7. 获得股份数、持股比例

填写纳税人实际取得的股权份额及持股比例。纳税人在一个月份中多次取得股权奖励的，可合并填写。

8. 计税价格

计税价格计算＝每股价格×获得股份数，或根据持股比例换算。

9. 应缴个人所得税

应缴个人所得税＝(计税价格÷规定月份数×税率－速算扣除数)×规定月份数

税率按照《个人所得税法》中《个人所得税税率表—工资、薪金所得适用》确定。规定月份数按照本公告有关规定确定。

10. 计划缴税时间

按年度填写每一年度计划缴税的截止月份。

11. 计划缴税金额

填写每一年度计划分期纳税的个人所得税额。

表 11-18

个人所得税分期缴纳备案表（转增股本）

备案编号（主管税务机关填写）：

金额单位：人民币元（列至角分）

扣缴单位基本情况

扣缴单位名称		纳税人识别号		高新技术企业证书编号	
地　　址		联系人	电　话		
年销售额		资产总额	员工人数	总股本（实收资本）	

转增股本情况

未分配利润转增金额		盈余公积转增金额		资本公积转增金额	

分期缴税情况

序号	姓名	身份证件类型	身份证件号码	持有股份数	持股比例	计税金额	应缴个人所得税	分期缴税计划										签名

分期缴税计划：第一年（缴税时间／缴税金额）、第二年（缴税时间／缴税金额）、第三年（缴税时间／缴税金额）、第四年（缴税时间／缴税金额）、第五年（缴税时间／缴税金额）

谨声明：此表是根据《中华人民共和国个人所得税法》及有关法律法规定填写的，是真实的、完整的、可靠的。

扣缴单位负责人签字：　　　　　　扣缴单位盖章：

代理申报机构（人）签章：	主管税务机关受理：
经办人：	受理人：
经办人执业证件号码：	
代理申报日期：　　年　月　日	受理日期：　　年　月　日

国家税务总局监制

填报说明：

1. 备案编号

由主管税务机关自行编制。

2. 纳税人识别号

填写税务机关赋予的 18 位纳税人识别号。

3. 高新技术企业证书编号

填写高新技术企业认定部门核发的有效期内的高新技术企业证书编号。

4. 年销售额

填写企业上一个会计年度的主营业务收入。

5. 资产总额、员工人数、总股本（实收资本）

填写企业转增股本当月相关数据。

6. 转增股本情况

填写企业转增股本的相关情况。

7. 计税金额

计税金额＝（未分配利润转增金额＋盈余公积转增金额＋资本公积转增金额）×持股比例。

8. 应缴个人所得税

应缴个人所得税＝计税金额×20%。

9. 计划缴税时间

按年度填写每一年度计划缴税的截止月份。

10. 计划缴税金额

填写每一年度计划分期纳税的个人所得税金额。